Histoire de la banlieue

Thibault Tellier

Histoire de la banlieue

PERRIN

Ouvrage publié sous la direction éditoriale d'Olivier Wieviorka

92, avenue de France
75013 Paris
Tél. : 01 44 16 08 00

ISBN : 978-2-262-04010-9
Dépôt légal : octobre 2024

Mise en pages : PCA

Pour mes parents.

À la mémoire de Samuel Paty et de Dominique Bernard.

« À la fin tu es las de ce monde ancien. »

Guillaume Apollinaire,
première strophe du poème
« Zone », *Alcools*, 1913.

Introduction

Peut-on faire l'histoire d'un objet sans qualité particulière et somme toute banal ? Depuis de nombreuses années, plusieurs historiens se sont attelés à rendre à ces objets leur histoire propre. Il s'agit, pour reprendre une formule d'Arlette Farge, de « hisser les paroles retrouvées[1] ». La question mérite d'être posée concernant la banlieue, cette masse territoriale aux contours incertains, dont certains contributeurs vont jusqu'à considérer qu'elle n'a pas d'histoire puisque le chaos n'en a pas[2]. Bien au contraire, cette étude entend montrer qu'elle a non seulement une histoire, mais que celle-ci lui appartient en propre. On peut même affirmer qu'elle a incarné la promesse d'un monde nouveau, avec ses échecs mais aussi ses réussites.

L'historien qui envisage d'écrire une telle histoire se heurte à l'absence de référencements conceptuels précis. Selon que l'on se tourne vers telle ou telle composante des sciences humaines et sociales, l'approche diffère. Le géographe étudie surtout les rapports entre les villes-centres et leurs périphéries ; le sociologue privilégie les rapports sociaux entre les banlieusards et le reste de l'agglomération. Quant aux historiens, ils ont longtemps scruté les centres des villes plutôt que leurs marges, ceci malgré certains travaux éclairants pour la période plus ancienne[3]. De même, l'étude par les classes sociales a longtemps déterminé les historiographies urbaines.

Mais l'épuisement des grands courants de pensée, en particulier celui marxiste, a été un puissant moteur pour repenser les questionnements liés au fonctionnement des villes ainsi qu'à leurs périphéries. La banlieue, en tant que corps social, ne constituait plus le décor des luttes, mais devenait un objet d'étude en tant que tel. De ce point de vue, un chassé-croisé s'opère au cours des années 2000 entre la fin de l'histoire sociale classique et l'affirmation d'une histoire urbaine du contemporain, « l'une remplaçant l'autre dans le champ académique comme dans la réponse à la demande sociale[4] ».

L'histoire de la banlieue doit donc être revisitée à l'aune des évolutions qui marquent l'histoire urbaine depuis plusieurs décennies. En particulier, il s'agit de ne pas s'en tenir exclusivement à une histoire topographique dans la mesure où elle incarne précisément autre chose qu'un type spécifique de lieux. L'espace banlieusard est toujours un espace social[5]. De fait, les grands ensembles situés en lisière des grandes villes, Le Mirail à Toulouse ou bien La Duchère à Lyon, appartiennent aussi par leur composition sociale à la catégorie banlieusarde et à ce que l'on pourrait qualifier d'esprit de la banlieue. Et les quartiers nord de Marseille constituent peut-être le meilleur exemple de la condensation de cette dernière à l'intérieur même des villes.

Les périphéries constituent dès lors un point d'observation déterminant pour comprendre les métamorphoses sociales qui ont marqué la France du XXe siècle, en particulier dans les territoires les plus récemment urbanisés. Pour ce faire, il convient de rejeter une approche qui résumerait la banlieue à un type de territoires uniquement dédiés aux injonctions de l'action publique. Au-delà de visions classiques qui en font un territoire portant en lui les marques intrinsèques de sa disqualification sociale, il faut appréhender les trois grandes étapes qui ont scandé son développement tout au long du siècle : son affirmation comme modèle urbain durant l'entre-deux-guerres ; son rôle central dans le déploiement des politiques urbaines pendant les Trente Glorieuses ; enfin, la confrontation du modèle à la crise que traverse le pays depuis le milieu des années 1970.

Il convient également d'interroger les mouvements sociaux qu'elle a suscités. De ce point de vue, une attention particulière doit être réservée aux forces endogènes qui ont contribué à son développement, malgré les marques de dénégation sociale dont elle a trop souvent été victime. Si la banlieue constitue un écosystème à part entière, ses composantes – les hommes et les femmes qui la modèlent à bas bruit au quotidien – méritent tout autant l'attention. Ce qui contraste avec l'image d'un certain type de territoires incarnant le désordre social. C'est aussi la raison pour laquelle ce livre s'étend jusqu'à une période très récente et marque sa réelle volonté de s'inscrire dans le mouvement complexe de l'histoire immédiate.

Dès lors, comment appréhender un objet qui se prête mal aux définitions, ne serait-ce que du point de vue de sa délimitation géographique ? De prime abord, la problématique qui s'impose paraît pourtant simple : qu'est-ce qui fait réellement sens en matière de banlieue ? un sentiment d'appartenance collective à un territoire ? à une communauté résidentielle ? Doit-on également intégrer l'action publique qui a déterminé des programmes spécifiques en sa faveur ? Doit-on aussi invoquer le recours aux représentations ayant contribué à forger un certain mythe de la banlieue au fil du temps ? Faire l'histoire de celle-ci suppose en réalité d'embrasser l'ensemble de ces approches et de dégager quelques traits saillants permettant d'analyser ses trajectoires historiques. Deux angles ont été privilégiés à cet effet : d'une part, sa place dans les grandes recompositions territoriales de la France durant le siècle dernier ; d'autre part, son rôle dans les expérimentations sociales qui visaient surtout à moderniser le pays. Dans tous les cas, elle apparaît comme un lieu propice à l'innovation, qu'elle soit administrative ou sociale. Ce type d'approches récuse aussi l'approche victimaire qui tendrait à faire d'elle l'éternelle perdante des recompositions de la France du XXe siècle et la sempiternelle dépendante des aides publiques. Au contraire, son histoire originale doit être aussi remarquée pour sa volonté d'émancipation déclinée sur la longue durée.

Pourtant, la banlieue est bien née sous le signe de la dépendance, comme le met en évidence son étymologie. Selon le *Dictionnaire historique de la langue française*, elle renvoie à l'origine à un terme féodal désignant l'espace d'environ une lieue, autour d'une ville, sur lequel l'autorité urbaine faisait proclamer les bans et avait force de juridiction. Le terme « ban » suggère qu'il s'agit d'une loi qui s'impose à un territoire spécifique et « dont la non-observance entraîne une peine ». En 1878, le dictionnaire Littré écrivait déjà qu'elle constituait « un territoire dans le voisinage et sous la dépendance d'une ville ». Ce sentiment de dépendance se poursuit, voire se renforce, tout au long du cycle haussmannien et de l'affirmation de la ville industrielle[6].

Au XIXe siècle et dans les décennies suivantes, la banlieue servira d'auxiliaire à un régime urbain soucieux de profiter de la croissance économique tout en se délestant de ses effets industriels les plus nocifs, qu'il s'agisse des emprises foncières ou des pollutions. Cette forme de sujétion prend également un sens plus politique. Le terme « banlieusard » est employé pour la première fois en 1889. Des élus municipaux parisiens entendent alors protester contre les demandes financières de représentants des villes périphériques qui réclament un plus juste partage des charges au sein du département de la Seine[7]. C'est pourtant durant la même période que le régime républicain entend apporter sa contribution à la mise en valeur des territoires qui sont alors en pleine expansion. Avec le développement des transports ferroviaires, le logement sera l'autre grand chantier des pouvoirs publics, en particulier par le biais des habitations à bon marché (HBM) qui voient le jour avec le siècle nouveau. L'un des objectifs de ce livre consiste donc à analyser la manière dont les pouvoirs publics ont accompagné tout au long du siècle le développement des territoires périphériques ainsi que ses capacités de développement propres.

Cette approche suggère toutefois de souligner qu'il n'en existe pas un type unique, pas plus que l'on ne peut résumer son expression sur la longue durée au seul cas parisien. Car cette notion renvoie à des compositions sociales diverses, parfois au sein d'une même agglomération. Malgré une variété de sensibilités, il existe bien deux types de banlieue qui sont aux antipodes l'un de l'autre. Le premier désigne les terres de villégiature qui existent depuis l'Ancien Régime et qui, progressivement, au cours du XIXe siècle, se sont transformées en lieux de résidence permanente. De l'autre, les villages et les petites villes qui sont appelés dans un laps de temps relativement court à devenir les soutiers de l'industrie naissante. Le cas de la périphérie parisienne montre que la proximité géographique entre les deux modèles est généralement la norme. Nanterre et Neuilly-sur-Seine, distantes d'à peine cinq kilomètres, se situent toutes deux dans l'actuel département des Hauts-de-Seine alors même qu'elles connaissent, depuis le début du siècle, des destinées économiques et sociales opposées. Pour autant, elles appartiennent à la même catégorie des espaces banlieusards, entendus ici au sens géographique du terme.

La polyvalence des lieux peut aussi s'exprimer par la diversité de leurs usages culturels à travers les âges. Les bords de Seine accueillent dès la fin du XIXe siècle d'importantes implantations industrielles mais ses berges sont aussi des sites recherchés pour musarder le dimanche. Certaines communes présentent une figure urbaine à la Janus, à l'exemple d'Argenteuil. À partir des années 1850, plusieurs entreprises métallurgiques s'y installent et fournissent, notamment, les matériaux destinés à construire la tour Eiffel. Pourtant, les mêmes espaces inspirent des peintres célèbres, qu'il s'agisse d'Auguste Renoir, d'Alfred Sisley ou bien encore de Claude Monet. De ce point de vue, l'impressionnisme et la modernité qui le caractérise doivent beaucoup à la banlieue. Celle-ci, prise au sens générique du terme, se définit donc avant tout par sa capacité à exprimer une forme de mouvement en fonction de l'époque retenue.

Qu'il s'agisse de l'inclusion banlieusarde à l'ambitieuse politique du logement mise en œuvre tout au long de la période, ou plus spécifiquement de son rôle dans l'invention de la politique de la ville, ce sont des espaces périphériques ayant motivé une intervention publique qu'il sera ici principalement question. Non que les espaces résidentiels n'appartiennent pas en propre à l'histoire urbaine du XXe siècle, mais parce qu'ils ne sont pas, dans leur ensemble, représentatifs des mutations qui marquent au contraire les banlieues populaires[8]. Les banlieues qui, essentiellement ouvrières à leur origine, ont été ensuite saisies par l'expansion économique des années 1950-1960 puis par la désindustrialisation subie durant les décennies suivantes, sont celles qui nous intéressent ici. La naissance de la banlieue a été placée sous le signe de la résignation ; elle était alors perçue comme un mal nécessaire à l'industrialisation et a inspiré, en conséquence, une attention précoce, ne serait-ce que pour tenter d'en amoindrir les effets délétères – ravages environnementaux ou risques de contagion révolutionnaire.

Dès le début du XXe siècle, le Musée social, l'un des principaux vecteurs de diffusion de la réforme sociale en France, s'est penché sur son chevet, en imaginant pouvoir transférer l'expérience britannique des cités-jardins dans ces territoires récemment urbanisés. Saint-Denis, l'une des principales villes industrielles du nord de l'agglomération parisienne dès la fin du XIXe siècle, est aussi l'une des premières en France à accueillir une cité d'habitations à bon marché, *La Ruche,* ainsi nommée pour sa vocation à loger des travailleurs. Au milieu des années 1920-1930, la déclinaison du programme des assurances sociales impulsé par les gouvernements Poincaré comportait deux lois essentielles pour la banlieue, l'une portant sur les lotissements, l'autre sur la programmation sur le plan national de 260 000 logements aidés, dont une partie dans des territoires banlieusards. Il en va de même, mais avec évidemment une puissance décuplée, de la politique menée tout au long des Trente Glorieuses, cette fois par l'État – que l'on retient en général sous le vocable de grands ensembles – même si leur construction a aussi concerné au premier chef des espaces situés au cœur des agglomérations. Enfin, l'attention portée aux années 1975-2005 se manifeste également par l'invention de la politique de la ville, dont la définition ainsi que la déclinaison opérationnelle concernent de prime abord les périphéries. Au-delà des enjeux de réhabilitation, il s'agit en effet de faciliter la transition postindustrielle de territoires dûment éprouvés par plus d'un siècle d'activités industrielles souvent intenses.

L'entrée par l'action des pouvoirs publics implique également de prendre en compte l'ensemble des périphéries qui se sont développées au long du siècle sur le territoire national. Si le cas parisien est resté longtemps la référence, l'action étatique en matière d'aménagement du territoire après la Deuxième Guerre mondiale a conduit à exporter le modèle vers l'ensemble des agglomérations du pays. La banlieue s'impose dès lors comme une norme nationale[9]. Il est donc essentiel d'appréhender également le phénomène du point de vue de sa compréhension sociale.

Comme cela avait été le cas pour les faubourgs, la référence à la banlieue, du moins jusqu'au début du XXe siècle, renvoie chez ses détracteurs à l'idée de peurs sociales, établissant ainsi une nouvelle étape dans les processus d'urbaphobie qui caractérise la France tout au long de son évolution contemporaine[10]. Il s'agit pourtant là d'un relatif changement dans les formes de stigmatisation : jusqu'alors, l'imaginaire social des bas-fonds était plutôt attribué aux grandes villes et dans une moindre mesure aux faubourgs[11]. La banlieue est alors parfois présentée comme « le gouffre de l'espèce humaine », un territoire qui se soustrait quelquefois aux lois et aux bonnes mœurs. Cette défiance provient généralement d'observateurs qui ne vivent pas eux-mêmes dans les territoires nouvellement urbanisés tandis que ceux qui y demeurent ou y travaillent développent une perception différente. L'approche plurielle s'impose dans le cas présent. Des ouvriers désignent sous le terme de « Cayenne » (en référence au bagne éponyme) des espaces usiniers dans lesquels les conditions de travail sont particulièrement éprouvantes, en raison de leur éloignement du lieu de résidence ou en référence à la pénibilité du travail à fournir[12].

Inversement, les espaces situés au-delà des faubourgs incarnent aussi l'espoir d'une vie meilleure. S'y installer, même modestement, c'est échapper au garni ou au taudis de la grande ville. Il s'agit là d'une histoire séculaire, des tout premiers pionniers partis à la recherche d'un lopin de terre pour y édifier leur chez-soi jusqu'au développement contemporain des zones périurbaines pavillonnaires résidentielles. Aujourd'hui, des projets portés par des bailleurs sociaux affichent leur volonté de faire de certaines cités en dehors des villes des lieux exemplaires en matière de confort résidentiel. Si les conditions matérielles de vie doivent évidemment être appréhendées pour leur dureté, en particulier pour les nouveaux arrivants, il ne faut par conséquent pas s'en tenir à ce seul aspect, d'autant que ces territoires urbains ne cessent d'évoluer. Ils peuvent être tour à tour victimes de processus de relégation mais également porteurs de dynamiques territoriales innovantes. Que la banlieue ait été au cœur des ambitions de la politique urbaine conduite entre 1945 et 1975 n'a pas empêché les bidonvilles de prospérer jusqu'au début des années 1970[13]. Terrain d'expérimentations sociales tout au long du siècle, des premiers programmes HBM à la politique de la ville, cette zone doit donc être appréhendée sous l'angle de sa capacité à mobiliser les énergies individuelles et collectives.

Le caractère entrepreneurial des territoires n'appartenant pas aux villes-centres doit être pris en compte, et ce dès le début du XXe siècle. L'inflexion est d'ailleurs perceptible dès la fin du siècle précédent. La banlieue n'est plus seulement vue pour ses défauts mais également pour son potentiel. Elle ne constitue plus un obstacle formel à la civilisation urbaine qui doit s'épanouir avec le nouveau siècle. Dans cette perspective, elle ne doit plus être stoppée dans sa croissance mais organisée, maîtrisée par une action concertée entre l'État et les pouvoirs locaux. Émile Levasseur, professeur au Collège de France, publie en 1891 une étude sur la population française dans laquelle il affirme que la croissance de l'agglomération parisienne est en fait utile au développement de la nation tout entière et ne nuit pas à l'économie rurale. En 1897, Paul Meuriot reprend la même argumentation dans sa thèse de doctorat sur les agglomérations urbaines dans l'Europe contemporaine. Certains aspirent d'ailleurs à ce que la banlieue puisse être reconnue pour ce qu'elle est, et non plus comme une « excroissance contingente[14] ». Au début du siècle émerge par exemple l'espoir de voir Paris et ses périphéries ne plus faire qu'un seul modèle d'urbanité :

> La banlieue ! Terme essentiellement parisien, car, si toutes les grandes villes ont leur banlieue, celle de Paris est la banlieue qui se passe de qualificatifs géographiques, de même que pour les Romains Rome étant l'*Urbs*, la ville par excellence[15].

Désormais, elle n'est plus seulement un lieu campant aux marges de la ville, mais bien un territoire à prendre en charge afin qu'il profite au pays. Les années 1880-1890 sont aussi celles durant lesquelles la banlieue « accède en même temps à l'existence dans les représentations collectives et la conscience même de ses habitants[16] » – ce qui ne veut pas dire qu'elle parviendra à être considérée comme l'équivalent des villes plus anciennes[17]. Malgré les efforts déployés, elle continuera pourtant à susciter la méfiance, voire le mépris, tel celui de Le Corbusier qui décrit en ces termes la banlieue parisienne de l'entre-deux-guerres :

> Elle est le symbole à la fois du déchet et de la tentative. C'est une sorte d'écume battant les murs de la ville. Au cours des dix-neuvième et vingtième siècles, cette écume est devenue marée, puis inondation. Elle a sérieusement compromis le destin et ses possibilités de croître selon une règle. Siège d'une population indécise, vouée à de nombreuses misères, bouillon de culture des

révoltes, la banlieue est souvent dix fois, cent fois plus étendue que la ville[18].

Mais cette dénégation n'a pas entravé l'énergie déployée localement, par les élus comme par les associations qui irriguent la vie banlieusarde. À cet égard, il convient d'accorder une attention particulière aux processus de fabrication des identités résidentielles propres à la banlieue, notamment pour la première partie du XXe siècle, en lien avec les processus de conscientisation et de politisation ouvrière de l'époque. Si plusieurs études ont montré qu'il était difficile de parler d'un modèle unique de ville ouvrière[19], il est cependant possible de discerner des points d'ancrage communs – la définition d'une sociabilité et d'une culture urbaine propres notamment. La période de l'entre-deux-guerres est fondamentale pour saisir ces phénomènes. Avant que l'État providence ne jette son dévolu sur ces territoires pour en faire les parangons de la modernité sociale, les municipalités ont beaucoup œuvré pour bâtir des communautés résidentielles d'un type nouveau, susceptibles de résister à la dureté des temps et de répondre, le cas échéant, aux injonctions idéologiques de l'époque, en particulier le communisme soviétique. Plus encore que les petites patries du XIXe siècle, la banlieue a aussi été un lieu de socialisation politique et d'hybridation culturelle. Si elle est aujourd'hui à l'origine de nombreuses marques d'exclusion sociale, elle a aussi incarné un modèle d'intégration, y compris pour les immigrés fraîchement débarqués. Selon les périodes et les lieux, elle a constitué un modèle qui aura permis d'incarner localement le processus de transition ouvrière vers la catégorie des citoyens modestes[20]. De fait, la fabrication de la banlieue au XXe siècle a aussi été une formidable entreprise humaine qui fait dire à l'essayiste Philippe Ariès que « sur une table rase, une communauté nouvelle naquit, créée quasiment *ex nihilo* : une communauté isolée des courants communs de culture, de sensibilité du reste de la nation[21] ».

La banlieue porta en son sein les fragilités des immigrés fraîchement débarqués, les marques du mauvais logement, mais elle hissa également les espérances des populations modestes qui y entrevoyaient, parfois confusément, la condition d'une vie meilleure. En cela, elle a été également un lieu d'hybridation utopique, tant collectif – comme le suggère le projet politique des municipalités communistes banlieusardes – qu'individuel, si modeste soit-il. Pourtant, cette vision n'a guère été reconnue, comme tant de mouvements partis de la base et non de l'élite. D'ailleurs, ces préjugés ont aussi été le lot d'authentiques défenseurs des classes sociales les plus modestes. Le socialiste Albert Thomas avouait ainsi sa difficulté à faire venir des orateurs dans ces espaces en marge au tout début du siècle : « Tous les vieux préjugés, écrit-il, obsédaient encore l'esprit de nos camarades[22]. »

Ainsi donc, l'histoire de la banlieue est plurielle, complexe, difficile à saisir. Elle est autant la marque des pionniers de l'entre-deux-guerres comme des années béton que la manifestation des situations d'exclusion sociale et de relégation. Jusqu'à aujourd'hui, elle figure, du moins une partie, au registre de l'action publique pour sa capacité tant à porter le changement social qu'à caractériser la violence endémique qui s'empare de la France à partir des années 1980. Appréhender son histoire propre nécessite pourtant de se départir des préjugés qui figent son identité à partir des représentations actuelles. Si celle-ci entame son cheminement historique sous le label de « banlieue », elle se perd ensuite dans un dédale lexical, une inflation linguistique qui emprunte toute une série de termes pour la désigner : cités, ensembles urbains, quartiers… Au risque de lui faire perdre son sens commun en la réduisant à un élément d'un tout urbain lui-même assez mal défini, en particulier à l'âge des métropoles.

Comprendre ce qu'a été la banlieue au XXe siècle requiert une variété de sources. La documentation relative à l'action publique paraît bien sûr essentielle. Elle s'appuie notamment sur le rôle joué par les ministères concernés, mais aussi par les pouvoirs locaux qui ont participé à la transformation des villes concernées. L'apport des sciences sociales a également été déterminant en entreprenant très tôt de contribuer à une réelle connaissance de la banlieue, qu'il s'agisse de la géographie avec les travaux pionniers de Pierre George (*Études sur la banlieue de Paris* publiées en 1950) et la thèse de Jean Bastié *La Croissance de la banlieue parisienne* (publiée quant à elle en 1964), ou bien encore les premiers travaux de sociologie urbaine conduits sous la direction de Paul-Henry Chombart de Lauwe. Par la suite, la production d'études documentaires n'a cessé de s'amplifier à tel point qu'il paraît désormais presque impossible de pouvoir maîtriser l'ensemble des productions. Il convient dès lors d'effectuer des choix en fonction des thématiques.

Pour se prémunir d'une histoire qui serait par certains aspects trop administrative, il a aussi été nécessaire de mobiliser des sources moins académiques mais tout aussi riches pour appréhender la manière dont la banlieue a été perçue par ses contemporains – qu'il s'agisse de la presse, de la littérature ou bien encore du cinéma. L'émission *Cinq colonnes à la une* en reportage à Sarcelles au début des années 1960, Louis-Ferdinand Céline (natif de Courbevoie) décrivant les aspérités des communes hors de Paris au cours de l'entre-deux-guerres, Jean Gabin évoluant devant les caméras filmant celles-ci durant quarante ans sont autant de sources qui donnent de la chair à un sujet qui ne peut se raconter du seul point de vue de la chose publique. Les témoignages des habitants apparaissent également comme un gisement encore sous-exploité et il est heureux que des organismes se soient spécialisés dans cette quête mémorielle relative à la vie urbaine passée en marge des villes. De même, il convient de prendre en compte les productions artistiques de tous ceux qui ont su apporter un regard poétique sur un univers pourtant généralement stigmatisé pour son manque d'humanité. Blaise Cendrars comme Robert Doisneau, natif de Gentilly, ont participé à cette affirmation humaniste de la banlieue. Les pistes suggérées doivent donc contribuer à élargir le spectre historiographique des futurs historiens tant le sujet est à la fois vaste et passionnant.

1

Un nouveau monde urbain
De 1900 jusqu'à la Deuxième Guerre mondiale

« Saint-Ouen relève du "type banlieusard" : c'est le long faubourg moderne, fade, monotone, écœurant de banalité. »

(Jacques Valdour, *Ateliers et taudis de la banlieue de Paris*, Paris, Éd. Spes, 1923).

En 1900, il revient à la France d'accueillir l'Exposition universelle. Qu'il s'agisse du premier trottoir mécanique, de la projection des films des frères Lumière sur écran géant, ou bien encore de la présentation du plus grand télescope de l'époque, l'ambition est de montrer au monde entier, ou du moins à l'Europe, que Paris incarne le siècle à venir. Si ce type de manifestation n'est pas une première pour la France, en revanche, on note que la capitale doit désormais compter sur son environnement proche.

Trente-deux projets alternatifs à Paris intra-muros ont ainsi été présentés. Parmi les plus aboutis, citons celui de Courbevoie, ville de l'Ouest parisien. Loin d'apparaître comme un supplétif, il proposait un projet urbanistique très ambitieux. Un majestueux portique situé au rond-point de la Défense devait notamment marquer la jonction symbolique entre Paris et la banlieue[1]. Finalement, ce projet ne verra pas le jour au motif de l'éloignement de Courbevoie par rapport au centre de la capitale ainsi que du risque de voir cette dernière privée des retombées économiques de l'événement. Il est toutefois la marque d'un changement de rapport entre Paris et sa banlieue dont l'histoire remonte en fait aux prémices de la révolution industrielle.

Entrée plus tardivement dans le même processus que la Grande-Bretagne, la France connaît aussi une croissance urbaine moins rapide. Si la ville anglaise, dès 1800, commence à dévorer l'espace, le phénomène, en France, est plus lent[2]. Il faut attendre le milieu du XIXe siècle pour que les territoires situés en dehors des villes traditionnelles s'étendent. Certes, l'haussmannisation joue un rôle dans ce vaste mouvement, et la seconde révolution industrielle qui s'est amorcée dans le dernier quart du XIXe siècle a largement favorisé la banlieue. La raison en est simple : les nouvelles industries requièrent une très large emprise foncière et sont souvent considérées comme suffisamment nuisibles au cadre de vie pour être écartées des villes traditionnelles. La banlieue acquiert un statut peu envié, au point que l'on parlera de « banlieue noire ». Certains territoires conservent aussi une fonction résidentielle, notamment grâce au chemin de fer qui les rend plus accessibles à partir des grandes villes, et de Paris en particulier.

Selon le Bottin mondain, l'Île-de-France regroupe ainsi en 1904 le quart des maisons de campagne des élites mondaines[3]. Dès lors, rien ne semble pouvoir freiner l'ascension irrésistible de la banlieue, quels que soient son ancrage territorial et son statut social. Si la face industrielle constitue le phénomène le plus visible, il n'en reste pas moins que la partie résidentielle constitue également tout au long du XXe siècle un marqueur de l'urbanisation française[4]. Durant la seconde moitié du XIXe siècle, la population urbaine française a plus que doublé, passant de 6,4 millions d'habitants à 14 millions à la veille de 1914. Ce sont désormais les communes situées au-delà des faubourgs qui impriment ce mouvement de suburbanisation. Les villes industrielles périphériques fournissent, au cours des années 1850-1910, jusqu'à 80-90 % de l'ensemble de la croissance urbaine[5]. Les proportions les plus importantes concernent Paris. En 1901, la périphérie de la capitale rassemble plus des trois quarts de la population banlieusarde de France[6].

Se pose dès lors la question de l'organisation de ces territoires. Avec la loi municipale de 1884, émerge la figure du maire, dont le rôle apparaît central. Après la Première Guerre mondiale, l'État lui-même réfléchit à des solutions pérennes afin de mettre de l'ordre dans la croissance urbaine. Si la question d'une organisation à l'échelle de la métropole et de l'agglomération est posée, les solutions de mise en œuvre ne seront toutefois pas encore trouvées à la veille de la Deuxième Guerre mondiale.

Naissance de la banlieue

La croissance urbaine constitue l'un des principaux marqueurs du XIXe siècle européen. La population urbaine en Europe passe de 20 millions d'habitants en 1800 à 150 millions en 1900[7]. Le cas français se caractérise par une croissance régulière qui ne remet globalement pas en cause la hiérarchie urbaine héritée de l'Ancien Régime. En 1851, le taux d'urbanisation est de 25 %. Il passe à 35 % au début des années 1880 pour atteindre, en 1900, 40 %. Seules quelques villes « explosent » sur le plan urbain du fait de l'industrialisation. C'est le cas de Roubaix, Saint-Étienne ou bien encore du Creusot. Pour les autres villes, on constate une croissance continue qui, progressivement, les oblige à se tourner vers leurs faubourgs pour y trouver les ressources nécessaires à leur développement, du point de vue tant matériel qu'humain. Au XIXe siècle, certaines de ces villes tentent toutefois de s'étendre dans leurs propres limites administratives, comme dans le cas de Grenoble, où la « nouvelle ville » s'édifie le long de l'Isère. À Mulhouse, plusieurs industriels procèdent à la création du « nouveau quartier » entre 1827 et 1841. La demande industrielle est toutefois si importante que l'annexion des villages voisins constitue pour les villes-centres une solution à court terme. Le mouvement s'affirme durant la période 1852-1870, qui marque un tournant pour la France qui commence à se projeter réellement comme une nation urbaine à part entière, en particulier autour de Paris et de son agglomération[8]. Mais des villes comme Lyon, Lille ou Marseille constituent également des cas typiques de cette France urbaine en train de s'affirmer.

Les nouveaux territoires de l'industrie

Au cours du XIXe siècle, la capitale des Gaules s'impose comme une ville manufacturière de premier ordre – comme en témoigne l'activité de la soierie qui occupe la moitié de la population active lyonnaise au début du XIXe siècle. Très vite, l'activité dépasse les limites administratives de la commune et se poursuit dans plusieurs faubourgs comme Vaise, La Guillotière ou La Croix-Rousse. Ils sont dès lors annexés en 1852 pour renforcer la puissance industrielle de la ville. Mais, parallèlement, d'autres villes situées en périphérie se développent à leur tour, illustrant la transition qui est en train de s'opérer entre le faubourg et le territoire qui s'étend au-delà. On commence d'ailleurs à parler de « banlieusardisation » en lieu et place du processus traditionnel d'urbanisation[9].

Villeurbanne est caractéristique de ce type de transition urbaine qui s'opère essentiellement à partir de la seconde partie du XIXe siècle, et plus encore avec la seconde révolution industrielle. Qu'il s'agisse des activités liées à la production d'électricité, du pétrole ou de la chimie, les nouvelles infrastructures qui s'édifient requièrent des espaces que les villes traditionnelles ne sont plus guère en capacité d'offrir, de surcroît après les installations de la première révolution industrielle. Il leur faut donc trouver de nouveaux espaces, au-delà parfois des anciens faubourgs qu'ils ont d'ailleurs dans la plupart des cas annexés. On parle dès lors d'« urbanisation par complémentarité ». Il va sans dire que cette recherche constitue un débouché industriel pour des villes qui, jusque-là, n'avaient pas été – ou dans une moindre mesure – touchées par l'industrialisation. Détachée du département de l'Isère en 1852, ayant refusé son rattachement à Lyon en 1852, la ville qui est limitrophe de Lyon affirme progressivement son caractère industriel durant la seconde partie du XIXe siècle. La seconde révolution industrielle la consacre comme la principale ville de banlieue industrielle du département du Rhône. Elle profite en particulier à partir de 1899 de la proximité de l'usine hydroélectrique de Cusset sur le canal de Jonage pour se développer. Sa croissance urbaine est particulièrement forte durant les années 1880-1930. Peuplée de 15 000 habitants en 1856, elle en compte 42 000 en 1911 et 82 000 au recensement de 1931[10]. À la fin de la Première Guerre mondiale, Villeurbanne constitue désormais un véritable bastion industriel.

La compagnie Gillet, spécialisée dans la teinture, d'abord installée à Lyon, ouvre un nouveau site à Villeurbanne en 1889 sur un terrain de 16 000 mètres carrés. Les deux établissements comptent, en 1890, 2 000 salariés. Si son statut de ville industrielle est incontestable depuis le début du XXe siècle, elle reste marquée par son statut de dépendance vis-à-vis de la capitale lyonnaise. Pour l'historien Yves Lequin, Villeurbanne demeure une « simple circonscription extra-muros de la rive gauche où s'inscrit désormais le destin économique de la ville[11] ». Il paraît donc acquis que l'histoire de la banlieue industrielle s'inscrira, du moins dans un premier temps, dans un rapport de subordination avec la ville-centre.

Lille, autre grand foyer de la révolution industrielle, voit également se développer tout autour d'elle un chapelet urbain dédié en particulier à l'activité du textile. Alors que la grande ville manufacturière du nord de la France a elle aussi procédé à une annexion de ses faubourgs en 1852, elle doit également composer avec les deux autres grandes villes de la métropole – Tourcoing et Roubaix – qui voient alors leurs périphéries s'affirmer comme des villes industrielles à part entière. À Roubaix, les terrains pour implanter de vastes manufactures sur le modèle anglais se raréfient à partir du Second Empire. Le village limitrophe de Wattrelos connaît sa première implantation industrielle en 1865, devenant en quelque sorte la banlieue industrielle de celle que l'on surnommait alors la « Manchester française ». Entre 1872 et 1911, Wattrelos voit sa population passer de 14 600 habitants à 29 000. D'autres exemples confirment que plusieurs villes-centres ralentissent leur rythme de croissance urbaine au profit de leur proche périphérie. C'est dans cette ville en périphérie de Roubaix que s'installe en 1911, à la frontière entre les deux villes, la célèbre Lainière de Roubaix, fleuron, durant près d'un demi-siècle, de l'industrie textile nordiste. Mais comme dans le cas lyonnais, le lien de sujétion l'emporte. C'est la croissance économique qui est à la base du développement de ces villes de second rang et il faudra encore bien des années avant qu'elles ne soient en capacité d'affirmer leur propre identité municipale en dehors du lien qui les lie sur le plan économique à leur voisine.

Ce lien paradoxal, dépendance économique d'une part, souci d'affirmation d'autre part, sera à l'origine de rapports complexes entre les communes d'une même métropole, qu'il s'agisse de la commune-centre ou de celles entrant dans la catégorie encore assez floue de la banlieue. En outre, le ralentissement du rythme de croissance de certaines grandes villes au profit de ces dernières complexifie encore les relations et les équilibres entre ces deux types de territoires.

C'est le cas notamment de Bordeaux où le développement continu de la banlieue stoppe nettement celui de la capitale girondine[12]. Dès 1921, la ville intra-muros cesse de croître. Dans la proche banlieue, où vivent depuis le début du XXe siècle un cinquième des habitants de l'agglomération, le chiffre de la population est supérieur à celui des habitants de l'ensemble de la Gironde rurale selon le recensement de 1936. Talence connaît un essor rapide grâce à l'implantation sur son territoire de plusieurs activités industrielles (métallurgie, chaudronnerie, chimie, abattoirs) qui, progressivement, la font passer du statut de bourg rural en partie tourné vers la villégiature, à celui de banlieue industrielle à part entière.

Parfois, la distinction en matière d'industrialisation entre la ville-centre et sa périphérie ne va pas de soi. C'est le cas pour Marseille, où il n'existe pas de réelles banlieues au sens historique du terme. Les manufactures et les usines se sont développées au sein d'anciens villages situés en lisière de la ville et le long des nouveaux axes de communication. La dérivation du canal de la Durance à partir de 1849 a ainsi contribué à l'affirmation de villages jouxtant la cité phocéenne. Mais c'est surtout à partir de la seconde moitié du XIXe siècle que l'on constate une croissance anarchique des lotissements destinés à loger les ouvriers qui affluent vers les nouveaux lieux industriels. Dans ce cas précis, c'est la ville-centre qui a agrégé sur son propre territoire les nouvelles activités industrielles, en particulier grâce à une superficie municipale suffisante pour affirmer sur son propre territoire son identité industrielle[13].

Le chemin de fer peut aussi constituer un puissant levier territorial pour certaines petites villes appelées dès lors à se développer. Le village de Fleury-aux-Choux, situé dans la banlieue nord d'Orléans, voit son destin bouleversé par la réalisation entre 1858 et 1907 d'un grand centre ferroviaire sur son territoire (le village deviendra alors Fleury-les-Aubrais en 1907). Il sera à l'origine de la création de nombreux emplois dans une commune qui était jusque-là dépourvue de toute activité industrielle. Dès lors, la ville ne cessera de se développer, à tel point qu'entre 1946 et 1982, sa population augmentera de 293 % contre 46 % pour celle d'Orléans – et ceci en dépit de la construction de la nouvelle ville d'Orléans-la-Source[14].

Il faut enfin souligner que la définition de la banlieue est d'autant plus complexe que certains territoires ne peuvent être appréhendés comme un tout homogène. La périphérie parisienne, de ce point de vue, ne doit pas faire illusion. Si le singulier est communément admis jusqu'à une période récente, en particulier du fait de son évolution exponentielle et de sa relation avec la capitale, il n'en reste pas moins qu'elle ne peut pas être uniquement caractérisée par son seul potentiel industriel. La banlieue parisienne, par son histoire et son étendue, offre ainsi un exemple typique de la diversité urbanistique. La partie nord concentre les effectifs ouvriers les plus importants. Saint-Denis accueille 9,1 % de tous les ouvriers du département de la Seine, hors Paris. D'autres villes affichent aussi des taux de concentration ouvrière extrêmement forts, à l'instar de Saint-Ouen, où les ouvriers représentent 68,7 % de la population totale[15]. En revanche, d'autres territoires sont quant à eux plutôt composés de zones résidentielles. Situés plus à l'ouest, ils accueillent bon nombre de rentiers – à l'image de Neuilly-sur-Seine qui, en 1891, comptait parmi sa population 8,6 % de cette catégorie. Certains de ces espaces se caractérisent aussi et avant tout par leur aspect exclusivement résidentiel comme ceux qui sont situés autour des bords de la Marne ou dans certaines boucles de la Seine.

Mais qu'il s'agisse de mettre en avant le caractère industrieux de certaines villes ou au contraire leur caractère résidentiel, il n'en reste pas moins qu'il s'agit de rendre compte de la toute-puissance de la banlieue parisienne qui restera en grande partie hégémonique jusqu'à la Deuxième Guerre mondiale. La raison en est tout à la fois politique et économique. Entre les recensements de 1896 et de 1906, la périphérie de la capitale occupe 18,3 % puis 23,9 % des établissements industriels du département de la Seine. L'emploi dans le secteur secondaire progresse quant à lui de 27,6 % à Paris intra-muros alors qu'au-delà, il croît de 64,3 %.

La force de la banlieue parisienne

Il convient tout d'abord de définir ce que l'on entend par banlieue parisienne étant donné la polysémie des termes, y compris à l'époque. Selon René Clozier, qui fut notamment directeur de l'information géographique,

> appartient à la banlieue toute localité qui, dans un rayon de 30 kilomètres autour de Paris, est desservie par des moyens de communication assurant à ses habitants l'accès à la capitale en une heure environ, toute localité dont l'accroissement de population se fait selon un rythme urbain ; toute localité dont les fonctions de travail ou de résidence sont liées à l'activité économique journalière de Paris ; toute localité qui envoie chaque jour 10 % de ses habitants travailler à Paris, toute localité qui possède un ou plusieurs lotissements ouvriers[16].

Cette définition agrège de fait de nombreuses villes à la banlieue. Pour sa part, dans son étude sur *Paris, la ville et sa banlieue* publiée en 1933, le géographe Albert Demangeon évoque l'extraordinaire force de la banlieue de Paris qui rend à l'époque le phénomène inédit sur le plan national. Le terme « déversement » évoqué dans la citation n'est d'ailleurs pas sans rappeler le célèbre *urban sprawl* américain :

> Somme toute, c'est par un déferlement continu de la population au-delà des murailles et au-delà des faubourgs que se caractérise le paysage urbain. Le développement des fonctions commerciales et politiques dans le centre de la ville refoule vers la banlieue une masse d'habitants. La cherté des terrains éloigne aussi de la ville et des quartiers suburbains les établissements industriels. Il y a déversement de la vie urbaine sur toute la province prochaine[17].

De nombreuses terres dédiées essentiellement aux cultures de la terre vont progressivement se transformer en lieu d'accueil pour les industries qui souhaitent s'implanter à proximité de la capitale. Si le mouvement a commencé durant le Second Empire, c'est la seconde révolution industrielle qui sert d'accélérateur avec pour effet une densification du tissu urbain existant, à commencer par les territoires les plus proches de Paris, en deçà de l'octroi, notamment du côté de la plaine de Grenelle ou des Batignolles – où se sont installés de grands établissements métallurgistes. Comme pour la première révolution industrielle, les implantations réalisées à partir des années 1880 ne cherchent toutefois pas à s'isoler des villes qui ont assuré jusque-là la croissance économique. Il s'agit bien au contraire d'un mouvement concentrique allant du centre vers la périphérie. On parlera donc de première, puis de seconde couronne, ainsi que de « petite » et de « grande » banlieue, celles-ci étant le fruit de la pénétration industrielle dans les communes qui entourent la capitale.

Forte de son statut, la capitale a en effet très rapidement fédéré autour d'elle de nombreuses activités qui ont contribué à irriguer les communes périphériques, au-delà des faubourgs dont le rôle était déjà important au Moyen Âge. L'une des caractéristiques de la banlieue parisienne réside précisément dans le fait que sa croissance est antérieure à l'essor de la révolution industrielle en France. En effet, entre 1811 et 1851, la population de l'agglomération parisienne a déjà plus que doublé. Dès lors, c'est elle qui imprime sa marque sur la croissance urbaine au plan national. De 1851 à 1911, plus d'un tiers, 36,6 %, de la croissance urbaine française se trouve absorbé par la capitale et sa banlieue qui, en valeur absolue, passe sur le siècle de 500 000 habitants à près de 4 millions[18]. Avec un taux de croissance annuel de 3 %, elle fait figure d'exception dans un pays de moins de 40 millions d'habitants et dont la croissance sur le plan démographique est très faible (0,1 % par an).

Progressivement et irrésistiblement, la banlieue parisienne – et non plus la ville capitale – constitue désormais la marque du dynamisme urbain. On voit dès lors se forger autour de Paris ce que l'on appellera bientôt la petite banlieue, c'est-à-dire un réseau de villes dont le poids démographique ne cesse de se renforcer. Au nord, Saint-Denis atteint les 50 000 habitants au recensement de 1891 tandis qu'à l'ouest, la ville de Boulogne, avant sa fusion avec Billancourt, dépasse déjà les 30 000 habitants à cette date. La ville est alors en passe de devenir le symbole de l'industrie aéronautique naissante en France ainsi que de l'industrie automobile avec les premiers prototypes développés par la famille Renault, dans sa propriété de Billancourt d'abord, puis très vite sur la commune de Boulogne-sur-Seine. Dès 1900, les ateliers de Billancourt couvrent 4 680 mètres carrés pour atteindre 143 600 mètres carrés à la veille de la guerre. Le phénomène de concentration industrielle spécialise certains territoires de banlieue. Toujours à Boulogne, la création d'une blanchisserie industrielle employant 300 employés contribue à faire disparaître les petites blanchisseries traditionnelles, y compris dans les villes avoisinantes.

Le phénomène vaut également ailleurs. Dans l'est de la France, c'est l'industrie brassicole qui assure la renommée de la ville voisine de Strasbourg, Schiltigheim. Au cours du XIXe siècle, plusieurs brasseries ont quitté Strasbourg afin d'acquérir plus d'espace. Parmi elles, la brasserie Fischer – ou « brasserie du Pêcheur » – fondée à Strasbourg en 1821, et qui s'y installe définitivement en 1884, conférant à cette banlieue strasbourgeoise le surnom de « Cité des Brasseurs ».

D'autres villes – comme Puteaux, Asnières et Courbevoie à l'ouest, Vincennes et Montreuil à l'est – se situent quant à elles plutôt dans la strate des 20 000 habitants, ce qui est déjà très significatif au regard de leur croissance extrêmement rapide depuis le milieu du XIXe siècle. La banlieue sud, mis à part Ivry, où s'implante un pôle métallurgiste, connaît en revanche un essor plus mesuré[19]. Cela n'empêche toutefois pas l'écart de se creuser entre la banlieue d'une part et la capitale d'autre part. Si entre 1901 et 1911, cette dernière parvient encore à gagner 174 000 habitants, le nombre tombe à moins de 20 000 dix ans plus tard. Elle en perdra même 15 000 au recensement de 1931. *A contrario*, la banlieue parisienne ne cesse de renforcer son poids. Dans le même intervalle, elle gagne quant à elle 310 000 habitants entre 1901 et 1911, 240 000 dix ans plus tard, et enfin 538 000 entre 1921 et 1931. Les villes les plus proches de Paris creusent également l'écart par rapport au département de la Seine lui-même : 26 % en 1901, 30,4 % en 1911, 34 % en 1921, 41,4 % en 1931[20]. Dans certains cas, l'industrialisation bouleverse également la trame paysagère classique des villes concernées comme dans le cas de Gennevilliers dans la boucle de la Seine. Lieu recherché des canotiers, source d'inspiration de certains peintres, en particulier Claude Monet, son territoire connaît une brusque transformation lorsque commencent à s'y installer à la fin des années 1890 des usines de fabrication de moteurs, pour les bateaux dans un premier temps, et pour les avions dans un second. Ainsi la ville épouse-t-elle en quelque sorte son siècle, chassant promeneurs et peintres au profit quasi exclusif des grandes usines nées de la seconde révolution industrielle et profitant de la situation de la ville en bord de Seine.

Cette inégalité de développement en matière démographique n'est pas sans conséquence non plus sur le plan social. Henri Sellier, fin connaisseur de la banlieue au début du XXe siècle, relève à ce sujet l'écart existant entre Paris et sa banlieue en matière sanitaire. Le taux de mortalité est ainsi supérieur de quatre points en banlieue par rapport à Paris. Dans 40 des communes de plus de 5 000 habitants sur les 56 que compte alors le territoire de la banlieue parisienne, le taux de mortalité, selon les relevés de 1911, dépasse effectivement celui de la capitale[21].

Le rôle d'accélérateur de la Grande Guerre

La Grande Guerre joue un rôle important dans l'implantation de nouvelles usines en banlieue parisienne. Les demandes sont sans cesse plus grandes en matière de production d'armement et la concentration des usines autour de Paris favorise les villes de banlieue qui disposent déjà d'une forte expérience en matière de production industrielle.

À Saint-Denis, la célèbre orfèvrerie Christofle fabrique des douilles d'obus. La loi de 1915 sur les mobilisés contribue à drainer vers les sites de production plusieurs milliers d'ouvriers, renforçant ainsi le poids démographique de la banlieue parisienne. La fabrication des armements requiert de vastes installations que les villes traditionnelles ne sont pas en capacité d'accueillir ou, tout simplement, ne veulent pas pour des raisons de sécurité. Dans l'ouvrage *Paris, la ville et sa banlieue,* le géographe Albert Demangeon décrit en des termes éloquents l'emprise industrielle sur la ville de Saint-Denis, connue jadis pour être la nécropole des rois de France, et qui, au sortir de la Première Guerre mondiale, est en passe de s'imposer comme l'une des principales villes industrielles de la banlieue parisienne grâce à ses nouvelles activités :

> Les quartiers industriels se rangent en bordure des voies navigables, mais se rejoignent entre eux en une agglomération ouvrière qui couvre aussi les territoires de Saint-Ouen, d'Aubervilliers, de La Courneuve, de Pantin. Cette masse de maisons refoule peu à

> peu impitoyablement les perspectives agrestes qui se maintenaient encore jusqu'ici à Épinay, à Villetaneuse, à Stains, à Dugny, au Bourget, à Bobigny, à Drancy. Dans cette accumulation de fabriques, d'ateliers et d'habitations, les limites des communes se perdent parmi le dédale des rues et des routes.

Forte de sa contribution à l'effort de guerre, Boulogne confirme aussi sa vocation économique au cours de l'entre-deux-guerres alors que la firme automobile employait déjà 4 400 ouvriers en 1914. La ville atteint le seuil symbolique des 100 000 habitants au recensement de 1936. La commune administrée par André Morizet depuis 1919 prend même la tête des communes de la banlieue parisienne sur le plan démographique. D'autres villes connaissent une véritable explosion démographique. Drancy, au nord de Paris, passe durant l'entre-deux-guerres de 1 000 à 51 000 habitants. L'extension des lotissements contribue aussi à développer la périphérie de la capitale. On constate dès lors une saturation de la première couronne autour de Paris.

D'autres secteurs profitent également de l'évolution de la société française dans l'entre-deux-guerres, notamment dans le domaine des biens de consommation. Un nouveau type d'usines – comme les produits de parfumerie Gibbs L'Oréal ou les potages Liebig – donne un nouvel élan à l'industrie implantée en périphérie. La ville de Vaulx-en-Velin est appelée à s'imposer à son tour en particulier grâce à l'entreprise de la Soie artificielle du Sud-Est (SASE) qui s'installe dans la partie sud de la ville et qui change de nom en 1935 pour devenir la TASE (Textiles artificiels du Sud-Est). Son implantation transforme très rapidement la ville qui passe alors de 3 700 habitants en 1925 à 7 300 dix ans plus tard. Si la crise économique des années 1930 contrarie le développement économique local, elle ne remet toutefois pas en cause la vocation industrielle de ces territoires. Parallèlement, en marge de ces vastes mouvements, les communes plutôt dédiées à la villégiature parviennent aussi à maintenir leur statut – ce qui renforce l'écart entre les différentes composantes de la périphérie parisienne.

La Première Guerre mondiale a également joué un rôle d'accélérateur pour la banlieue lyonnaise. D'un point de vue général, on retrouve comme dans le cas de Paris un creusement entre la démographie de la ville-centre et les communes proches. Durant la période de l'entre-deux-guerres, Lyon connaît une croissance moyenne de 9 %, tandis que Villeurbanne s'accroît quant à elle de 91 % et Saint-Fons de 74 %[22]. Le cas de Vénissieux est quant à lui spécifique de l'explosion urbaine caractérisée par la participation à titre industriel à la Première Guerre mondiale. En 1899, cette commune est encore présentée dans un journal local comme le « jardin potager » de Lyon. Le recensement de 1891 indique que plus de deux habitants sur trois vivent alors de l'agriculture et moins de 5 % de l'industrie. En 1911, la ville compte déjà 57 % d'ouvriers industriels parmi les actifs, pour moins de 20 % d'exploitants agricoles. Mais c'est véritablement la participation à l'effort de guerre qui donne à la ville une place nouvelle au sein de l'agglomération lyonnaise. Le choix de l'industriel Marius Berliet d'implanter à Vénissieux une vaste usine de plus de 400 hectares à l'est de la ville a joué un rôle essentiel. Inspirée des usines Ford de Detroit, l'usine emploie en 1918 près de 5 000 ouvriers qui construisent des chars et des camions destinés à l'effort de guerre national. De la même manière, Vénissieux voit également s'implanter la Société d'outillage mécanique et d'usinage d'artillerie qui fabrique également du matériel de guerre et emploie, en 1918, 300 personnes. En 1918, l'Atelier de chargement emploie quant à lui un millier de femmes et 3 000 travailleurs coloniaux[23] ; 80 000 obus y sont produits quotidiennement afin d'alimenter le front en armes. Seize ans plus tôt, la ville de Lyon avait voulu annexer la partie nord de ce territoire de banlieue afin de satisfaire à ses propres ambitions industrielles. Dès les années 1920, Vénissieux et Saint-Fons représenteront la plus grosse concentration industrielle de toute la région lyonnaise.

La Grande Guerre a aussi eu pour effet d'accélérer des mutations engagées avant le déclenchement des hostilités et qui ont eu comme conséquence d'étendre après guerre le phénomène banlieusard à la plupart des principales métropoles françaises. Certaines d'entre elles avaient connu un décollage industriel plus tardif que Paris, Lyon ou bien encore Lille et Marseille – pour ne citer que les principales.

Les premières années du XXe siècle ont donc vu la banlieue de ces villes connaître à son tour un fort essor. En 1899, les établissements Schneider, implantés au Havre, avaient créé un second polygone de tir en plus de celui du Hoc. En 1905, ils avaient doublé les ateliers du Havre par une usine spécialisée dans l'artillerie de campagne jusqu'ici produite par Le Creusot. D'une superficie de 80 000 mètres carrés (93 000 durant la Première Guerre mondiale), les ateliers de l'usine de la banlieue havraise employaient près de 4 000 personnes avant la Première Guerre mondiale. Ils seront 12 000 durant la guerre. La ville devient après le conflit l'une des plus grandes zones industrielles de France avec l'implantation de la société de raffinerie de Normandie et l'usine Hispano-Suiza.

Restons en Normandie. En effet, le développement urbain de Rouen et de sa périphérie rend justement compte de la montée irrésistible de la banlieue au début du XXe siècle. Les communes de Grand-Quevilly et de Petit-Quevilly se transforment en étroite relation avec la capitale normande. La première voit ses premières implantations industrielles au début des années 1880 grâce à l'ouverture de la ligne de chemin de fer reliant cette ville de banlieue à Rouen en seulement une dizaine de minutes. Elle profite alors de sa position stratégique pour attirer de plus en plus d'entreprises et développer son industrialisation. De la même manière, Rouen profite de la proximité de cette banlieue pour y installer des chantiers navals. C'est ainsi que les Fabriques de Normandie s'y implanteront en 1884. Pour Le Petit-Quevilly, le processus est un peu différent. En 1888, Rouen ayant annexé aux communes limitrophes 200 hectares situés entre le chemin de fer et la Seine, Le Petit-Quevilly perd son accès direct à la Seine au profit de Rouen. Cela ne l'empêchera toutefois pas de connaître un véritable essor économique grâce à l'installation de nouvelles usines : vastes filatures entièrement mécanisées ; usines de produits chimiques et de fabrication d'explosifs, établissements sidérurgiques et métallurgiques produisant des machines à vapeur et des matériels ferroviaires. Ici, comme dans la plupart des banlieues saisies par l'industrialisation, on mesure l'ampleur du phénomène par la croissance démographique. En 1831, Le Petit-Quevilly comptait 1 455 habitants. En 1891, la population locale est estimée à un peu plus de 10 500 pour se stabiliser à environ 20 000 habitants dans les années 1950[24].

Plus à l'ouest, le cas nantais est aussi caractéristique de la montée en puissance des banlieues au cœur du mouvement urbain français de part et d'autre de la Première Guerre mondiale. La ville de Chantenay, ancienne commune de Loire-Inférieure située dans la banlieue ouest de Nantes, qui avait été annexée à cette dernière en 1908, avait déjà connu avant la guerre une forte croissance de sa population, passant de 1 800 à 21 380 habitants entre 1806 et 1906[25]. La grande métropole de l'Ouest n'est en effet plus en capacité d'absorber le développement de nouvelles activités industrielles (comme les chantiers navals), contrairement à Chantenay qui dispose de plus d'espaces en bordure du fleuve. La commune accueille aussi des conserveries dont les effluves sont de moins en moins supportés par les quartiers résidentiels nantais. Elle continuera dès lors de se développer durant l'entre-deux-guerres.

De fait, le mouvement d'extension urbaine aux communes périphériques des grandes villes qui se dessine entre 1900 et la fin de la Première Guerre mondiale apparaît irrésistible, et cela, sur le plan national. Il n'en reste pas moins que d'autres communes restent à la marge de ce puissant mouvement. C'est le cas en particulier des communes qui continuent à se distinguer principalement par leurs caractéristiques résidentielles, mais également parfois nourricières – et dont le mélange avec d'autres territoires de banlieue essentiellement tournés vers l'industrie invite à les qualifier de « mosaïques » dans la mesure où ses délimitations ainsi que ses caractères propres ne semblent guère évidents à définir avec précision.

La banlieue mosaïque

Jusqu'à la Deuxième Guerre mondiale, de nombreuses villes de banlieue se tiennent à l'écart du vaste mouvement d'industrialisation qui imprègne l'ensemble du tissu urbain français et que l'on désigne parfois sous le vocable de banlieue « verte » pour la distinguer de la banlieue « noire » entièrement tournée vers l'industrie. Celle-ci, au contraire, se caractérise surtout par son caractère résidentiel, sa principale mission étant d'accueillir pour des périodes plus ou moins longues de villégiature les populations aisées des villes industrielles. De même, elle sert de réserve alimentaire aux grandes villes dont elle dépend et qui, de fait, dépendent donc également d'elle pour se nourrir.

La mémoire collective a gardé le souvenir de cette banlieue aux accents bucoliques. « Ah mes beaux dimanches de la banlieue lorsque j'avais vingt ans ! » se rappelle Émile Zola dans sa nouvelle *Aux champs. La banlieue, le bois, la rivière*, nostalgique qu'il est de ces instants de « liberté dans les grands bois[26] ». L'écrivain met d'ailleurs en exergue les types de banlieue qui se succèdent. Dans « La banlieue », tirée de ses *Nouvelles*, il décrit la succession des territoires de banlieue. D'abord la zone industrialisée, puis ensuite la campagne elle-même :

> Devant eux, s'étend la zone militaire, nue, déserte, blanche de gravats, à peine égayée de loin en loin par un cabaret en planches. Des usines dressent leurs hautes cheminées de briques, qui coupent le paysage et le salissent de longs panaches de fumée noire. Mais, qu'importe ! Par-delà les cheminées, par-delà les terrains dévastés, les braves gens aperçoivent les coteaux lointains, des prés qui font des taches vertes, grandes comme des nappes, des arbres nains qui ressemblent aux arbres en papier frisé des ménageries d'enfant ; et cela leur suffit, ils sont enchantés, ils regardent la nature, à deux ou trois lieues. Les hommes retirent leurs vestes, les femmes se couchent sur leurs mouchoirs étalés ; tous restent là jusqu'au soir, à s'emplir la poitrine du vent qui a passé sur les bois. Puis, quand ils rentrent dans la fournaise des rues, ils disent sans rire : « Nous revenons de la campagne[27]. »

La banlieue, c'est en effet aussi le lieu des plaisirs qui vont de la demeure bourgeoise au bord de l'eau jusqu'aux tablées du dimanche qui accueillent les ouvriers venus respirer le bon air d'un espace champêtre qui a su garder une physionomie campagnarde. Cet état de fait est cependant nuancé par le propos du géographe Pierre George qui, dans un article de 1950, expliquait que d'une manière générale, la classe aisée était « emprisonnée dans un Paris de comportement bourgeois par une banlieue devenue en majeure partie prolétarienne et révolutionnaire[28] ». En réalité, ce qui caractérise la banlieue, c'est avant tout sa diversité tant culturelle que sociale et sa capacité à offrir des univers très variés ainsi qu'une alternative, même passagère, au monde de l'usine et des ateliers.

Dès l'Ancien Régime, les conditions de vie au sein des grandes villes ont conduit les catégories sociales aisées à se retirer plus loin, pour une durée plus ou moins longue. Des « folies » ont ainsi été construites comme à Meudon. Le phénomène s'accentue tout au long du XIXe siècle. D'autres villages, appelés bientôt à intégrer à leur tour la ronde des banlieues, bénéficient eux aussi d'une réputation bucolique, parfois liée à un objet ou à une spécialité. La renommée de Montreuil est ainsi attachée à la production des pêches qui étaient très appréciées, y compris dit-on du roi Louis XIV lui-même[29]. La vallée de Montmorency, située dans le département du Val-d'Oise, qui est encore de nos jours un espace privilégié, était réputée sous l'Ancien Régime, et même, par la suite, pour ses jardins ainsi que ses vergers et ses célèbres cerises. Ce qui n'empêchera toutefois pas ses terrains d'être vendus par lots à la fin du XIXe siècle. On y retrouve également des traces mémorielles de l'Ancien Régime. Montmorency, où résida durant plusieurs années Jean-Jacques Rousseau, compte une rue du Contrat-Social.

Certaines communes de banlieue ont également acquis dès le début du XIXe siècle un statut essentiellement résidentiel en lien avec les lotissements qui commençaient à y être créés. C'est le cas de Neuilly, où le premier d'entre eux, datant de 1824 (suivi de deux autres en 1826 et 1848), a fixé la fonction résidentielle de la ville. Il en va de même pour Saint-Mandé, à l'est, où la proximité du bois de Vincennes caractérise aussi très tôt le développement de la ville. C'est le cas également, parmi les lotissements les plus célèbres de la banlieue parisienne, d'Enghien-les-Bains, Maisons-Laffitte et du Vésinet. Dans ce dernier cas, sa fondation est motivée par une opération de spéculation foncière. C'est en 1854 que le demi-frère de Napoléon III, le duc de Morny, s'est allié avec un industriel et un banquier pour y fonder un nouveau lotissement. Ici comme à Saint-Germain-en-Laye, ce sont les ressources locales naturelles qui motivent le choix de l'implantation, en particulier la qualité paysagère. D'autres lotissements ont aussi été construits dans des parcs de châteaux, comme celui de Bellevue, à Meudon. L'un des moteurs du développement de ces banlieues résidentielles réside en outre dans le refus de toute implantation industrielle à proximité. En 1901, une fabrique d'engrais devait être installée à Sartrouville, sur les bords de Seine, en face du champ de courses de Maisons-Laffitte. Le conseil municipal intervint aussitôt auprès du préfet de Seine-et-Oise afin de ne pas accorder son autorisation, « considérant que l'installation, en cet endroit, d'une industrie répandant au loin une odeur infecte, causerait inévitablement la ruine de Maisons-Laffitte qui est un pays de villégiature et dont la réputation de salubrité serait à tout jamais perdue[30] ». La recherche d'un entre-soi protecteur est donc très ancienne et même consubstantielle à la formation de certaines banlieues contemporaines.

Ces processus de résidentialisation influent également sur la composition sociale de ces villes. Alors que la banlieue se caractérise essentiellement par un afflux de populations modestes qui cherchent à se loger tant bien que mal, la part des propriétaires dans les villes résidentielles y est en moyenne comprise entre 16 % et 22 %, contre 8 % dans les villes plus anciennes. Mais la grande différence réside surtout dans le refus d'une industrialisation rejetée, voire interdite. À Saint-Maur, les cinq propriétaires qui possèdent encore une large partie de la ville durant le Second Empire veulent ainsi réserver exclusivement leur domaine à la construction de villas et de chalets de plaisance[31]. Certaines villas, qui parfois rappellent les célèbres villas palladiennes de la Vénétie, sont le fait d'une clientèle très aisée qui recherche des lieux de villégiature non loin de Paris où elle a généralement ses affaires. Dès lors, les villes qui les accueillent deviennent des endroits réputés pour leur cadre de vie préservé, en particulier durant le Second Empire. Grâce à son château et au canotage sur la Seine, Asnières devient l'un des hauts lieux de la fête impériale[32]. Un peu plus loin de Paris, les « maisons de campagne » assurent également à leurs occupants le charme de la banlieue encore préservée de l'industrialisation – à l'image de Rambouillet où se dressent plusieurs lieux de villégiature qui se trouvent alors en pleine campagne.

La présence d'un atout naturel joue également un rôle déterminant dans la renommée des villes de la banlieue résidentielle. Les bords de fleuve constituent des lieux extrêmement prisés par les nouveaux acquéreurs. Tout comme la Tamise à l'ouest de Londres, la Seine constitue un atout majeur. Parallèlement au développement des bains de mer, la rivière devient un lieu prisé, que ce soit pour la baignade ou le canotage, ou tout simplement pour les déjeuners, comme sur les bords de Marne avec ses célèbres guinguettes (l'origine du terme proviendrait du mot *guinguet* qui désigne un vin blanc de qualité médiocre mais peu cher qui était produit en Île-de-France). En banlieue parisienne, les îles qui se trouvent sur le parcours sinueux de la Seine sont particulièrement recherchées et font l'objet de spéculations immobilières. L'île de Migneaux, située sur Poissy, est lotie en 1903. La société gérante en vante ainsi les mérites : « Elle mérite sa réputation de salubrité absolue. Les cures d'air y sont pratiquées avec succès. La pêche, les promenades en forêt en font un endroit exceptionnellement agréable[33]. » Draveil profite également des boucles de la Seine pour entretenir sa réputation de lieu de villégiature. La présence d'une forêt contribue aussi à la renommée d'une banlieue résidentielle – comme en témoigne l'exemple bien connu de Fontainebleau. Peu à peu, la location saisonnière devient en outre une ressource appréciable pour les communes de banlieue qui présentent un patrimoine touristique digne d'intérêt. Les locations estivales semblent même avoir été une véritable industrie locale dans certaines communes comme à Montmorency, où en 1898 sont louées 333 maisons à des familles venues « en villégiature » – soit, en tout, d'après l'instituteur qui rapporte les chiffres, 1 600 personnes sur une population sédentaire à peine supérieure à 5 000 habitants[34].

Signe des temps, après l'installation de plusieurs hippodromes dans des villes voisines de Paris durant le XIXe siècle, ce sont les activités liées aux sports de plein air qui contribueront également à faire la réputation de certaines villes de banlieue à partir du début du XXe siècle. La pression hygiéniste se faisant de plus en plus forte, le recours à de grands équipements sportifs caractérise aussi ces communes qui souhaitent apparaître comme des endroits où l'on vit sainement. Durant l'entre-deux-guerres, des publicités vantent les mérites de certains sites où il existe des espaces à lotir pour la villégiature. Il est ainsi implanté sur l'île du Platais à Médan un complexe naturiste intitulé « Physiopolis » fondé en 1928 qui propose à ses adhérents des bungalows et des maisonnettes entourés d'équipements sportifs permettant de se ressourcer pleinement[35]. Pour accroître leur potentiel de séduction auprès d'éventuels investisseurs, les périphéries résidentielles peuvent elles aussi compter sur le développement des lignes de chemin de fer. Cela permet, tout comme pour leurs homologues industriels, un réel mouvement pendulaire, comme le note à Andrésy, dans l'arrondissement de Saint-Germain-en-Laye, le même instituteur du village :

> D'autres, plus fortunés, y ont leur pied-à-terre, leur résidence d'été, leur villégiature. La plupart, habitant Paris, sont industriels, commerçants ou même employés ; ils arrivent chaque soir se reposer de leurs fatigues, respirer l'air pur et salutaire des champs pour retourner dès le matin le lendemain à leurs occupations de la ville[36].

Cette « autre » banlieue qui ne cesse de se développer tout au long des années 1880-1930 se distingue également du point de vue architectural. Si les espaces industriels se repèrent aisément au premier coup d'œil par leurs toits d'usines et leurs cheminées, ainsi que par la médiocrité générale de leur habitat, la périphérie résidentielle est quant à elle au contraire facilement identifiable aux audaces architecturales qui agrémentent les belles maisons dites « meunières » qui, au fil du temps, deviennent un archétype. Et ceci n'est pas l'apanage de la région parisienne.

En province, plusieurs communes se distinguent de la ville-centre par leurs audaces architecturales. On relève parfois une véritable compétition entre propriétaires pour déterminer qui fera le plus preuve d'originalité. Sur les bords de Marne et de Seine, le belvédère devient un élément ostentatoire visant à marquer sa richesse dans le territoire. Aujourd'hui encore, ces constructions qui datent pour la plupart du début du XXe siècle demeurent des joyaux patrimoniaux au sein des métropoles. La plupart d'entre elles, avant même leur reconnaissance institutionnelle, voient en leur sein s'établir des quartiers résidentiels qui se trouvent pour une large partie dans les villes proches de la ville-centre. C'est le cas par exemple de l'avenue de l'Hippodrome à Lambersart, à proximité de Lille. Proche du bois de Boulogne qui est alors le seul espace vert de la grande ville industrielle, il vise à proposer à la bourgeoisie locale un espace préservé des nombreuses nuisances industrielles. Pour cela, la société chargée du lotissement qui lance le projet en 1886 fait interdire la construction de cités ouvrières ou l'installation d'industries polluantes à proximité de l'avenue. Les villas qui y sont édifiées par des architectes notoires se parent des plus beaux ornements : fresques en mosaïque, utilisation de la polychromie, construction de tourelles et même de mini-beffrois dans le plus pur style régionaliste[37]. Et ceci se trouve à quelques kilomètres à peine des courées parmi les plus sordides de la métropole lilloise.

Il semble toutefois difficile de faire de ces banlieues des enclaves. Elles sont dans la plupart des cas totalement intégrées au tissu de l'agglomération concernée. Il s'agit en fait plutôt de défendre un certain mode de vie. En 1888, le conseil municipal d'Asnières affiche sa volonté de faire de la ville, dont une partie des habitants est composée de retraités et de rentiers qui ont quitté la capitale pour un meilleur cadre de vie, « une banlieue de résidence et de plaisirs[38] ». Pour cela, une délibération municipale refuse notamment la construction d'une boyauderie « de peur de nuire à une banlieue de villégiature ». On constate donc dès la fin du XIXe siècle une évolution en ce qui concerne les rapports entre villes anciennes et nouvelles. Comme le souligne l'historien Jacques Girault pour le cas parisien, une logique de segmentation sociale commence à remplacer la logique d'opposition d'intérêt entre la capitale et sa périphérie[39]. Dès le début du XXe siècle, les marqueurs sociaux entérinent d'une certaine manière la division des territoires urbains – en lien étroit avec la typologie banlieue résidentielle-banlieue industrielle.

D'autres spécificités mettent en avant des caractéristiques bien précises. C'est le cas par exemple de ce que l'on appelle parfois la « banlieue nourricière ». Sa fonction est en effet de pourvoir aux besoins alimentaires des grandes villes comme Paris. Il s'agit pour l'essentiel de territoires agricoles qui sont toutefois en passe d'être gagnés à leur tour par l'industrie. Alors qu'aujourd'hui resurgit le débat sur un possible retour de l'agriculture urbaine en ville, il n'est sans doute pas inutile de rappeler que jusqu'à la veille de la Deuxième Guerre mondiale, certaines communes proches des agglomérations ont été autant tournées vers l'industrie que vers l'agriculture. Il s'agit en fait d'une tradition qui remonte à l'Ancien Régime et qui a connu une accélération à la veille de la Révolution en raison de la hausse de la demande gastronomique, en particulier à Paris. Le village d'Argenteuil s'est par exemple spécialisé dans la culture des asperges en lieu et place d'une exploitation viticole apparemment des plus médiocres[40].

Pour autant, ce type d'espace urbain ne se distingue pas forcément à première vue de la périphérie industrielle, comme dans le cas de Saint-Denis. En 1901, cette dernière consacre encore près de 20 % de sa superficie aux cultures céréalières. De même, le cheptel utile aux transports ainsi qu'à l'alimentation (1 750 chevaux et 750 vaches recensés dans la cité dionysienne en 1900) contribue à l'approvisionnement de la capitale[41]. En 1913, Gennevilliers, situé à moins de dix kilomètres de Paris et en plein développement industriel, est pourtant encore présenté à l'époque comme « une façon de grand village peuplé de maraîchers qui travaillent dans les champs d'épandage en bordure de Seine[42] ». À cause de la pression immobilière, les activités de maraîchage se déplacent toutefois des limites de la capitale et de certaines communes à proximité comme Arcueil au sud, ou Bobigny au nord, vers des communes plus éloignées. La même évolution concerne la plupart des grandes agglomérations françaises où la périphérie nourricière cède progressivement du terrain aux deux autres modèles principaux que constituent les banlieues résidentielles et industrielles qui sont en passe, surtout les secondes, au début du XXe siècle de constituer un nouveau type de creuset urbain propre à la banlieue.

Un nouveau creuset urbain

Sans l'afflux massif de nouvelles populations venues travailler dans les nouveaux territoires de l'industrie, la banlieue n'aurait en effet pas connu le même type de développement rapide et fondé sur un fort mouvement migratoire. Une large partie de la croissance banlieusarde repose en effet sur ce dernier. Selon l'enquête réalisée par Jean-Claude Farcy à partir de l'*Annuaire statistique de la ville de Paris* pour les années 1896-1900, la banlieue parisienne a accru sa population de 19,3 % durant ces cinq années, grâce notamment aux migrants qui représentaient à eux seuls plus de 143 000 habitants, soit 18,7 % de la population totale[43]. Dès le début du XXe siècle, l'immigration est un facteur déterminant voire, d'une certaine manière, constitutif du peuplement banlieusard et il le restera tout au long du siècle avec des apports successifs, régionaux dans un premier temps, extra-nationaux dans un second temps.

À bien des égards, c'est cette contribution migratoire qui donnera à la banlieue toute sa force démographique, mais aussi en partie son identité. Désormais, l'organisation urbaine se constituera autour de l'idée de villes ouvertes où l'on s'installe de manière temporaire ou définitive au gré des besoins économiques. Lieu de transit mais aussi de transition, la banlieue n'apparaît pas comme un lieu clos, replié sur lui-même, mais au contraire comme un endroit ouvert, propice aux échanges et à une pluralité de dynamiques sociales en provenance autant de villes et de régions voisines que de pays étrangers. Cela n'empêche évidemment pas les tensions sociales, voir ethniques.

Il en va du peuplement comme de l'extension territoriale : les superficies de recrutement s'étendent généralement au fur et à mesure des implantations industrielles et de leurs besoins en main-d'œuvre. En proche banlieue parisienne, Montreuil voit sa population croître essentiellement grâce à une immigration de proximité. En 1896, la moitié (50,7 %) de la population montreuilloise est née dans le département même de la Seine. Quant à la part des étrangers à Montreuil (4,5 %), elle est à peine inférieure à la moyenne de « Seine-banlieue »[44]. Dans certains cas régionaux, on retrouve dans un premier temps une proximité migratoire. Ce sont les villes et villages voisins qui alimentent en population les nouveaux territoires. Dès la seconde partie du XIXe siècle, Saint-Étienne puise ainsi une grande partie de sa main-d'œuvre ouvrière dans les monts du Forez voisins. Parfois le recrutement s'étend au département tout entier. Ainsi, à Chantenay, en banlieue nantaise, l'accroissement de la population est en partie dû aux apports migratoires en provenance du département de Loire-Inférieure (devenu en 1957 Loire-Atlantique). Vers 1901, 60 % des électeurs ont une naissance dans ce département, tandis que les Bretons et les Vendéens d'origine sont dans la proportion de 9 % et 5 %[45]. Dans tous les cas, qu'il s'agisse d'un recrutement proche ou plus éloigné, le recours de plus en plus massif à des populations qui ne sont pas issues du territoire concerné constitue donc la marque de fabrique territoriale de la banlieue contemporaine.

Le cas de la périphérie parisienne fait une nouvelle fois référence en la matière. Cette dernière s'est en effet développée dans une large mesure à partir d'apports migratoires permanents. En

1891, moins de la moitié de la population de la Seine (44,4 %) était née dans le département[46]. Si, dans un premier temps, les migrations étaient infradépartementales, la zone de recrutement fut très vite dépassée, le recrutement s'effectuant pour l'essentiel dans les départements situés au nord de la traditionnelle ligne Le Havre-Genève. On observe par ailleurs que les périphéries ont des recrutements distincts. Les Alsaciens-Lorrains, tout comme les travailleurs en provenance du nord de la France, s'installent plutôt dans les cités ouvrières du nord de Paris. Nanterre, restée pour l'essentiel rurale jusqu'à la fin du XIXe siècle, recrute désormais dans les régions de l'Ouest qui sont assez proches de la capitale : la Normandie, mais aussi certains départements ruraux plus éloignés, comme le département du Maine. Puteaux, sa voisine, déjà fortement investie dans l'industrie, fait d'emblée appel aux régions de tradition industrielle comme la Haute-Normandie, le Nord ou la région lyonnaise[47].

Progressivement, les populations étrangères viennent s'ajouter au creuset banlieusard existant. Au recensement de 1891, on compte 2,8 % d'étrangers sur le plan national. Dans le département de la Seine, le chiffre atteint les 7 %. De nombreuses villes dépassent cette moyenne. C'est le cas de Puteaux avec 11 % et de Nanterre avec 13 %. Le principal apport migratoire provient du monde méditerranéen, en particulier avec les Italiens et les Espagnols[48]. Le phénomène s'accélère fortement avec la Première Guerre mondiale étant donné qu'il faut bien remplacer les ouvriers français partis se battre. La saignée démographique subie par la France maintient en l'état le processus. Certaines villes se singularisent par un taux élevé de population étrangère comme Saint-Denis et Saint-Ouen (29 %), ou bien encore Aubervilliers (37 %). La banlieue est désormais une mosaïque migratoire, tout à la fois d'origine nationale comme internationale. Au recensement de 1926, les natifs de Bobigny comptent seulement pour 3,7 % de l'ensemble de la population contre 50 % de travailleurs venus d'autres régions françaises et 7 % de l'étranger[49]. À ce titre, Nogent-sur-Marne appartient à la catégorie des villes caractéristiques de l'immigration italienne.

Si la présence de ressortissants venus de l'autre côté des Alpes est attestée localement depuis le Second Empire, c'est essentiellement dans les décennies qui précèdent la Première Guerre mondiale que l'afflux d'Italiens se fait le plus fort. De 1872 à 1911, le nombre d'Italiens présents dans la ville est passé de 1872 à 1911 de 113 personnes à plus de 800[50]. À partir des années 1890 commence alors le phénomène de la deuxième génération. En 1911, un Italo-Nogentais sur cinq est né en France (pour la plupart à Nogent). D'autres villes témoignent également de cette forte implantation latine. La ville de Montreuil – qui comptait moins de 400 Italiens en 1911 – en dénombre plus de 3 500 en 1931[51].

Il en va de même pour l'immigration espagnole en Seine-banlieue. Alors qu'elle était évaluée à moins de 2 000 personnes avant la Première Guerre mondiale, le chiffre atteint les 6 500 en 1921. Le maximum est atteint à la veille de l'entrée de la France dans la crise économique avec près de 17 500 Espagnols qui sont recensés à cette date dans cette partie de la banlieue parisienne[52]. Certaines parties des villes concernées constituent même des enclaves (pour ne pas employer le mot de « ghetto »). Au lendemain de la Première Guerre mondiale, près de 90 % des Espagnols présents dans l'ancienne nécropole royale résident dans le quartier de La Plaine, rattaché à la ville en 1860. La vie y est particulièrement dure, un grand nombre de ces immigrés travaillant dans la manufacture des produits chimiques du Landy. Avant la guerre, la presse socialiste de la ville avait dénoncé le sort « des malheureux Espagnols [qui] sont entassés pêle-mêle sans le moindre confort et sans le moindre souci d'hygiène dans des taudis infects et immondes » et avait demandé « que cesse ce marchandage ignoble qui règne à La Plaine-Saint-Denis en faisant travailler des étrangers avec des salaires de misère »[53].

Dès l'entre-deux-guerres, on note également un apport qui dépasse les frontières européennes. Si le nombre de Nord-Africains est encore modeste, plus de 2 000 Chinois travaillent durant l'entre-deux-guerres dans diverses industries du département de la Seine, en particulier dans les communes de l'Ouest parisien. Les premiers Chinois arrivés à Billancourt sont des travailleurs recrutés pendant la Première Guerre mondiale et affectés notamment aux usines Renault. La ville est elle-même un exemple caractéristique du cosmopolitisme. En 1921, la population étrangère représente 4,8 % de la population de la ville ; cinq années plus tard, elle a triplé (13 % en 1926). Le mouvement poursuit sa progression jusqu'à atteindre un maximum entre

1926 et 1931, date à laquelle la crise économique qui touche alors la France stoppe net la progression[54].

Le marquage social en fonction de la provenance des immigrés est également caractéristique. Si les Anglais représentent 23,8 % de la population de Neuilly-sur-Seine, ils ne représentent que 1,7 % de la population de Saint-Denis. À l'inverse, les Italiens représentent 22,3 % de la ville ouvrière du nord de Paris contre 6,2 % à Neuilly. La composition sociale de chaque immigration détermine donc dans une forte mesure son installation en banlieue[55]. La répartition sociospatiale des étrangers en banlieue parisienne inquiète d'ailleurs un certain nombre d'observateurs, en particulier ceux qui se réclament de la droite nationale. Édouard Blanc, un journaliste parisien proche des républicains nationaux, s'interroge pour sa part sur les conséquences sociales d'une telle concentration qu'il estime à 140 000 – dont 87 500 pour le seul arrondissement de Saint-Denis :

> Beaucoup de ces immigrés étaient, dans leur patrie, des indésirables ; ils ne peuvent être, en France, très désirables. Certains, notamment parmi les Polonais, ont accru, chez nous, l'armée du crime et ont trouvé, en particulier, dans les coins de la banlieue des refuges propices pour se mettre à l'abri des curiosités de la police[56].

L'agglomération de Lyon constitue également un exemple caractéristique de l'apport migratoire en périphérie durant la première partie du XXe siècle. Les étrangers forment 17 % de la population de Villeurbanne en 1931, 28 % à Saint-Fons, 44 % à Vénissieux et même 48 % à Vaulx-en-Velin[57]. À Décines, où s'installe entre 1921 et 1925 la Société lyonnaise de soie artificielle, la part des travailleurs étrangers se monte à 55 %. On y trouve des Italiens, des Polonais ainsi que des Russes blancs et des Arméniens qui ont fui les persécutions turques. Dans certaines grandes entreprises locales comme Berliet, la part des travailleurs étrangers y est par ailleurs devenue majoritaire[58]. Cette présence nourrit parfois la xénophobie qui se renforce avec la crise économique. Un journal local de Vénissieux dénonce « l'invasion de notre commune par tous les rebuts, tous les déchets de toutes les nations[59] ». En 1927, *Le Progrès de Lyon* fait l'éloge de la nouvelle police locale dans la mesure où, selon le journal, elle « paraissait vouloir chasser la population douteuse de la commune[60] » (en particulier celle d'origine étrangère). D'autres villes qui ne sont pas à proprement parler des banlieues mais possèdent des quartiers périphériques alors en pleine expansion connaissent elles aussi un accroissement significatif du taux de population étrangère. À Nice, dans les années 1920, les étrangers forment plus du quart de la population totale ; les plus fortes concentrations se trouvant en périphérie de la ville. Dans ce secteur, les étrangers forment 41 % de la population, dont 33 % d'Italiens[61]. Le caractère limitrophe de la ville avec la frontière italienne explique en grande partie cet apport. Si leur sort s'améliore quelque peu au cours de l'entre-deux-guerres, la présence d'immigrés y est généralement synonyme de dur labeur et de vie résidentielle extrêmement précaire. Cela n'empêche toutefois pas ces mêmes populations, comme plus largement toutes celles qui vivent ou travaillent dans les communes industrielles périphériques, d'entretenir avec ces dernières un rapport ambigu. Si ces espaces en marge présentent des conditions de vie difficiles, ceux-ci peuvent également apparaître comme l'espérance d'une vie meilleure – meilleure, en tout cas, que dans les villes ou les villages dont ils sont pour la plupart originaires. Administrer la banlieue pour améliorer la vie des populations locales constitue donc un défi de premier ordre pour les élus locaux qui en ont la charge. Cela suppose notamment de développer une réflexion tout à fait spécifique à ce type de territoires, en particulier lorsqu'il s'agit d'aborder les relations avec les chefs-lieux métropolitains dont ils dépendent.

Administrer la banlieue

Le fort développement de la banlieue dans le contexte de la seconde révolution industrielle suppose aussi une nouvelle manière d'appréhender le territoire. Contrairement à la Grande-Bretagne qui applique très tôt le principe de la région urbaine (le premier *London County Council* qui envisage une réelle gouvernance à l'échelle métropolitaine date de 1889), la France reste fidèle au découpage administratif défini au début de la Révolution française, cloisonnant ainsi le développement de la banlieue en entités distinctes. Certains maires vont toutefois s'appliquer à définir un modèle de développement original afin d'éviter de n'en faire que de simples excroissances des villes anciennes. De ce point de vue, ce que l'on a appelé le « municipalisme » marquera très fortement le développement de la banlieue. Par ailleurs, la région parisienne servira d'expérimentation à la prise en compte de l'échelle régionale – le terme « Grand Paris » étant lui-même d'usage depuis la Belle Époque.

La reconnaissance politique de la banlieue

La réflexion sur la gestion municipale est devenue au début du XXe siècle « le terrain privilégié du nouveau courant réformiste dans la SFIO[62] ». Étant donné sa croissance continue depuis la fin du XIXe siècle, la banlieue est devenue un enjeu majeur pour la propagation du socialisme. Alors que Paris avait concentré en ses murs les appels à la révolution (1848 et 1871), c'est désormais la conquête de la banlieue qui est au cœur du combat mené par les représentants du mouvement ouvrier. L'avenir du socialisme français « sera hors les murs ». D'autres maires qui ne sont pas élus sous l'étiquette socialiste s'illustreront aussi dans la prise en compte de la banlieue en matière de coopération intercommunale. C'est le cas notamment du maire radical de Bagneux jusqu'en 1932, Théodore Tissier. Juriste de formation, membre du Conseil d'État, sous-secrétaire d'État du ministère Briand en 1921-1922, il est l'un des principaux promoteurs de la coopération intercommunale dans des domaines essentiels de la vie municipale : eau, électricité, pompes funèbres.

Henri Sellier et Albert Thomas figurent très tôt parmi les principaux animateurs en ce qui concerne la définition du socialisme municipal. Avant même la Première Guerre mondiale, ce dernier a beaucoup réfléchi à la manière d'appliquer les doctrines socialistes à la banlieue. Élu municipal de Champigny-sur-Marne, il considère que le pouvoir municipal banlieusard doit être avant tout considéré comme une arme au service du combat socialiste :

> La commune, écrit-il, peut devenir un excellent laboratoire de vie économique décentralisée et en même temps une formidable forteresse politique à l'usage des majorités socialistes locales contre

la majorité bourgeoise du pouvoir central, une fois qu'une autonomie sérieuse sera réalisée[63].

Très vite, sa réflexion dépasse le cadre strict de la commune pour envisager la création d'une véritable entité urbaine englobant Paris et la banlieue. À l'occasion des élections cantonales de 1908, il définit son projet pour la banlieue parisienne de la manière suivante :

> Le problème des grandes agglomérations urbaines est un des problèmes capitaux de l'heure présente. Jamais encore à l'heure on ne l'a, peut-on dire, abordé dans son ensemble. C'est par des lois surannées, c'est par des méthodes empiriques que le département de la Seine est administré. Et la conséquence, c'est que nos communes de banlieue continuent d'être traitées comme les petits villages de cultivateurs, qu'elles étaient encore il y a encore cinquante ans ; c'est que leur population, surchargée d'impôts, ne jouit pas des avantages qu'elle est en droit de réclamer ; c'est que la banlieue, en un mot, est toujours victime de Paris[64].

Au cours des élections législatives de 1910, il poursuit sa réflexion en invoquant « les droits de notre banlieue ». S'il puise son argumentaire dans la doctrine socialiste, il a aussi à l'esprit les grands mouvements qui se font jour dans des capitales comme Londres et Berlin. De ce point de vue, comme d'autres responsables politiques – surtout de gauche – il participe donc à la circulation transnationale des idées concernant les grandes problématiques urbaines. Quant à Henri Sellier, il est élu en 1906 secrétaire général de la Bourse du travail de Puteaux et joue très vite un rôle dans l'essor du mouvement coopératif. Militant socialiste, il devient en 1919 maire de Suresnes et le restera jusqu'à sa déchéance par le régime de Vichy. Ayant choisi de quitter la SFIO lors du congrès de Tours en 1920, il y revient dès 1924, contrairement à un certain nombre de ses collègues qui préfèrent rester fidèles au nouveau parti communiste. Il affirme très vite son choix en faveur d'une politique d'aménagement régional qui englobe la périphérie de la capitale dans un ensemble régional, quitte, pour cela, à remettre en cause l'indépendance communale qui avait prévalu jusqu'alors :

J'affirme mon adhésion à l'exécution d'un plan d'aménagement de la région parisienne, qui mette radicalement fin aux procédés empiriques, dominés exclusivement par les caprices particuliers et les intérêts de la spéculation foncière, qui jusqu'à ce jour ont, sans préoccupation d'intérêt public et de sauvegarde de l'avenir, dominé les conditions lamentables dans lesquelles s'est organisée la banlieue[65].

L'élu de la banlieue qui sera également président du conseil général de la Seine encouragera la création de vastes équipements comme les autoroutes afin de donner une réelle cohérence régionale et une harmonie paysagère aux nouveaux territoires de banlieue :

Elles seront exécutées avec le souci de disposer au long de leurs emprises des espaces boisés et des bouquets d'arbres [...] Et cela en vue d'assurer à ces voies un cadre dissimulant la malheureuse banlieue parisienne à laquelle vingt ans d'extension irraisonnée ont imprimé des marques indélébiles[66].

Le thème des infrastructures et des équipements sera un thème récurrent dans la définition des politiques publiques en faveur des banlieues. Il faudra pourtant encore attendre près de deux décennies avant qu'un rapport rédigé en 1943 ne suggère la nécessité de réaliser un « boulevard périphérique » ayant une « fonction de prévoyance », en perspective d'une intensification du trafic autoroutier dans les années à venir. Signe distinctif toutefois, l'auteur du rapport prend soin de noter que la première fonction de cet ouvrage sera de définir la spécificité de Paris, étant entendu qu'il est indispensable de prendre en compte « la perspective inacceptable que la capitale se trouve confondue avec la banlieue[67] ». Henri Sellier plaide par ailleurs depuis le début de l'entre-deux-guerres pour que cette dernière dispose d'un organisme de gestion qui lui soit propre. Il s'agit de dépasser le stade de la coopération intercommunale pour envisager une cogestion de l'agglomération parisienne tout entière :

L'organisation rationnelle consisterait à remettre à une Assemblée représentant l'ensemble de la collectivité, les attributions

> d'ordre général et à laisser à des pouvoirs locaux élus et responsables, le contrôle de la gestion administrative et les attributions locales[68].

Ainsi, les communes de banlieue conserveraient leur existence propre puisque les conseils municipaux seraient maintenus mais avec des attributions strictement limitées aux questions locales. Quant au conseil municipal de Paris, il disparaîtrait en tant que tel et laisserait la place à des commissions d'arrondissement élues, disposant de pouvoirs identiques à ceux laissés aux conseils municipaux de ces villes. Il s'agit bien évidemment d'une vision qui, au début du XXe siècle, est en totale opposition avec celle des édiles parisiens qui les considèrent bien souvent selon un rapport de sujétion. Il en va de même pour l'essentiel des grandes villes françaises qui n'entendent nullement céder du pouvoir dans la perspective de constituer avec ces villes une véritable métropole. Là où certains élus en appellent à un réel partage des responsabilités, ceux des villes-centres perçoivent encore les communes en marge comme un espace « inorganisé » pour lequel il convient de concevoir un programme d'aménagement des espaces pour l'essentiel industriels et non un partage des responsabilités.

La banlieue « inorganisée »

L'image d'un espace délaissé est en fait largement antérieure au début de la seconde révolution industrielle. Dès le Second Empire, on associe la banlieue au déclassement. Cet espace était alors considéré par les ouvriers parisiens comme particulièrement défavorable pour les conditions de travail. De fait, le développement industriel brutal se conjugue avec des conditions de travail et de résidence extrêmement pénibles pour les travailleurs. Peut-on toutefois affirmer que cette réputation a reculé à l'aube du XXe siècle ? Si l'implantation des grands établissements et l'amélioration des dessertes ont certes pu contribuer à améliorer les conditions de travail, la réputation de la banlieue reste attachée à l'idée de mauvaises conditions de vie. L'urgence sociale demeure la règle. Cela explique pourquoi les travaux d'aménagement y seront assez rares au regard des sommes engagées par les municipalités pour subvenir aux besoins sociaux de certains de leurs administrés.

Après la Première Guerre mondiale, Albert Thomas, parti diriger le Bureau international du travail à Genève, confiera à des ingénieurs venus spécialement le voir « ne s'être pas rendu compte de l'importance des projets d'assainissement qui lui étaient présentés par des ingénieurs », et tenait, « en ce qui concerne ce passé, à faire amende honorable »[69]. Si l'hygiénisme semble devoir s'imposer dans le débat public, son application se limite, pour les grandes villes, à continuer à se délester de certaines de leurs activités polluantes. Quelques responsables politiques ne s'en cachent d'ailleurs pas. En 1886, Alexandre Millerand affirme qu'il existe « un mouvement naturel qui dans les grandes villes, à Paris comme à Londres, chasse la population du centre à la périphérie, au grand bénéfice de l'hygiène publique[70] ».

Le transfert en banlieue de certains ateliers industriels, d'usines à gaz, ou bien encore de toutes sortes de décharges comportant des matériaux dangereux pour la santé se poursuit encore au début du XXe siècle. Il en va de même pour certains équipements jugés trop gourmands en superficie, comme les cimetières. Au total, plus de 320 hectares sont annexés en banlieue jusqu'à l'entre-deux-guerres au profit de la capitale pour y faire reposer ses morts. C'est le cas par exemple du cimetière parisien de Thiais (dans le Val-de-Marne) qui, ouvert en 1929, constitue le deuxième cimetière de la capitale en superficie et occupe environ 16 % de la commune elle-même. À Pantin comme à Bobigny, les protestations des élus locaux ne sont pourtant guère entendues par le préfet de la Seine. De même, les communes de la banlieue de Paris doivent « accueillir » des décharges à ciel ouvert puis, par la suite, les premières usines de traitement des ordures de la ville de Paris (la première ouvre à Saint-Ouen en 1896). De la même manière, prisons et hôpitaux psychiatriques sont sortis de la capitale, renforçant ainsi l'idée que la banlieue constitue un espace de déclassement à la fois territorial et social. Encore à la veille de la Première Guerre mondiale, l'image de la périphérie « colonisée » par la capitale est d'usage. En 1908, Albert Thomas compare ainsi la capitale à une « cité-empire » qui aurait colonisé ses communes environnantes[71].

L'idée de déclassement social prévaut jusqu'à la veille de la Deuxième Guerre mondiale. Une enquête de 1939 sur la présence chrétienne dans l'agglomération parisienne présente la ville d'Ivry comme « un déchet de la grande ville[72] ». L'auteur croise déclassement social et territorial : « Sévissent à Ivry les maux inhérents à une vaste cité constituée à la diable : taudis, alcoolisme, tuberculose, démoralisation. » De ce point de vue, cette dénonciation rejoint avec un degré supplémentaire le registre de la dénonciation de la ville en général telle qu'elle s'opérait déjà au XIXe siècle. Parmi les nombreuses descriptions dépréciatives que l'on trouve durant l'entre-deux-guerres, citons celle qui vise Aubervilliers, une ville, explique-t-on, souillée par la saleté ainsi que par des odeurs répulsives :

> Toutes les vidanges, tous les déchets des abattoirs sont transmués en engrais, colle d'os ou noir animal. De telles opérations ne s'effectuent pas sans dégager des parfums assez nauséabonds qui se répandent par la ville et pénètrent dans les appartements. Aussi dit-on communément dans le peuple du nord de Paris, certains jours, quand l'air empeste : « Ça sent Aubervilliers[73]. »

Un autre régime de critiques porte également sur l'image que la banlieue donne non d'elle-même, mais de la France dans son ensemble. Ainsi, selon un sénateur qui s'exprime lors de la discussion de la loi Sarraut en 1928, cet espace ne constituerait ni plus ni moins qu'une « grande tache de laideur sur le beau visage de la France » :

> Quand on admire passionnément les sévères et grandes lignes de la beauté architecturale de Paris, le spectacle d'incohérence, d'anarchie et de laideur que présente la plus grande partie de la banlieue parisienne ne peut que vous affliger. Oui, la banlieue parisienne est une grande tache de laideur sur le beau visage de la France[74].

François Latour, personnalité politique parisienne de premier plan dans l'entre-deux-guerres, s'inquiète pour sa part de l'impact que la banlieue peut avoir sur l'image de Paris :

> L'étranger, qu'amène à Paris un train international, doit avoir l'impression que les abords de notre capitale sont entièrement livrés au caprice et au hasard. La région parisienne, pour tout dire, donne le spectacle de l'incohérence et de l'anarchie[75].

De son côté, un géomètre du service de l'extension de Paris écrit en 1925 :

> Tous les voyageurs arrivant dans notre capitale reconnaissent l'approche du terme de leur trajet en traversant cette ceinture hideuse de terrains vagues, de jardinets pelés et de constructions hétéroclites, entassées les unes contre les autres, où grouille une population misérable et assez mal famée[76].

D'autres se montrent plus mesurés, estimant que si les défauts de la banlieue sont bien réels, elle possède malgré tout quelques qualités. Pour Léon Bonneff, qui rédige à la veille de la Première Guerre mondiale un roman ayant pour décor principal la ville d'Aubervilliers, la banlieue est un Janus urbain :

> Dans la banlieue nord de Paris, il y a une ville terrible et charmante. En elle, confluent les déchets, les résidus, les immondices sans nom que produit la vue d'une capitale [...]. Et jusqu'aux boulevards de cette ville, s'étend la campagne la plus fertile de l'Île-de-France [...]. C'est Aubervilliers empuantie par l'haleine de fabriques d'engrais, rafraîchie par le souffle qui vient des jardins et des champs et qui ramasse les parfums sur la plaine de La Courneuve ; c'est Aubervilliers-la-Poudrette et Aubervilliers-la-Fleurie ; la ville où l'on cuit les cadavres et où l'on multiplie les récoltes ; la ville aux deux figures, l'antique et la moderne ; la chaudière de l'Enfer et la corbeille du Printemps[77].

De nombreuses critiques s'expriment aussi pour dénoncer le manque de concertation entre les communes banlieusardes elles-mêmes. Pour François Latour, qui est aussi conseiller général de la Seine,

> une banlieue sordide, inorganisée, s'est créée dans l'indifférence générale, sans qu'aucun plan d'ensemble préside à son développement et sans que l'autorité discordante et contradictoire de quatre-vingts maires de communes soit rationalisée par les pouvoirs publics[78].

L'accusation d'inorganisation administrative vient donc s'ajouter à celle d'incurie sanitaire. Il appartient alors aux élus de la banlieue de réagir en recherchant des modes d'organisation et de gestion susceptibles d'affirmer leur propre manière de penser concernant le gouvernement de leurs villes. De ce point de vue, l'élection des maires de France au suffrage universel votée en 1884 a constitué une étape importante dans la reconnaissance institutionnelle du pouvoir local mais peut-être plus encore pour les villes de banlieue étant donné leur grand déficit de légitimité. La politisation des débats locaux a ainsi pu contribuer à la formation d'une identité locale susceptible de favoriser la reconnaissance politique et culturelle de la banlieue en direction des autres villes au passé urbain plus affirmé et surtout mieux reconnu.

Le désir de reconnaissance de la banlieue

Au début du XXe siècle, la tendance n'est plus vraiment à l'absorption de communes afin d'assurer le développement futur des grandes villes. S'il se produira encore des rattachements par la suite, ce sera désormais sur un mode de libre consentement garanti par l'État lui-même. Pourtant, au début de la IIIe République, le recours à la banlieue pour améliorer le cadre de vie des villes anciennes est encore de mise. Entre 1876 et 1881, Paris connaît ainsi une très forte croissance démographique se traduisant par 218 000 habitants supplémentaires à l'intérieur même de la ville. Cela renforce le caractère aigu de la crise du logement que la capitale connaît depuis toujours. Pour le journal proche de Léon Gambetta, *La Ville de Paris*, la solution se trouve de l'autre côté des limites administratives de la ville.

> Paris doit s'étendre au-delà de son enceinte, s'étaler à l'aise dans tout l'espace suburbain, pour le plus grand bonheur des plus mal et plus chèrement logés de ses enfants, ouvriers et travailleurs en général. Nous aimons mieux voir Paris rayonner que de le voir entasser de nouveaux étages les uns sur les autres [...]. Il vaut mieux habiter un peu plus loin qu'un peu plus haut[79].

C'est précisément contre ce sentiment de dépendance institutionnalisée que de très nombreux experts locaux de la banlieue parisienne commencent à se mobiliser à partir des années 1890.

Certaines prises de position récusent l'idée d'une subordination envers Paris. Pour le *Journal de Saint-Denis* qui couvre tout l'arrondissement du nord de la capitale, celle-ci se déleste de tout ce dont elle ne veut plus, mettant ainsi « tout à sa porte », ou plutôt à celle qui jouxte la capitale, y compris, précise le journal, « les voleurs et les assassins qui érigent domicile dans la zone »[80]. Les liens qui unissent les villes-centres à leurs communes en marge paraissent toutefois trop étroits pour être véritablement remis en cause. À Paris, en 1910, les déplacements professionnels journaliers en direction de la capitale concernent 90 000 actifs domiciliés en Seine-banlieue – soit 9 % de sa population. Il en va de même au sein des autres grandes agglomérations. La reconnaissance des périphéries doit donc en passer non par un affrontement direct avec la ville-centre, mais, de fait, par la construction d'une identité propre et affirmée comme telle.

Ce n'est qu'à partir des années 1900 que l'on constate une réelle motivation de la part des maires afin de se saisir des outils susceptibles de favoriser la reconnaissance des villes de banlieue et de celles qui partagent une même communauté d'intérêts. De ce point de vue, le cas spécifique du développement des transports en commun illustre cette appropriation des organismes de gestion locale par les édiles de ces communes. Alors que le rythme des déplacements Paris-banlieue ne cesse de progresser, le conseil général de la Seine crée une « Commission mixte des omnibus et tramways » dont la présidence échoit tout d'abord au représentant du canton de Vincennes, puis à celui de Boulogne. L'idée générale défendue est de pouvoir créer un « réseau complémentaire » qui serait aussi la première tentative pour former un système cohérent de circulation entre Paris et sa périphérie composé de trente-trois lignes d'intérêt général, parmi lesquelles seize « lignes de pénétration » et dix-sept lignes propres aux communes se situant aux portes de Paris[81].

Ce projet, tel qu'il est présenté par le conseil général, peut ainsi être compris comme le premier projet d'envergure offrant un réel schéma de développement qui ne se limite pas à améliorer les conditions de desserte de la capitale hors de ses limites administratives. Mais la réalisation de ce schéma déçoit. Il s'agit d'alléger les charges des compagnies en réduisant le nombre des voyages réglementaires entre les deux terminus. Pour la ligne

République-Romainville, la compagnie demandera par exemple à arrêter deux tiers des trains aux Lilas, et à n'en faire continuer seulement qu'un tiers jusqu'à Romainville au motif que la population des cultivateurs et des maraîchers ne justifie pas un tel investissement. Il n'en reste pas moins que la question des transports donne lieu dans certains cas à une mobilisation inédite des banlieusards.

À Marseille où l'électrification du réseau des tramways a commencé en 1892 et s'est terminée en 1902, la fin des travaux occasionne la création de plusieurs comités d'usagers afin que la périphérie de la ville ne soit pas oubliée dans les dessertes. En 1904, se crée la Fédération des comités d'intérêts des faubourgs et banlieues de Marseille et, à la veille de la Première Guerre mondiale, on dénombre 45 comités suburbains fédérés représentant chacun un quartier de banlieue[82].

Le sentiment qui domine est celui de se sentir appartenir à un type de territoires désavantagé. Le terme de « délaissement » (avant celui de déclassement) constitue un registre important du discours banlieusard face aux autorités publiques. L'exemple lyonnais témoigne des tensions qui peuvent exister entre villes centre et banlieues à l'aune du développement de nouvelles agglomérations. Après avoir donc annexé sans discussion en 1852 les communes de La Croix-Rousse, Vaise et de La Guillotière, la capitale des Gaules ne peut que constater, voir regretter, l'affirmation de certaines communes périphériques, à commencer par sa voisine immédiate, Villeurbanne. En 1903, un rapport de la commission municipale qui est chargée d'étudier d'éventuelles nouvelles extensions constate que « autour des grandes villes grandissent des agglomérations qui, après avoir été plus ou moins indifférentes, deviennent à un moment donné, un danger pour les cités qu'elles environnent[83] ». Ce à quoi les maires des communes visées rétorquent par la nécessité de mettre en place une nouvelle manière d'administrer le territoire lyonnais entendu au sens large du terme :

> Nous pensons, et les économistes sont avec nous sur ce point, que les *agglomérations-banlieues* sont nécessaires, sont indispensables même, au développement et à l'essor des grandes villes qui, comme la ville de Lyon, doivent leur célébrité à l'industrie.

Cela passe aussi par la définition de programmes ambitieux par les villes de banlieue elles-mêmes. C'est le cas de Villeurbanne qui entend produire un vaste programme urbanistique, au moment même où la ville d'Édouard Herriot, sous la direction de l'architecte Tony Garnier, envisage elle aussi un vaste plan de modernisation :

> De la croissance prodigieuse de Villeurbanne est résultée une agglomération chaotique, sans plan d'ensemble, une ville mal faite qui s'est développée au hasard des intérêts privés où chacun a bâti à sa guise, et tracé des voies de communication à sa fantaisie [...]. Tant du point de vue de l'hygiène que de l'esthétique, Villeurbanne, comme toute ville moderne, doit réaliser son système de parcs et d'espaces libres, développer ses poumons[84].

Quelques années plus tard, la ville engagera un vaste programme de construction connu sous le nom de « Gratte-ciel » et qui caractérise la volonté des élus de la banlieue lyonnaise de faire de leur ville un modèle du point de vue tant urbanistique que social. Cela traduit aussi une volonté d'affirmer le pouvoir municipal banlieusard comme tel.

Naissance et structuration du pouvoir municipal banlieusard

De 1884 – date de l'adoption du principe de l'élection des maires au suffrage universel – à 1914, un modèle de pouvoir municipal caractéristique de la banlieue est en train de s'affirmer peu à peu. Il s'agit avant tout d'une volonté de reconnaissance politique. En 1889, lors de la victoire du candidat boulangiste aux législatives dans les cantons de Courbevoie et Asnières, le *Journal d'Asnières républicain*, qui se présente comme « l'organe des revendications de la banlieue », réclame une juste représentation politique :

> Nous espérons que le vote significatif de la banlieue éclairera l'administration, le gouvernement, le Président de la République ; depuis plusieurs années, les intérêts de la banlieue sont absolument sacrifiés, son existence ne semble même plus compter[85].

Cette exigence de reconnaissance politique devient un élément important dans les campagnes politiques. Lors des élections sénatoriales de 1899, le *Journal de Saint-Denis* parvient même à imposer et à faire gagner ce qu'il appelle une « candidature de banlieue » – en l'occurrence celle d'Alcide Poirrier, l'un des principaux dirigeants de la Société des matières colorantes et produits chimiques de Saint-Denis et président de la chambre de commerce de Paris[86]. Sa toute première intervention au Sénat portera d'ailleurs sur l'organisation du département de la Seine. Huit ans plus tôt, le même journal avait tenté, en vain, une opération similaire. Il avait alors regretté que l'on ait « perdu de vue les revendications de la banlieue ». De ce point de vue, les élections sénatoriales constituent à partir des années 1890 un moment opportun pour les élus locaux pour se faire entendre des pouvoirs publics. Selon la formule de Gambetta, le Sénat avait en effet vocation à incarner le « grand Conseil des Communes de France » et les villes de banlieue entendaient bien en profiter, au même titre que les autres. Il s'agit dès lors, pour les 80 communes de la « Seine-banlieue » qui composent avec Paris le « département capitale », de jouer un rôle déterminant face à l'hégémonie parisienne.

Des élus se mobilisent également *via* la constitution d'associations chargées de défendre les intérêts spécifiques de la banlieue, premier pas vers sa reconnaissance politique de la part des pouvoirs publics. C'est le cas en 1907 avec la création de la « Ligue d'étude et de défense des intérêts de la banlieue parisienne », présidée par le député de Vincennes Charles Deloncle, qui est assisté pour l'occasion par les maires d'Asnières et de Vincennes comme vice-présidents. En région parisienne, le trait commun des édiles est bien de vouloir s'émanciper de la tutelle de la capitale pour ne plus être « dans la sujétion administrative et politique de Paris[87] ». Pour y parvenir, les élus revendiquent davantage de pouvoirs et dénoncent un cadre administratif qui leur apparaît comme étant de plus en plus éloigné des réalités locales. C'est le cas aussi en matière de représentation électorale des villes de banlieue qui, malgré une forte croissance démographique, s'estiment toujours sous-représentées en termes de sièges, notamment au sein des conseils généraux. Ce n'est qu'en 1893, après une campagne insistante des élus locaux auprès des autorités compétentes, que le nombre de cantons réservés à la banlieue au sein du conseil général de la Seine passe de 8 (en vigueur depuis la loi départementale de 1871) à 21, venant modestement combler l'inégale représentation avec la capitale. De nombreuses voix se font aussi entendre pour obtenir des pouvoirs publics une dissociation du conseil municipal de Paris avec le conseil général de la Seine afin de pallier la profonde inégalité de traitement entre la capitale et la banlieue. Alors que la banlieue couvre plus de 48 000 hectares contre 7 800 pour la capitale, les richesses lui échappent dans une large mesure. De plus, à en croire un texte adressé au Parlement, les élus parisiens ne se privent pas d'empêcher tout projet visant à promouvoir le territoire banlieusard, notamment en matière de création de nouvelles lignes de tramway[88]. À l'unisson, l'auteur du plaidoyer constate la nécessité pour la banlieue d'accueillir « d'innombrables ouvriers et petits employés que chasse de Paris la cherté des vivres et des loyers ».

Il faudra attendre la période de l'entre-deux-guerres pour que les choses évoluent – on passe alors à 50 conseillers généraux pour la banlieue même si les élus parisiens y restent majoritaires avec 80 sièges[89]. En revanche, la demande de dissocier le conseil général de la Seine du conseil municipal de Paris est refusée. Ce n'est qu'en 1964, avec la réforme administrative et l'éclatement territorial des départements de la Seine et de la Seine-et-Marne, qu'enfin le nouveau découpage réalisé par le gouvernement prend réellement en compte les spécificités de la banlieue parisienne. D'un point de vue général, les résistances des autorités subsistent à l'égard de ce qui pouvait encore apparaître au lendemain de la Première Guerre comme une trop forte demande d'émancipation vis-à-vis des villes avec lesquelles les communes de banlieue avaient vécu en étroite symbiose. Encore en 1919, le préfet de la Seine Auguste Autrand écrit sur un ton paternaliste :

> Les limites administratives ne contiennent pas plus la vie de Paris que la grille ou le mur des jardins n'arrêtent l'ombre des arbres ou le parfum des fleurs. Paris n'est que le centre d'une grande famille et se penche sur les communes qui l'avoisinent, selon le mot de Victor Hugo, avec la gravité d'une sœur aînée[90].

Ce à quoi les candidats socialistes aux élections législatives de 1919 en banlieue parisienne lui rétorquent :

> La banlieue n'existe pas pour le Parlement et le gouvernement bourgeois. Seule la ville de Paris a voix au chapitre [...]. Pour le logement populaire et pour une cité de justice et de fraternité où les charges seront mises en commun, votez pour le PS-SFIO[91].

L'affirmation du pouvoir municipal banlieusard passe aussi par l'entente intercommunale. Si la loi de 1884 prévoit la mise en place de conférences intercommunales, c'est en 1890 qu'un nouveau texte permet la création de syndicats pour gérer les services publics ou les activités qui débordent des limites territoriales municipales. C'est dans cette perspective que naîtra en 1922 le Syndicat des communes de la banlieue de Paris pour les eaux, qui regroupe plusieurs villes du département de la Seine[92]. Paris n'appartient pas à ce groupement, signe que la banlieue entend s'organiser pour elle-même, par elle-même. Dès l'année suivante, le Syndicat des eaux sera élargi à certaines communes de la Seine-et-Oise ainsi que de la Seine-et-Marne, pour regrouper 138 villes en 1923. L'année suivante sera créé le Syndicat intercommunal de la périphérie de Paris pour l'électricité et les réseaux de communication, après qu'une loi de 1906 a créé le régime des concessions et placé la distribution publique d'électricité sous la responsabilité directe des collectivités locales[93]. Des ententes de ce type se mettent également en place dans plusieurs grandes agglomérations françaises comme dans la conurbation Lille-Roubaix-Tourcoing.

La reconnaissance des municipalités de banlieue se fait également par la demande croissante de moyens tant en équipements qu'en subventions. La question de l'assainissement est de ce point de vue significative de la manière dont les villes de la banlieue parisienne vont peu à peu s'affirmer dans le jeu métropolitain. Encore au début du XXe siècle, la quasi-totalité des eaux usées parisiennes est dirigée vers les champs d'épandage situés en banlieue. Rares sont les villes de banlieue qui disposent à cette époque d'égouts. Les inondations de 1910, puis la vague de sécheresse l'année suivante, confirment la nécessité de disposer d'un schéma général d'assainissement de la Seine qui intègre Paris et la banlieue dans un seul et même ensemble[94]. Il faudra pourtant attendre 1929 pour qu'un premier plan de ce type existe.

Si la sécurité publique a longtemps été un sujet de revendications secondaires en banlieue, elle fait aussi partie des revendications des élus locaux au début du XXe siècle. Contrairement à Paris, ils estiment que leurs villes ne disposent pas d'assez de moyens pour garantir l'ordre public. Dans leurs délibérations municipales, les communes de Malakoff et de Champigny font part en 1905 de leur profond mécontentement :

> Considérant que toutes les communes de la banlieue sont obligées de se plaindre du service de la police ; que malgré tout, les frais s'accroissent chaque année dans des proportions énormes. En échange, les villes sont dévalisées, les habitants qui rentrent tard risquent d'être attaqués par des bandes qui ne redoutent absolument rien, la surveillance de nuit étant complètement nulle[95].

D'autres maires de la banlieue parisienne réclament des compensations financières au motif que leurs villes accueilleraient toutes sortes de populations qu'ils considèrent comme « indésirables », à l'image du maire de Bois-Colombes en 1907 :

> La plupart des candidats à La Folie [...] quittent leur pays pour venir échouer dans les villes ou dans les cités industrielles, où ils satisfont mieux leurs vices, où ils rencontrent plus de bienveillance, plus de pitié.

Il s'agit d'installer un rapport de force avec l'État en refusant désormais qu'il ne se serve de la banlieue comme d'un pis-aller. *A contrario*, l'administration municipale en banlieue constitue également une école d'apprentissage de la culture républicaine – en particulier lorsqu'il s'agit de villes qui appartiennent à la mouvance socialiste et qui combattent « l'esprit bourgeois », y compris localement. Comme l'écrit Emmanuel Bellanger,

> administrer la ville, c'est se plier à des règles de compromis avec les représentants de l'État « bourgeois » qui valident les délibérations et cofinancent les réalisations communales ; c'est accepter de transiger avec celui que les titres partisans qualifient d'« ennemi de classe », et ce, pour mieux défendre les intérêts de ses mandants et leur permettre, au regard des prestations offertes, de s'identifier à cette nouvelle édilité contestataire et bienfaitrice à la fois[96].

L'administration municipale en banlieue comme ailleurs constitue un maillon fort de l'intégration politique en République.

Pour polir leur rôle d'administrateurs, les élus locaux créent d'ailleurs des organismes de formation afin de disposer d'un personnel susceptible de répondre de manière efficiente aux nouveaux enjeux auxquels les villes sont confrontées. C'est le cas au lendemain de la guerre avec la création de l'ENAM (École nationale d'administration municipale) chargée de former les futurs cadres techniques municipaux et de permettre la création d'une ingénierie municipale. C'est aussi pour les maires de banlieue un outil d'acculturation à l'action publique puisque cette école nationale a été créée à l'origine par des conseillers généraux du département de la Seine ainsi que par des hauts fonctionnaires de la préfecture de police de Paris. Dans tous les cas, la volonté de former les cadres municipaux vient nuancer l'image d'une banlieue propice aux désordres urbains et sociaux qui inquiète les pouvoirs publics[97].

Par la suite, il existera aussi d'autres organismes de formation qui, sans être bien sûr réservés aux villes banlieusardes, permettront également à leurs personnels d'acquérir de nouvelles compétences. Marcel Poëte et Henri Sellier fondent en 1917 l'École des hautes études urbaines qui prendra, en 1924, le nom d'Institut d'urbanisme de la ville de Paris. Les travaux de l'institut permettront de mieux connaître la réalité de la banlieue parisienne, notamment au travers de la série d'études sur les lotissements de Seine-et-Marne. Outre le fait d'apporter des connaissances précises, ces programmes de travail contribuent à nourrir le débat sur des points intéressant directement l'avenir de la banlieue (comme la décongestion du département de la Seine ou le rôle des pouvoirs publics dans l'aménagement de la région parisienne). Il faudra en revanche attendre la Deuxième Guerre mondiale pour que de telles études se fassent également dans les autres grandes métropoles françaises.

Ce « savoir-administrer » se double d'une volonté de représentation politique propre aux maires de banlieue. La création officielle de l'Union des maires de banlieue parisienne en est l'illustration. La subordination ressentie comme telle par les élus municipaux de banlieue aux décisions du conseil général de la Seine en matière de répartition des crédits ainsi que des dépenses publiques est à l'origine de cette création.

La première forme de reconnaissance de la banlieue ne découle donc pas d'une réelle volonté de l'État de faire de celle-ci un partenaire à part entière de l'action publique, mais plutôt de la mobilisation de ses municipalités, en particulier vis-à-vis des villes qui dominaient jusque-là la scène territoriale. Une fois cette affirmation reconnue peut alors s'ouvrir un second temps qui se caractérise par l'ébauche d'une réunion autour d'un même projet urbain : les villes de la banlieue et les villes-centres.

L'esquisse de planification métropolitaine

La fin de la Première Guerre mondiale marque un tournant dans la manière d'appréhender les modes de gouvernance, sur le plan tant national que local. Les villes de banlieue n'échappent pas au mouvement, bien au contraire. Pour certains maires, il s'agit même d'une opportunité pour affirmer la place de leurs communes dans l'esquisse d'une planification urbaine qui se ferait désormais à l'échelle métropolitaine. Une fois encore, c'est le modèle de l'organisation de la banlieue parisienne qui prévaut pour l'ensemble du territoire national.

Les modèles étrangers inspirent également ce mouvement qui va s'imposer crescendo jusqu'aux années 1950-1960. Avant la Première Guerre mondiale, l'Allemagne a voté plusieurs lois pour l'aménagement du réseau des villes allemandes. En Grande-Bretagne, le *Housing Town Planning* a été promulgué en 1909. En France, il faut toutefois attendre 1919 pour que soit votée la loi présentée par le député de Seine-et-Oise Honoré Cornudet.

Cette loi, la première du genre en matière de planification, impose désormais à toutes les communes de plus de 10 000 habitants, ainsi qu'à l'ensemble des communes du département de la Seine, la constitution ainsi que la réalisation d'un plan d'aménagement, d'embellissement et d'extension. Ces nouvelles dispositions législatives sont essentielles pour le devenir des villes de banlieue car elles imposent des règles d'organisation qui leur faisaient souvent défaut jusqu'alors – leur développement étant en grande partie lié aux intérêts des principales villes voisines. La loi Cornudet constitue donc le point de départ pour de nouvelles relations entre villes d'une même agglomération.

À Paris, les débats sur l'extension de la ville avaient en réalité commencé en 1910 au sujet des questions relatives au devenir des fortifications. Louis Dausset – ancien président du conseil de Paris et surtout rapporteur général du budget de la ville de Paris – affirmait qu'il était urgent de réviser les modes de relations entre la capitale et ses communes limitrophes. De son point de vue, Paris s'était trop préoccupé de sa seule expansion et de son embellissement alors que ses voisines connaissaient des taux de croissance sans précédent. Or, de son point de vue, le développement de l'agglomération composée de près de 3,5 millions d'habitants avait les mêmes intérêts, qu'il s'agisse de la circulation, de l'hygiène ou bien encore de l'esthétique :

> Sans même envisager l'annexion possible de tout ou partie des communes de Paris [...], il est permis de prévoir l'époque où [...] ces agglomérations juxtaposées à la capitale constitueront une sorte de plus Grand Paris formant un tout qui ne devra comporter aucune partie disparate[98].

Mais la manière dont Louis Dausset perçoit encore à cette date les villes de banlieue n'augure guère d'une relation égalitaire, tant sa vision demeure centrée sur la domination de Paris :

> Comme [en 1859], les communes suburbaines sont d'immenses faubourgs de la capitale qui leur a donné naissance. Tous les intérêts gravitent autour de Paris où travaille d'ailleurs la majeure partie de leurs habitants. Que deviendraient-elles sans Paris centre des affaires, des occupations de toute nature, des délassements, des théâtres, des plaisirs ? Or, pas plus qu'en 1859, les communes de la banlieue ne songent à combiner leurs efforts et leurs travaux de voirie [...]. D'ailleurs, à cet égard nous sommes devancés par la plupart des grandes villes du monde civilisé, qui toutes se développent aujourd'hui rationnellement suivant un programme préconçu.

Une commission sera constituée en 1911 par le préfet de la Seine avec comme objectifs une réflexion globale sur le territoire et sur ses enjeux ainsi qu'une méthode rigoureuse fondée sur des études et des statistiques. La commission, composée de 54 membres, ne se réunira qu'une fois en 1912. Elle permettra toutefois la réalisation d'un rapport qui constituera le premier projet d'ensemble à l'échelle du département de la Seine et qui sera produit en 1913 par Marcel Poëte et Louis Bonnier, deux personnalités de premier plan concernant les questions urbaines. Marcel Poëte est conservateur en chef de la Bibliothèque historique de Paris et secrétaire de la commission du Vieux Paris de 1914 à 1920. Quant à Louis Bonnier, il a occupé plusieurs fonctions administratives, telles que celles d'inspecteur général des services techniques d'architecture et d'esthétique de la Seine, et d'architecte en chef des bâtiments civils et palais nationaux.

« Le plus grand Paris » tel qu'il est présenté dans le rapport laisse toutefois peu de place à la banlieue et à son développement propre. Pour cela, il faut plutôt se tourner vers certains maires qui font de la promotion de la banlieue et de sa place dans l'agglomération le cœur de leurs combats. Conseiller municipal de Puteaux depuis 1909, conseiller général de la Seine en 1910, Henri Sellier exige pour sa part une réorganisation administrative du département de la Seine et une participation accrue du conseil général aux affaires publiques. Lors des élections municipales de 1912, il porte fièrement les couleurs de la banlieue pour laquelle il a élaboré un programme spécifique, en capacité de rivaliser avec les forces politiques concurrentes, qu'il s'agisse des modérés ou des radicaux. Le « Programme d'action municipale pour la banlieue » revendique « des transformations profondes de l'organisation administrative » du territoire avec comme principal levier la départementalisation des services publics afin de soulager les communes[99]. Sellier poursuivra son combat durant l'entre-deux-guerres en faveur d'une agglomération plus intégrée et plus solidaire. Pour lui, la Seine doit pouvoir acquérir un statut de département capitale qui intègre la banlieue et Paris dans un même ensemble ayant pour vocation – selon son expression – à se transformer en un « laboratoire d'innovation, de professionnalisation, de péréquation financière et de mutualisation des services publics[100] ». André Morizet, le maire de Boulogne qui opérera la fusion de sa commune avec Billancourt en 1925, lui aussi militant de la SFIO après un bref aller-retour par le parti communiste en 1920, prône également une plus forte reconnaissance de la banlieue dans le concert métropolitain parisien. En 1924, dans un article intitulé « En avant les banlieusards », il réclame l'autonomie politique face à Paris : « Nous en avons assez, nous, Banlieusards, d'être régentés par des fonctionnaires politiciens et des élus des bourgs pourris du centre[101]. »

L'application de la loi Cornudet dans l'agglomération parisienne doit permettre, du moins en théorie, une première ébauche d'organisation supracommunale. En 1921, la préfecture de la Seine installe un « Bureau de l'extension de Paris » chargé d'étudier, avec les communes concernées, les capacités d'aménagement et de développement pour tout le pourtour parisien. Le passage à l'acte, comme dans les autres agglomérations françaises, ne se fera toutefois pas sans mal – la question du statut et du rôle de la banlieue étant souvent au cœur des discussions. Professeur de littérature à l'université de Stanford, Albert L. Guérard, publie en 1929 un livre intitulé *L'Avenir de Paris*, ouvrage dans lequel il suggère justement d'accélérer le processus :

> La création du plus Grand Paris peut être une opération lente, confuse et douloureuse ; elle peut être au contraire lucide et brève [...]. Le pire danger aujourd'hui, pour l'avenir de Paris, c'est la timidité[102].

En réalité, l'urgence commande, le poids démographique de la banlieue s'étant très fortement accentué depuis la fin de la Grande Guerre. C'est la principale raison pour laquelle, en 1928, le gouvernement dirigé par Raymond Poincaré envisage de créer un organisme original afin de donner à l'agglomération parisienne une structure pérenne dans laquelle Paris et sa banlieue pourront se retrouver. En mars 1928, le ministre de l'Intérieur, Albert Sarraut, et le président du Conseil, Raymond Poincaré, annoncent la création du Comité supérieur d'aménagement et d'organisation de la région parisienne (CSAORP). Dans le discours qu'il prononce devant les députés, à la Chambre, Sarraut le présente comme « débordant les cadres des circonscriptions administratives ». Il s'agit là du premier organisme d'État chargé d'envisager la résolution de certaines questions d'ordre administratif non plus à l'échelle communale, mais à celle de l'agglomération tout entière – les quarante membres qui le composent seront chargés de proposer un plan d'aménagement. Cette première ébauche est censée acter le dépassement des clivages traditionnels entre villes-centres et banlieues. Sans réel pouvoir et surtout sans des moyens financiers à la hauteur de l'ampleur de la tâche à accomplir, l'Assemblée, présidée dans un premier temps par l'élu parisien Louis Dausset, aura en réalité peu de prise sur la situation. Le comité sera toutefois à l'origine de la loi de 1932 sur l'aménagement de la région parisienne destinée à « organiser et vertébrer l'agglomération parisienne », selon les termes qui figurent dans le texte de la loi.

La variété des thèmes qui devront y être abordés, qu'il s'agisse de l'aménagement des villes, de l'habitation ou bien des services publics, ouvre des perspectives pour les villes de banlieue. Au-delà des aspects fonctionnels, l'enjeu est bien de définir un traitement global à l'échelle de l'agglomération, une piste explorée à la même époque pour Berlin, Madrid, Londres. Il s'agit de procéder au plus vite à la mise en œuvre d'une réelle politique d'aménagement pour la région parisienne. Les territoires qui campent aux marges de la capitale étant les plus visés car ils sont censés incarner le désordre urbain qui rejaillit négativement sur Paris.

La réalisation du plan sera confiée à Henri Prost, architecte-urbaniste, auparavant en poste au Maroc aux côtés du maréchal Lyautey. Si le plan Prost marque une avancée dans la réflexion pour penser le développement urbain autrement qu'au cas par cas, les moyens restent limités. Ni le CSAORP ni même le ministère de l'Intérieur ne disposent des ressources humaines nécessaires. C'est la Ville de Paris, à partir de 1933, qui les prendra en charge. Sur le fond, il s'agit moins d'une reconnaissance d'un réel pouvoir d'agglomération auquel les villes de banlieue auraient pu prétendre, que la volonté de mettre fin à l'anarchie urbaine de la région parisienne. Selon les perspectives dessinées par Albert Sarraut, il s'agit de décongestionner la capitale, de réduire autant que faire se peut l'habitat insalubre et, surtout, de contenir une expansion urbaine qui semble incontrôlable.

Si les villes de banlieue sont au premier chef concernées par la préparation du plan Prost, elles n'en sont pas l'objet principal, mais plutôt la cause à traiter. Il s'agit de délimiter des zones résidentielles, des zones industrielles, en particulier pour les activités les plus polluantes. La volonté de mettre de l'ordre, ou de limiter les effets nocifs, l'emporte sur le désir de reconnaître la banlieue comme un acteur à part entière du changement urbain escompté. Finalisé en 1934, le plan Prost sera soumis à une enquête publique dans les 656 villes concernées, qui durera cinq années. Mais sur le plan politique, l'élan voulu par le gouvernement sera sans lendemain. Les principaux acteurs du plan Prost souhaitaient la création d'une autorité régionale qui aurait pu suivre l'avancée des travaux mais de nombreux locaux s'y opposèrent, invoquant une concurrence avec les pouvoirs locaux existants. Le président du conseil général de la Seine parlera même de « la mutilation de ses droits » tandis que de nombreuses communes condamneront la proposition au motif qu'elles n'ont pas été associées à la démarche du gouvernement.

Si la région parisienne concentre donc les efforts gouvernementaux, d'autres agglomérations témoignent de la même volonté d'intégrer au sein d'une même entité toutes les villes. Dans le contexte de la reconstruction de la ville, un courant d'opinion se développe par exemple à Lille pour susciter une plus forte collaboration entre la capitale nordiste et les villes voisines. Le conseil municipal lillois, dans son appel à candidature en 1920 pour la définition du plan de reconstruction imposé par la loi Cornudet, prend en compte l'importance de ce nouvel enjeu pour l'agglomération tout entière :

> Les concurrents ne devront pas perdre de vue que Lille et les communes de sa banlieue, limitrophes ou non, ont une communauté de relations et d'entente telle que, pratiquement, aucun problème économique et social ne peut être envisagé et résolu pour Lille seule, mais au moins, pour une partie, la grande agglomération lilloise, sinon pour l'agglomération tout entière[103].

Le processus de rapprochement sera très long, du fait même de l'existence de puissantes cités comme Roubaix et Tourcoing qui, d'une certaine manière, se situent dans la banlieue de Lille. Si des pourparlers entre le préfet du Nord et les communes de l'arrondissement sont engagés dès la fin des années 1920, les avancées demeurent fragiles – bien que, pour les observateurs, le cas lillois constitue un modèle. En effet, *L'Écho du Nord*, l'un des principaux quotidiens régionaux, considère que « la capitale mise à part, l'aménagement et l'extension de l'agglomération des trois grandes cités-sœurs industrielles du Nord et de leurs tentaculaires banlieues représentent un cas unique en France[104] ». Un décret ministériel crée toutefois dans le département du Nord un groupement de 57 communes afin d'élaborer un projet d'urbanisme régional qui sera établi et déclaré d'utilité publique, conformément aux dispositions du décret-loi de 1935. Si le terme de « banlieue » n'est pas mentionné dans le texte, ce type de disposition ouvre bien à de nouvelles relations institutionnelles entre communes de banlieue. Il faudra en réalité attendre les années 1950 pour que le débat soit officiellement relancé et amène à une prise en compte institutionnelle de l'État avec l'instauration des communautés urbaines, érigeant ainsi le fait métropolitain à l'échelle de l'organisation même des pouvoirs institutionnels entre les grandes villes régionales et leurs périphéries[105].

Durant les années 1930, d'autres initiatives visant à affirmer l'idée de métropole sont lancées sans que la consistance politique soit réellement mise à l'ordre du jour. En 1935, Bordeaux sera la première agglomération régionale à se doter d'un plan global d'urbanisme appréhendant le développement commun des villes concernées. Ainsi, la question métropolitaine croise pour la première fois l'échelle d'intervention municipale. Cette décision permet aux communes de banlieue de se faire entendre à l'échelle métropolitaine même s'il n'existe pas encore d'instance digne de ce nom représentant la pluralité des intérêts en jeu.

Au regard du développement urbanistique de la région lyonnaise, il n'est pas surprenant que le projet porté par Édouard Herriot soit le plus abouti. Alors que la ville fait l'objet d'un vaste plan d'aménagement sous la direction de Tony Garnier, il est également prévu de développer une véritable liaison avec la proche banlieue industrielle qui, à l'exemple de Vénissieux, ne cesse de croître. Dans le cadre de la modernisation des infrastructures municipales, le choix d'un long boulevard est envisagé afin de connecter Lyon à sa banlieue industrielle. Large de 35 mètres, il doit comporter en son centre une double voie ferrée électrifiée pour le trafic des voyageurs et celui des marchandises. Il doit également accueillir tout au long de son parcours des usines et des logements pour les ouvriers[106]. Si ce projet ne verra jamais le jour, il témoigne toutefois de la volonté de certaines villes-centres de créer une continuité avec la banlieue toute proche.

Le Front populaire ne restera pas non plus insensible à la question du Grand Paris – ainsi qu'à celle des autres métropoles. Après avoir été rapporteur en 1935 du projet de loi sur les plans régionaux d'aménagement, Henri Sellier, devenu ministre, se retrouve une nouvelle fois en première ligne dans la valorisation institutionnelle de la banlieue. Avec son collègue André Morizet, ils sont officiellement chargés d'un « rapport relatif à la réforme administrative du Grand Paris ». Prenant appui sur ce qui se fait tant à Londres, Bruxelles ou Berlin, ils proposent de former une entité qui représenterait à la fois les intérêts de Paris et ceux de la banlieue. André Morizet se voit déjà à la tête de cet organisme qui serait composé des communes du département de la Seine ainsi que, le cas échéant, des communes limitrophes. La majorité des préconisations resteront pourtant lettre morte, le Front populaire étant lui-même politiquement mort dès 1937. À cette date, les équilibres entre villes-centres et banlieues sont encore largement en faveur des premières. La revue *Urbanisme* appelle donc à un nouveau mode d'organisation administrative qui concerne directement la banlieue, en passe de devenir un problème d'action publique en tant que tel :

> Toutes les grandes capitales étrangères et, en France même, nombre de grandes villes de province ont connu les mêmes difficultés, qui sont une conséquence directe de la formation des banlieues, plus précisément du fait que les banlieues, en se développant de plus en plus, franchissent à un moment donné les limites communales de la ville qui leur a donné naissance, et s'étendent progressivement sur le territoire des communes voisines [...]. Chacune d'elles doit, par ses propres moyens, c'est-à-dire avec les seules ressources que lui fournissent les contribuables, et pour son propre compte, organiser sur son territoire la plupart des services publics nécessaires à la vie collective, ces services rentrant traditionnellement dans les attributions des communes[107].

La tenue à Paris de l'Exposition universelle de 1937, comme pour celle de 1900, est l'occasion de s'interroger sur les ressorts territoriaux d'une telle entreprise. François Latour plaide pour que la banlieue, faute de disposer d'une identité propre, sorte de sa torpeur pour contribuer à la magnificence de Paris elle-même. Pour cela, écrit-il, il est nécessaire d'inventer un mode d'organisation administrative qui soit à la fois cohérent et global :

> Pour que ses visiteurs de demain restent ses amants, il faut que Paris s'adapte à la mode du jour en matière d'urbanisme et que sans rien sacrifier de ce qui fait son originalité, il se débarrasse sans tarder d'une banlieue sordide qui le déshonore. Ce sera l'œuvre de la génération qui monte. Elle donnera à notre grande cité une ceinture digne d'elle. Le Grand Paris n'est qu'ajourné. Il sera réalisé[108].

D'autres comme Henri Giraud, directeur général des Travaux de Paris, se montrent moins sévères et plaident pour que l'on prenne enfin la mesure de la nécessité de définir enfin une véritable politique d'aménagement qui soit à la hauteur des ambitions nationales :

> Paris et les communes suburbaines forment maintenant une agglomération continue qui s'étend au-delà des limites du département de la Seine, et dont la population, voisine de 6 millions d'habitants, est comparable à celle de pays faisant figure dans le monde, comme la Suisse et le Portugal. Un aménagement rationnel procédant de vues d'ensemble devait donc obligatoirement s'étendre, au-delà de Paris, à l'agglomération parisienne. Cet aménagement, qui intéresse Paris, la capitale, et une région regroupant près du 1/6e de la population française, présente un intérêt national[109].

L'approche technicienne concernant l'avenir de la banlieue est également un aspect important de la manière dont on aborde la question dans les années qui précèdent la Deuxième Guerre mondiale. Cela n'empêche toutefois pas la confrontation des idées politiques sur le sujet. Pour François Latour, l'ancien président du conseil municipal de Paris, la paralysie qui frappe le système requiert le recours à un « dictateur de l'agglomération parisienne ». En revanche, à gauche, on veille à ce que les futures instances qui auront à prendre en charge le devenir de la périphérie de la capitale fassent l'objet d'un véritable contrôle populaire. Il est vrai que durant la période qui sépare les deux guerres, la gauche a remporté la victoire dans de nombreuses communes suburbaines. Il lui appartient donc de veiller à ce que les revendications de cette société urbaine nouvelle soient réellement prises en compte par les pouvoirs publics.

2

Sociabilités banlieusardes Entre-deux-guerres

« Le mot banlieue est le terme le plus terrible des vocabulaires de laideur et de deuils [...]. Un *no man's land* surpeuplé, où tous les beaux monuments de l'avenir, écoles, bibliothèques, hôpitaux, quand ils existent, sont des baraques. »

(Jean Giraudoux, *Pleins pouvoirs*, Paris, Gallimard, 1939.)

Au cours de la première partie du XXe siècle, la banlieue constitue donc un problème d'action publique. Mais au même moment, celle-ci se singularise aussi par la société qui la compose et qui cherche sa propre identité. Elle se caractérise alors également par une forme de sociabilité souvent éloignée des représentations négatives qui lui sont associées et dont l'origine remonte au milieu du XIXe siècle.

Par ailleurs, le nouvel espace urbain ne peut être uniquement assimilé aux anciens faubourgs ou même à la « zone » parisienne – pas plus que les villes à forte consistance résidentielle n'ont pas le monopole de l'embellissement sur le modèle des *suburbs* anglaises ou américaines. Les périphéries industrielles ont aussi fait l'objet d'une véritable ambition portée par des tenants de l'architecture moderne comme Marcel Lods, André Lurçat, Eugène Beaudoin ou encore Le Corbusier.

De ce point de vue, la question du logement domine la période de l'entre-deux-guerres. Le manque de constructions et l'afflux incessant de nouvelles populations conduisent nombre de citadins à vouloir s'installer loin de la grande ville. Mais la construction de HBM dans le sillage de la loi de 1894 ainsi que la fondation de quelques cités-jardins ne permettent pas d'enrayer la crise du logement qui symbolise une croissance urbaine chaotique à laquelle il faut remédier. À cet égard, les lois votées en 1928 sur la prise en charge des lotissements défectueux ainsi que sur la mise en œuvre de 200 000 logements de type HBM constituent un point nodal. Pour la première fois, les pouvoirs publics font de la banlieue un enjeu majeur en matière d'intervention publique.

Pour autant, il ne faudrait pas réduire le développement des marges françaises à la seule dimension publique. Elles contribuent aussi à produire durant l'entre-deux-guerres une urbanité qui repose sur deux fondements essentiels : la recherche d'un meilleur logement d'une part ; la fabrication d'une sociabilité spécifique d'autre part. Pour cela, la banlieue populaire – celle qui a vocation à accueillir les populations modestes appartenant au monde industriel – devient dès lors un laboratoire d'expérimentations urbaines et sociales. Ce monde en devenir est aussi à l'origine d'un imaginaire urbain que façonnent des arts comme la musique ou le cinéma. Ce dernier donne à voir un type de villes tantôt porteur d'espoir, tantôt révélateur d'un monde gris. Les communes filmées par Marcel Carné s'incarnent autant dans son court-métrage de 1929 *Nogent, eldorado du dimanche* que dans son film très sombre de 1939, *Le jour se lève*. En seulement une décennie, il est vrai que la banlieue s'est considérablement métamorphosée.

Se loger

Durant l'entre-deux-guerres, une forte adéquation unit les lieux de travail et de résidence en raison notamment de la hausse du salariat qui fixe durablement l'ouvrier à son lieu de travail. Dès lors, la question du logement devient un élément déterminant des politiques municipales. Le XIXe siècle avait été marqué par le règne de l'habitat précaire et un rapport de l'offre et de la demande constamment déséquilibré. Le vote de la loi sur les HBM et la première vague de constructions après la Première

Guerre mondiale contribuent à transformer en profondeur la physionomie de la banlieue.

Des rapports ambivalents à la banlieue

Contrairement à une image communément répandue, le développement de la banlieue ne s'est pas réduit à enfermer les ouvriers dans les nouveaux territoires de l'industrialisation. Encore au début du XXe siècle, on observe une hausse croissante de la cadence des déplacements entre la ville-centre et les périphéries où une forte majorité d'ouvriers continue à résider. À partir de la fin de la Première Guerre mondiale, on constate toutefois une volonté grandissante d'un certain nombre d'entre eux de quitter les grandes villes pour s'établir de manière permanente dans les nouveaux territoires urbains aux portes des grandes villes. Si ceux-ci sont encore perçus très souvent de manière négative, ils représentent également l'espoir d'une meilleure vie loin des taudis et des garnis des grandes villes. La définition d'un hygiénisme empreint d'un fort contenu moral recule aussi au profit d'une approche nettement plus réformatrice portée par les élites locales – à commencer par celles qui administrent les municipalités banlieusardes et placent la réforme sociale au cœur de leurs engagements.

Mais jusqu'à la Deuxième Guerre mondiale, le rapport à la banlieue reste ambivalent. Elle peut tout à la fois être considérée comme le prolongement direct de la ville industrielle et de la disqualification sociale ou, au contraire, être perçue comme un dérivatif à la grande ville. On la voit comme un territoire qui, en dépit de son inorganisation spatiale, entretient encore un rapport, même relatif, avec la nature – ce qu'il ne semble plus possible d'envisager dans les grandes villes industrielles en raison de leur densité. En conséquence, certaines familles ouvrières imaginent un avenir meilleur en banlieue.

La densification des réseaux de transport, notamment les lignes de tramway, permet ainsi aux ouvriers travailleurs de pouvoir se rendre plus facilement de leur lieu de résidence à leur lieu de travail. Jusqu'au début du siècle, les ouvriers restaient rivés à leur lieu de production, faute de moyens de locomotion suffisants. Si Paris et Lyon constituent des exemples pionniers, la plupart des grandes villes françaises vont se joindre à l'aventure, offrant un maillage plus dense avec les villes limitrophes. À Lille, l'inauguration en 1909 du « Grand Boulevard » qui relie Lille à Tourcoing d'un côté, et à Roubaix de l'autre, a permis une meilleure circulation à travers les villes périphériques présentes sur le tracé et désormais desservies par un tramway. Mais d'autres éléments entrent aussi en ligne de compte. Les cartes d'abonnement moyennant une faible redevance permettent de multiplier les déplacements journaliers sur une distance croissante au fur et à mesure de l'extension des lignes. La loi des huit heures votée en 1919 accentue le phénomène : la réduction, du moins officielle, du temps de travail permet à certains ouvriers de disposer de plus de temps pour envisager un lieu de résidence éloigné de leur lieu de travail. Dans la plupart des cas, il s'agit de dépasser le périmètre traditionnel des faubourgs. De même, l'affirmation continue de la banlieue industrielle depuis la fin du XIXe siècle laisse présager les conditions d'existence d'un très fort gisement résidentiel en dépit d'une image qui reste encore assez globalement négative, même si elle évolue.

En réalité, les rapports qu'entretiennent les futurs banlieusards avec leurs nouveaux territoires d'adoption sont assez ambivalents. Si sa mauvaise réputation persiste, partir y vivre renvoie également à la volonté de renouer avec une certaine vie campagnarde. Habiter en dehors de la grande ville, c'est la possibilité de disposer d'un petit lopin de terre que l'on pourra cultiver une fois la journée de travail achevée. C'est également l'espoir de pouvoir fuir l'air malsain des grandes agglomérations.

Avant la Première Guerre mondiale, il existait déjà un courant qui mettait en avant le fait que l'installation en banlieue pouvait s'apparenter parfois à un nouveau départ, voire à une forme d'utopie sociale empruntant au rêve de la propriété individuelle. Les publicités qui vantaient les atouts de l'établissement en banlieue promettaient des conditions de vie plus saines tout en permettant aux intéressés de rester proches de la grande ville et de ses avantages. Un tract distribué aux abords des gares affirmait que la campagne toute proche permettait d'avoir « un chez-soi » et de vivre dans « une atmosphère sans fumée, sans poussière, sans odeur ». Qui plus est, ajoutait-il, la banlieue parisienne restait très accessible : « Quelques tours de roue, et vous voilà chez vous, à la campagne, avant même que vos camarades de travail aient atteint le quartier de Plaisance ou de Belleville[1]. »

Dans cette perspective, un certain nombre de sociétés immobilières d'épargne avaient été lancées. L'une d'entre elles, située dans la banlieue sud-est de Paris, créée en 1911, éditait une revue intitulée *Not'Cabane* qui constituait en réalité le surtitre du périodique *Terre et foyer pour tous*, organe des sociétés immobilières et d'épargne. La revue insistait sur les charmes de la banlieue campagnarde, à l'opposé des désagréments subis dans les grandes villes, en particulier pour les familles les plus modestes :

> Les vibrations incessantes, les vibrations artificielles des cités demandent à notre organisme une accoutumance nouvelle. Peu à peu évidemment l'homme s'y habitue, mais l'abus de ces vibrations inaccoutumées impose à tout l'organisme une tension perpétuelle, qui se traduit en fièvre et en fatigue[2].

Au contraire, la campagne banlieusarde possède bien des atouts : « L'air y est vivifiant et le soleil à profusion. » La banlieue est une « vraie petite campagne » ainsi qu'un « sanatorium à domicile ». On peut également espérer y posséder une « maison large, et facilement rendue confortable[3] ». La distinction est toutefois faite entre la « petite banlieue » – elle aussi gagnée par « l'air vicié de Paris » – et « la grande banlieue » – type Draveil, en face du plateau de la ville d'Athis, qui, elle, peut proposer de véritables havres de paix aux nouveaux venus. La recherche d'une meilleure hygiène et la possibilité de disposer d'un meilleur logement sont donc les deux raisons essentielles qui sont invoquées pour attirer de nouvelles familles en banlieue à l'aube du XXe siècle.

Habitat précaire et lotissements défectueux

Ce désir de banlieue ne doit pas faire oublier qu'elle demeure néanmoins un espace largement dévalorisé, y compris aux yeux des familles qui seraient tentées de la rejoindre. Si cela vaut pour Paris, c'est également le cas pour les principales agglomérations industrielles françaises. La description de la ville de Saint-Fons, près de Lyon, par le journal communiste local ne la rend pas forcément attirante pour d'éventuels nouveaux résidents :

> Sur une étendue immense, crachant par cinquante cheminées, hautes et fuselées, d'incessantes spirales de fumées grises, la ville industrielle, l'ergastule des esclaves modernes, la cité de l'industrie chimique, fiévreusement travaille[4].

L'insalubrité, pour l'essentiel industrielle, est pourtant en passe de devenir, surtout après la Première Guerre mondiale, une question politique de premier ordre – en particulier en ce qui concerne le logement. Certains maires de banlieue espèrent à ce propos se faire entendre à l'occasion de la discussion des projets d'aménagement qui sont prévus dans leurs villes. C'est également lors des discussions parlementaires sur les lotissements défectueux en 1928 que certains d'entre eux s'expriment grâce à leur double mandat de maire et de député. André Morizet décrit ainsi sa ville de Boulogne-Billancourt comme un « cas typique et clinique [...] d'une vieille ville d'industries anciennes, qui s'est accrue par le développement des usines ». Il cite des ouvriers « dont le salaire est pris pour la plus grosse partie par le tenancier de l'hôtel meublé », de « parents vivant dans une seule pièce avec cinq, six ou sept enfants ». D'autres habitent « un local sans fenêtres et qui prend jour sur un couloir [ou habitant] dans le sous-sol d'une maison[5] ». Il a d'ailleurs pris dès 1920 un arrêté municipal lui permettant de dresser la liste des logements vacants. En revanche, comme parlementaire, il a échoué à faire voter une loi permettant de réquisitionner ce type de logements afin d'y loger des familles entières.

La description que fait l'écrivain Louis-Ferdinand Céline, lui-même ancien médecin en banlieue, confirme dans un style qui lui appartient l'état du mal-logement dans les banlieues industrielles de la banlieue parisienne :

> Comme ça dans la grande banlieue, surtout devant les lotissements, les cabanes, les gourbis en planches ! il s'attendrissait... il lui passait une émotion... Les bicoques, les plus biscornues, les loucheuses, les fissurées, les bancales tout ça qui crougnotte dans les fanges, qui carambouille dans la gadoue, au bord des cultures...

> après la route [...] Toute la moche cohue des guitounes, l'église et les cages à poules, le lavoir et les écoles... Toutes les cahutes déglinguées, les croulantes, les grises, les mauves, les résédas... Toutes les croquignoles du plâtras...

Les habituations constituent pourtant la pierre angulaire du devenir de la banlieue. Synonyme d'une vie meilleure pour l'avenir, symbole de la précarité quotidienne pour les autres, elles accaparent les débats. Les moyennes sont certes équivalentes (45,3 % des maisons, des garnis et des hôtels sont considérés comme étant en surpeuplement à Paris, contre 42,9 % en banlieue[6]), mais les chiffres ont tendance à s'accentuer en fonction de la concentration ouvrière des villes concernées. À Saint-Denis, par exemple, 65 % des maisons sont jugées insalubres ; 62 % à Aubervilliers.

Cela n'empêche pas les hausses de loyers – ce qui a conduit des locataires, dès le début du siècle, à se regrouper au sein d'associations de défense des usagers. Fondée en 1910 à la Bourse du travail de Clichy, l'Union syndicale des locataires ouvriers est, deux ans plus tard, implantée dans plus de vingt communes de la banlieue parisienne. Ses effectifs restent toutefois modestes : 3 500 adhérents au plus[7].

Pour échapper à ce règne de la précarité, certains choisissent plutôt d'acquérir des terrains non bâtis sur lesquels ils pourront édifier des constructions à moindre coût, souvent composées de matériaux de récupération, ce qui ajoute au caractère chaotique de la banlieue. Depuis la fin du Second Empire et les effets mécaniques de l'haussmannisation, en particulier la hausse des loyers dans les grandes villes saisies par la rénovation urbaine, des promoteurs privés ont mis en vente de petites parcelles à bon marché. Pour quelques francs à peine le mètre carré, on peut ainsi devenir propriétaire d'un petit lopin de terre à proximité des grandes villes. Malgré la loi sur les HBM, la lenteur des programmes de construction oblige la plupart des familles qui cherchent à se loger et qui disposent de maigres ressources financières à s'en remettre à l'offre privée – et donc à tenter l'aventure hors des circuits classiques, en particulier acquérant de modestes terrains sur lesquels ils espèrent un jour bâtir le pavillon de leurs rêves. Mais, pour l'heure, ce sont généralement des matériaux de fortune qui constituent l'essentiel des réalisations. La banlieue se garnit ainsi de logements précaires qui n'ont bien souvent rien à envier à l'habitat insalubre des grandes villes. Parfois, la précarité y est même plus forte.

Évidemment, cela inquiète les hygiénistes. Le docteur Hazemann, qui est directeur des services d'hygiène et d'assistance sociale des villes de Vitry et d'Ivry durant l'entre-deux-guerres, alerte contre les conséquences sanitaires de l'expansion de la banlieue. Dans un article de 1928, il rappelle que la croissance sans précédent de l'agglomération parisienne depuis les années 1870-1880 s'est en partie traduite par la multiplication de lotissements composés de petites parcelles qui ont été patiemment assemblées. Selon ses chiffres, on en compterait dans le seul département de la Seine près de 450 – soit 4 000 parcelles acquises dans ces lotissements, qui présentent toutes un caractère défectueux plus ou moins avéré[8]. Cela n'empêche toutefois pas l'ouvrier selon lui de préférer « la bicoque » de banlieue à la « caserne à loyer » des grandes villes et dont ils sont bien souvent chassés parce qu'ils ont une famille trop nombreuse. Pour les catégories les plus modestes, le salut réside donc dans l'acquisition d'un de ces logements en banlieue, et bien qu'ils se signalent par la piètre qualité du terrain et la médiocrité du cadre bâti :

> Il existe un nombre inouï de tonnelles, huttes, clapiers, poulaillers, chenils, appentis hétéroclites entassés littéralement les uns contre les autres, de telle sorte qu'on ne peut se défendre de l'impression qu'un incendie allumé en un endroit consumerait tout le quartier comme une traînée de paille. Et pourtant, si l'on fait abstraction du caractère affreux, repoussant de ces bicoques, et réfléchit à la somme inouïe de privations, de travail et d'ingéniosité qu'elles représentent on ne peut se défendre d'une émotion poignante en présence du courage des pauvres gens qui ont édifié ces habitations[9].

Si la nécessité fait loi, l'aspiration personnelle à un meilleur cadre de vie doit aussi être prise en compte. Le rêve de l'accession à la propriété apparaît alors plus facile à atteindre en banlieue que dans les villes, où la rénovation urbaine s'est souvent traduite par une hausse du prix du loyer ainsi que par celui des terrains à bâtir.

L'installation en banlieue ne se fait toutefois pas sans difficultés. La plupart du temps, il s'agit de parcelles vendues nues dont l'équipement reste à la charge des acquéreurs. Contrairement aux programmes de construction de HBM et de cités-jardins, les municipalités ne peuvent intervenir alors même que ces lotissements se multiplient au lendemain de la Première Guerre mondiale. À l'opposé de ceux construits au XIXe siècle, à Maisons-Laffitte ou au Vésinet par exemple, les lotissements dont il est ici question s'inscrivent dans la longue histoire du mal-logement. Cela ne signifie pas pour autant que leurs occupants appartiennent aux couches sociales les plus modestes. Parmi ces « néobanlieusards », des ouvriers côtoient des employés, et parfois même des fonctionnaires. En bref, se croisent toutes celles et tous ceux qui font le pari de trouver une vie meilleure de l'autre côté des anciens faubourgs, là où, pensent-ils, l'air est plus pur et le ciel plus bleu. Parmi eux, on trouve d'anciens poilus de la Grande Guerre, ce qui contribuera également à faire de cette question un enjeu pour la solidarité nationale. De retour au pouvoir en 1926, l'ancien président de la République Raymond Poincaré entend donc se saisir de cette question pour les raisons qui viennent d'être évoquées mais aussi parce qu'un certain nombre des nouveaux résidents, en cas de non-réponse de l'État, risquent bien de se tourner vers le parti communiste qui poursuit durant ce temps son implantation locale. Celui-ci est d'ailleurs à l'origine de la création de certaines associations comme la « Fédération des comités de défense des travailleurs mal lotis ».

Il s'agit bien d'une histoire spécifiquement banlieusarde dans la mesure où ces installations se situent pour l'essentiel en périphérie des grandes villes – autour de Paris pour commencer[10]. Dans le sillage de la loi HBM, de nombreuses sociétés se sont constituées pour la promotion du logement populaire en banlieue. Le mouvement Not'Cabane – qui était à la fois une revue et un regroupement de sociétés locales – devient ainsi en 1923 la Confédération des banlieues-jardins de la banlieue parisienne. Elle regroupe une centaine de sociétés locales coopératives destinées à investir dans les lotissements.

Parmi ceux-ci, plusieurs ne répondent pourtant pas aux critères de salubrité généralement requis. Une enquête de 1921 pour le seul département de la Seine révèle qu'il existait alors 1 700 hectares de lotissements nouveaux dont 600 défectueux, c'est-à-dire sans aucun aménagement. La situation est encore plus inquiétante en grande banlieue représentée pour l'essentiel par la Seine-et-Oise. En 1928, le conseil général évalue à 7 000 hectares répartis en 122 000 lots les surfaces défectueuses présentes sur son territoire[11]. Cette situation, dont les premières victimes sont bien entendu les néopropriétaires, inquiète de plus en plus les élus des grandes villes qui estiment que ces lotissements nuisent à leur réputation. Selon l'essayiste parisien Léandre Vaillat, la ville de Levallois représente « le prototype des lotissements médiocres, le modèle achevé de la laideur qui entoure Paris ». C'est une vision que partage bien évidemment l'élu parisien François Latour :

> Aux abords de ces anciennes bourgades rurales promues trop rapidement au rang de grandes villes, on contemple d'un œil désolé des lotissements desservis par de simples pistes défoncées d'ornières ou remblayées de détritus[12].

Du fait du nombre croissant des familles qui s'installent toujours plus en avant de la banlieue, les nouveaux arrivants occupent très rapidement des quartiers entiers considérés très souvent par les autorités locales comme des lieux insalubres mais ne relevant pas de leur champ de compétences. Faute de textes législatifs, la responsabilité en incombe aux pouvoirs locaux. La loi de 1902 stipule en effet que les maires ont le pouvoir d'édicter des règlements destinés à assurer la salubrité des logements et de leurs dépendances. Mais le manque de moyens alloués la rend inopérante. La situation n'a fait pourtant qu'empirer après la fin de la Première Guerre mondiale. Cela est dû aussi au fait que le blocage des loyers décidé par le gouvernement en 1919 a détourné du logement populaire de nombreux investisseurs, faute de perspectives de rentabilité en la matière.

Le départ vers une périphérie de plus en plus éloignée devient alors, pour beaucoup, un choix nécessaire, à défaut d'être un rêve. La loi du 14 mars 1919 qui oblige tout lotissement à soumettre un plan d'aménagement ainsi qu'un programme d'établissement exact des servitudes s'avère très rapidement inefficace faute de moyens mis en œuvre pour en assurer le suivi. Il revient dès lors aux municipalités de trouver des solutions afin d'éradiquer les manifestations les plus négatives de ce développement non maîtrisé. Mais l'ampleur de la tâche est telle qu'en 1928, c'est le gouvernement lui-même qui prendra en charge le dossier. Il lui reviendra également de garantir une accélération des constructions de HBM qui apparaissent dès les années 1900 comme le meilleur moyen d'offrir un logement digne de ce nom aux salariés modestes.

Le développement des habitations bon marché (HBM)

La fin du XIXe siècle est marquée, en France comme dans les autres pays industriels, par l'affirmation progressive du réformisme social qui entend contribuer à améliorer le sort de la classe ouvrière sans en passer par le socialisme. C'est le cas en particulier du solidarisme de Léon Bourgeois qui insiste sur le nécessaire rôle de l'État dans un souci de justice sociale. Les débats qui se sont organisés autour de la Société française des habitations à bon marché née en 1889 ont fortement contribué à faire du logement un enjeu premier dans la résolution de ce que l'on appelait alors la « question sociale ».

L'enjeu est aussi moral. Georges Picot, l'un des principaux animateurs de la Société française des HBM avec Jules Siegfried, député normand, est également membre de la Société d'économie sociale. Il rappelle l'importance de l'héritage intellectuel laissé par le réformateur social Frédéric Le Play : « Le Play nous a appris que le foyer était la base d'une société, d'une société morale surtout. Or, aux pauvres de toutes ces grandes villes, le foyer leur est presque interdit[13]. » À ce titre, la banlieue retient l'attention : d'une part, elle peut permettre la construction de nombreux logements en raison du foncier disponible ; d'autre part, elle peut contribuer à diffuser l'harmonie sociale, loin de la promiscuité des grandes villes qui aiguise selon lui les rapports conflictuels entre catégories sociales.

Le projet des HBM s'adresse néanmoins à un certain type de population, comme le précise la présentation de 1889, à savoir à ceux qui vivent « principalement de leur travail ou d'un salaire et n'étant propriétaire d'aucune maison ni d'aucune propriété non bâtie d'une valeur supérieure à mille francs ». L'ambition du projet HBM comporte également un volet politique. Il s'agit de rallier à la République modérée les citoyens qui sont ou seraient tentés par le socialisme. Malgré les restrictions qui excluent de fait les populations les plus pauvres, le vote de la loi de 1894 ouvre de réelles perspectives pour le logement des catégories modestes. Désormais, la Caisse des dépôts est habilitée à prêter de l'argent aux sociétés de HBM. La loi Bonnevay de 1912 officialise quant à elle la création des offices publics municipaux et départementaux. Les collectivités locales peuvent désormais se constituer comme maîtres d'ouvrage. Dès lors, la puissance publique a les capacités juridiques pour engager des programmes de construction. Si le nombre d'offices reste très peu élevé en 1914, les maires disposent désormais d'un outil technique pour se saisir de l'épineuse problématique du logement et, plus globalement, des questions relatives à l'aménagement de leurs communes. Il s'agit d'une avancée majeure pour les villes de banlieue. L'Office des HBM du département de la Seine, officiellement constitué par Henri Sellier en 1915, entend bien en profiter pour « édifier des agglomérations propres à assurer le décongestionnement de la Ville de Paris et de ses faubourgs, [...] servir d'exemple aux lotisseurs qui, depuis trente ans, ont littéralement saboté la banlieue[14] ». La transformation qui s'amorce au lendemain de la Grande Guerre apparaît donc sans équivalent avec les périodes antérieures.

Les résultats obtenus durant l'entre-deux-guerres ne sont toutefois pas vraiment à la hauteur des espoirs. Il existe un net décalage entre les besoins exprimés par les communes de banlieue et la capacité réelle des organismes à mener à terme les chantiers. Selon le recensement de 1936, à peine 21 600 HBM ont été réalisées entre 1919 à 1930. On constate toutefois que près de la moitié d'entre elles se situent en banlieue : 43 % dans le département de la Seine, mais moins de 5 % en Seine-et-Oise[15]. Le choix de réserver à la banlieue une partie des nouvelles constructions n'est toutefois pas du goût des élus des grandes villes qui expriment eux aussi des besoins importants en matière de logement. Des élus de la capitale s'insurgent contre la construction en banlieue d'HBM également pour des raisons politiques. Lors d'un conseil municipal parisien en 1927, certains d'entre eux dénoncent la mise en œuvre de programmes « collectivistes » qui établissent de véritables « bastions ouvriers » aux portes de la capitale. Ils préconisent plutôt de construire des logements sociaux au centre de Paris pour ceux qui y travaillent. On pourrait ainsi, affirment-ils, « éviter le désordre en banlieue[16] ».

Cela ne semble cependant pas tout à fait cadrer avec l'ambition portée par le projet des cités-jardins. Pour le sénateur de Seine-et-Oise, Ambroise Rendu, il s'agit même, selon ses termes, d'une « besogne patriotique, une œuvre nationale[17] ». L'une des originalités du projet de cités-jardins consiste à pouvoir faire consensus entre les différents courants politiques. Si le modèle intéresse la droite, il mobilise surtout la gauche dans la mesure où il prolonge les grandes utopies socialistes en matière de logements ouvriers. La cité-jardin de Stains, réalisée entre 1921 et 1933 sur l'ancien parc du château de la ville, possède encore aujourd'hui un centre culturel qui, à l'origine, avait été conçu comme une « maison commune » hébergeant une salle de réunion, les bureaux de la bibliothèque et une coopérative de consommation – des équipements que l'on trouvait au sein du familistère de Guise édifié durant le XIXe siècle par l'industriel disciple de Charles Fourier, Jean-Baptiste Godin. En cela, les cités-jardins sont au cœur de la réflexion sur la régénération de la banlieue.

Les cités-jardins, l'avenir de la banlieue ?

Exporté de Grande-Bretagne à partir du livre d'Ebenezer Howard paru en 1898 (*Tomorrow. A Peaceful Path to Real Reform*), le modèle de la cité-jardin séduit de nombreux spécialistes des questions urbaines, notamment les membres du Musée social qui regroupe bon nombre de réformateurs sociaux. En 1908, celui-ci se dote d'une section d'hygiène urbaine et rurale dont l'objectif, dans un premier temps, est de recueillir des informations concernant l'amélioration des conditions de logement et, plus largement, l'organisation urbaine. Le modèle de la cité-jardin a de quoi les séduire car ce « paradigme sociospatial » renvoie tout à la fois à une conception de l'espace urbain et à un modèle de société[18]. De ce point de vue, la banlieue correspond aux attentes des partisans de ce concept innovant.

En effet, elle dispose du foncier nécessaire et elle est directement confrontée aux deux enjeux principaux dénoncés par les spécialistes de la question : la multiplication des lotissements et la présence de populations parfois suspectées de représenter une menace pour l'ordre social. Pour le réformateur social Georges Risler qui promeut le modèle en France, la cité-jardin, limitée en taille, représente aussi le cadre idéal pour exercer la nouvelle citoyenneté urbaine que lui et ses amis appellent de leurs vœux. Dans le débat sur la représentation politique des banlieues, l'argument compte également. L'objectif de pacification sociale est aussi bien présent dans les esprits. À la cité Pax-de-Bagneux, par exemple, les locataires sont soigneusement triés afin d'éviter d'être confrontés à des revendications d'ordre partisan. De manière générale, le peuplement des cités-jardins fera l'objet d'une attention toute particulière. La cité du Plessis-Robinson a ainsi surtout pour vocation d'accueillir les classes moyennes qui, selon Henri Sellier,

> ont pour habitude de demeurer assez loin de leur centre de travail, qui déjeunent à Paris, commencent assez tard dans la matinée et sont libres, le soir, à des heures qui leur permettent de supporter un assez long parcours avant de rentrer dîner à la maison[19].

D'autres cités-jardins, en revanche, visent des employés plus modestes. Celle de Stains est principalement conçue pour des ouvriers non qualifiés tandis que celle de Champigny s'adresse en priorité aux travailleurs du chemin de fer. La cité-jardin établit dans tous les cas un marquage social qui déterminera en partie le développement de la banlieue. Le modèle que constitue Suresnes témoigne aussi de cette hiérarchisation sociale. Toujours selon Sellier, le cadre agréable de la cité et « le voisinage des plus beaux quartiers de Paris » prédisposent la cité-jardin par le choix d'une catégorie d'« habitants particulièrement intéressants »[20]. Dans une délibération de 1921, la commission HBM du département de la Seine qu'il préside dit avoir « abordé la solution du problème sous son angle le plus rationnel, à savoir la mise à disposition du prolétariat parisien du "home familial" et du petit jardin qui constitue la solution idéale du problème du logement[21] ».

Petit à petit, la cité-jardin devient alors l'emblème d'un nouveau mode d'urbanité surtout porté par la banlieue populaire. Si la grande ville avait été durant le siècle précédent le théâtre des grandes mobilisations politiques, parfois jusqu'à la révolution, la banlieue a de son côté vocation à s'affirmer grâce aux cités-jardins, puisqu'elle est porteuse de l'idée de progrès politique et de concorde sociale. L'idée de retour à la nature est également présente parmi les attendus d'une telle entreprise. Ainsi, la Butte-Rouge de Châtenay-Malabry, exemple typique de l'entre-deux-guerres de cette forme urbaine originale, est à l'origine entourée de plusieurs centaines d'hectares dédiés au maraîchage. Outre des espaces verts individuels et des squares, la cité se verra adjoindre des jardins familiaux qui permettront aux résidents de produire une partie de leur nourriture sans toutefois quitter leurs lieux de résidence. On parlera d'ailleurs à cette époque de « banlieues-jardins ».

La réalisation du programme en périphérie sera pourtant laborieuse. La loi Bonnevay incluait dans ses objectifs la création de cités-jardins. Dès l'année suivante, la commission d'extension dépendant de la préfecture de la Seine recommandait de ne pas se borner à construire des HBM dans Paris, mais aussi des cités-jardins qui « feront concurrence aux immeubles urbains trop resserrés et conduiront leurs propriétaires à les améliorer, à se syndiquer au besoin pour en rectifier les limites, en réduire la hauteur et en grouper utilement les espaces libres[22] ». Mais concernant plus spécifiquement la banlieue, la réalisation est complexe.

Il faut en réalité attendre la mise en œuvre de l'Office public des HBM de la Seine pour que le projet prenne forme en banlieue parisienne. Sur ce point également, l'entrée d'Henri Sellier comme administrateur en 1916 contribue à accélérer le processus. Lui-même mettra en œuvre dans sa ville un projet de cité-jardin. Plus largement, il jouera un rôle clé dans la diffusion du modèle dans la banlieue parisienne. Durant les années 1920, le conseil général de la Seine qu'il préside envisage avant même la création du Comité supérieur pour l'aménagement de la région parisienne, la réalisation de plusieurs « cités-satellites » censées apporter des réponses à la pénurie de logements disponibles et au manque de projets en matière d'aménagement. Pour cela, il achète très tôt plusieurs milliers d'hectares pour les aménager et revendre ensuite des terrains. Cette politique vise à organiser l'espace et à ainsi mettre un terme à l'incohérence qui caractérisait jusqu'alors le développement de la banlieue.

Plusieurs projets sont définis. La Courneuve, au nord-est de Paris, à proximité des grands centres industriels, doit accueillir une vaste cité ouvrière de ce type. L'opération dite « de Paris-Saint-Germain », en bordure du chemin de fer, doit voir quant à elle l'édification d'une « cité linéaire », allant en ligne droite de la porte Maillot à la forêt de Saint-Germain. Selon Raymond-Laurent, vice-président du conseil municipal de Paris et conseiller général de la Seine, ce « projet grandiose », déjà envisagé sous le Second Empire, achèvera l'ensemble architectural que les grands urbanistes français, de Gabriel à Haussmann, voulaient constituer de l'Étoile au Carrousel[23]. Mais le projet de la « banlieue-jardin » voulu par certains ne verra toutefois pas le jour. Car les 34 cités-jardins et leurs 22 000 logements réalisés en Île-de-France ne suffiront pas à répondre à la demande et à supplanter les lotissements défectueux.

Ailleurs en France, le modèle figure également dans certains plans d'aménagement, d'embellissement et d'extension, à la suite de la loi Cornudet de 1919. En effet, rares ont été les exemples d'aménagement de lotissements en banlieue avant le XXe siècle. C'est le cas d'Issy-les-Moulineaux. Gérant du Comptoir central de crédit, Édouard Naud avait à ce titre acheté à bas prix entre 1855 et 1857 quelque 255 hectares de terrain situés sur les territoires de la commune, mais aussi sur ceux de Boulogne et de Maisons-Laffitte. Comme maire de cette dernière entre 1871 et 1878, il avait lancé toute une série de lotissements et de voies de communication[24]. Le cas reste toutefois exceptionnel.

La première d'entre elles a été fondée au cœur du bassin minier du Pas-de-Calais en 1904. Mais c'est surtout après 1918 que le modèle essaime dans plusieurs agglomérations. C'est le cas dans la banlieue de Bordeaux, avec la cité réalisée par Le Corbusier, à Pessac, destinée à loger les ouvriers de l'industriel sucrier Henry Frugès. Une autre cité-jardin sera prévue dans la même agglomération, à Bassens. Ce choix confirme l'idée que la banlieue a vocation à devenir un lieu central pour de nouvelles expérimentations dans le domaine de l'architecture moderne. Dans une lettre adressée à Le Corbusier, Henry Frugès l'invite à mener jusqu'au bout l'expérience qualifiée pour la circonstance de « révolutionnaire » : « Je vous autorise à réaliser dans la pratique vos théories jusque dans leurs conséquences les plus extrêmes. Pessac doit être un laboratoire[25]. » D'autres chantiers poursuivent également un idéal comme celui de la cité-jardin Glinglin, aux marges de Saint-Brieuc, mêlant harmonie sociale et revendication régionaliste. Le projet est en effet porté par des sociétés de secours mutuels, les syndicats, la chambre de commerce ainsi que des personnalités locales comme Octave-Louis Aubert, qui est l'auteur de nombreuses études sur la culture bretonne et la Bretagne touristique[26].

Les maîtres d'ouvrage privés, qu'il s'agisse des compagnies de chemins de fer ou de sociétés privées ou patronales de HBM, jouent aussi un rôle important dans la diffusion du modèle en banlieue, à l'image de Raoul Dautry pour la Compagnie des chemins de fer du Nord. Ces cités de cheminots constituent selon le directeur général de la Compagnie du Nord la préfiguration d'un monde meilleur, « couvert de cités-jardins, aux maisons aménagées humainement, dans la paix des foyers et dans celle des peuples[27] ». Préfigurant celles de la région parisienne, ces réalisations ont aussi un but philanthropique, quelques années seulement après la fin de la Première Guerre mondiale.

Parmi les projets menés à bien par Raoul Dautry figure dans la banlieue lilloise la cité-jardin de Lille-La Délivrance, un vaste complexe ferroviaire situé en partie sur la ville de Lomme et dont l'origine remonte à 1920. Avec ses 835 logements, elle constitue la cité-jardin la plus importante réalisée par la Compagnie des chemins de fer du Nord après celle de Tergnier dans l'Aisne qui compte plus d'un millier de logements. Par la suite, nommé à la tête de la Régie immobilière de la ville de Paris, Raoul Dautry exportera ce modèle. Il gagnera avec l'architecte Jean-Marcel Auburtin le concours lancé par le conseil général de la Seine pour aménager 700 hectares situés sur les communes de La Courneuve, Le Bourget, Dugny et Stains. Le projet consiste à construire 800 appartements pour enrayer le mal-logement extraordinairement très présent dans cette partie de la région parisienne. S'il ne fut jamais réalisé, il témoigne malgré tout de l'espoir placé dans les cités-jardins pour améliorer le sort de la banlieue. Par la suite, la ville de Dugny, limitrophe de l'aéroport du Bourget, alors en plein essor, construira deux cités afin d'y loger des militaires. Raoul Dautry restera quant à lui fidèle à son engagement urbanistique. Il sera à l'initiative, aux côtés de Jean Giraudoux, de la création de la Ligue urbaine qui viendra ainsi doubler dans le sillage de la loi Loucheur de 1928 le travail de la Ligue nationale contre les taudis qu'il préside par ailleurs. À cet égard, les dispositions ministérielles adoptées en 1928 constituent pour le moins une étape importante, si ce n'est même peut-être un moment fondateur pour la banlieue.

Le tournant de 1928, un moment fondateur ?

L'adoption en 1928 par le Parlement de trois lois (portant sur les assurances sociales, l'aménagement des lotissements défectueux, la loi de programmation sur les HBM) s'inscrit dans la longue histoire du réformisme social en France qui concerne au premier chef la question urbaine. À cet égard, l'action de Louis Loucheur et d'Albert Sarraut prolonge les efforts de Jules Siegfried et d'Alexandre Ribot à la fin du XIXe siècle – pour ne citer qu'eux. Il n'est donc pas étonnant que la question urbaine soit extrêmement présente dans ces lois, d'autant que l'inexorable progression des lotissements défectueux et, à l'inverse, la lente progression des constructions de HBM fragilisent la règle de la solidarité nationale que le gouvernement Poincaré veut affirmer en direction des anciens combattants et de leurs familles.

L'avenir de la banlieue se retrouve au cœur de deux lois essentielles – à commencer par celle qui vise les lotissements défectueux qui constituent un frein au développement de la banlieue, comme le rappelle durant les débats parlementaires René Coty, député de la Seine-Inférieure. Mais, de son point de vue également, c'est toute la nation qui doit se montrer solidaire envers la banlieue, « l'avenir de nos grandes cités » selon ses propres termes :

> Le problème du lotissement n'est, à mes yeux, qu'un esprit d'un problème plus vaste, qui est le problème des banlieues des agglomérations populeuses en voie de croissance. Envers ces agglomérations où tout est à créer, où, faute de ressources, on ne peut rien

> faire, la nation tout entière a des devoirs qui sont de simple justice, mais qui sont aussi de solidarité et de prévoyance. C'est dans la banlieue qu'est l'avenir de nos grandes cités[28].

Le ministre de l'Intérieur Albert Sarraut propose donc le vote d'une loi dont l'essentiel vise à aménager la banlieue. Il s'agit là d'une première dans la mesure où l'État s'était jusque-là toujours refusé à intervenir dans ce domaine. Après le vote de la loi sur les HBM trente ans plus tôt, c'est une nouvelle étape dans la prise en charge de la question urbaine par l'État et non plus par les seules municipalités. Prenant acte de l'échec des dispositifs précédents, le ministre entend aussi agir rapidement dans la mesure où les élections législatives d'avril 1928 risquent de favoriser les partis de gauche – le parti communiste surtout, qui ne cesse de dénoncer le sort réservé aux mal-lotis.

Il s'agit également de répondre à un sujet d'actualité qui a mobilisé l'opinion, notamment par le biais de reportages. En effet, en 1927, *Le Petit Parisien*, l'un des plus forts tirages de la presse quotidienne, avait publié une série d'articles intitulée « La grande pitié des mal-lotis », contribuant ainsi à la médiatisation de la question. La prise en charge des lotissements défectueux est de ce point de vue un exemple caractéristique de l'évolution des rapports entre les pouvoirs publics et la banlieue qui passe du rejet ou même de la compassion à une démarche visant à trouver une solution en matière d'aménagement. L'heure n'est plus aux crédits affectés au seul aménagement des villes anciennes, mais aussi à leurs périphéries, les deux formant les agglomérations. Après l'hausmannisation, le temps de la valorisation de la banlieue semble enfin venu. Certes, il faudra quelques décennies pour que cette ambition devienne réalité. Mais le vote de la loi Sarraut marque un tournant décisif en voulant faire des lotissements défectueux de véritables quartiers, et permettre de cette manière à des territoires suburbains d'accéder enfin à la modernisation urbaine en intégrant le cycle haussmannien[29]. Cela n'empêche toutefois pas une forme de mépris dès qu'on évoque la périphérie. Pour le vice-président du conseil municipal de Paris, Raymond-Laurent, il s'agit de supprimer ces « agglomérations de véritables parias menant, à quelques kilomètres de la capitale, une vie inférieure et dégradante, indigne d'êtres civilisés, génératrice de haine et de révolte[30] ».

Parallèlement à la loi, on décide de créer un outil destiné à devenir le premier organisme de planification : le Comité supérieur d'aménagement et d'organisation de la région parisienne (CSAORP). C'est bien le caractère hiératique de la banlieue qui est visé dans le rapport que le ministre de l'Intérieur adresse au président de la République en vue de la création du comité :

> La pénurie de logements dans Paris, l'afflux d'éléments étrangers, provoque constamment dans les communes de la périphérie, la création de quartiers nouveaux, ainsi que d'établissements commerciaux et industriels qui laissent à désirer, aussi bien au regard de l'hygiène que de la sécurité publique qu'au point de vue de l'urbanisme et de l'aménagement rationnel des villes[31].

Si cette création est inédite par sa détermination, certains députés regrettent toutefois qu'il ne dispose guère de réels pouvoirs. Paul Reynaud, député de Paris, relève pour sa part qu'il est dépourvu d'une capacité de commandement alors même qu'« il faudrait un cerveau central qui pense[32] ». Il n'en reste pas moins que le vote de la loi intègre désormais la banlieue dans les grandes problématiques nationales de l'époque qui sont débattues au Parlement. Pour un certain nombre de députés, il en va également de l'image de marque de la France. Vainqueur de la Grande Guerre, elle ne peut présenter à l'Allemagne vaincue une image aussi déplorable de son territoire. Pour cela, la banlieue doit elle aussi incarner l'ambition nationale en matière de modernisation urbaine et sociale :

> Je fais partie d'un comité franco-allemand qui a eu à promener des Allemands en banlieue. Je vous assure qu'à certains endroits, je cherchais à détourner leur attention. Voulez-vous qu'une démocratie déclare qu'elle n'a pas l'autorité nécessaire pour poursuivre le développement de sa capitale, et voulez-vous vous exposer à tous les dangers intérieurs et à tous les dangers extérieurs[33] ?

Le nombre de parcelles à aménager est évalué par les services du ministère de l'Intérieur pour toute la France à 210 000 dont

185 000 pour la seule région parisienne. Quant au coût des travaux, il est estimé à 1,1 milliard de francs (une forte somme pour l'époque) dont l'engagement financier sera possible grâce au redressement financier amorcé par Raymond Poincaré depuis 1926[34]. La loi précise que l'État s'engage à payer 30 à 50 % des travaux, le reste étant à la charge des résidents qui, pour la circonstance, doivent obligatoirement se regrouper dans des associations syndicales autorisées qui prélèvent les taxes et surveillent les travaux. Outre l'enjeu financier, ce choix entraînera une plus forte implication des résidents dans la transformation de leurs lotissements en quartiers de ville – c'est aussi une manière de faire de la banlieue un lieu d'apprentissage de la gestion urbaine. Après des débats parfois vifs, en particulier entre élus communistes et représentants du gouvernement, le vote est acquis à l'unanimité des 520 présents, dans un climat de solidarité nationale. Par la voix de son porte-parole durant les débats, Jean-Marie Clamamus, député communiste et maire de Bobigny, le parti communiste se fait le défenseur des mal-lotis qui incarnent à ses yeux la souffrance de la banlieue ouvrière et qui, à ce titre, méritent de recevoir le soutien de la nation. Votée aussi à l'unanimité au Sénat, la nouvelle loi est promulguée dès le 15 mars de la même année avec les décrets d'application – le fait est assez rare pour être souligné.

La part de la banlieue parisienne dans la répartition des crédits affectés à l'aménagement des lotissements est incontestable. Sur 1 600 dossiers de subventions traités de 1928 à 1938, 73 % des sommes sont affectées à la Seine et à la Seine-et-Oise. La province n'est toutefois pas oubliée, révélant ainsi au passage l'existence de banlieues en devenir. La Seine-Inférieure est le deuxième département (après celui du Nord) pour l'obtention des crédits affectés à la résorption des lotissements défectueux. C'est le cas notamment de Mont-Saint-Aignan, près de Rouen, mais également de communes voisines du Havre et de Dieppe. La procédure sera toutefois très longue puisque, encore en 1947, une pétition des mal-lotis de Chennevières-sur-Marne évoquait leur « calvaire » – eux qui, depuis trente ans, se débattaient dans la boue[35].

La seconde loi portée par Louis Loucheur concerne spécifiquement les HBM. On estime à environ 10 000 le nombre de logements réalisés dans le cadre des lois adoptées avant 1914, soit environ 0,1 % de la population française (entre 30 000 et 50 000 personnes concernées)[36]. Les prescriptions de la loi Cornudet en 1919 ont bien souvent aidé les pouvoirs locaux à les orienter, notamment du point de vue de la localisation. La banlieue s'est donc avérée un choix raisonnable en raison du foncier disponible. Pour autant, il manquait une ambition nationale. Pour remédier à ce manque, le député du Nord Louis Loucheur avait déposé à la Chambre des députés en 1921 une proposition de loi tendant à faire des HBM une grande cause nationale et à encourager la construction sociale en France. Voté à la Chambre, le projet avait été rejeté par le Sénat. C'est de nouveau lui qui sera à l'initiative d'un soutien étatique à la construction de HBM lorsqu'il deviendra ministre du Travail et de la Prévoyance sociale dans le gouvernement Poincaré. Le projet de loi qu'il présente stipule dans l'article 2 que les mesures qui seront prises s'adresseront en priorité aux « personnes peu fortunées et notamment les travailleurs vivant principalement de leurs salaires ». Les anciens combattants, les victimes de guerre, les familles nombreuses bénéficient de clauses très favorables qui les dispensent pratiquement de tout apport personnel. De fait, cela rend enfin possible leur accession au « rêve pavillonnaire » car la loi s'adresse aussi aux petites classes moyennes qui constituent en majorité l'électorat de la majorité politique de Raymond Poincaré.

Le cœur de la loi réside dans la programmation sur le plan national de 200 000 logements dont seulement 80 000 sont en réalité des HBM. Le reste se partage entre 120 000 logements en accession à la propriété et 60 000 logements à loyer moyen – le tout étant soutenu à hauteur de 11 milliards de francs incarnés par des prêts de l'État à un taux de 2 % et des exemptions fiscales pour les accédants à la propriété. En outre, des subventions d'État sont accordées par l'entremise des offices publics d'habitations institués par la loi du 5 décembre 1922. Selon des élus, l'effort, quoique important, n'est toutefois pas à la mesure du déficit enregistré par le manque de constructions antérieures. Une nouvelle fois, la banlieue se retrouve au cœur des discussions. Selon Jean Bastié, la loi Loucheur aurait permis de construire 90 000 logements, dont un peu moins de 60 000 en région parisienne[37]. Ce déficit entre la prévision mentionnée dans la loi et le chiffre réel de constructions s'explique surtout par l'entrée de la France en récession à partir de 1931, puis par le fléchage de plus en plus important de crédits publics en direction de la Défense nationale. Dans tous les cas, on est loin des prévisions établies par André Morizet qui estimait pour sa part à 500 000 le déficit de logements pour la seule banlieue parisienne. La loi sera néanmoins votée dans le même état d'esprit de concorde que pour l'aménagement des lotissements défectueux (565 voix contre 9). Pour la première fois, une loi de programmation portant sur le logement engage l'État. Certains observateurs se montreront toutefois dubitatifs sur la réelle capacité des HBM à transformer l'image de la banlieue en profondeur, à l'image de Blaise Cendrars :

> Ce rêve d'une opulence soudaine transformant le décor de la banlieue en un fantastique social, j'ai bien cru le voir se réaliser quand on se mit à démolir les sinistres fortifs de Paris pour édifier les groupes des habitations à bon marché, mais cette illusion n'est plus possible aujourd'hui que ces groupes d'HBM font le tour de Paris. Je ne pense pas que cela corresponde à quelque chose dans l'avenir, sinon à la pauvreté généralisée et à une dégénérescence physique et spirituelle due à la promiscuité. C'est la formation d'un monde de petits, petits bourgeois éphémères[38].

Léandre Vaillat, critique d'art, essayiste et romancier, féru d'urbanisme, qualifie quant à lui les HBM réalisées à la cité du Champ-des-Oiseaux à Bagneux de « monstrueux[39] ».

À la veille de la Deuxième Guerre mondiale, le problème reste donc entier. Les quelque 1 600 sociétés HBM ne logent en réalité à cette date que 2 % des ménages français avec moins de 900 000 habitations. Si l'on retire les logements patronaux, ce sont en fait plus de 90 % des gens modestes qui ne parviennent pas à se loger par eux-mêmes. En revanche, un nouveau modèle architectural, appelé communément le « pavillon Loucheur », fait son apparition. Il deviendra au fil du temps un marqueur de la banlieue, invité ici et là à remplacer les bicoques défectueuses par d'élégantes maisons reconnaissables entre toutes par leur forme étroite et leurs parements de pierre meulière et dont la référence demeure jusqu'à aujourd'hui.

L'avenir de la banlieue à la veille de la Deuxième Guerre mondiale

Dans son ouvrage paru en 1932, *Du vieux Paris au Paris moderne*, André Morizet s'interroge précisément sur l'avenir de la banlieue :

> Peut-être un jour viendra-t-il où notre Paris fera place à un autre, tel que le rêvent des artistes aussi distingués que MM. Perret et Le Corbusier : un Paris composé de formidables blocs de béton abritant chacun des milliers d'individus et séparés les uns des autres par d'immenses espaces.

Les années 1930, fortes des lois nouvelles de 1928, se caractérisent par une série de projets architecturaux destinés à valoriser la banlieue. Elle a en effet vocation à devenir un terrain d'expérimentation pour les urbanistes qui, dans leur majorité, se réclament du mouvement moderne. Certains, à commencer par Le Corbusier, ne veulent pas améliorer l'existant, mais entendent appliquer le principe de la *tabula rasa* dans la mesure où, selon les termes de Le Corbusier, la banlieue constitue « un amoncellement d'épandages et de lotissements[40] ». Dans la *Charte d'Athènes* publiée en 1942, il affirme que les espaces qui la composent sont « les descendants dégénérés des faubourgs » et qu'elle « est le symbole à la fois du déchet et de la tentative. C'est une sorte d'écume battant les murs de la ville. Au cours des XIXe et XXe siècles, cette écume est devenue marée, puis inondation »[41].

À partir de la fin des années 1920, les Congrès internationaux d'architecture moderne (CIAM) – dont Le Corbusier est le principal animateur – mettent en avant l'idée de la création de villes nouvelles organisées de manière rationnelle autour de quatre fonctions principales : résidence, travail, administration, sports et loisirs. Cette conception exige l'éradication des banlieues qui se sont développées tout au long du XIXe siècle. En lieu et place, Le Corbusier veut imposer son propre modèle de cité radieuse rationnellement disposée autour des parcs et des autoroutes construits pour l'occasion. Si cette idée cheminera après la Deuxième Guerre mondiale principalement avec la politique des grands ensembles, elle n'est toutefois pas à l'ordre du jour durant l'entre-deux-guerres, faute d'un engagement suffisant de l'État et d'une forte réserve des élus locaux qui n'entendent pas voir leurs villes passer par pertes et profits.

D'autres architectes, moins péremptoires, mettent surtout en avant le potentiel que la banlieue représente. Ceux qui se réclament du parti communiste sont sans surprise les plus en pointe sur le sujet. En 1925, André Lurçat propose pour sa part un « Lotissement Soleil » aux accents collectivistes qui incarne une alternative aux lotissements dispersés dans la périphérie parisienne. Plus tard, Lurçat sera à l'origine de plusieurs constructions destinées à offrir aux municipalités de la banlieue parisienne qui le souhaitent une modernité semblable à celle des villes anciennes. C'est le cas notamment de Villejuif, alors en plein développement au sud de Paris, dont le maire Paul Vaillant-Couturier veut faire un exemple du communisme municipal. En 1933, il inaugure, en présence de Maurice Thorez, l'école Karl-Marx conçue par Lurçat, alors présentée par le PCF comme « l'école la plus moderne de France ». Par son architecture, en particulier les grandes baies vitrées des salles de classe qui pivotent pour laisser entrer l'air et la lumière dès les premiers beaux jours, elle est censée incarner le nouvel esprit de la banlieue marquée par l'innovation et la modernité mis au service du prolétariat.

Mais sans que les préceptes idéologiques soient toujours présents, d'autres projets portent aussi les idéaux d'un monde meilleur. C'est le cas notamment de la cité du Champ-des-Oiseaux à Bagneux qui constitue, selon l'historienne Annie Fourcaut, « un projet cohérent, technocratique et moderniste destiné à loger une aristocratie ouvrière banlieusarde[42] ». Marcel Lods, son concepteur, entend faire de ce lieu un modèle. Les modèles de construction intègrent les procédés de standardisation les plus récents. Les futurs logements sont dotés d'équipements modernes, notamment grâce à l'installation d'une chaufferie centrale au cœur de la cité. Le caractère social de l'opération n'est pas non plus anodin. Dès 1931, alors que les premiers locataires ne doivent arriver que l'année suivante, la société Pax recrute une ancienne surintendante d'usine qui sera chargée d'implanter un centre social au cœur de la nouvelle cité dont la construction, si elle dépend bien des crédits publics, hérite de l'esprit de la philanthropie cher au paternalisme patronal.

Bien sûr, la procédure d'admission est stricte. Les nouveaux locataires sont triés sur le volet – du point de vue tant de leur solvabilité que de leur engagement moral – afin de produire un nouveau type de banlieusard. Ce choix de la direction de la société Pax dont Marcel Lods est devenu le responsable se heurtera à l'amicale des locataires de la cité des Oiseaux dont l'animation est vite passée sous le contrôle de sympathisants communistes. Outre la question épineuse de la fixation du montant des charges, deux conceptions s'affrontent. D'une part, celle des locataires qui s'estiment légitimes pour être associés aux choix stratégiques ; d'autre part, la direction de la société qui, au contraire, entend les assumer seule pour le bien de tous.

Par ailleurs, les conceptions de ces nouvelles cités censées régénérer la banlieue entraînent parfois l'hostilité des municipalités d'accueil. La mairie de Bagneux ne cessera de s'y opposer tout au long de la réalisation du projet, refusant même d'accorder le certificat de salubrité. Les élus radicaux refusent que la société HBM locale modifie les équilibres sociaux et politiques locaux. Il n'empêche que ce modèle de cité d'habitat social préfigure le rôle qui sera celui d'une partie de la banlieue après la Deuxième Guerre mondiale, à savoir accueillir des projets innovants, du point de vue tant urbanistique que social, tout en veillant au maintien d'une conception d'encadrement social héritée en partie du XIXe siècle.

En revanche, d'autres projets menés durant la même période insistent sur l'émancipation de la classe ouvrière par le logement. De 1927 à 1934, la municipalité de Villeurbanne, dirigée par le socialiste Lazare Goujon depuis 1924, fait édifier un vaste ensemble urbain de près de 1 500 logements (deux fois plus qu'à Bagneux) pour loger les travailleurs de la ville. Outre les appartements, il s'agit de doter cette nouvelle entité urbaine d'équipements collectifs destinés à promouvoir la vie sociale, mais également la vie civique. En 1927, le premier sera le palais du travail (qui abritera plus tard le Théâtre national populaire) conçu selon le maire comme un « véritable temple laïque, centre d'activité intellectuelle, artistique et morale, indispensable au développement de la cité, ainsi qu'à l'éducation intégrale de la classe ouvrière, condition essentielle à l'amélioration de son sort[43] ». Un vaste complexe sportif est également prévu avec notamment une piscine, un vélodrome d'hiver ainsi qu'une brasserie pouvant accueillir plus d'un millier de convives. La crise économique aura toutefois raison de ce projet. De nombreux équipements comme le central téléphonique (encore visible aujourd'hui), ainsi que la centrale thermique adossée à une usine d'incinération des ordures ménagères, témoignent pourtant de l'ambition de la ville en matière d'innovations technologiques. Il en va de même de la modernité architecturale qui caractérise l'ensemble du projet. Le choix du style nord-américain témoigne d'une volonté de rompre avec le conformisme général des HBM. À l'exemple des gratte-ciel, la banlieue doit être porteuse d'une réelle ambition pour la classe ouvrière. De fait, dans les années 1930, un certain nombre de villes entendent dépasser le strict cadre de l'équipement pour en faire l'avant-garde urbaine à l'image de l'avant-garde politique et culturelle portée par le souffle de la révolution de 1917 en Russie.

Le message des municipalités est clair : les banlieusards, y compris les plus modestes, doivent avoir accès au même confort que les habitants des grandes villes, même les plus aisés. Vivre mieux en banlieue est avec le logement le principal enjeu des politiques menées durant l'entre-deux-guerres. Si la construction et l'aménagement relèvent de l'État, il appartient aux municipalités de prendre en main l'amélioration du cadre de vie résidentiel.

Vivre en banlieue

Outre la question du logement, l'autre grand sujet se rapportant à la banlieue durant le premier XXe siècle concerne son affirmation politique et socioculturelle. Essentiellement sous la férule du parti communiste, il s'agit de faire des municipalités qu'il administre des modèles de valorisation politique. Plus largement, la banlieue a aussi constitué ce qu'Annie Fourcaut a qualifié de « banc d'essai de la modernité ». Car c'est durant la première partie du XXe siècle que son versant populaire, jusqu'alors plutôt considéré comme un danger social, « commence alors à être regardé comme pouvant être un principe d'une reconstruction de l'ordre social et devenir le terrain à la fois de la réforme urbaine et de l'action sociale[44] ».

La réalité traduit en fait l'expression d'une altérité puisqu'elle est tout à la fois perçue comme un espace de relégation mais aussi comme un laboratoire d'expérimentations visant à inventer une urbanité nouvelle. Cela pose la question de l'existence avérée, ou non, d'une culture spécifique, proprement populaire, qui s'est édifiée à l'ombre des usines au cours des années 1900-1940.

Une identité incertaine, des représentations équivoques

La recherche d'une identité culturelle n'est pas chose facile. La quête d'un nom pour désigner d'un seul trait commun les habitant(e)s de la périphérie parisienne par exemple provoque de nombreux tâtonnements. En 1934, un journal, *Le Petit Nogentais*, lance le concours suivant : « Quel nom donner aux habitants de la banlieue ? » Le terme « blédard » qui pouvait quand même apparaître quelque peu connoté est aussitôt écarté.

Sans raison apparente, c'est le terme de « périparisien[45] » qui est finalement retenu – une manière aussi de montrer que si la banlieue parisienne se cherche une identité propre, sa dépendance envers la capitale reste également extrêmement prégnante. Il s'agit plutôt d'un entre-deux faisant le lien, souvent informel, entre la ville d'où viennent les néobanlieusards et l'état parfois encore rural du territoire sur lequel ils se fixent. Montreuil conserve ainsi de nombreuses traces de son identité rurale malgré de plus en plus d'installations industrielles sur une partie de son territoire. À la fin du XIXe siècle, on y comptait encore près de 200 exploitations agricoles. Le maintien des murs à pêches ainsi que de très nombreux potagers, clapiers et poulaillers, offraient de cette manière à l'est de la capitale toute une réserve de produits agricoles, de maraîchers et d'animaliers[46]. Dans la plupart des cas, la banlieue demeure une « excroissance contingente » qui ne permet pas réellement au début du XXe siècle de déceler un caractère urbain authentique[47]. Cette quête identitaire se poursuivra jusqu'en 1940 et même après.

De la même manière, elle a fait l'objet de représentations plurielles, parfois opposées entre elles. Cette dichotomie permanente a sans aucun doute influencé les modes de production d'une culture banlieusarde. Deux monuments du patrimoine littéraire national contemporain que sont Émile Zola et Louis-Ferdinand

Céline suggèrent deux visions diamétralement opposées, même s'il faut prendre en compte l'écart temporel de leurs écritures et le type de périphérie décrit. Dans *Le Capitaine Burle*, Émile Zola cherche surtout à mettre en évidence le potentiel artistique que recèlent les paysages des territoires qui se situent hors de la capitale :

> Personne encore ne s'était douté du charme des rives de la Seine. Plus tard, Daubigny explora le fleuve tout entier, depuis Meudon jusqu'à Mantes ; et que de trouvailles, le long du chemin : Chatou, Bougival, Maisons-Laffitte, Conflans, Andrésy ! Les Parisiens ignoraient même alors les noms de ces villages. Quinze ans plus tard, une telle cohue s'y pressait, que les peintres devaient fuir. C'est ainsi que Daubigny, chassé de la Seine, remonta l'Oise et s'établit à Auvers, entre Pontoise et l'Île-Adam. Corot s'était contenté de Ville-d'Avray, où il avait des étangs et de grands arbres. Ainsi, la banlieue parisienne se révélait davantage à chaque Salon de peinture[48].

Le propos de l'écrivain n'est pas ici d'opérer une forme de tri entre banlieue industrielle et résidentielle, mais de mettre en valeur les potentialités que recèlent ces territoires qui se situent hors des lieux traditionnels de la création artistique, à commencer par la capitale elle-même. Sous sa plume, les marges recèlent un capital culturel qui ne demande qu'à être investi et exploité.

À l'inverse, la vision célinienne renvoie au monde de la dèche et de la résignation. Celle-ci transparaît en particulier dans *Voyage au bout de la nuit*, publié en 1932. Au fil des pérégrinations de Bardamu, Céline fait de la dénomination « Rancy » le symbole de la banlieue terne, voire misérable, où la vie s'est en quelque sorte repliée sur elle-même. Si l'on peut bien sûr discuter de la portée idéologique du roman, on ne peut en revanche dénier à son auteur de bien connaître la banlieue. Né à Courbevoie en 1894, il s'est installé à Clichy, où il s'occupe du dispensaire au moment où il rédige son roman. Lors de son retour en France en 1951, il décide de s'installer à Meudon où il sera d'ailleurs enterré. Son approche est caractéristique d'une relation très ambivalente entre un territoire subi et sa capacité à incarner un surmoi littéraire. Tout au long de sa production romanesque, il ne cessera de faire de ces espaces la pierre angulaire de son œuvre tout en la condamnant pour ce qu'elle est. Dans une préface rédigée en 1944 pour un livre sur Bezons, ville industrielle des bords de Seine, située entre Melun et Mantes, Céline écrit :

> Pauvre banlieue parisienne, paillasson devant la ville où chacun s'essuie les pieds, crache un bon coup, passe, qui songe à elle ? Personne. Abrutie d'usines, gavée d'épandages, dépecée, en loques, ce n'est plus qu'une terre sans âme, un camp de travail maudit, où le sourire est inutile, la peine perdue, terne la souffrance, Paris, « le cœur de la France », quelle chanson ! Quelle publicité ! La banlieue tout autour qui crève ! Calvaire à plat permanent, de faim, de travail [...], qui s'en soucie ? Personne bien sûr. Elle est vilaine et voilà tout.

D'autres écrivains des années 1900-1940 se montrent également très hostiles à la banlieue. Dramaturge et diplomate, Jean Giraudoux, dans un ouvrage sur Berlin, écrit à son sujet :

> Le mot banlieue, qui est le mot le plus prometteur et le plus allègrement riche de la langue allemande, est dans la nôtre le terme le plus terrible des vocabulaires de laideur et de deuils[49].

Dans *Pleins pouvoirs*, recueil d'articles et de conférences publié en 1939 sous forme d'essai politique, il réitère sa condamnation. À l'en croire, Paris serait

> encerclé sur presque tout son pourtour par des villes hideuses, par une cité concentrique en formation où s'accumulent dans une contradiction scandaleuse à la fois les déchets de Paris et, sur des lotissements généralement ignobles, tous ceux des Parisiens qui ont cru atteindre ainsi la verdure et la nature[50].

D'autres se montrent en revanche plus modérés. L'écrivain parisien Fabrice Delphi, auteur de romans sentimentaux et d'aventures, évoque dans un ouvrage consacré à ses déambulations au-delà de Paris une « banlieue de lèpre et de roses » :

> Le charme toujours malsain, toujours équivoque de cette banlieue, de ces outre-fortifs aux paysages de tuyaux d'usine, de villas

> criardes, de maisons de plâtras et d'arbres empouacrés, rabougris, comme rongés de chlorose, tout cela miroité çà et là, à Asnières, à Billancourt ou à Joinville, dans de l'eau verte, vaseuse, ammoniacale[51].

D'autres se montrent même bienveillants à l'égard de ces territoires peu connus et surtout peu reconnus pour leurs qualités propres. En 1928, l'écrivaine Blanche Vogt publie *Ô ma banlieue*, dans lequel elle avoue sa passion pour celle-ci : « Ma banlieue, j'ai pour t'aimer des raisons secrètes, celle-ci entre autres : dans les plis de tous les jardins on entend le rire bienheureux des enfants[52]. » À l'en croire, il existe bel et bien un réel « bonheur d'habiter la banlieue » et à cet égard, Paris n'est finalement que son « centre ». Si le propos contient bien évidemment une part de provocation, surtout à l'époque où il est rédigé, il révèle un autre trait de caractère de la banlieue populaire, à savoir sa capacité d'attraction. Si elle évoque bien sûr l'industrie, le dur labeur, les conditions de vie souvent pénibles, elle peut en effet aussi révéler un caractère séduisant que l'on retrouve notamment porté à l'écran par le cinéma.

L'histoire de la banlieue se confond également en partie avec celle du cinéma. Dès 1895, le premier film des frères Lumière évoque la sortie de leur usine, dans la périphérie lyonnaise. Quant aux films réalisés par Georges Méliès, autre pionnier du septième art, ils sont généralement tournés dans des studios situés en périphérie, qu'il s'agisse de Joinville-le-Pont ou Boulogne-Billancourt. Sans dresser la liste complète des films ayant pris le territoire suburbain de Paris comme principal décor durant l'entre-deux-guerres, il faut citer ceux de Marcel Carné, en particulier *Nogent, eldorado du dimanche* (sorti en 1929 et déjà évoqué) et, bien entendu, *La Belle Équipe*. Mais même lorsque Julien Duvivier évoque les jours heureux, le drame n'est jamais très loin. Et si ces espaces incarnent cinématographiquement les beaux jours du Front populaire, ils assument également le destin tragique des années qui précèdent la guerre. En 1939, Jean Gabin se retrouve en héros tragique dans le film de Marcel Carné *Le jour se lève*. Le décor du film, réalisé par Alexandre Trauner au sein des studios de Boulogne-Billancourt, évoque au contraire une banlieue morne, livide, qui contraste du tout au tout avec celle, rieuse et primesautière, de Julien Duvivier. Sans doute est-ce le cinéma français des années 1930 qui a su tirer le plus parti du double visage de cet espace, tour à tour joyeux et plein de promesses, mais aussi pauvre et porteur de drames. De ce point de vue, la figure de Jean Gabin incarne parfaitement la banlieue. Il évolue tout autant dans des paysages bucoliques aux expressions naturalistes – qui ne sont pas sans rappeler ceux de Jean Renoir dans *Une partie de campagne*, film tourné également en 1936 (et qui se déroule également à Bezons) – que dans des atmosphères blafardes aux accents faubouriens héritées des descriptions littéraires du siècle précédent. Sa composition gouailleuse dans le film de Julien Duvivier donne à voir des lieux généreux, joyeux, ensoleillés qui reçoivent l'espace d'une journée des ouvriers parisiens en quête de plaisirs. On est alors à l'opposé des images traditionnelles des « Cayennes ». Dans le film, la banlieue devient au contraire un lieu d'accueil pour les classes populaires qui aspirent à s'évader de la grande ville pour venir en famille et entre amis goûter aux joies simples de la périphérie campagnarde :

> Du lundi jusqu'au sam'di
> Pour gagner des radis
> Quand on a fait sans entrain
> Son p'tit truc quotidien
> Subi le propriétaire
> L'percepteur, la boulangère
> Et trimballé sa vie d'chien
> Le dimanch' viv'ment
> On file à Nogent
> Alors brusquement
> Tout paraît charmant !

La dégustation de la friture et le petit vin blanc s'imposent dans les représentations de l'entre-deux-guerres, plus spécialement au temps du Front populaire. Parfois pourtant, les habitants locaux se montrent réticents, pour ne pas dire hostiles, à l'afflux de ces populations venues le temps d'un dimanche profiter des bienfaits d'une nature encore préservée. La cohabitation au bord des rivières, notamment la Marne, entraîne pourtant dans certains cas des problèmes de cohabitation[53]. Nombreuses sont aussi les chansons qui évoquent une banlieue (toujours pour l'essentiel parisienne) alternant entre plaisirs et difficultés de la vie quotidienne. Des grandes chanteuses populaires comme Fréhel et Damia se font les porte-parole d'un monde interlope qui campe parfois à quelques centaines de mètres seulement de Paris, la zone, et qui impose sa géographie symbolique au gré des lieux décrits[54]. Ni encensée, ni redoutée, la banlieue y est le plus souvent évoquée pour ce qu'elle est, un territoire d'évasion mais aussi de labeur. Reda Caire, un an après Jean Gabin, lui rend aussi hommage. À l'écouter, elle représente une réelle opportunité pour tous les ouvriers qui veulent changer d'air et qui n'ont guère d'argent pour aller très loin.

> Ma banlieue, ma banlieue
> A des charmes que rien ne remplace
> Pas bien loin, y a des coins
> Où chaque dimanche on se délasse
> Ma banlieue, ma banlieue
> Grâce à toi, tous les ennuis s'effacent
> On devient très fleur bleue
> C'est pourquoi j'aime tant ma banlieue

Ces exemples de valorisation culturelle ne doivent toutefois pas faire oublier que la banlieue souffre encore de nombreux préjugés négatifs – et cela même si la capitale elle-même, sur ses marges, subit le même traitement. Lors de l'Exposition universelle de 1900, la préfecture de police de Paris n'avait pas hésité à attribuer aux habitants du quartier de Belleville une partie des délits commis à l'égard des visiteurs de l'exposition[55]. De même, l'Est parisien restait encore largement marqué par le souvenir de Casque d'or qui avait défrayé la chronique en 1902[56].

C'est progressivement que la banlieue s'affirme comme le nouvel épicentre des peurs urbaines, comme le montrera à la fin des années 1950 l'épisode des Blousons noirs et, bien plus tard, la fin du siècle. Dès l'entre-deux-guerres, la banlieue apparaît comme un lieu où les transgressions sociales sont significatives. Plusieurs films y font allusion. C'est le cas de celui de Jean Boyer sorti en 1939, *Circonstances atténuantes*, avec Arletty et Michel Simon (ils y interprètent la célèbre chanson *Comme de bien entendu*).

L'histoire raconte les aventures d'une bande de mauvais garçons qui seront finalement remis dans le droit chemin par un procureur tombé par inadvertance dans ce coin reculé de la banlieue parisienne. La figure incarnée par Arletty n'est pas sans rappeler celle des « Pétroleuses » vivant dans les faubourgs du XIXe siècle et qui côtoyaient à l'époque les célèbres « Apaches ».

« Allons au-devant de la vie »

Appréhender la banlieue dans sa dimension culturelle suppose aussi de s'attacher aux modes de production d'une culture commune, fondée notamment sur les loisirs. Les zones urbaines se signalent en effet également comme des « laboratoires de la culture de masse[57] ». La diffusion d'une culture propre est constitutive de l'identité banlieusarde au même titre que les mobilisations politiques qui s'y déroulent. Une authentique culture populaire se développe durant l'entre-deux-guerres, parallèlement à l'affirmation du pouvoir majoral. La jonction entre ce dernier et l'élan culturel banlieusard se fera notamment par la référence aux usages mémoriels locaux. Pour Henri Sellier, la connaissance de l'histoire locale doit servir de ferment unificateur en élaborant une mémoire et une identité communes, en jetant les bases d'un consensus grâce à une connaissance partagée du passé. Plus largement, la période de l'entre-deux-guerres est donc aussi marquée par la volonté des édiles banlieusards d'affirmer leur autonomie ainsi que leurs prétentions culturelles et associatives[58].

De son côté, la banlieue résidentielle, plus ancienne, avait déjà inventé un mode de vie et des codes culturels comme les rassemblements mondains dans certains hippodromes tels que ceux d'Auteuil et de Vincennes, dont les constructions remontent à 1873 pour le premier et 1879 pour le second. L'installation de nombreux artistes a également pesé, à l'image du célèbre groupe de Médan qui, sous la direction littéraire d'Émile Zola, fraîchement installé dans la commune, réunissait chez lui des personnalités littéraires parmi lesquelles Maupassant et dont les échanges seront retranscrits sous forme de nouvelles dans un recueil publié en 1880. D'autres installations artistiques en périphérie nourrissent également l'imaginaire artistique de la fin du siècle. C'est le cas avec la résidence de Gustave Caillebotte, à Yerres, qui consacre une partie de sa fortune au soutien des peintres impressionnistes des marges. Lui-même laissera d'ailleurs de nombreuses toiles représentant des paysages suburbains. Le mouvement qui se dessine entre 1900 et 1940 est toutefois d'une tout autre ampleur. Il vise à accompagner le croît démographique par la fondation de pratiques culturelles originales, ce qui modifie la répartition des rôles entre centres et périphéries qui, auparavant, reposait sur un principe simple. Aux premières le soin de faire vivre la culture ; aux secondes d'en assurer la faisabilité matérielle en garantissant aux élites un revenu matériel suffisant et les ressources nécessaires, notamment humaines, pour accompagner le mouvement. Déjà en 1844, un auteur anonyme se définissant comme un « habitant de la nouvelle banlieue » proposait la répartition suivante :

> La ville de Paris doit être le séjour divin et paisible des sciences et des beaux-arts, et non une ville d'entrepôts [...]. Elle doit être à l'intelligence humaine ce que l'âme est au corps et sa mission doit être d'éclairer le monde sur les principes de religion, de philosophie, de justice, de morale et de politique qui doivent gouverner [...]. La banlieue doit au contraire être le séjour des entrepôts, celui du commerce, de l'industrie et du travail ; elle doit être la conservatrice et gardienne des grands approvisionnements de la capitale, et non un vaste dépôt de mendicité de cette immense métropole où la paresse et la misère viendraient se réfugier par prédilection[59].

Contrairement aux zones résidentielles, les habitants des banlieues ordinaires se signalent à partir des années 1900 par leur volonté de développer des réseaux de sociabilité en lien avec leurs propres centres d'intérêt. La vitalité associative devient alors un élément déterminant et chaque ville voit se développer pléthore d'associations. Au lendemain des municipales de 1925, 9 550 œuvres d'assistance publique et privée existaient en région parisienne contre à peine 2 700 en 1897[60]. En 1928, à Montreuil, il existe 70 associations regroupant différents domaines : associations d'entraide et de défense des intérêts des habitants, sociétés ludiques, festives, culturelles, sportives. L'ensemble de la population peut se sentir concerné par les animations proposées. Parfois, l'origine géographique structure la sociabilité locale. À Montreuil toujours, plusieurs amicales regroupent des Limousins ou des originaires du Massif central.

« Paris est une fête », a écrit Hemingway, mais la banlieue de l'entre-deux-guerres l'a aussi été, à sa manière, tant par la jeunesse de ses habitants qu'en raison de l'espoir qu'elle porte en elle d'une vie meilleure ainsi que des conditions nécessaires à l'expression de nouvelles formes de sociabilité réellement populaires. D'une certaine manière, elle incarne la chanson éponyme du Front populaire *Allons au-devant de la vie* écrite par Jeanne Perret :

> La joie te réveille, ma blonde
> Allons nous unir à ce chœur
> Marchons vers la gloire et le monde
> Marchons au-devant du bonheur.

De nombreuses manifestations festives rythment la vie des communes de banlieue comme les bals du samedi soir, les feux d'artifice, les défilés de chars et de bicyclettes fleuris, sans oublier les manifestations sportives comme les courses cyclistes et les combats de boxe[61]. La « petite reine » devient une sorte de mètre étalon de la culture banlieusarde, alors même que l'affaire s'engageait mal. En effet, en 1912, la publication des *Guides du cycliste en France. Les plus belles excursions des environs de Paris* n'hésitait pas à affirmer que :

> La banlieue immédiate de Paris, vaste plaine qui fait le tour presque entier de la ville et se prolonge jusqu'à deux ou parfois quatre kilomètres des fortifications [est une] plaine parsemée d'usines malodorantes, de carrières, de cultures maraîchères empestant le fumier, pis encore, la *gadoue*, de misérables habitations ou de villes industrielles fort laides[62].

Tout au long de l'entre-deux-guerres, des maires tenteront de corriger ces représentations en mettant en œuvre une politique de valorisation culturelle. Dans la majorité des cas, il s'agit de créer les conditions nécessaires à une réelle *vie de banlieue* ainsi que de forger un sentiment d'appartenance en vue de nourrir une sorte de patriotisme banlieusard. La diffusion culturelle vise à diffuser des pratiques de loisirs constitutives d'une sociabilité souvent à base ouvrière. Les municipalités qui portent ces idées engagent une démarche d'éducation populaire visant à instruire le peuple, comme le montre par exemple le programme festif de Suresnes en 1928 :

> À Suresnes, ville heureuse et prospère, travailleuse et gaie à la fois, aimable, agréable et accueillante, tout le monde s'entend pour le bien commun ; on y pratique l'union sacrée des cœurs et des bonnes volontés. Les brillantes fêtes annuelles, auxquelles toutes les sociétés locales, sans exception, concourent [...] en sont la meilleure preuve[63].

Il s'agit donc de dépasser l'image traditionnelle d'un espace entièrement dédié à l'industrie et au travail en tablant sur les loisirs et la culture. L'organisation de grands événements culturels peut aussi contribuer à inverser l'image pittoresque banlieusarde. André Morizet entend ainsi se saisir de l'Exposition universelle de 1937 qui doit se tenir à Paris afin de valoriser également cet espace, en obtenant notamment des crédits pour créer des modèles d'urbanisme rationnel et moderne. Malgré plusieurs tentatives, il se heurtera au refus de l'administration parisienne mais aussi du gouvernement alors même qu'il appartient à la majorité du Front populaire.

L'exposition sera parisienne, à l'exception toutefois de l'exposition des jardins dans le parc de Sceaux. À la veille de la Deuxième Guerre mondiale, le dépassement de la banlieue française par la culture reste donc encore à accomplir et, de ce point de vue, la politique de démocratisation culturelle engagée durant la IVe République et amplifiée par André Malraux jouera un rôle important dans la reconnaissance de la périphérie. L'effet sera pourtant long à se faire sentir. Il faudra par exemple attendre 1972 pour qu'enfin le Théâtre national populaire quitte le palais de Chaillot et s'installe, sur décision du ministre Jacques Duhamel, à Villeurbanne, dans l'ancien palais du travail de la ville. En 1939, rares sont toutefois les villes périphériques qui ont réussi à se forger une identité propre grâce à la culture. La plupart d'entre elles correspondent plutôt à la description qui est encore faite d'Aulnay-sous-Bois en 1954 :

> Au contact de l'expansion urbaine et du milieu rural, Aulnay ne mérite le nom de « ville » que par son statut juridique et, statistiquement, par son chiffre de population. Mais elle n'a ni l'aspect architectural, ni le genre de vie. Son avenir semble fixé comme dortoir de la région parisienne [...]. Pour remplir son rôle, Aulnay doit maintenant s'équiper et surtout acquérir une charpente car ce n'est actuellement qu'une agglomération invertébrée. Il serait nécessaire que se forment des quartiers à vie indépendante, ce qui permettrait aux habitants de se sentir membres d'une véritable communauté[64].

Ce type de constat qui caractérise bon nombre de banlieues jusqu'aux lendemains de la guerre ne doit toutefois pas faire oublier qu'un certain nombre d'entre elles furent également portées par une forte ambition politique et urbanistique incarnée par ce que l'on a appelé « la banlieue rouge », qui donna au parti communiste un statut politique très original selon Philippe Ariès :

> Le cas des banlieues parisiennes explique-t-il la cohésion générale de la clientèle communiste ? Je croirai que ces communautés insulaires en constituent le noyau fondamental ; sans elles, le PC serait en France un parti comme un autre, soumis aux mêmes mouvements pendulaires des opinions[65].

Naissance et affirmation de la banlieue rouge

Par son ampleur inédite ainsi que par son contenu propre, le mouvement imprimé par le parti communiste sur la banlieue durant l'entre-deux-guerres constitue bel et bien un fait majeur. Plus largement, au moins jusqu'aux années 1980, la gauche y a porté un vrai projet politique. Si l'empreinte sur la banlieue parisienne est bien sûr emblématique, d'autres réalisations de ce type ont également compté, comme à Villeurbanne. Dans tous les cas, il s'agit de contribuer à faire la promotion d'une société locale réellement tournée vers les intérêts des travailleurs. À partir du milieu des années 1920, le PCF affirme ainsi sa conviction de voir l'avenir (radieux) de la classe ouvrière pris en main par ses municipalités, en particulier là où la transformation sociale et politique s'avère plus facile que dans les villes anciennes. Les élus SFIO ne sont pas en reste. Les projets portés notamment par Henri Sellier ont également contribué à modeler le devenir des communes qui partageaient ses idées.

La percée de la gauche en banlieue date du début du XXe siècle. Elle résulte en grande partie de la concentration ouvrière dans les nouveaux territoires industriels. Du côté de la capitale, Saint-Ouen est la première ville qui, en 1887, donne le pouvoir aux socialistes. Vient ensuite Saint-Denis en 1892, puis Ivry-sur-Seine et Le Kremlin-Bicêtre quatre ans plus tard. Aux élections législatives de 1914, les candidats de la SFIO dépassent les 30 % des voix dans l'agglomération parisienne. La lutte idéologique menée par des comités ou la franc-maçonnerie contre l'emprise religieuse ou le conservatisme social contribue également à ancrer la gauche dans les nouveaux territoires urbains. On note ainsi la naissance et le développement de sociétés de libre-pensée dans plusieurs villes de la périphérie parisienne : Alfortville, Ivry ou bien encore Le Kremlin-Bicêtre sans que l'on puisse toutefois réellement parler d'hégémonie sur l'ensemble de l'agglomération parisienne[66]. D'une part, les espaces résidentiels restent logiquement aux mains des conservateurs – à l'instar de la Seine-et-Oise, où l'implantation industrielle demeure restreinte jusqu'en 1940. D'autre part, il faut aussi compter avec le parti radical qui reste bien implanté jusqu'à la Deuxième Guerre mondiale. En 1912, dans le seul département de la Seine, il détient 35 communes sur un total de 78[67]. Par bien des aspects, la percée du parti communiste à partir des années 1920 demeure toutefois un moment exceptionnel dans l'histoire politique de la banlieue en France au XXe siècle.

Dès sa création en 1920, le nouveau parti envisage de mener le combat du point de vue tant politique que culturel. À cet égard, la banlieue constitue une pièce de choix, pour ne pas dire centrale, dans la stratégie qui est la sienne. Dès l'année suivante, il fonde *La Banlieue rouge*, journal « communiste, syndicaliste et coopératiste » qui essaime sur les 78 communes suburbaines du département de la Seine[68]. Une première reconnaissance de l'implantation en périphérie est perceptible lors des élections législatives de 1924. Entre les deux tours de scrutin, Paul Vaillant-Couturier écrit à la une de *L'Humanité* :

> La victoire révolutionnaire, au point de vue stratégique, est incontestable. Paris, capitale du capitalisme, est encerclé par un prolétariat qui prend conscience de sa force. Paris a retrouvé ses faubourgs ! Le succès du 11 mai contient en puissance le contrôle par le prolétariat révolutionnaire des quartiers réactionnaires du centre, et de ses banques, de ses monuments d'État, de son ravitaillement, de ses voies de communication, de ses casernes[69].

Si la progression n'est certes pas nouvelle, elle prend un tour particulier dans la mesure où le tout jeune parti communiste entend en faire un élément central de sa stratégie en matière de conquête du pouvoir. Certains cortèges populaires qui se déroulaient jusqu'alors au cœur des grandes villes s'organisent également désormais en périphérie. C'est le cas notamment pour le transfert des cendres de Jean Jaurès au Panthéon en novembre 1924. À cette occasion, des journaux rapportent que quelque 10 000 communistes sont « descendus » des quartiers populaires de la capitale ainsi que de la proche banlieue, laissant penser que Paris était de nouveau menacé par une révolution venue de ses périphéries. Pour un certain nombre de conservateurs, ce danger est désormais bien réel et c'est la banlieue qui constitue l'épicentre, pour ne pas dire le seul espace politique. Les manifestations organisées contre l'exécution aux États-Unis de Sacco et Vanzetti en 1927 suggèrent aussi qu'elle est désormais la première réserve militante pour les partis de gauche. Certaines villes dirigées par le parti communiste n'hésitent pas non plus à se considérer comme les représentantes officielles du programme soviétique en France. En 1927, c'est Ivry, baptisé « la Cité rouge » pour la circonstance, qui est par exemple choisi par le PCF pour célébrer le dixième anniversaire de la révolution bolchevique.

> Ivry, la cité rouge, accueille aujourd'hui le prolétariat parisien. Il était bien que cette grande cité ouvrière de banlieue, conquise au communisme, offrît ses larges rues et ses quartiers travaillent au cortège imposant qui va défiler [...]. Car les travailleurs sont

ici *chez eux* et c'est une joie que de voir les drapeaux rouges installés ici, triomphalement, comme sur un des bastions solides de cette *ceinture* révolutionnaire, qui, à la grande peur des bourgeois, menace de cerner Paris[70].

Une sorte de surenchère semble d'ailleurs s'installer entre les communes administrées par le parti communiste afin d'apparaître comme les plus fidèles au modèle soviétique. Bobigny, pour sa part, se proclame en 1929 « précurseur des Soviets en France » :

> Le maire et les adjoints sauront, malgré les cours du pouvoir central, faire de Bobigny une cité modèle comparativement à ses maigres ressources : Bobigny, municipalité communiste, sera un précurseur des Soviets en France[71].

Ce type de propos provoque dans les milieux conservateurs des réactions extrêmement vives. Pour Lucien Romier, éditorialiste en vue du *Figaro*, les banlieues (écrites au pluriel) ne sont pas qu'un problème parisien, mais constituent « un des problèmes les plus caractéristiques et les plus difficiles de la civilisation contemporaine [...] le terrain prédestiné de semence, de culture et de floraison de l'esprit révolutionnaire[72] ». Cela est dû notamment au fait qu'elles représenteraient également « la partie de l'aménagement social la moins achevée et la moins adaptée du territoire national » – ce qui, en comparaison avec les banlieues allemandes et américaines, constitue de son point de vue une honte pour la France.

Avant les élections municipales de 1935, l'ancrage électoral communiste en banlieue demeure pourtant fragile. Du fait des dissidences au sein du parti, plusieurs municipalités quittent assez vite la « ceinture rouge ». La municipalité de Suresnes dirigée par Henri Sellier retourne à la SFIO, avant même les élections municipales de 1925. D'autres – comme Boulogne-Billancourt, Saint-Ouen ou Clichy – emprunteront plus tard le même chemin. Finalement, c'est une partie non négligeable des communes industrielles qui reste en dehors de l'influence communiste. Le reflux est également perceptible concernant l'appareil militant. En 1934, le PCF ne dispose plus que de 9 000 adhérents pour l'ensemble de la région parisienne et ne contrôle guère plus de dix municipalités, dont deux principales : Ivry et Saint-Denis (du moins pour cette dernière jusqu'à ce que son maire, Jacques Doriot, soit exclu du parti communiste la même année). Le retour des alliances avec la SFIO en vue des municipales de 1935 et dans l'optique des élections législatives de l'année suivante permet toutefois à la gauche de se montrer à nouveau conquérante sur le plan local.

À l'issue du scrutin de mars 1935, près de 300 villes, en partie situées dans les banlieues des grandes agglomérations, sont désormais administrées par le PCF – soit deux fois plus qu'en 1929[73]. À cette occasion, Georges Sadoul, membre de la direction du parti, reprend l'image de Paul Vaillant-Couturier en saluant « ce garrot que des masses laborieuses ont mis au cou de la tête capitaliste de la France[74] ». Pour la première fois de son histoire, la banlieue semble en capacité d'imprimer sa marque politique sur la France entière. Dans les faits, l'influence des mairies rouges ne dépassera guère les frontières locales. Après l'interdiction officielle du parti communiste en 1939 par le gouvernement dirigé par Édouard Daladier, ce dernier décrétera la suspension des 27 municipalités communistes de la Seine et des 37 autres en Seine-et-Oise[75]. Des délégations spéciales composées de socialistes ou de radicaux, ou encore de candidats battus aux élections de 1935, seront mises en place. À la Libération, le parti communiste prendra sa revanche, confirmant sur le plan local ses succès nationaux. Dans le seul département de la Seine, ce ne sont pas moins de 50 villes qui éliront en 1945 des maires communistes – contre 15 seulement à la SFIO. Le parti dirigé par Maurice Thorez connaîtra alors son apogée car, dès 1947, son attachement viscéral à l'URSS lui fera perdre près d'une vingtaine de municipalités[76]. La banlieue rouge se maintiendra cependant à un niveau élevé lors des élections de 1953 avec 27 municipalités détenues en périphérie de la capitale contre 28 avant la guerre. Parallèlement, on observe une surreprésentation progressive de la banlieue parmi les adhérents du parti communiste. La région parisienne, en 1925, représente 20 % des effectifs communistes nationaux, 29 % en 1928, 35 % en 1935 à la veille du Front populaire[77].

Très tôt, la banlieue rouge se définit également comme une citadelle contre le fascisme qui, de son point de vue, menace le pays. En 1926, Paul Vaillant-Couturier appelle à la mobilisation ouvrière contre le Faisceau de Georges Valois, un mouvement politique d'inspiration fasciste, qui tente une percée dans les communes proches de Paris. Le titre de l'article du patron de *L'Humanité* « Banlieue rouge : oui ! Banlieue bleue : non ! » souligne l'hégémonie communiste sur les marges de la lutte contre toutes les autres forces politiques qui viendraient à la contester : « Fascisme de province et fascisme de Paris trouveront entre eux, quand ils voudront tenter leur liaison, le rempart infranchissable des villes rouges de la région parisienne[78]. » À mesure que la montée des périls s'intensifie en Europe, la banlieue rouge se fait le porte-parole de la dénonciation du fascisme et, à partir de 1936, de la solidarité avec les républicains espagnols. Si c'est bien à Paris que le Front populaire est symboliquement né lors du grand défilé des gauches républicaines le 14 juillet 1935, les communes périphériques en sont également très vite devenues un symbole et un creuset, provoquant parfois des affrontements violents, comme à Clichy en 1937 où une réunion organisée par le Parti social français (PSF) du colonel de La Rocque entraîne une contre-manifestation de la gauche. La police finit par ouvrir le feu sur les manifestations et on déplore six morts et 300 blessés. Deux ans plus tôt, les Croix-de-Feu et les communistes s'étaient déjà affrontés à Villepinte, alors municipalité communiste, à l'occasion d'une rencontre organisée par les militants du même colonel de La Rocque. *L'Ami du peuple*, proche de ce dernier, avait conclu : « Villepinte est toujours en France, non en Soviétie, et les Croix-de-Feu avaient parfaitement le droit d'y tenir une réunion privée[79]. » Un espace politique symbolique se constitue aussi avec le choix de rues et de monuments en lien avec les héros de la révolution prolétarienne : Rosa Luxemburg, Karl Liebknecht, Louise Michel… Tout comme les morts ayant appartenu au Parti communiste français : Henri Barbusse ou Paul Vaillant-Couturier – pour ne citer qu'eux. Il s'agit aussi de faire œuvre de pédagogie en faisant le choix de s'adresser en priorité aux plus jeunes des banlieusards.

Politique et encadrement socioculturel au temps de la banlieue rouge

Si le combat électoral figure évidemment au premier plan de la mobilisation de la gauche en banlieue, l'originalité de la démarche réside surtout dans la forte marque socioculturelle mise en œuvre par le PCF durant la première partie du XXe siècle. Il s'agit ni plus ni moins de jeter localement les bases d'un modèle de contre-société qui, se voulant d'essence révolutionnaire, n'en constitue pas moins un apprentissage en matière de démocratie locale. Sans toutefois tourner le dos aux valeurs républicaines, bien au contraire, le parti communiste entend s'inspirer du modèle soviétique. En attendant l'avènement de la société socialiste tant espérée, l'exercice de l'administration communale doit servir de répétition générale aux élus rouges. Par le développement de politiques en faveur des travailleurs modestes ainsi que par la transformation des anciennes « colonies de bicoques » en cités modernes ouvertes à tous, les maires engagés dans le parti dirigé par Maurice Thorez ont fortement contribué à modifier les territoires dont ils étaient les représentants élus.

À Bobigny, l'un des marqueurs les plus significatifs de la pratique du communisme municipal durant l'entre-deux-guerres est la promotion d'une sociabilité ouvrière nouvelle destinée aux provinciaux fraîchement débarqués de leurs villages, ou aux Parisiens déracinés. Dans cette optique, le PCF a bâti un vaste réseau associatif local qui, à la lisière du militantisme politique et de la sociabilité culturelle, s'est très vite transformé en un facteur déterminant de cohésion du monde ouvrier. Il est ainsi à l'origine, directe ou indirecte, de nombreuses associations destinées à forger l'identité ouvrière et à fonder le principe d'une culture militante originale. Dans cette perspective, l'approche culturelle est très largement plébiscitée. La caractérisation politique imprègne jusqu'aux noms des associations – comme pour le groupe théâtral « L'Étoile Rouge de Montreuil » qui souhaite mettre « l'art au profit de leur classe », ou le *Red Star Club Ouvrier* dont la proximité avec le parti ne fait guère mystère[80]. Le club ouvrier de Bagneux se fait en 1934 le porte-parole de la lutte des classes au sein du monde sportif :

> Venez renforcer les clubs de la FST qui sont à la tête du mouvement sportif de lutte des classes. Venez faire du sport, non avec des mouchards ou des fils d'exploiteurs, mais avec des travailleurs avec qui vous aurez les coudées franches[81].

À lire Georges Sadoul, responsable éditorial Jeunesse pour le PCF, il convient de faire des municipalités ouvrières des « citadelles populaires » où se rassemblent, selon lui, des « bataillons d'ouvriers »[82]. Les projets locaux constituent également selon la direction du parti la meilleure réponse à apporter aux adversaires de la nouvelle Russie soviétique.

« Bonheur communiste », « enfance heureuse », sont deux expressions parmi tant d'autres que le secrétaire général du parti à partir de 1930, Maurice Thorez, lui-même élu de la banlieue puisqu'il est député d'Ivry, utilise pour vanter les qualités de l'administration municipale par les élus de son parti. L'école a vocation à devenir la vitrine de la modernité en banlieue ouvrière. Des maires passent commande de bâtiments scolaires qui sont à la pointe du progrès. En 1932, le maire communiste de Villejuif fait construire – grâce à l'Office public d'hygiène sociale du département de la Seine et aux services municipaux – une école de plein air implantée dans un parc de 2 000 mètres carrés planté d'arbres et de pelouses. Le groupe scolaire Karl-Marx, réalisé par l'architecte André Lurçat, compagnon de route du parti, possède aussi tout un dispositif médical susceptible de contribuer à faire grandir les enfants dans les meilleures conditions. Une approche encore très rare pour l'époque.

Certaines municipalités SFIO s'engagent également sur le terrain scolaire. C'est par exemple le cas de Suresnes avec son école de plein air réalisée par les architectes Eugène Beaudoin et Marcel Lods à la demande du maire Henri Sellier. Il s'agit d'offrir au jeune banlieusard les clés de sa réussite future et de lui donner des raisons d'être fier de vivre en banlieue. Ces derniers sont d'ailleurs invités à le faire savoir publiquement, comme à Bobigny, où une association locale, « La Bonne Humeur », dont le trésorier est aussi le premier adjoint de la ville, promeut l'image de la ville et des réalisations opérées par la municipalité ouvrière :

Ah qu'il fait bon fait bon dans mon village
Bobigny not' Bobigny
On n'y a tous les avantages
Pas besoin d'y mettre le prix
Nous avons pour tous les goûts
Le gaz et tout à l'égout
Et de l'eau un peu partout
Des becs de gaz sur le trottoir
Pour nous éclairer le soir
Il y a même un isoloir
Ah qu'il fait bon dans mon village
Bobigny not' Bobigny[83].

Une image résume la nouvelle ambition portée par les édiles de la banlieue rouge. En 1938, la municipalité communiste de Montreuil élue en 1935 installe dans l'escalier d'honneur de l'hôtel de ville une toile offerte par la veuve du peintre libertaire Paul Signac et intitulée *Au temps d'harmonie*. Elle évoque une société où les classes sociales n'existent plus et dans laquelle, sur fond de mer, les loisirs sont valorisés.

Chez les opposants, le sentiment est évidemment tout autre. L'image de la banlieue rouge au sein de laquelle « on fabrique des enfants communistes[84] », perdurera jusqu'à la fin de la guerre froide. Ce type d'encadrement politique servira néanmoins à l'intégration du mouvement ouvrier, et des plus jeunes surtout, dans le système politique démocratique et, plus largement, au sein de la nation elle-même. Ce qu'Annie Fourcaut a qualifié de « patriotisme de clocher à base de classe[85] ».

La jeunesse constitue en effet un point central dans le militantisme municipal communiste dans la mesure où les communes concernées se distinguent aussi par une population jeune importante. À Bobigny, les moins de 20 ans représentent près de 42 % de la population lors du recensement de 1926[86]. À Ivry, l'association Les Vacances populaires enfantines, présidée par le maire élu en 1925 Georges Marrane, confie à des membres du parti la prise en charge de ce qui apparaît comme un réel service municipal. Les socialistes, pour leur part, importent d'Allemagne et d'Autriche au début des années 1930 le mouvement des Faucons rouges dont le but est d'inculquer aux plus jeunes les principes de la social-démocratie. Des camps d'été – « républiques des Faucons rouges » – réunissent des centaines de jeunes dont de nombreux petits banlieusards.

La presse anticommuniste, à l'inverse, dénonce une opération d'endoctrinement de la jeunesse. La cohabitation est d'ailleurs parfois tendue entre les jeunes de banlieue venus en villégiature et les autochtones, comme le souligne l'hebdomadaire communiste *Regards* en 1935 :

> Lorsqu'en 1932, les enfants de Bagnolet, première municipalité ouvrière qui fonda une colonie dans l'île [d'Oléron], firent leur apparition [...], la population leur fut franchement hostile. Les petits colons arboraient le béret rouge ; ils chantaient des airs séditieux. [...] La vue de deux cents bouts d'hommes, marchant deux par deux, était préjudiciable à l'ordre public. À tour de rôle, ils signaient une pétition pour les antifascistes. [...] Et maintenant, on part pour la plage. On défilera, le drapeau rouge de la colonie en tête. On chantera la Jeune Garde et l'Internationale. Et les paysans de l'« Île enchantée » les salueront sur le passage[87].

Les mouvements de jeunesse affiliés au parti de Maurice Thorez ont aussi un rôle d'encadrement social. Si le PCF se veut de fait révolutionnaire, il se veut également un parti d'ordre et entend lutter contre l'idée que la banlieue serait propice à la délinquance juvénile. L'éducation de la jeunesse passe donc aussi par l'apprentissage des règles de vie commune et le refus des comportements déviants. Le maire Jean-Marie Clamamus dénonce par exemple lors d'un conseil municipal en 1920 l'organisation de bals sur la commune de Drancy, prétexte selon lui à des regroupements d'« apaches des deux sexes » :

> Il n'est pas de semaine se passant sans bagarres et rixes où l'échange de coups de feu entre antagonismes et rivaux épouvante les paisibles familles de ce quartier éloigné[88].

En conséquence, il demande au préfet de police de faire fermer l'établissement concerné. Le parti communiste, jusqu'à son déclin, *via* les municipalités de la banlieue rouge, remplira donc une fonction sociale que les pouvoirs publics ne sont pas toujours en mesure d'exercer et que, par la suite, certains dispositifs de la politique de la ville peineront eux aussi à mettre en œuvre. La remarque vaut d'ailleurs également pour les œuvres catholiques ; la disparition quasi simultanée des deux rivaux laissant un vide qui, à ce jour, n'a toujours pas été comblé.

L'exemple de la banlieue rouge – qui, nous l'avons vu, concerne essentiellement la région parisienne – a été perçu à juste titre comme la volonté d'ériger un contre-modèle politique. Mais d'autres banlieues situées en province constituent elles aussi des modèles originaux d'affirmation à la fois politique et urbanistique. Par exemple, les socialistes ayant conquis Vénissieux lors des élections municipales de 1925. Ils envisagent de faire de cette commune industrielle un laboratoire social et culturel que symbolise la Maison du Peuple inaugurée en 1934, et qui est dédiée à l'émancipation de la classe ouvrière. Elle confiera notamment à « l'art musical et théâtral de Vénissieux » le soin de produire un ou deux spectacles mensuels d'opérettes, de comédies, d'opéras-comiques. Par la vulgarisation, on entend relever « le niveau moral et artistique de la population laborieuse[89] ». Dès lors, Vénissieux n'entend pas se définir uniquement comme une ville au service de l'industrie, mais aussi comme un espace au service de la culture populaire. Cette démarche est vue par ses adversaires conservateurs et catholiques, non comme une affirmation culturelle, mais plutôt comme une affirmation idéologique qui se doit d'être vivement combattue.

La banlieue, terre de mission contre-révolutionnaire

Sans surprise, le développement du communisme local ne laisse guère ses adversaires indifférents. Plus largement, la croissance rapide de la banlieue inquiète les conservateurs qui y voient un risque de sédition comme au temps des faubourgs. Elle représente donc une terre de mission pour de nouvelles formes d'apostolats, tant politiques que religieux. Pour la droite nationale, les conquêtes électorales de la gauche doivent susciter une contre-offensive. En 1923, Jacques Valdour publie un essai, *Ateliers et taudis de la banlieue de Paris*, dans lequel il dénonce avec force la propagande communiste qui sévit dans les villes proches de la capitale et qui risque selon lui de rencontrer une forte adhésion populaire. L'enjeu est d'autant plus important qu'il s'agit de territoires très politisés. De 27 % aux législatives de 1919, l'abstention ne cessera de diminuer pour se fixer à 11 % lors de celles de 1936. On constate le même phénomène pour les élections municipales : de 37 % en 1919, elle n'est plus que de 18 % lors des élections de 1935.

Après l'expérience du Cartel des gauches en 1924, première expérience de la gauche au pouvoir emmenée par Édouard Herriot, l'anticommunisme devient donc un mot d'ordre pour le combat politique. En banlieue parisienne, le maire d'Asnières, Ernest Billiet, mobilise les forces politiques conservatrices. Président de l'Union des intérêts économiques, l'organisme patronal le plus influent des activités industrielles et commerciales sur le plan national, il fait diffuser à l'occasion des élections générales de 1924 la célèbre affiche de « l'homme au couteau entre les dents ». Après la victoire du Cartel, les républicains nationaux estiment nécessaire de s'organiser sur le plan de la propagande et de réserver une place de choix au militantisme en banlieue dans la mesure où le parti communiste s'y enracine.

Dans cet état d'esprit, Henri de Kerillis, l'une des personnalités les plus brillantes des républicains nationaux, journaliste de profession, crée en 1926 le Centre de propagande des républicains nationaux, qui publiera un certain nombre d'études, dont celle d'Édouard Blanc intitulée *La Ceinture rouge. Enquête sur la situation politique, morale et sociale de la banlieue de Paris*. Pour lui, l'emprise du PCF sur la banlieue parisienne a été anticipée par « des agitateurs professionnels, qui, pendant de longues années, prêchèrent la guerre sociale dans les milieux populaires[90] ». Cette montée révolutionnaire est due aussi selon la droite au fait que l'État n'a pas su ou voulu anticiper les conséquences du changement sociologique en train de s'opérer. Peuplée jusque-là surtout de commerçants, de maraîchers, de rentiers, la banlieue est devenue avec l'industrialisation une terre d'ouvriers « moins épris des avantages de la civilisation ou qui les sentent moins que les misères dont cette civilisation ne les a pas encore délivrés ». En conséquence, poursuit-il, il est nécessaire de procéder le plus rapidement possible à des aménagements qui permettront à la banlieue de surmonter ses difficultés et d'ôter à ses habitants le sentiment d'injustice qui nourrit leurs votes en faveur des partis révolutionnaires. Édouard Blanc regrette à ce propos le manque de mobilisation des conservateurs : « Face au torrent révolutionnaire qui dévaste la banlieue, des révolutionnaires embrigadés, toujours en mouvement, travaillant sans cesse l'opinion, il n'existe aucune force politique organisée qui soit capable de les arrêter[91]. »

À droite, certains comprennent en effet que la menace ne vient pas seulement des élections, mais aussi de la capacité de la gauche – surtout les communistes – à fédérer les différents mécontentements, notamment dans le domaine de la lutte contre le mal-logement. C'est le cas avec la Confédération nationale du logement. Fondée en 1916, proche du parti communiste après la guerre, elle se revendique comme le syndicat des locataires agissant là où les conditions d'habitat sont la plupart du temps désastreuses pour les familles les plus modestes[92]. Afin de discuter avec force avec les sociétés HBM, des locataires créent des associations de résidents dont la proximité avec les municipalités communistes est souvent la règle. C'est le cas à Ivry-sur-Seine avec « l'Union fraternelle des habitations à bon marché de la place Ph.-Pompée » qui peut compter sur le soutien actif du maire communiste Venise Gosnat[93]. L'objectif initial d'entraide se mue rapidement en une organisation plus structurée afin de réunir les locataires et d'écouter leurs doléances vis-à-vis de l'office, mais aussi leurs suggestions pour améliorer la vie collective au sein des nouvelles constructions. En outre, ces associations ont parfois un versant culturel susceptible de pénétrer davantage encore les mailles de la société locale. À Ivry, la société des locataires dispose d'une chorale ainsi que d'une troupe de théâtre amateur qui deviendra « le groupe artistique d'Ivry » et dont le propre fils du maire assure la direction. La cause des mal-lotis est également relayée par les réseaux communistes banlieusards.

La mobilisation de la droite semble avoir eu quelques effets sur la gauche, puisqu'en 1932, à l'occasion des élections générales, les communistes dénoncent ses actions, déplorant le fait qu'elles s'exercent constamment « par l'organisation de clubs, de sociétés multiples, de groupements dans lesquels on s'efforce d'entraîner les ouvriers et les petites gens[94] ». Mais si l'exercice est en fait très limité, il confirme que, dans l'entre-deux-guerres, la droite n'a toutefois pas écarté la banlieue de son champ d'action.

Elle peut également compter sur les réseaux catholiques qui entendent, eux aussi, partir à la conquête des excroissances urbaines et en faire une terre de mission. Pour ces militants catholiques comme pour une partie de la droite nationale, s'engager en périphérie ne relève pas seulement de l'engagement politique, mais aussi d'une certaine forme de mission civilisatrice. Pour la hiérarchie catholique, après *l'école sans dieu*, il faut lutter contre le risque d'une *ville sans dieu*. De part et d'autre, la charge idéologique est très forte. Madeleine Delbrêl, fervente militante catholique et assistante sociale de profession, décide de s'installer à Ivry, au cœur de la banlieue rouge. Quelques jours après son arrivée en 1933, elle écrit à une amie :

> Priez pour Ivry où le péché officiel du laïcisme rouge s'est affreusement affiché. Satan règne. Il n'y a que la Croix pour le vaincre[95].

Terre sans dieu, la banlieue populaire est également perçue par certains catholiques comme un espace en proie à l'ensauvagement, faute d'encadrement pastoral. L'abbé Le Lidec, qui tente en 1927 de s'implanter sur la commune de Juvisy, déplore le manque de prêtres dans ces endroits :

> Mais, partout, tenez, là, là-bas, des ménages irréguliers et parfois monstrueux ; c'est le « pays des bêtes », dont parlait le saint curé d'Ars. Et cela faute de prêtres[96].

Du côté communiste, on ne se montre guère plus enclin au dialogue. Dès l'élection en 1925 de leurs premiers conseils municipaux, certains d'entre eux lancent des cérémonies destinées à rivaliser avec les rites religieux. À Ivry, les parrainages civils deviennent ainsi « rouges ». Les parents présentent leur nouvel enfant à la « maison commune » devant le « camarade maire » tandis que les parrains et marraines s'engagent à assister le jeune enfant « en dehors de toute confession », « dans les principes de la solidarité prolétarienne et de la lutte pour la défense des exploités »[97]. Deux encadrés du certificat remis à la famille à l'issue de la cérémonie rappellent la teneur de ce nouvel état d'esprit civique : « La religion est l'opium du peuple » et « la religion est un instrument d'oppression des consciences au service du capital ».

Pour contrer cette nouvelle guerre idéologique qui aurait pu inspirer l'auteur du picaresque Don Camillo, lui-même militant anticommuniste, les catholiques tentent eux aussi de mieux se structurer. L'archétype de l'apostolat missionnaire est sans nul doute incarné par la mission accomplie par le père Lhande, Basque d'origine, formé chez les jésuites et arrivé en région parisienne en 1924. Il écrit de nombreux articles pour la revue *Études* sur la vie ouvrière et chrétienne précisément en banlieue, s'intéressant en particulier au fossé grandissant entre l'Église catholique et le monde ouvrier. Il publie en 1927 *Le Christ dans la banlieue : enquête sur la vie religieuse dans les milieux ouvriers de la banlieue de Paris*, qui connaîtra un vrai succès et inspirera très tôt le cinéma. En 1941, sort le film de Robert Péguy, *Notre-Dame de la Mouise*, qui, à partir du livre, raconte l'histoire de l'abbé Vincent qui tente de construire une église dans le quartier dit « de La Californie » situé en banlieue. Dans ses écrits, Lhande ne cache pas sa volonté de lutter contre l'implantation du parti communiste. Selon lui, seules les valeurs morales et catholiques sont en capacité d'y faire barrage. Il est donc important de construire des églises dans les quartiers nouveaux. C'est à ce prix que, selon lui, on pourra « créer des foyers là où il n'y avait que des gîtes précaires, des familles là où il n'y avait que des promiscuités, des cités là où il n'y avait que des caravansérails[98] ». En prise directe avec ces écrits, l'archevêque de Paris Jean Verdier lance en 1931 les « Chantiers du Cardinal ». Ces opérations immobilières visent à développer, rénover et embellir le patrimoine religieux du diocèse de Paris et, à terme, de toute la région parisienne. L'un des objectifs majeurs de ce vaste mouvement est d'affirmer la présence catholique face aux municipalités « rouges ». Au-delà du caractère engagé des opérations, ces constructions qui se généraliseront en France au lendemain de la Deuxième Guerre mondiale seront de précieux auxiliaires à l'urbanisation des nouveaux quartiers.

L'encadrement de la jeunesse provoque aussi parfois des affrontements (y compris physiques) entre militants catholiques et communistes. À chaque mouvement créé par les municipalités ouvrières, les catholiques tentent de rétorquer en proposant une offre similaire par le biais des patronages. Cette concurrence n'est guère du goût des soutiens à l'Union soviétique. En 1935, *Regards*, leur hebdomadaire, dénonce les efforts de l'Église en la matière :

> Une armée de curés, d'officiers retraités, d'étudiants réactionnaires, de boy-scouts, de vieilles filles et de fils de famille s'est abattue sur les lotissements comme la boue, les inondations et lcs tas d'ordures. Par centaines ont été édifiés les églises, les écoles chrétiennes, les crèches confessionnelles, les dispensaires anticommunistes, les entreprises de vaccination de la jeunesse contre le Front populaire[99].

D'autres voix s'élèvent pourtant pour proposer une solution alternative à celle qui consiste à voir s'affronter en prise directe ces deux extrêmes. Une fois encore, les territoires autour de Paris servent de référence. Il s'agit d'en appeler au rôle de l'État en matière d'aménagement dans la mesure où, selon certains observateurs, les pouvoirs publics n'ont pas su les orienter autrement que vers le développement industriel, et, à ce titre, ont fortement favorisé les concentrations ouvrières.

Dans un livre publié en 1929, *L'Avenir de Paris*, l'universitaire Albert Guérard qui enseigne aux États-Unis recommande de dessaisir la capitale de certaines administrations et d'installer à sa périphérie toute une série de bâtiments comme des hôpitaux ou encore des administrations réparties dans ce qu'il qualifie de « Washington français » ou « cité gouvernementale ». Il s'agit aussi d'apporter du « mieux-être » à la population qui pourrait ainsi les détourner des forces protestataires :

> Le remède contre la « ceinture rouge » ce n'est pas la répression, ni même la restriction, mais le mieux-être [...]. Tout cela peut se traduire ainsi en termes d'urbanisme : faites de votre ceinture rouge une ceinture verte[100].

Comme dans d'autres domaines visant à la définition de nouvelles politiques publiques, les décisions prises concernant l'avenir de la banlieue permettent d'établir des filiations entre les décisions prises à la fin de la IIIe République et celles prises au début de la IVe République. En juillet 1935, le gouvernement dirigé par Pierre Laval, lui-même maire d'Aubervilliers, institue au ministère de l'Intérieur un Comité de coordination technique pour la région parisienne. Quatre ans plus tard, un nouveau pas sera franchi. Dans un numéro spécial de *L'Illustration*, paru en mai 1938, Raoul Dautry conclut sur la vision futuriste du « plus grand Paris » et en appelle à la nécessité d'une « autorité » ainsi que d'une « volonté ». Cet appel recevra un début de réponse avec la promulgation le 22 juin 1939 d'un décret-loi qui approuve enfin le plan Prost, donnant ainsi naissance officiellement au Plan d'aménagement de la région parisienne (PARP).

C'est l'État lui-même, en partie au détriment des communes, qui sera désormais en charge des opérations d'aménagement. Une fois cette étape validée, le modèle d'intervention publique pourra être transposé à la banlieue elle-même. Il s'agit là de deux éléments essentiels pour appréhender la poursuite de son histoire au lendemain de la Deuxième Guerre mondiale.

3

La banlieue au temps du ministère de la Reconstruction et de l'Urbanisme 1945-1965

> « Je n'ai pas le désir d'être ou de paraître d'avant-garde. Je désire seulement ouvrir les yeux de mes contemporains sur les réalités, sur l'insuffisance des loyers, sur la monotonie des villes issues des règlements haussmanniens, replacer l'architecte à sa place partout dans la cité. »
>
> Eugène Claudius-Petit, 1952. Cité par Benoît Pouvreau, *Un politique en architecture. Eugène Claudius-Petit (1907-1989)*, Paris, Le Moniteur, 2004, p. 131.

À la Libération, la nouvelle municipalité communiste d'Aubervilliers confie au photographe et cinéaste Éli Lotar le soin de réaliser un court métrage documentaire sur la commune. Dans l'esprit des commanditaires, il s'agit de dénoncer l'inertie de la municipalité dirigée jusqu'à la guerre par Pierre Laval. Il constitue un riche témoignage sur l'état de la banlieue au sortir de la guerre. Contrairement à la prose célinienne, la chanson écrite par Jacques Prévert magnifie quelque peu ces espaces déshérités par la seule présence des enfants, « les privilégiés d'un monde hostile et sans pitié », écrit-il :

Gentils enfants d'Aubervilliers
Vous plongez la tête la première

Dans les eaux grasses de la misère
Où flottent les vieux morceaux de liège
Avec les pauvres vieux chats crevés
Mais votre jeunesse vous protège
Et vous êtes les privilégiés
D'un monde hostile et sans pitié
Le triste monde d'Aubervilliers.

Si la banlieue apparaît encore en 1945 comme un territoire déshérité, elle est malgré tout plus que jamais porteuse d'espoir : on compte sur elle pour participer au relèvement de la France d'après-guerre. À ce titre, elle se retrouvera très tôt au cœur des politiques mises en œuvre pour la reconstruction du pays. Il faut d'ailleurs souligner de ce point de vue la certaine continuité qui existe entre les premières orientations fixées par le ministère de la Reconstruction et de l'Urbanisme (MRU) créé à la Libération et les orientations qui avaient été prises durant le régime de Vichy par la Délégation générale à l'équipement national (DGEN) ainsi que les comités nationaux chargés respectivement de la reconstruction et de l'urbanisme[1]. En effet, ces organismes avaient en commun une vision technicisée de l'organisation territoriale, en particulier pour les espaces urbains fortement industrialisés. Si les réalisations ont été extrêmement minces, les orientations prises entre 1940 et 1944 perdureront bien au-delà du changement de régime politique – c'est-à-dire durant toute la période 1945-1965.

Forte de cette continuité, elle constitue un changement d'échelle important : l'avenir de la banlieue se jouera désormais sur le plan national et plus seulement au regard du cas francilien comme l'avaient en particulier démontré les lois Sarraut et Loucheur. En outre, il suivra deux voies parallèles appelées néanmoins à se croiser régulièrement : d'une part, l'aménagement du territoire ; d'autre part, la construction de logements. Le nouveau ministre de la Construction au tout début de la Ve République le résumera très bien :

> Le général de Gaulle a déclaré qu'il entendait placer au premier rang des préoccupations de son gouvernement une politique de construction, d'urbanisme et d'aménagement du territoire. Les

> objectifs pouvaient se résumer en trois lignes de force essentielles : construire des logements adaptés aux besoins, favoriser l'épanouissement de nouvelles structures urbaines, promouvoir une géographie délibérée du peuplement et des activités dans l'espace français[2].

Encore hier mal nécessaire dû à l'industrialisation, la banlieue incarne désormais la promesse de nouveaux territoires urbains caractérisés par la modernité résidentielle[3]. Il s'agit dès lors de faire de cet espace une vitrine de l'ambition nationale qui consiste à passer d'une production annuelle moyenne de 75 000 logements à une estimation évaluée à près de 350 000 selon les chiffres du ministère lui-même. À ce titre, la politique menée durant les années 1945-1965 constitue également « l'une des plus vastes expériences sociales et architecturales du XXe siècle » d'après l'historien de l'architecture Kenny Cupers, pour qui la France est le seul pays « où l'étroite coopération de l'architecture moderne et de l'urbanisme bureaucratique a défini à la fois l'image de la ville contemporaine et notre conception des ambitions sociales de l'architecture[4] ». Cela suppose, dans un premier temps, de mettre en place une véritable politique en matière d'aménagement du territoire afin de définir les lieux d'accueil des logements prévus désormais sur l'ensemble du territoire national, et non plus seulement quasi exclusivement sur la banlieue parisienne.

« *Paris et le désert français* »

Avec la période 1945-1965, l'intervention publique pour la banlieue change de registre. À la politique d'aménagement communal qui avait prévalu durant l'entre-deux-guerres, succède une politique de planification régionale et nationale qui caractérise l'ambition de la France en matière de développement économique et social. Dans le sillage des prescriptions du Conseil national de la Résistance, c'est désormais l'État qui pilote directement ce dossier grâce à de nouveaux outils stratégiques – à commencer par le Commissariat général au Plan (CGP) qui se charge de la planification devenue, selon l'expression de l'historien Tony Judt, « une véritable religion politique de l'Europe d'après-guerre ».

Dès 1946, le CGP, sous la direction de Jean Monnet, produit un premier document qui détaille les orientations stratégiques de la France en matière de modernisation. Le logement n'y figure pas, la priorité étant donnée à l'équipement industriel et aux infrastructures. Malgré l'apport financier du plan Marshall, les révisions de 1948 et 1949 se détournent encore de cet enjeu pour se concentrer sur les infrastructures. Il faut attendre le début des années 1950 pour que se dessine enfin une véritable politique de construction qui plafonne annuellement à 70 000 logements. La banlieue porte désormais la nouvelle ambition urbaine nationale conjuguant aménagement du territoire et politique du logement. Cela constitue un réel changement de statut : elle ne constitue plus un appendice de la ville traditionnelle, mais bien un nouvel écosystème avec son propre développement, ce que soulignera une étude publiée en 1965 :

> La France tend à ne plus vivre à l'ombre de son clocher. Ou plutôt elle bâtit des églises nouvelles à côté des maisons et des écoles, à la périphérie des villes en expansion. C'est donc une véritable mutation, une entreprise gigantesque de réaménagement du territoire, qui paraît se produire sous nos yeux, en même temps qu'un changement considérable des activités humaines et des rapports économiques et sociaux[5].

De nouvelles conditions de développement pour la banlieue

Dans son « ordre du jour numéro 1 » du 1er janvier 1945, le premier détenteur du portefeuille du nouveau ministère de la Reconstruction et de l'Urbanisme (MRU), Raoul Dautry, par ailleurs ancien bâtisseur de cités-jardins dans le nord de la France, fixe le cadre général de son action : « 1945 doit être l'année de l'urbanisme », écrit-il, considérant que ce dernier constitue une part essentielle de la renaissance de la France[6]. Le MRU se doit de réussir là où les efforts antérieurs concernant le développement non maîtrisé de la banlieue avaient été limités. Un rapport de 1943 rédigé par le service de l'aménagement de la région parisienne pointait le retard :

> La loi du 15 mars 1928 a permis à quelques mal-lotis d'améliorer leur situation et de se placer dans les mêmes conditions de viabilité, d'assainissement et d'hygiène que les agglomérations voisines de même importance ; c'est un point acquis mais ce n'est pas suffisant. Paris, dont la réputation est mondiale, mérite une banlieue plus belle, mieux ordonnée, mieux entretenue que celle qu'elle possède. Il faut éviter que la « zone » démolie ne se reconstruise ailleurs et il faut empêcher que les lotissements inesthétiques et défectueux se multiplient[7].

La banlieue industrielle a payé un lourd tribut aux destructions de guerre. Qu'il s'agisse des raids allemands en 1940 ou de ceux des Alliés en 1943-1944, les sites visés concernent surtout des implantations industrielles qui, pour beaucoup, sont situées en périphérie. C'est le cas par exemple du côté de la capitale avec des bombardements ciblés sur les usines Renault implantées à Billancourt et Hispano-Suiza à Asnières. Il en va de même pour les infrastructures ferroviaires. Une des scènes les plus spectaculaires du film *Le Train* sorti en 1964 reconstitue le bombardement des installations de la gare de Vaires-sur-Marne vingt ans plus tôt. Si les villes industrielles ont été les plus durement touchées (Saint-Ouen est détruit à 33 %), certaines villes résidentielles ont également été visées – comme Nogent ou Saint-Maur[8].

Si la région parisienne a été fortement affectée en raison de sa situation stratégique, c'est aussi l'ensemble du territoire national qui a subi les affres de la guerre. D'autres banlieues, comme celles de Lyon et de Lille, ont subi le même traitement. C'est l'occasion de jeter les bases d'une intervention publique menée à grande échelle. Parmi les nouveaux outils chargés de la piloter figure le Commissariat général au Plan dont la mission consiste à élaborer des plans quinquennaux d'équipement et de modernisation qui seront ensuite déclinés sur le plan régional.

Par ailleurs, l'aménagement intercommunal qui avait été expérimenté dans le cadre du Grand Paris de l'entre-deux-guerres servira également de base pour une généralisation à l'échelle nationale. Il faut toutefois attendre l'arrivée d'Eugène

Claudius-Petit à la tête du MRU en 1948 pour que se dessine un plan national d'aménagement du territoire, le terme lui-même n'apparaissant qu'à la Libération[9]. Membre du Conseil national de la Résistance, il appartient à l'Union démocratique et socialiste de la Résistance qui prône une intervention forte de l'État dans différents domaines intéressant le développement économique et social de la France. Dès 1945, alors membre de l'Assemblée consultative, il avait livré un vibrant plaidoyer en faveur d'une politique nationale d'aménagement du territoire qui n'était pas sans rappeler la création durant l'entre-deux-guerres aux États-Unis des grands chantiers dans le cadre de la Tennessee Valley Authority que Claudius-Petit a visités en 1945 en compagnie de Le Corbusier, ainsi que le *Town and Country Planning Act* anglais de 1947. Il s'agissait selon lui de

> la plus grande réforme de structure que nous ayons à accomplir. [...] [Elle] conditionnera l'équipement du pays, le logement des hommes en France, le développement de la famille, le contrôle de la santé. Pour tout dire, il s'agit, par cette réforme, d'assurer la réussite de la renaissance française[10].

Il ne faut toutefois pas s'y tromper : les techniciens du MRU voient surtout dans le logement une opportunité pour nourrir leur vision de l'aménagement du territoire national, qui, de leur point de vue, prime dans la restauration du pays. Cela explique pourquoi la définition de la politique de développement territorial précède celle du logement. Elle renvoie en outre à la notion de « géographie volontaire » apparue au sein de la DGEN durant le régime de Vichy. Le « désordre de la banlieue », selon une expression coutumière de l'entre-deux-guerres, devait enfin trouver ici son mode de résolution.

Pour étayer sa démonstration, Claudius-Petit peut s'appuyer sur l'ouvrage de Jean-François Gravier publié un an avant son arrivée à la tête du ministère. Avec un titre-manifeste, *Paris et le désert français*, ce livre constitue un véritable plaidoyer non seulement en faveur d'un rééquilibrage des rapports de force entre Paris et la province, mais aussi pour que la capitale octroie à cette dernière des marges de manœuvre lui permettant d'assurer par elle-même son développement. Gravier, malgré les préjugés qui sont les siens envers la banlieue (et de son peuplement), eu égard à l'influence intellectuelle qu'a exercée sur lui l'Action française avant guerre, ne traite pourtant pas explicitement du cas parisien séparé de son environnement urbain, mais bien de l'agglomération elle-même :

> Dans tous les domaines, l'agglomération parisienne s'est comportée depuis 1850, non pas comme une métropole vivifiant son arrière-pays, mais comme un groupe « monopoleur » dévorant la substance nationale[11].

De ce point de vue, si le développement des excroissances urbaines sur le plan national paraît inéluctable en raison de la croissance économique qui se profile et du pic démographique qui a démarré en 1943, le poids de la périphérie parisienne reste néanmoins déterminant. Les chiffres après la Deuxième Guerre mondiale le prouvent : en 1936, les départements de la Seine et de la Seine-et-Marne représentaient déjà 15 % de la population française contre 12 % en 1911. Au recensement de 1954, la population francilienne était estimée à 6,3 millions, soit 1/7e de la population française[12]. Malgré la doctrine graviériste, la banlieue parisienne reste au centre de la vision de l'État en matière de politique urbaine.

C'est en réalité son statut même qui est appelé à évoluer dans le rapport qu'il entretient avec les villes plus anciennes. C'est de ce point de vue le défi qui est assigné aux pouvoirs publics par une étude publiée en 1950 :

> Il faudra donc, loin de songer à diminuer dès maintenant l'importante banlieue industrielle des grandes villes, aménager un nouveau développement, remembrer et reconstruire les banlieues[13].

Ce changement de paradigme pour la banlieue en général est déterminant dans la mesure où la périphérie sort enfin de son purgatoire administratif. Elle ne constitue plus un isolat dont il faut *malgré tout* se charger mais se trouve en être un maillon essentiel grâce à une politique d'aménagement du territoire qui permettra aux agglomérations de s'affirmer comme telles. Dans le second volet de son étude intitulé « Programme », Jean-François Gravier plaide pour une réelle décentralisation industrielle. La capitale ne doit plus concentrer les principales richesses économiques tandis que les provinces resteraient dans un état de sous-développement chronique. Cette mutation ouvre bien entendu des perspectives importantes pour la banlieue, dans la mesure où les agglomérations devront être désormais en capacité, de manière beaucoup plus rationalisée, de reproduire l'impulsion industrielle qui avait caractérisé le développement des agglomérations parisienne et lyonnaise dès le milieu du XIXe siècle. Dans la réflexion portée par Gravier puis reprise par Claudius-Petit, la banlieue ne constitue donc plus un frein au développement territorial, mais en devient bien au contraire l'un des fers de lance grâce au potentiel dont elle dispose – notamment foncier. En cela, il se montre également fidèle à la pensée de Le Corbusier. Il suggère en effet d'édifier en banlieue de vastes ensembles urbains afin de mettre un terme à « la lèpre de la petite maison individuelle[14] » qui la ronge. Dès la fin de la Deuxième Guerre mondiale, sa préférence va à la réalisation non pas de villes nouvelles autonomes comme en Grande-Bretagne, mais plutôt à des « quartiers nouveaux » édifiés à proximité des villes anciennes.

Dans les plans d'aménagement qui sont définis dans les années qui suivent la fin de la guerre, la priorité est toutefois donnée à la reconstruction des villes-centres plus qu'à leurs faubourgs. Saint-Malo, Saint-Dié ou bien encore Le Havre retiennent plus l'attention du grand public que les villes toutes proches inconnues pour la plupart d'entre elles. La question patrimoniale influe également dans la mesure où la banlieue est encore considérée à cette date comme un espace sans intérêt. La question de son aménagement reste donc entière. Le géographe Raoul Blanchard évoque ainsi encore en 1952 « le redoutable problème de la banlieue », et le romancier Henri Queffélec dénonce la même année « le spectacle grandiose de l'urbanisme inurbanisé, de l'improvisation architecturale, de la bousculade industrielle »[15].

Si le ministère de la Reconstruction et de l'Urbanisme entend donc faire de la banlieue le centre névralgique de sa politique du logement, certains observateurs se montrent plus circonspects. Dans une étude portant sur l'agglomération lilloise, le secrétariat d'État à la Reconstruction et au Logement estime pour sa part que l'effort de construction nécessaire dans l'agglomération doit être redoublé sur les parties encore peu loties du territoire communal lillois, et proches du centre-ville. Mais il déconseille également de faire de même dans certaines villes périphériques, sans en préciser d'ailleurs la raison exacte[16].

Les premières formes du développement régional

Décentralisateur convaincu, par ailleurs député de la Loire, Eugène Claudius-Petit attache une grande importance à ce que l'ensemble du pays puisse bénéficier de l'expansion économique. En 1949, il valide le principe de création de deux nouvelles directions appelées à jouer un rôle dans l'avenir de la banlieue : celles de l'Aménagement du territoire et de la Construction qui, auparavant, constituaient de simples services. C'est cette dernière qui a désormais en charge l'aménagement national ainsi que celui de la région parisienne. De même, la nouvelle direction se chargera des plans d'urbanisme et des questions foncières. C'est donc une étape nouvelle que s'apprête à franchir la banlieue. L'épisode de la loi Loucheur semble dépassé au début des années 1950, comme le rappelle l'architecte Paul Chemetov :

> Alors qu'on dénigre le béton des grands ensembles, on oublie qu'en 1941 l'essentiel de la banlieue avait à peine dix ans. Les ronds-points n'étaient pas encore fleuris : ils n'existaient pas et les rues étaient à peine goudronnées. Les arbres rabougris cachaient mal la marée des bicoques, qui aujourd'hui nous paraissent charmantes parce que surannées. Ce sont elles que *Corbu* (Le Corbusier) barrait de croix rageuses dans ses démonstrations. Le repoussoir des lotissements Loucheur servira de prétexte à l'émergence d'une politique étatique planifiée[17].

Afin de populariser son idée de projet d'aménagement national, Claudius-Petit engage un vaste débat afin de ne pas se limiter à des mesures techniques comme cela avait été le cas durant l'entre-deux-guerres. Dans une brochure intitulée *Pour un plan national d'aménagement du territoire*, il présente son projet comme la « recherche, dans le cadre géographique de la France, d'une meilleure répartition des hommes, en fonction des ressources naturelles et des activités économiques[18] ». La mobilisation de l'échelon régional n'est plus taboue, eu égard au débat sur les provinces françaises tel qu'il avait pu avoir lieu avant la Première Guerre mondiale. La création des régions Clémentel – du nom du ministre qui en avait été à l'origine en 1917 – avait d'ailleurs ouvert la voie à la mobilisation des énergies régionales. Selon les moyens retenus pour y parvenir, figurent « la déconcentration, l'industrialisation sur un plan décentralisé, la rénovation de l'agriculture, l'équipement touristique, l'organisation culturelle ». Cela ouvre nécessairement des perspectives importantes en matière d'urbanisation pour des régions qui, jusque-là, avaient été tenues en lisière du développement économique.

En revanche, il ne faut pas voir dans ces opérations une réelle et opportune conversion de l'État à la décentralisation telle qu'énoncée depuis le début du XXe siècle par certains mouvements comme la Fédération régionaliste française créée par Jean Charles-Brun en 1900. Dans le cas présent, il s'agit d'une décentralisation fonctionnelle dont le but n'est pas de créer une nouvelle entité politique, mais plutôt d'améliorer son fonctionnement en mobilisant l'échelon régional. La question régionale croise les objectifs fixés par l'État en matière de planification et d'aménagement du territoire. Il s'agit d'apporter des solutions concrètes aux mutations qui caractérisent la France d'après-guerre ; en particulier la disparition progressive de la société rurale, la tertiarisation, ou bien encore la concentration de certaines industries – autant d'éléments qui façonneront l'identité des banlieues à venir.

Un Fonds national d'aménagement du territoire est constitué par la loi du 8 août 1950. Des mobilisations locales sont également à souligner, en particulier au travers des comités d'expansion qui entendent valoriser les ressources propres à leurs territoires. Il s'agit, d'une certaine manière, de définir une coproduction réunissant les élites modernisatrices régionales et nationales[19]. C'est le cas notamment du Comité d'expansion et de liaison des intérêts bretons (CELIB). Présidé par le député René Pleven, par ailleurs figure incontournable de la vie ministérielle des années 1950, le CELIB élabore en 1953 un plan de modernisation de la région dans lequel il recommande la décentralisation industrielle en vue de dynamiser certains centres urbains comme Rennes[20]. Sa traduction en actes sera à l'origine du nouveau développement économique de la ville ainsi que de sa banlieue jusque-là peu concernée par les activités autres que l'agriculture.

C'est dans cette perspective que, en 1958, Citroën choisit Rennes pour sa première usine d'assemblage située en dehors de la région parisienne – le gouvernement lui ayant refusé la création d'une nouvelle usine en Île-de-France. À cela s'ajoute également l'efficace lobbying exercé par le maire démocrate-chrétien de Rennes, Henri Fréville. Située sur la commune de Chartres-de-Bretagne, au croisement de la route entre Rennes et Nantes, l'usine de Rennes-La Janais sera inaugurée par le général de Gaulle en 1958. Elle attirera à terme sur l'agglomération rennaise plusieurs milliers de familles qui chercheront à se loger à Rennes ainsi que sur les communes voisines, constituant de fait de nouvelles banlieues. Saint-Jacques-de-la-Lande, limitrophe de la capitale bretonne, voit sa population doubler entre 1954 et 1975. Finalement, c'est l'ensemble du département qui profitera de l'investissement. En Ille-et-Vilaine, la population urbaine passera en effet de 24 % en 1851 à 52 % au recensement de 1968 – soit le taux d'urbanisation à l'échelle nationale en 1931[21]. Cette vision territoriale renvoie à celle que le géographe Paul Vidal de La Blache avait développée au début du XXe siècle. Utilisant la notion de nodalité, il conférait un rôle déterminant aux réseaux de villes dans la constitution des futures métropoles régionales[22].

Le mouvement en faveur des économies régionales qui se dessine au début des années 1950 constitue un point d'ancrage pour le développement de nouvelles banlieues. Il varie toutefois assez nettement des idées originelles : on ne s'appuie plus sur une croissance spontanée et sans limites due exclusivement à l'industrialisation. C'est désormais l'État qui l'encadre en ponctuant le cours des événements grâce à sa politique d'aménagement du territoire et, surtout, de ses programmes de construction de logements.

Cet encadrement est toutefois relatif. Le principe de la décentralisation industrielle ne remet que partiellement en cause la suprématie de la périphérie parisienne en matière industrielle. Si Citroën accepte de délocaliser une partie de sa production en Bretagne, Renault, malgré les bombardements de la guerre ainsi que la nécessaire reconstruction du site, demeure sur le site de Boulogne-Billancourt. Les autorités avaient pourtant invité le patron de la Régie à « réserver l'avenir afin qu'un plan complet de décongestion de la banlieue parisienne par l'éloignement de certaines usines soit mis au point et appliqué dès que les circonstances le permettront[23] ». Certains établissements industriels choisissent également une voie médiane entre le maintien sur place et le transfert en province. En 1954, l'entreprise Simca et l'État signent une convention pour développer une nouvelle zone industrielle sur la commune de Poissy, située dans l'actuel département des Yvelines. En échange de la création de 200 000 mètres carrés d'ateliers, le constructeur automobile s'engage à raser son usine de Puteaux ainsi qu'à interrompre l'activité de son usine de Saint-Denis[24]. Il s'engage aussi à financer sur cinq ans la construction de 5 000 logements pour son personnel de Poissy. Si la décentralisation industrielle n'a pas tenu toutes ses promesses, elle a toutefois impulsé de nouvelles dynamiques pour les excroissances urbaines, élargissant notamment sa zone d'influence sur des territoires qui avaient été écartés jusqu'alors de l'industrialisation. La hausse de régime industriel de Poissy sera ainsi à l'origine de la création de plusieurs cités HLM, dont celles de Trappes. La ville avait certes connu une première implantation industrielle avec Ford à la fin des années 1930, mais c'est bien la décentralisation industrielle qui en fit réellement une banlieue.

À la veille des années 1960, les opérations semblables, concernant plus de 1 000 ouvriers, sont globalement estimées à 18. Elles concernent 14 départements dans un rayon de 500 kilomètres autour des métropoles de Paris et Lyon[25] – de quoi susciter la formation de nouvelles urbanisations sur des territoires par ailleurs déjà fortement industrialisés et urbanisés. Avec toutefois une différence majeure. Leur essor sera aussi caractérisé par la tertiarisation de l'économie, entraînant l'arrivée au sein des nouvelles entités urbaines d'un nouveau type de populations, celle des « cols blancs », c'est-à-dire des fonctionnaires, qui étaient plutôt rares avant 1945.

Grâce aux actions pionnières menées par les comités d'expansion bretons et alsaciens, l'appel à la décentralisation industrielle sera entendu par le gouvernement. En 1954, le deuxième plan de modernisation et d'équipement mentionne des « actions complémentaires à mener dans certaines régions à forte densité humaine » et le premier rapport d'exécution du plan en 1955 consacre un chapitre aux réalisations régionales. Quant au gouvernement, il crée la même année des « programmes d'action régionale » destinés à promouvoir l'expansion économique et sociale des régions concernées. L'État jette ainsi les bases, à partir du milieu des années 1950, d'une politique inédite d'aménagement urbain et d'équipement du territoire national destinée à se développer durant deux décennies. La perspective de lier aménagement du territoire et construction de logements s'accentuera tout au long des années 1960 en lien avec la vision prospective qui se développe alors, notamment dans le groupe créé en 1962 par Pierre Massé, commissaire général au Plan, de 1959 à 1966.

En 1964, ce cénacle, dans un rapport intitulé *Réflexions pour 1985*, prévoit que « d'ici 1985, l'aménagement du territoire consistera principalement dans la répartition des hommes et des activités entre les ensembles urbains[26] ». Cela ne signifie pas que la répartition des activités économiques et des populations dépendra exclusivement de la politique menée en matière de développement des villes, mais que l'équilibre entre territoires dépendra aussi du pouvoir d'attraction de leurs agglomérations et métropoles. Pour cela, la Commission nationale de l'aménagement du territoire accordera une grande place dans son premier rapport publié en 1964 aux notions d'armature urbaine et de métropole régionale au sein desquelles les territoires de la banlieue sont appelés à jouer un rôle déterminant dans l'accomplissement du plan choisi[27].

Dans bien des cas, l'essor de nouvelles banlieues résulte de vastes opérations d'aménagement décidées par l'État qui déclenchent la construction de logements, et non l'inverse. L'exemple de Dunkerque est de ce point de vue caractéristique. À la fin de la guerre, le troisième port de France est totalement détruit. En 1948, la reconstruction de la ville est engagée sous l'autorité du MRU. Une décennie plus tard, répondant cette fois aux sollicitations des responsables économiques et élus locaux, le gouvernement Guy Mollet décide l'implantation à Dunkerque d'une usine sidérurgique du groupe Usinor. Les travaux du complexe sidérurgique démarrent en 1959 sur la commune de Grande-Synthe, un petit village du bord de mer qui compte 1 500 habitants en 1954, et qui est chargé d'accueillir les milliers d'ouvriers qui viendront travailler pour Usinor (les cadres étant logés dans la station balnéaire de Malo-les-Bains)[28]. Rapidement, Grande-Synthe devient la banlieue de Dunkerque, sur le plan tant industriel que résidentiel. La ville compte déjà 12 600 habitants en 1968 et 24 000 au recensement de 1975. Le déclin industriel d'Usinor à partir des années 1970 aura un fort impact sur l'ensemble du territoire dunkerquois, mais plus encore à Grande-Synthe, où se retrouvent les mêmes stigmates sociaux que dans les autres zones à urbaniser en priorité (ZUP) dépendant d'un terreau local mono-industriel.

Les projets d'aménagement de la Basse-Seine constituent un autre exemple éclairant de l'impact de l'aménagement dans la promotion de nouvelles banlieues. Engagé par le régime de Vichy, le projet aboutit à la fin des années 1960, sous l'égide de la Délégation à l'aménagement du territoire et à l'action régionale (DATAR), à l'élaboration du schéma d'aménagement de la Basse-Seine[29]. Parmi les principales opérations qui seront à l'origine du développement de nouvelles banlieues à vocation principalement industrielle, se distingue l'usine Renault-Cléon, en périphérie de la ville d'Elbeuf, ville connue surtout jusque-là pour son industrie drapière. Le projet situé à la limite de la région parisienne sera à l'origine de la création d'une des neuf villes nouvelles définies sur le plan national, ainsi qu'à la densification des deux principales agglomérations : Rouen et Le Havre. Cela se traduira par l'émergence de nouveaux quartiers de grands ensembles à la périphérie des villes concernées, surtout la Grand'Mare à Rouen et Caucriauville au Havre. Si la ville nouvelle du Val-de-Reuil peine au début à trouver son rythme de croissance, en revanche, les communes situées en périphérie des deux principales villes de Normandie connaissent alors une croissance démographique sans précédent qui les transforme de fait en banlieues. La ville de Mont-Saint-Aignan, située dans l'agglomération rouennaise, voit ainsi sa population presque tripler entre les recensements de 1954 et 1975 – elle bénéficie notamment de l'installation d'un campus universitaire sur son territoire, ce qui la valorise forcément.

Ce type d'équipements qui est directement lié à la croissance démographique et à la forte augmentation des cohortes estudiantines, surtout à partir de la seconde partie des années 1950, constitue un atout certain pour la banlieue. Les infrastructures universitaires ont besoin de place et les centres-villes ne sont plus en capacité d'offrir les superficies nécessaires, contrairement aux périphéries qui disposent de réserves foncières suffisantes pour accueillir les nouveaux campus.

Si l'exemple de Nanterre est bien connu, eu égard à son rôle durant les événements de Mai 1968, d'autres périphéries de province sont également concernées par les implantations universitaires. À Toulouse, l'université s'installe dans le quartier du Mirail, à la périphérie de la ville ; à Bordeaux, elle s'implante sur la commune de Talence. Parfois, l'université sonne en quelque sorte le renouveau de la ville. En 1959, Orléans achète des terrains à sa voisine de Saint-Cyr-en-Val afin d'y édifier le nouveau quartier de La Source dans lequel elle souhaite construire une nouvelle université. La ville qui a vu naître Charles Péguy et Jean Zay veut en effet attirer des étudiants parisiens grâce à ses espaces boisés et à son cadre de vie. Selon le maire d'Orléans, Roger Secrétain, « il faut rendre à Orléans son université que Paris lui a ôtée et la replacer au centre de la vie dans une ville pour elle[30] ». À cette occasion, il n'hésite pas à raviver la conflictualité entre d'une part « Paris et sa banlieue morose », et d'autre part sa ville porteuse au contraire d'un potentiel de régénérescence, y compris grâce à sa propre banlieue capable d'édifier « un Oxford français à Orléans » pour reprendre le titre de son article publié dans la *Revue des Deux Mondes* en 1963 :

> Au cœur du territoire, à la croisée des grandes routes, au point médian d'une grande vallée, dans un climat modéré, dans une heureuse proximité de Paris, je veux dire assez près pour n'en pas perdre le bénéfice et assez loin pour n'en être jamais la banlieue morose, Orléans s'offre au mouvement de décentralisation. On lui prête des ambitions ; elle ne demande que la justice ; se voir rendre aujourd'hui ce que jadis on lui retira[31].

Très vite, La Source – considérée comme la banlieue d'Orléans alors que les terrains ont été intégrés à cette dernière afin d'éviter la spéculation foncière – connaît une croissance très rapide grâce au projet de ville nouvelle. En 1975, le constat est pourtant amer. L'université n'a pas trouvé toute sa place au sein de la nouvelle entité urbaine et reste isolée par rapport au reste de la ville. Le nouveau quartier cherche encore son identité. L'étude publiée cette année-là par la Documentation française constate que « les Sourciens ont parfois l'impression d'être des marginaux » – un thème récurrent de la vie banlieusarde en France au XXe siècle.

En attendant, malgré ce type de critiques, l'État, soucieux d'imposer ses réformes, envisage une accélération des mutations urbanistiques perceptibles depuis la seconde partie des années 1950. Afin de structurer politiquement et administrativement ces transformations territoriales, les pouvoirs publics, tout d'abord par la voie du ministre Pierre Sudreau, puis, à partir de 1963, par celle du délégué général de la DATAR, Olivier Guichard, entendent imposer un nouvel ordre en matière de gouvernance territoriale. Cela permettra de renforcer le lien entre banlieue et ville-centre au sein d'une même entité – la métropole – en continuité avec l'agglomération existante.

La formation des métropoles

La politique d'aménagement ne tarde pas à produire ses effets. Elle favorise les dynamiques d'agglomérations, conférant à la banlieue un nouveau rôle dans la politique de développement national. S'ensuit pour elles un nouvel essor démographique qui, jusque-là, était réservé à la seule périphérie parisienne et, dans une certaine mesure, lyonnaise. L'effort est particulièrement sensible entre les recensements de 1954 et 1962 et concerne l'ensemble des agglomérations. À titre d'exemple, la population de l'agglomération de Tours, qui n'avait progressé que de 1 % entre 1936 et 1954, a crû de 20,4 % entre 1954 et 1962[32].

Alors que la part des communes comprises entre 1 000 à 5 000 habitants régresse, passant de 34 % en 1901 à 19,2 % en 1962, celle des villes de 10 000 habitants connaît une évolution inverse, accueillant durant la même période 14 % puis 36 % de la population française. L'avenir urbain de la France appartient aux agglomérations, et plus spécifiquement aux banlieues, dans la mesure où la plupart des chefs-lieux d'agglomération marquent également le pas durant l'intervalle. Entre les recensements de 1954 et 1962 toujours, ils connaissent un excédent d'émigration : – 6,4 % pour Lille, – 3 % pour Rouen, – 2,8 % pour Nancy. Dans le cas de la métropole lilloise, la part de la banlieue ne cesse en revanche de progresser. Tandis que la ville de Lille voit sa population n'augmenter que de 0,68 % entre 1954 et 1962, sa périphérie concentre les taux de croissance les plus élevés de la métropole avec des chiffres compris entre 18 % et 40 %[33]. Lille ne représente plus que 45,3 % de son agglomération contre 48,8 % en 1954. Roubaix passe quant à elle de 35,4 % à 33,1 % par rapport aux villes voisines. La mise en œuvre de programmes de vastes ZUP dans les villes voisines de Mons-en-Barœul, Wattrelos ou Hem, est dans une très large mesure responsable de cette évolution.

Certaines grandes villes anciennes enregistrent même un solde négatif entre 1954 et 1962 : Paris (– 2,7 %) et Bordeaux (– 2,9 %)[34]. La capitale girondine illustre parfaitement l'emprise démographique croissante de la banlieue sur le centre. Alors que les communes de la couronne bordelaise comptaient 55 000 habitants au début de la IIIe République, le chiffre avait déjà doublé à la veille de la Première Guerre mondiale. Mais c'est surtout durant l'entre-deux-guerres que l'écart se creuse en réalité. Avec la multiplication des lotissements, la banlieue compte 170 000 habitants, tandis que Bordeaux voit sa population diminuer. Au cours des années 1960, le rapport de force s'est inversé, malgré le rattachement du village de Caudéran à Bordeaux en 1965 : 293 892 habitants pour la périphérie, 270 996 habitants pour la ville dirigée par Jacques Chaban-Delmas[35]. Mérignac et Pessac deviennent dans l'intervalle des villes qui s'affirment au sein de l'agglomération, en partie grâce à l'arrivée d'anciens Bordelais qui recherchent un meilleur cadre de vie. Comme durant l'entre-deux-guerres, ce sont les nombreux lotissements qui font la différence, dont un certain nombre d'entre eux se distinguent par leur architecture et leur implantation au sein d'anciennes clairières[36]. La force de la banlieue, dans certaines agglomérations, s'affirme de la même manière grâce au cadre préservé qu'elle offre, et cela, malgré la présence aussi de grands ensembles (comme à Talence). Ce qui caractérise la périphérie en général durant toute la période des Trente Glorieuses, c'est très souvent son caractère multiforme, mêlant des anciens lotissements avec des nouvelles constructions. Parallèlement, des pavillons, qui ne sont pas sans évoquer la période de l'entre-deux-guerres, continuent également à se développer.

Le cas de Paris est également saisissant si l'on compare son évolution avec celle de certaines communes alentour qui avaient connu jusque-là une croissance modérée. C'est le cas de la Seine-et-Marne, notamment pour le canton d'Écouen (70,4 %), ou de la Seine, pour celui de Sceaux (104,1 %). La démonstration vaut également pour certaines agglomérations régionales comme celle de Lyon, particulièrement du mouvement qui se dessine au tout début des Trente Glorieuses. Si le premier âge de la banlieue s'était polarisé autour d'un certain nombre de villes comme Villeurbanne ou Vénissieux, d'autres voient à leur tour leurs taux d'urbanisation fortement progresser, comme Bron, qui avait certes commencé son ascension urbaine avant la guerre, se poursuivant avec l'implantation à partir de 1954 des Unités de construction qui constituent à cette époque l'un des plus grands ensembles d'habitations jamais construits avec plus de 2 600 logements. La ville connaît alors un fort taux de croissance de 101,4 % avec un gain de 12 000 habitants. D'autres agglomérations, qui étaient jusqu'alors plus en retrait du point de vue de l'urbanisation, progressent elles aussi avec des espaces urbains qui comptent les communes les plus en pointe. Dans la périphérie de Rouen, Saint-Étienne-du-Rouvray enregistre une croissance de 73,2 %, soit une hausse de 10 674 habitants[37]. Parfois, il semble de plus en plus difficile d'opérer une distinction entre ce qui relève de la ville-centre et de sa banlieue. À Grenoble, le cordon végétal qui entourait la ville tend à s'effacer, comme le souligne une étude en 1966 :

> Aucune discontinuité n'isole désormais la ville de ses banlieues, pas même hélas la ceinture verte que l'on ménage traditionnellement autour des grandes villes. On a beaucoup de peine à imaginer qu'il y a un demi-siècle, ces communes n'étaient que de paisibles villages ruraux, ou les Grenoblois pouvaient en toute quiétude se rendre en promenade le dimanche[38].

Dès lors, comment appréhender ce mouvement ? Il existe en effet une assez forte prévention à l'égard de la grande ville telle qu'elle apparaît durant les années 1950-1960. « La grande ville est inhumaine », affirme *Notes et études documentaires* dans un numéro de 1965 et qui enjoint à cet effet de ne pas reconstituer, sur le modèle parisien, le centralisme d'une métropole qui étoufferait les communes de moindre importance. « C'est seulement à l'échelle de la ville moyenne et petite que peuvent se pratiquer la démocratie et la participation et se préparer l'éducation des citoyens pour une démocratie dans un cadre plus vaste[39] », prévient-il.

Si cette évolution s'explique principalement par des raisons économiques, la recherche de meilleures conditions de vie résidentielle est également prédominante. La banlieue devient également désirable pour toute une population qui démarre sa vie d'adulte entre 1955 et 1965 au sein de ces agglomérations au devenir rempli de promesses. Le nouveau régime politique installé en 1958 prend d'ailleurs acte de l'irrésistible ascension des métropoles en poursuivant dans les faits la ligne du régime précédent. Il confirme la politique de découpage régional et, à ce titre, publie en 1960 un décret qui acte le principe de création de 21 circonscriptions d'action régionale chargées d'encadrer le développement des métropoles. Mais le nouveau gouvernement n'entend toutefois pas se satisfaire d'une approche seulement technique. La régionalisation pilotée par l'État, ainsi que l'aménagement du territoire, sont au cœur même de son projet de modernisation.

En 1963, un nouveau partage des responsabilités s'opère en matière d'équipement et de modernisation du territoire. Le MRU perd cette compétence au profit du Commissariat général au Plan. Le gouvernement de Georges Pompidou crée pour la circonstance une Délégation à l'aménagement du territoire et à l'action régionale (DATAR) dont le rôle sera essentiellement de coordonner les actions des ministères et d'impulser la mise en œuvre des grands projets d'aménagement. Cette création possède aussi un registre politique qui vient en écho aux débats sur les conditions d'épanouissement d'une civilisation urbaine dans laquelle la banlieue a toute sa place – preuve s'il en faut qu'il n'y ait pas d'un côté une politique d'aménagement et, de l'autre, une politique urbaine. C'est Olivier Guichard qui, dans sa présentation des nouveaux objectifs ministériels devant les députés, aborde de front la question de la civilisation urbaine et l'avenir des villes. Pour l'ancien collaborateur du général de Gaulle, il ne fait d'ailleurs pas de doute que « la ville est à la fois le point d'appui et le pôle de l'aménagement du territoire ». C'est une nouvelle fois le spectre d'une banlieue non maîtrisée, s'étendant sans limites, qui est ici brandi par le nouveau délégué ministériel :

> D'informes nébuleuses urbaines, qui ne seraient que l'addition de communes qui s'ignorent, risquent de former le tissu urbain de demain. Il est donc nécessaire, en tout premier lieu, d'organiser l'espace à l'intérieur des aires métropolitaines et les relations intercommunales. Selon l'expression de M. Pierre Massé, « l'urbanisation *diffuse* doit faire place à l'urbanisation structurée »[40].

Sans prononcer explicitement le terme de « banlieue », ce dernier entend faire de celle-ci un élément structurant du nouveau registre d'urbanité que le gouvernement veut favoriser. Pour cela, elles ne peuvent plus être considérées uniquement comme des excroissances naturelles ou même des contingences dues à l'industrialisation. Au contraire, elles se voient assigner un rôle stratégique dans la diffusion du modèle de civilisation urbaine que le gouvernement veut promouvoir et dont le but est de favoriser le développement d'une société plus équilibrée et plus harmonieuse. Le Premier ministre affiche d'ailleurs lui aussi sa volonté de faire de la DATAR un outil au service de la transformation de la société française :

> Il s'agit de composer le visage de la patrie future et, modestement, de choisir dans nos actes et nos réalisations, à la mesure de nos moyens, les entreprises qui peu à peu modèleront un pays plus homogène[41].

Tout en restant fidèle aux principes graviéristes, la DATAR entend renforcer les pôles urbains en les dotant des équipements indispensables à leur croissance. Si l'objectif de contrebalancer l'influence de la région parisienne reste de mise, l'application du traité de Rome implique que la France soit en capacité de rivaliser avec les grandes métropoles européennes. Pour cela, il convient d'accroître le potentiel des métropoles qui connaissent un nouvel essor grâce à la politique de décentralisation industrielle impulsée par la IVe République. Il s'agit de renforcer leur attractivité en les dotant principalement des infrastructures nécessaires pour attirer de nouvelles populations en leur sein : équipements culturels, universitaires, mais aussi un certain nombre de services comme les transports en commun permettant de se déplacer dans toute la métropole. Pour cela, il s'agit de s'appuyer sur ce que le pouvoir gaullien appelle « les forces vives » dont une partie est appelée à vivre ou à travailler dans ces nouveaux territoires. Pour le délégué de la DATAR, il s'agit « de faire mieux participer les forces vives de la Nation à cette nouvelle forme de vie publique régionale[42] ».

Pour mener à bien son projet, le gouvernement décide en 1963 la création de huit métropoles dites « d'équilibre » (auxquelles viendront s'ajouter quatre autres en 1970, dont Rennes et Dijon). Comme le fait remarquer une publication intitulée *Métropole Flandres-Artois* dans son numéro d'octobre 1968, « pour être vraiment d'équilibre, il faut tout d'abord que la métropole soit elle-même équilibrée. Cela suppose tout d'abord que la ville-centre ne concentre pas seule les dynamiques économiques et sociales. Il est donc nécessaire de veiller à une revitalisation du tissu urbain périphérique ». De ce point de vue, l'objectif des nouvelles dispositions prises durant la période où Georges Pompidou est Premier ministre marque bien l'achèvement d'une vision métropolitaine qui elle-même s'inscrit dans la plupart des cas dans une visée régionale. Le territoire banlieusard constitue désormais un maillon de première importance.

Pour accompagner cette démarche innovante qui s'appuie toutefois sur les réflexions menées tout au long de la IVe République par les instances compétentes en matière d'aménagement du territoire, le gouvernement crée de nouveaux outils de régulation urbaine, en particulier les Organismes régionaux d'étude et d'aménagement d'aire métropolitaine (OREAM) qui doivent établir des schémas de développement de l'espace métropolitain. L'encadrement rationalisé du développement urbain tel qu'il s'exprime dans les documents de ces organismes témoigne de la volonté des pouvoirs publics d'intégrer la banlieue dans les opérations d'aménagement qui seront engagées, et non plus de la laisser dans un tête-à-tête urbanistique avec la ville-centre.

Quant à la région parisienne, elle demeure une fois encore l'exception. Elle n'est en effet pas directement concernée par la régionalisation en cours puisqu'elle reste sous l'administration directe du gouvernement. Malgré le mouvement de déconcentration qui caractérise la période, la région parisienne demeure un lieu d'expérimentations pour l'État central, y compris pour la banlieue *stricto sensu*.

Le traitement spécifique de la région parisienne

Le mouvement de développement national qui caractérise la période 1945-1955 influence de fait la propre croissance de la région parisienne – en particulier en ce qui concerne les effets de la politique de décentralisation industrielle décidée par les pouvoirs publics. Entre 1946 et 1954, la population urbaine régionale et celle du district de Paris connaissent une progression à peu près équivalente.

La banlieue parisienne dispose toutefois de marges de manœuvre très importantes, en particulier du point de vue de son extension territoriale. D'abord limitée d'un point de vue administratif par la loi de 1932 à un cercle de 35 kilomètres autour de Paris, elle comprend, depuis la loi de 1943, la totalité des départements de la Seine, de Seine-et-Oise et de Seine-et-Marne. Ce qui correspond peu ou prou aux huit départements qui composent actuellement la région parisienne (Paris compris). Cela présente l'avantage, selon certains techniciens, de délimiter plus nettement la banlieue. Selon l'inspecteur général auteur d'un document prospectif sur le sujet, « il importe d'éviter à tout prix que Paris ne coule dans une banlieue qui l'enliserait à nouveau pour un siècle[43] ». À cet effet, comme le rappelle Roger Verlomme, préfet de la Seine entre 1946 et 1950, le département de la Seine doit continuer à inspirer un modèle administratif qui a été éprouvé durant la période de la reconstruction, et tel qu'il demeure ici en 1950 :

> Un effort inlassable s'est ici produit depuis la Libération. Quel réconfort pour tous d'avoir pu admirer l'enthousiasme qui a uni dans la même foi en l'avenir, techniciens et ouvriers associés d'un même cœur, et malgré les difficultés de la vie, à la restauration de Paris et de la grande agglomération que constitue le département de la Seine[44] !

En dépit de l'assurance préfectorale et de la doctrine graviériste en vigueur durant les années 1950 et 1960, la croissance continue de la région parisienne durant cette période, même si elle doit être relativisée par rapport à celle des autres agglomérations, ne cesse d'interpeller les gouvernements successifs. Le département de la Seine a en effet enregistré l'arrivée de 500 000 nouveaux résidents durant les années 1955-1965. En revanche, les chiffres concernant la grande banlieue (la Seine-et-Oise et la Seine-et-Marne pour l'essentiel) sont moins importants. Entre 1962 et 1965, dans le cadre de la nouvelle division départementale de la région parisienne, le nouveau département de l'Essonne enregistre à lui seul un gain de 195 000 habitants ; celui des Yvelines 166 000 ; enfin, le Val-d'Oise, 145 000[45]. En revanche, la Seine-et-Marne n'a (encore) progressé que de 80 000 habitants, essentiellement en raison de son retard en matière d'infrastructures routières et de la faiblesse de ses implantations dans le secteur tertiaire. Toutefois, un développement rapide s'esquisse, notamment grâce à la future ville nouvelle de Melun-Sénart, située à cheval entre l'Essonne et la Seine-et-Marne. Pour leur part, certaines communes de la proche banlieue connaissent également des taux de croissance importants, parfois supérieurs à 50 %. Citons par exemple Garges-lès-Gonesse (64,4 %), La Verrière (56 %), Villepreux (53,2 %) ou bien encore Ris-Orangis (51,1 %)[46].

À la fin des années 1950, la population de la région parisienne est estimée à près de 7 millions d'habitants (soit à peu près l'équivalent des populations de pays comme la Belgique et la Hollande). Elle représente en outre 1/7e de la population nationale alors qu'elle n'occupe que 1/40e de l'espace[47]. Le territoire francilien garde par ailleurs son caractère hégémonique dans certains domaines, qu'il s'agisse de la concentration des richesses ou de la production du savoir universitaire. 46 % des étudiants français sont en effet inscrits, après la Deuxième Guerre mondiale, dans les facultés et les grandes écoles parisiennes. Ce mouvement, certes dû à la croissance naturelle dans le cadre du baby-boom, résulte aussi de la forte arrivée de nouvelles populations attirées par les nouveaux gisements d'emplois, en particulier dans le tertiaire. Jacqueline Beaujeu-Garnier estime à ce propos que l'on enregistre jusqu'à 180 000 nouveaux venus par an, moitié par accroissement naturel, et moitié par migration de la province ou de l'étranger.

En conséquence, l'Île-de-France souffre d'un manque cruel de logements – et à ce titre, la politique de décentralisation industrielle doit permettre de libérer des espaces afin d'y réaliser des programmes de construction de logements. Selon un décret publié en 1955, toute nouvelle implantation industrielle en région parisienne supérieure à 5 000 mètres carrés devra désormais obtenir l'autorisation préalable du ministère de la Construction[48]. Il s'agit là d'un changement majeur étant donné que, jusqu'à présent, c'était le régime de la libre implantation qui avait prévalu dans la plupart des cas. Désormais, une partie de la banlieue va se résidentialiser, délaissant les usines au profit de logements qui seront construits pour partie par des opérateurs publics. Pour mener à bien cette tâche de régulation qui impose certes des arbitrages importants, le gouvernement d'Edgar Faure crée en 1955 un commissariat à la Construction et à l'Urbanisme de la région parisienne. Il s'agit d'un choix politique significatif dans la mesure où le fonctionnement du Grand Paris n'est guère en mesure de porter des projets d'aménagement de grande envergure – comme la création de campus universitaires ou la construction de plusieurs centaines de milliers de logements. C'est donc l'État qui pilotera les opérations, d'autant que le territoire francilien n'entre pas dans le processus de régionalisation engagé à partir du milieu des années 1950. La création de ce nouvel organisme est avant tout motivée par un besoin de coordination pour rompre définitivement avec l'idée du « désordre urbain » maintes fois exprimée durant l'entre-deux-guerres. L'exposé des motifs du décret du 20 mai 1955 instituant le nouvel organisme souligne avec détermination la nécessité d'une prise en compte des enjeux à l'échelle de la métropole elle-même :

> Le développement de la construction se heurte actuellement, à Paris et dans sa banlieue, à des difficultés qui proviennent essentiellement d'un manque de coordination à l'échelon de l'agglomération parisienne. L'étude des besoins, comme l'inventaire et l'utilisation des terrains disponibles, la destruction des taudis et la construction de cités de relogement ne peuvent se circonscrire à l'échelon municipal ou départemental. La surveillance des organismes de construction, dont l'activité s'étend sur plusieurs départements, est difficilement assurée dans un cadre strictement

> départemental [...]. C'est pourquoi il est institué un commissaire à la construction et à l'urbanisme chargé de mettre en œuvre, pour l'agglomération parisienne, la politique du gouvernement dans ce domaine[49].

Cette orientation marque aussi un point de rupture avec la manière dont les pouvoirs publics abordent ses rapports avec l'agglomération parisienne. Durant l'entre-deux-guerres, notamment grâce à l'action d'élus comme Henri Sellier, les municipalités comme le département avaient joué un rôle déterminant dans l'organisation de la banlieue – nous l'avons vu. Désormais, c'est à une autre échelle, celle de la région, en lien étroit avec les services de l'État, que le développement de la périphérie devra s'opérer.

C'est Pierre Sudreau qui est choisi par le gouvernement pour prendre la tête du commissariat. Ancien résistant, il s'engage à la Libération dans le service de l'État (il sera notamment préfet du Loir-et-Cher) et reste fidèle à Charles de Gaulle après le départ de ce dernier du gouvernement en 1946. Afin de disposer de toute la latitude administrative nécessaire pour mener à bien sa tâche qui s'annonce extrêmement complexe, il exercera les fonctions de secrétaire général spécialisé de la préfecture de la Seine et, à ce titre, aura la délégation des deux préfets parisiens pour l'urbanisme, la construction et le logement. Si le commissariat est bien rattaché à la préfecture de la Seine, il est également compétent pour les départements de la Seine-et-Oise et de la Seine-et-Marne. Il dispose donc d'un réel pouvoir d'intervention auprès de toute la banlieue parisienne, l'ancienne comme celle en train de se développer.

Dès son arrivée, le nouveau commissaire est confronté à un problème quasi insoluble : freiner la croissance parisienne tout en prenant les mesures nécessaires pour gérer les nouveaux afflux et ainsi faciliter de nouvelles arrivées. Pour cela, Pierre Sudreau s'inscrit dans la lignée de certains de ses prédécesseurs en estimant que cette question relève en réalité de la crise de civilisation[50]. Cette vision rappelle certaines analyses développées avant guerre, notamment par Jean Giraudoux, qui désignait la banlieue comme un réel obstacle au rayonnement de la civilisation française[51]. Selon Sudreau, « la concentration urbaine est un fait, pour ne pas dire un fléau contre lequel il nous faudra lutter de toutes nos forces ». Le vocabulaire qu'il utilise s'inscrit bien dans le registre combatif utilisé au début du XXe siècle. Dans un article paru dans *Jours de France*, en 1960, il évoque des « plans de guerre », de « reconquête » et même de « croisade » pour illustrer son action. Pour mener à bien sa tâche, il compte sur la politique d'aménagement ayant pour but d'encadrer la nouvelle urbanisation. Il lancera à cette occasion toute une série de propositions d'aménagements pour la banlieue parisienne, qu'il s'agisse des nouvelles voies de chemin de fer (futur réseau express régional), la modernisation du réseau routier (notamment le périphérique), le développement de lieux dédiés aux nouveaux services (projet de La Défense). Ce dernier exemple est emblématique de l'image de modernisation que la IVe République finissante, tout comme le régime suivant, souhaite envoyer aux Français, mais également aux visiteurs du monde entier qui passent par la Ville Lumière.

C'est dès 1958 qu'est lancée la mission confiée à l'Établissement public d'aménagement de La Défense. Elle vise à entreprendre la réalisation d'un nouvel espace urbain situé au sein d'une partie de la banlieue jusqu'ici plutôt connue pour son caractère résidentiel aux portes de Paris. Le nouveau quartier, à cheval sur plusieurs villes, sera à cet effet à la fois centre d'affaires, zones commerciale et résidentielle. Il expérimentera également, sous la direction de Robert Camelot et de Robert Auzelle (ce dernier est connu pour ses travaux à l'Institut d'urbanisme de Paris sur les grands ensembles), un urbanisme de dalle et de tours inédit jusqu'alors en France. Au cours des années 1960, la banlieue parisienne est donc appelée à devenir enfin la vitrine de la modernité urbanistique, notamment grâce à des opérations de grande envergure – comme, au sud, l'aéroport d'Orly inauguré en 1961 par le général de Gaulle et rendu célèbre par une chanson de Gilbert Bécaud.

La périphérie de la capitale a sa place dans cet ordonnancement que commande une inexorable marche en avant. Elle ne pouvait plus être seulement le lieu d'accueil des plus modestes et des nouveaux arrivants. Elle se doit aussi de participer à la grandeur de la France en accueillant sur son territoire des opérations de prestige. Le fondateur de la Ve République, dans une allocution aux Français le 20 décembre 1960, fixe à cette occasion le cap en matière de modernité : « Il faut épouser son temps et s'adapter aux conditions pleines d'espérance mais brutales, qui repétrissent l'univers. »

Devenu ministre de la Construction, Pierre Sudreau obtient également la tutelle sur l'aménagement du territoire. Dans une directive aux préfets et aux directeurs départementaux de la construction en date du 5 août 1960, il rappelle l'importance des plans d'urbanisme. Il s'agit d'imposer le principe d'une planification locale « s'inscrivant dans le cadre plus large de plans d'aménagements régionaux et d'une politique d'aménagement national » dans toutes les villes « relativement importantes »[52]. Cela vaut en particulier pour la banlieue parisienne où le réseau urbain est particulièrement dense. Certains termes utilisés – comme « la lutte contre le laisser-aller » ou « l'implantation désordonnée des constructions » – renvoient au vocabulaire employé au cours de l'entre-deux-guerres par les urbanistes précisément à propos de la banlieue. La politique menée par Pierre Sudreau entre 1958 et 1962 constitue donc une étape importante dans la transformation de la périphérie comme lieu d'accueil des nouvelles constructions. De 1958 aux dernières mises en chantier en 1969, 195 ZUP totalisant 803 000 logements auront été construites, chacune de celles-ci comprenant en moyenne plus de 4 000 habitations[53]. Sudreau n'aura toutefois pas l'occasion de la mener à terme car il quitte le ministère de la Construction en 1962.

Par ailleurs, la nomination en 1961 de Paul Delouvrier comme « délégué général au district de la région de Paris » (il le restera jusqu'en 1969) ouvre également une nouvelle séquence pour la banlieue parisienne. Auparavant, il avait été nommé par le général de Gaulle délégué général du gouvernement en Algérie chargé de la « pacification » ainsi que de la mise en œuvre du plan de Constantine. Sa nomination confirme l'intérêt que le pouvoir gaulliste porte à l'organisation de la région parisienne, alors que le Plan d'organisation générale de la région parisienne (PADOG) avait été validé par un décret le 6 août 1960. Ce plan distinguait le cœur de Paris (soit 1 million d'habitants), les dix arrondissements périphériques (2 millions) appelés à se desserrer au profit d'une troisième zone : la banlieue, qui représente seule quant à elle environ 4 millions d'habitants[54]. Alors qu'il ne proposait pas de réelle vision prospective pour Paris et ses marges, il sera finalement abandonné et c'est le schéma directeur de 1965 qui sera le véritable document prescriptif pour l'avenir de ces territoires. Préparé par les services de Paul Delouvrier dont le titre de délégué général du district de la région parisienne vaut rang de ministre, le Schéma directeur d'aménagement et d'urbanisme de la région parisienne (SDAURP) constitue la matrice de la future politique d'urbanisation – notamment la création des cinq villes nouvelles.

La principale orientation du texte publié en 1965 consiste à organiser la future région urbaine que constituent Paris et ses banlieues – petite et grande réunies – pour la circonstance en une seule et même entité programmatique. De ce point de vue, Pierre Sudreau et Paul Delouvrier partagent la même analyse. Il s'agit de faire passer, par toute une série de grandes opérations d'aménagement, le territoire francilien du statut d'agglomération à celui de région urbaine. La réflexion sur la place de la banlieue ainsi que les représentations qu'elle suscite méritent d'être citées longuement. Elles renvoient à l'image classique du monstre urbain qui dévore les territoires sur lesquels elle se trouve :

> Il y a enfin le Grand Paris, terme que de mauvais souvenirs ne rendent pas populaire, et que les urbanistes et les sociologues appellent l'agglomération parisienne. Quant au langage commun, pour désigner les zones construites au-delà de l'enceinte, le « Paris hors les murs », il a abandonné le vieux mot de faubourg, et, hésitant entre le singulier le pluriel, parle de la banlieue ou des banlieues. L'image d'ensemble devient floue. On sait que la banlieue a dévoré le petit département de la Seine, a mangé le curieux anneau circulaire de Seine-et-Oise et a même mordu sur la Seine-et-Marne – trois départements qui en formeront huit demain – ; mais on ne connaît guère les contours précis de l'agglomération, ni le nombre de communes qu'elle englobe, ni même le nombre exact de ses habitants. En vérité, on se perd dans ce magma urbain. On s'y perd physiquement, dès que l'on quitte les nationales ou son quartier de banlieue ; y retrouver quelqu'un devient une expédition. On s'y perd intellectuellement : l'agglomération n'est devenue une réalité statistique que depuis très peu d'années, et depuis moins longtemps encore une réalité d'urbanisme [...]. Et ce n'est que depuis quatre ans que l'agglomération, flanquée de zones rurales, faiblement peuplées, de Seine-et-Oise et de Seine-et-Marne, commence

à devenir une réalité politique et administrative avec le District de la région de Paris. Et pourtant, c'est ce grand Paris, qui est la vraie réalité humaine, unissant dans une communauté de destin les 9 millions de personnes qui y vivent en 1965[55].

Ce texte constitue en fait un condensé des réponses que plusieurs générations d'urbanistes, de techniciens mais aussi de chercheurs ont cherché à développer dans le débat sur le statut de la banlieue parisienne, eu égard à la croissance urbaine qui marquait l'ensemble du territoire francilien. Le district, par la voix de Paul Delouvrier, se veut donc l'artisan de la grande œuvre politico-administrative qui irait enfin donner à la banlieue la place qui lui revient – en particulier en lui conférant un réel statut, organisé et cadré, notamment grâce au nouveau maillage départemental imaginé par les pouvoirs publics. La réforme de 1964 qui met fin au découpage départemental tel qu'il existait jusqu'alors favorise le développement régional en affaiblissant le principal département qu'était celui de la Seine.

Désormais, la banlieue proche de Paris est divisée en trois entités dont le partage n'est pas dénué d'arrière-pensées politiques : la Seine-Saint-Denis au nord-est (sociologiquement plutôt favorable au PC), le département des Hauts-de-Seine (plutôt acquis au parti gaulliste) ; enfin, le Val-de-Marne, qui peut basculer soit du côté communiste, soit du côté gaulliste. Paris conserve quant à lui un statut spécial dans la mesure où il faudra notamment attendre 1977 pour disposer d'un maire élu par un conseil élu au suffrage universel. Outre que ce nouveau découpage renforce l'emprise du district sur le développement francilien, il a aussi pour conséquence de rompre le lien historique entre Paris et sa banlieue, constitué d'un seul tenant entre les deux entités administratives qu'étaient la ville de Paris et le conseil général de la Seine. Désormais, la capitale devra composer avec trois départements et non plus un seul. Au-delà, quatre départements composant la grande banlieue, pour l'essentiel sur l'ancien territoire de la Seine-et-Oise, sont également créés. Quant au département de la Seine-et-Marne constitué en 1790, il demeure en l'état. Pour les élus hostiles au projet de Delouvrier, c'est également un risque réel en matière de solidarité entre Paris et sa banlieue. Les péréquations financières seront en effet pensées à l'échelle régionale, ce qui avantagera de manière mécanique les départements non limitrophes de la capitale.

Cela n'empêchera toutefois pas les élus locaux de contester les choix opérés par Delouvrier et ses équipes. Ils s'estiment surtout dépossédés en partie de leurs prérogatives en matière d'aménagement. Précédemment, les maires de banlieue, tout comme l'ensemble des maires de France, n'avaient pas été écartés de l'effort de construction déployé en France même si le cadre de la centralisation politique demeurait. Tout comme les conseils généraux, ils étaient autorisés depuis 1954 à constituer des sociétés d'économie mixte qui leur permettaient de participer aux programmes de construction. Si des organismes comme la SCIC ont certes eu un rôle déterminant, les élus locaux ont joué un rôle important dans la transformation de leurs villes – nombre d'entre eux ont par exemple encouragé la réalisation de grands ensembles sur leurs communes. Il n'en reste pas moins que le nouvel homme fort de la région parisienne dispose des pouvoirs pour transformer en profondeur l'organisation de la région parisienne. On prête d'ailleurs à Roland Nungesser, président du conseil d'administration du district parisien et haute figure politique gaulliste de la périphérie (il a été maire de Nogent-sur-Marne entre 1959 et 1995 ainsi que président du département du Val-de-Marne entre 1970 et 1976), la formule qualifiant Delouvrier d'« Haussmann des faubourgs ». Mais au-delà de l'inscription dans le récit urbain francilien, cette formule a le mérite de rappeler que ce haut fonctionnaire a joué un rôle essentiel dans l'intégration de la banlieue parisienne au sein du vaste plan de modernisation voulu par le général de Gaulle dès son retour au pouvoir en 1958.

Parmi les principaux enjeux des débats qui ont lieu concernant l'avenir de la région parisienne, mais aussi plus largement celui des principales agglomérations qui composent le territoire sur le plan national, figure aussi et surtout la question centrale du logement. C'est d'ailleurs l'image qui caractérise peut-être le plus la banlieue des années 1945-1965 : l'édification progressive de vastes programmes de construction d'habitations, bientôt connus sous le nom générique de « grands ensembles ».

Le temps des grands ensembles

À la fin de la Deuxième Guerre mondiale, la France est confrontée à une crise du logement sans équivalent. Celle-ci est d'abord structurelle en raison du déficit séculaire de constructions. En 1939, sur les 500 000 habitations programmées par la loi de Louis Loucheur, seules 320 000 avaient été finalement construites. La crise est aussi conjoncturelle en raison des centaines de milliers de logis détruits durant les cinq ans de guerre. Environ 3 millions de sans-logis vivent dans des baraquements à la Libération. S'y ajoutent les millions de familles qui vivent encore dans un habitat insalubre ou des lotissements défectueux.

L'urgence commande

En effet, si le parc immobilier est insuffisant, ce qui entraîne un état de surpeuplement permanent, l'existant est également vétuste et insalubre. Dans les villes de plus de 30 000 habitants, à peine 5 % des immeubles disposent de toutes les commodités (eau courante, électricité, gaz, tout-à-l'égout et chauffage central), 70 % d'entre eux ne sont dotés que de l'eau et de l'électricité. Seul un logement sur dix possède une salle de bains et un sur deux des WC intérieurs. Les origines de cette crise remontent au XIXe siècle et de ce point de vue, la banlieue présente un miroir grossissant de la situation sur le plan national. Il va sans dire que les choix opérés dans le cadre du premier plan Monnet de modernisation et d'équipement laissaient peu de place à la question de l'habitat. La comparaison avec d'autres pays européens est de ce point de vue édifiante. En 1949, la France peine à mettre en chantier 50 000 logements par an, tandis que l'Allemagne et la Grande-Bretagne en achèvent quant à elles chacune 210 000. Dans un avis rendu en décembre 1950, le Conseil économique et social – tout en approuvant l'orientation prise par les pouvoirs publics – se montre réservé à l'égard de la situation telle que les Français la subissent encore cinq ans après la fin de la guerre :

> Dans l'intérêt même de la reconstruction, la majeure partie des ressources financières du pays devra s'appliquer, au moins jusqu'en 1950, aux investissements les plus rentables. Les autres

investissements, moins directement utiles à l'économie nationale, seront, sinon tous – car il faudra bien satisfaire certains besoins sociaux et très pressants, notamment en matière de logement – du moins la plupart, différés, puis échelonnés sur une longue période de temps[56].

Cette pénurie se traduit par de nombreuses manifestations de mal-logés. Un certain nombre fait l'objet d'une surenchère politique du parti communiste qui y voit, surtout dans le contexte de la guerre froide à partir de 1947, un moyen efficace pour s'opposer aux gouvernements de la Troisième Force dont l'anticommunisme constitue l'un des ciments. Ainsi, la banlieue rouge, qui a retrouvé ses marques après la Libération, devient un épicentre de la contestation populaire. Après l'éviction en mai 1947 du gouvernement des ministres communistes, les villes populaires en marge constituent un laboratoire d'expérimentation pour les communistes et, plus largement, pour la gauche. De ce point de vue, la mobilisation en faveur du logement constitue un thème idoine en matière de conquête électorale. Les maires de banlieue doivent donc se mobiliser en faveur des combats que soutient le parti communiste, comme le rappelle après le recul de ce dernier aux élections législatives de juin 1946 le député parisien et membre du Comité central du parti communiste Raymond Guyot :

> Nous avons constaté que trop souvent nos maires, nos adjoints se considèrent comme des fonctionnaires de la préfecture et non comme des militants communistes, comme des combattants qui gèrent les affaires de la commune en s'appuyant sur les populations les plus laborieuses[57].

Ce manque de réactivité, en particulier en banlieue où le parti bénéficie d'un réel soutien parmi les classes populaires, risque de lui porter préjudice :

> Automatiquement on en fait retomber la responsabilité sur les maires communistes [...] et il est bien évident qu'il se produira au retour certaines manifestations des populations laborieuses qui se retourneront contre notre parti.

Le logement sera donc un thème extrêmement mobilisateur pour les municipalités ouvrières et le restera. Alors que la crise est en partie résorbée grâce à la politique de construction, une affiche de campagne lors des législatives de 1962 appelle à voter pour le maire communiste de Gennevilliers, « champion de France de la construction de logements ». Celui-ci s'était notamment distingué en faisant distribuer aux habitants de sa commune un exemplaire de la couleur du plan d'aménagement réalisé en 1947 afin qu'ils puissent s'exprimer dessus[58].

Au regard de la situation de l'habitat dans les banlieues populaires, plusieurs associations se mobilisent. C'est le cas du Mouvement populaire des familles issu du militantisme chrétien. Lors de son congrès en 1949 à Villeurbanne, il désire attirer l'attention de l'opinion publique en proposant d'organiser une offensive générale de squatters à l'échelle du territoire national. De même, le mouvement s'oppose aux expulsions. Ces mobilisations qui se multiplient sur le plan national conduisent le gouvernement à presser le pas. L'ordonnance du 11 octobre 1945 ordonne de procéder « le plus rapidement possible » à la reconstruction d'immeubles détruits ainsi qu'à des constructions nouvelles. « Des mesures exceptionnelles[59] » devront être prises. Si l'intention est louable, les moyens disponibles pour y parvenir resteront pour l'essentiel de l'ordre du souhaitable.

Sur l'impulsion directe du ministre de la Reconstruction et de l'Urbanisme, Raoul Dautry, une « cité d'expérience » composée de 150 logements sera créée à Noisy-le-Sec, dans la banlieue cheminote sinistrée par les destructions de guerre. Si l'incidence sur le terrain est d'abord insignifiante, certains changements augurent pourtant d'un changement de cap. En 1947, le secteur HBM est réorganisé. Les organismes qui en dépendent passent de la tutelle du ministère de la Santé publique à celle du MRU. Les règles concernant le financement évoluent également. Désormais, la loi fixe la valeur locative maximum des HLM (le nom a changé en 1951) à environ trois fois celle des HBM[60]. Le loyer de ces derniers est donc réajusté avec une hausse de 30 % par rapport aux taux de l'avant-guerre[61]. Les décrets pris en 1949 accentuent même la tendance dans la mesure où ils prévoient une augmentation semestrielle de 20 % des loyers HBM de 1949. La participation des locataires s'en trouve donc alourdie, surtout pour les logements qui ont reçu des aides de l'État après 1947. Si l'effort de ce dernier en faveur de la construction sociale est une réalité, les nouvelles règles financières excluent de fait les plus pauvres des futurs logements – ce qui, à terme, modifiera la composition sociale de la banlieue.

En 1951, une nouvelle catégorie est cependant créée afin de préserver l'accueil des populations les plus modestes : des HLM à normes réduites d'une surface inférieure aux autres HLM. La distinction des populations qui pourront entrer dans le logement HLM classique et les autres créera de fait un phénomène de ségrégation sociale. Néanmoins, la banlieue en mode HLM est appelée à voir le niveau social de ses locataires progresser. Il s'agit d'accueillir une partie des nouvelles classes moyennes issues de la prospérité économique alors en plein essor. En attendant, ce sont des initiatives privées qui sont à l'origine des premiers programmes de construction en banlieue après 1945.

« Un signe à l'espérance »

En 1943, Albert Prouvost, jeune héritier de l'une des plus puissantes familles du textile de la métropole lilloise, propriétaire notamment de la célèbre Lainière de Roubaix, a l'idée de créer en 1943 un « Comité interprofessionnel du logement » (CIL) ayant pour vocation de contribuer à la construction de logements pour les ouvriers du textile et à la résorption de l'habitat insalubre. Avec le concours du maire socialiste de Roubaix, Victor Provo, ainsi que de syndicalistes, le projet est rapidement lancé. Il s'agit d'inviter les patrons à réserver 1 % de leur masse salariale à la réalisation de logements pour leurs personnels. Les CIL se chargeront de la réalisation des cités nouvelles. Pour le foncier, si les concepteurs regardent bien sûr du côté des marges non encore loties des grandes villes, ils se tournent surtout vers les villes environnantes qui n'ont pas encore été frappées, ou partiellement, par l'urbanisation. De plus, celles-ci paraissent plus à même de porter le projet des CIL qui est tourné vers les principes de diffusion de l'air et de la lumière.

Ces nouvelles banlieues en devenir doivent incarner la renaissance du logement du point de vue tant social que sanitaire, au regard des conditions déplorables régnant dans les villes industrielles. Le patronat, notamment nordiste, avait en effet gardé le souvenir d'une radicalisation politique et sociale dans ses rapports avec la classe ouvrière, dont la grève de Roubaix en 1930 qui avait marqué les esprits. Si la banlieue ouvrière avait été perçue par le patronat comme un lieu propice à l'expression des colères des travailleurs, les villages situés aux alentours des grandes villes industrielles offraient un cadre plus apaisé et représentaient donc une réelle opportunité en matière de compromis social entre patrons et ouvriers. La toute première cité réalisée en 1946 à Mouvaux (la cité du Congo), en périphérie de Roubaix et de Tourcoing, incarne ce nouveau départ du logement sur le modèle de la cité-jardin implantée en banlieue de Lille. Plus d'un millier de personnes avaient assisté à son inauguration. Deux ans plus tard, un millier de logements avaient déjà été construits par l'office patronal. En 1954, le président du Conseil Joseph Laniel en personne vient inaugurer dans le Nord la 5 000e maison réalisée par les CIL. En 1960, le cap des 10 000 sera franchi. Dès la fin des années 1950, les CIL auront fortement contribué à la transformation de la banlieue métropolitaine lilloise en y construisant de très nombreux lotissements qui marquent encore aujourd'hui la morphologie urbaine des villes concernées.

Les premières réalisations des CIL donnent en effet à voir un type de banlieue qui n'est pas sans rappeler l'idéal prôné en Grande-Bretagne au début du siècle par Ebenezer Howard. Le modèle des CIL promeut aussi la maison individuelle – ou du moins semi-individuelle afin de réduire les coûts de fabrication. Il propose également aux nouveaux résidents toute une série d'équipements sanitaires et culturels pour accueillir les familles modestes, celles-là mêmes qui, auparavant, vivaient pour une partie d'entre elles dans les logements insalubres des grandes villes voisines. Après les épisodes du Front populaire et de Vichy, mais aussi de la menace communiste telle qu'elle est perçue dans les milieux patronaux, surtout après 1947, le temps semble enfin venu d'amener le pays à la paix sociale par le biais d'un habitat neuf installé en banlieue, comme le président de la Commission d'amélioration de l'habitat dans la métropole lilloise l'affirme en 1955 :

> On ne peut concevoir de véritable paix sociale tant que les foyers ouvriers ne seront pas tous propices à une vie familiale et heureuse. Nous savons combien il est pénible au travailleur de retourner le soir, à l'issue de sa journée, au taudis. L'expérience a prouvé que, dans bien des cas analogues, le chef de famille recherche, en dehors de son foyer, des sources de distraction. C'est alors une proie facile pour l'alcoolisme, et c'est, de toute manière, une famille qui sombre dans le désespoir [...]. S'arrêter ou ralentir l'effort, alors que l'on vient de faire brillamment cette preuve, serait désappointer cruellement la partie de population qui n'a pas encore obtenu le logement qui leur est absolument nécessaire. Le découragement et la rancœur ne tarderaient pas à s'emparer de ceux qui n'auraient plus rien à attendre et alimenteraient un malaise social néfaste pour l'économie[62].

Préfigurant la construction à grande échelle, mais sur le modèle des cités-jardins, l'habitat de type CIL entend développer un modèle urbanistique original, maîtrisé sur le plan de la croissance démographique grâce à un système paritaire de sélection des nouveaux résidents entre le patronat et les représentants des syndicats.

Cette initiative patronale rencontre les propres objectifs du MRU qui demande que les nouvelles cités populaires soient en effet tournées vers la promotion de la vie familiale et sociale. Ainsi, il recommande que chaque construction puisse disposer d'une pelouse avec arbres fruitiers, un potager et même, si possible, des enclos pour les animaux. Ceci, afin de procurer aux résidents « des possibilités de détente de l'esprit grâce à l'atmosphère de calme et d'espace » ainsi que de « saines occupations [...] telles que le jardinage et l'élevage »[63]. La nouvelle banlieue ne devra en aucun cas tourner le dos aux codes de la ruralité – bien au contraire. Elle incarnera un modèle hybride ville-campagne, déjà mis en avant durant l'entre-deux-guerres par un certain nombre de spécialistes. La concentration urbaine, péché originel de la grande ville mais aussi de certaines banlieues, constitue donc un contre-modèle qu'il faut combattre à tout prix.

Jusqu'au lancement de la politique des grands ensembles au milieu des années 1950, bien des spécialistes du logement, mais aussi de la santé, militent pour une meilleure prise en compte des enjeux sanitaires et sociaux se rapportant à la question du logement. François Debat, dont l'autorité médicale est reconnue par le ministère de la Reconstruction, plaide quant à lui pour faire de l'habitat « une arme de paix sociale ». « La maison, écrit-il, est un facteur de stabilité, de santé physique et morale, la base d'un bonheur familial durable et tranquille[64]. »

Pour en revenir à l'exemple des CIL, chaque cité se verra équipée d'une maison de l'enfance au sein de laquelle les nouveaux résidents bénéficieront d'un dispensaire d'hygiène, au sein duquel sera organisée une consultation pédiatrique pour les nouveau-nés ainsi que d'une bibliothèque gérée par les résidents. L'initiative en revient à l'épouse d'Albert Prouvost qui s'est inspirée, lors d'un voyage aux États-Unis, des *community centers* de la région de Boston et de New York[65]. Le projet porté par les CIL reprend en partie ce qui avait été pensé après la Première Guerre mondiale, en particulier dans le sillage de la loi Loucheur, mais qui n'avait pu aboutir faute de moyens et aussi peut-être faute d'ambition politique suffisante de la part de ses successeurs.

Dans une moindre mesure, en raison de son réel impact sur la banlieue, l'autoconstruction menée par le mouvement dit « des Castors », qui repose sur le bénévolat et la solidarité au service des mal-logés les plus modestes, mérite également d'être citée. En 1952, Michel Anselme, l'un des principaux animateurs sur le plan national, crée la société coopérative Baticoop. Entre 1945 et 1953, les groupes de Castors réaliseront plusieurs cités situées pour la plupart en banlieue. La raison en est simple : les terrains à bâtir y sont beaucoup moins chers.

La première cité Castor est réalisée à Pessac, dans la banlieue bordelaise, là où Le Corbusier avait édifié un ensemble de logements à la demande d'un industriel régional. Le projet réalisé par les Castors (en tout, 150 appartements) contribuera à modifier sensiblement les conditions d'habitat au sein de ce qui est en train de devenir l'une des principales banlieues bordelaises. D'autres suivront en Île-de-France, comme la Dame blanche réalisée par Baticoop à Garges-lès-Gonesse.

Pourtant, ni le mouvement des Castors ni même celui des CIL ne sont taillés pour s'attaquer à la crise du logement telle qu'elle apparaît au début des années 1950, au moment où le gouvernement dispose enfin de l'arsenal législatif nécessaire pour conduire une politique qui soit réellement à la hauteur des défis. À cette date, le bilan concernant la situation des mal-logés reste en effet préoccupant. Les logements en état de surpeuplement forment plus du quart du patrimoine bâti (3,4 millions de logements) et la population visée est évaluée à près de 15 millions. La banlieue ouvrière, à elle seule, représente près de la moitié (44 %) de l'ensemble des habitats surpeuplés[66]. L'appel lancé le 1er février 1954 sur les ondes de Radio-Luxembourg par l'abbé Pierre, ancien député MRP de Meurthe-et-Moselle, contribue fortement à mobiliser l'opinion. Désormais, l'habitat social devient une cause nationale.

Dans un premier temps, afin de parer au plus pressé, le MRU lance un premier programme de cités dites justement « d'urgence » : 12 000 logements économiques de première nécessité (LEPN), dont la moitié dans la seule banlieue parisienne. Il s'agit en fait de définir un modèle à la fois rapide et peu coûteux. Les techniciens du ministère optent pour le pavillon préfabriqué dont le coût unitaire ne devra pas dépasser les 600 000 francs, soit l'équivalent à l'époque du prix d'une voiture familiale. Très vite, ces constructions s'avéreront pourtant catastrophiques pour leurs habitants en raison des malfaçons et des carences, notamment en matière énergétique.

Cette première ébauche de construction à grande échelle aura donc surtout pour conséquence d'ajouter des taudis neufs aux anciens taudis, alors même que la vague des lotissements défectueux de la période précédant la guerre commençait tout juste à être résorbée. Malgré tout, il était nécessaire de mettre en œuvre le plus rapidement possible la politique définie par Claudius-Petit en 1948 et finalisée cinq ans plus tard. Le temps des expérimentations menées à grande échelle semble donc enfin venu et la banlieue se doit donc d'être au rendez-vous si la France veut gagner son pari en matière de modernisation mais aussi de rationalisation de sa croissance urbaine. Encore en 1956, un responsable du secrétariat d'État de la Reconstruction et du Logement se devait de rappeler à cet égard que

> jamais l'extension des banlieues n'avait été aussi désordonnée ; elle provoquait un déséquilibre biologique entre la ville et la campagne, entre les cadres géographiques et la réalité humaine[67].

Les premiers programmes à grande échelle

Si les expérimentations lancées par le MRU ont été significatives du point de vue de la recherche du compromis social incarné par un nouveau modèle d'habitat, le déficit reste cependant très important à l'aube des années 1950. À cet égard, les choix des pouvoirs publics semblent en contradiction avec celui des Français. En 1947, un échantillon de Français est sélectionné par l'INED pour exprimer leurs préférences. Une écrasante majorité, près de 90 %, opte sans ambages en faveur de la maison individuelle[68].

Pourtant, au regard de l'urgence de la situation et des budgets alloués, c'est vers la systématisation du modèle des grands ensembles que se tournent les opérateurs publics. Le pavillon de banlieue tel qu'il s'est propagé au cours de l'entre-deux-guerres inspire un rejet unanime parmi les techniciens du MRU. Le spectre de la « lèpre pavillonnaire » est encore présent dans les esprits. Pour la revue *Prospectives*, la production d'immeubles collectifs à grande échelle permettra d'améliorer « l'aspect souvent monotone de ces étendues de pavillons que constituent les lotissements dortoirs de nos banlieues urbaines ». Au désordre urbain auquel elle doit mettre fin, la nouvelle politique urbaine sera surtout fondée sur le logement collectif, qui, outre ses qualités de rationalité, permet aussi de lutter efficacement contre l'éparpillement urbain. Reproduit de manière méthodique à une grande échelle, il incarne une sorte de rédemption modernisatrice de la banlieue. Il faudra attendre le milieu des années 1960 pour que la maison individuelle sorte de son purgatoire. L'achèvement en 1953 de la cité Rotterdam à Strasbourg – dont le concours lancé en 1950 par le MRU avait été remporté par le duo Eugène Beaudoin/Jean Dubuisson dans la série des 1 000 logements – achève de convaincre les cadres du ministère des bienfaits de la construction industrialisée. Il en va de même pour le lancement expérimental de 200 appartements dans la banlieue parisienne, à Villeneuve-Saint-Georges. Il ne reste donc plus qu'à passer de l'approche expérimentale à l'expérience généralisée. C'est chose faite avec l'annonce du plan Courant, du nom du ministre Pierre Courant, maire du Havre, en charge du MRU dans le gouvernement René Mayer (janvier-juin 1953). Voté par les députés en mars 1953 à une forte majorité (479 voix contre 101), le plan facilite tout à la fois les réservations foncières mais également la mobilisation des ressources financières en « nationalisant » le modèle du CIL. Désormais, toute entreprise de plus de dix salariés doit obligatoirement consacrer 1 % de sa masse salariale au logement de ses employés.

Enfin, du point de vue quantitatif, la loi se veut ambitieuse avec un objectif de 240 000 logements – ce qui correspond aux recommandations du Conseil économique et social dans son rapport sur le deuxième plan de modernisation et d'équipement[69]. Le challenge sera relevé par l'État : alors que la production de logements en France atteignait à peine les 100 000 en 1953, elle passe à 210 000 dès 1955, à 273 000 deux ans plus tard et enfin à 320 000 en 1959. La banlieue, à ce titre, est particulièrement concernée par ce changement d'échelle. Elle doit même être à la pointe de la nouvelle politique urbaine.

L'année 1953 est également marquée par l'arrivée de François Bloch-Lainé à la direction générale de la Caisse des dépôts. Rare haut fonctionnaire à avoir rejoint la Résistance, il était jusqu'alors directeur du Trésor et avait à ce titre appuyé l'investissement financier en faveur du logement. Acquis avant guerre aux idées du christianisme social, il a fréquenté les milieux réformateurs des années 1930 et se montre à ce propos très intéressé par les enjeux sociaux et urbanistiques liés au devenir de la banlieue.

Le 11 juin 1954, une filiale technique dédiée à la question du logement, la Société centrale immobilière de la Caisse des dépôts (SCIC), est créée. Elle sera dirigée par Léon-Paul Leroy, ingénieur des Ponts et Chaussées. Dès l'année suivante, c'est au tour de la Société centrale d'équipement du territoire (SCET) d'être mise en œuvre afin de seconder les collectivités locales dans leurs projets d'aménagement. Les deux sociétés seront intéressées pour intervenir en banlieue. Les chiffres de logements produits par la SCIC sont à cet égard éloquents : 4 000 en 1956, 29 000 deux ans plus tard. Sur 100 000 logements construits par la SCIC en 1960, 60 000 le seront en région parisienne. L'organisme de la Caisse incarne d'une certaine manière « les années-béton », une véritable « révolution urbaine » selon un ouvrage de géographie de 1963[70]. C'est en banlieue que la SCIC mènera une politique d'acquisitions foncières extrêmement ambitieuse, à commencer par l'opération emblématique de Sarcelles. Elle se portera également acquéreur de vastes terrains, notamment à Pierrefitte, Bondy, Bagneux, Rueil, Montreuil ou bien encore Argenteuil. Tous sont situés en banlieue (mais proches de Paris), plutôt bien desservis par les transports en commun, et la plupart du temps à un prix raisonnable[71].

On peut donc estimer que l'évolution de la banlieue parisienne est due dans une large mesure aux investissements réalisés par la SCIC. Sur les 50 000 logements prévus pour la seconde tranche du programme triennal de HLM (1955-1958), un tiers sera en effet affecté à la filiale de la Caisse des dépôts qui les édifiera en lien avec le commissariat à la Construction et à l'Urbanisme pour la région parisienne. Pour l'occasion, il sera constitué par la SCIC et la Compagnie immobilière de la région parisienne (CIRP). Plusieurs organismes comme EDF-GDF, la SNCF, les charbonnages de France participent également au capital afin de pouvoir loger leurs employés[72]. Dès 1955, la CIRP préempte douze sites pour y construire ses 10 000 logements.

Des sites plus périphériques comme Mantes-la-Jolie, Les Mureaux ou bien encore Rambouillet et Corbeil-Essonnes sont également concernés. Désormais, c'est la banlieue parisienne dans son ensemble qui se trouve concernée par les projets immobiliers de la CDC et de ses filiales. Comme l'explique Pierre Sudreau, l'objectif étant de « régénérer la banlieue par les grands ensembles[73] ». Dans certains cas, il s'agit même de songer à la création de nouvelles villes. Le grand ensemble de la Dame blanche à Garges-lès-Gonesse constitue la première étape d'une ville nouvelle voulue par la municipalité elle-même[74]. La reproduction de logements à très grande échelle et sur un temps limité permet de bousculer les règles urbanistiques jusque-là en vigueur et par là, de modifier en profondeur la morphologie urbaine de la banlieue.

L'intérêt de faire de la périphérie un lieu expérimental pour la politique définie par les pouvoirs publics se vérifie également par le lancement par le MRU dès le début des années 1950 d'un modèle industriel en matière de construction. Les deux premiers sites choisis – Bron et Pantin –, situés respectivement en banlieue lyonnaise et parisienne, l'avaient été en raison précisément de leur situation au sein de territoires ouvriers déshérités. Au sujet de

Bron, les pouvoirs publics évoquaient les « usines et habitations, pavillons et ensembles [qui] se fixèrent au gré des fantaisies ». Quant au quartier de l'Église à Pantin, il était présenté comme un espace situé en périphérie et qui était affecté par « d'importants problèmes d'insalubrité, mais aussi par l'obsolescence de son système de voirie et des activités qui s'y développaient[75] ». Ces tout premiers grands ensembles à vocation industrielle entraient donc pleinement dans l'intention d'une politique publique réparatrice et volontariste à l'égard de la banlieue. De plus, ce choix correspondait aux objectifs fixés par Eugène Claudius-Petit en matière d'aménagement dans le but de renforcer les pôles urbains existants et ainsi, éviter tout risque de nouvel étalement urbain.

Dans cette perspective, 3 000 logements furent programmés dans l'agglomération lyonnaise pour la première année du programme d'industrialisation du logement engagé en 1951 et devant s'achever en 1955. Le principe du chemin de grue, symbole de la construction préfabriquée, avec sa précision et sa régularité quasi chirurgicales, allait remplacer le fatras des constructions aléatoires et désordonnées qui avaient caractérisé une large partie de la banlieue pavillonnaire depuis le début du siècle. À l'artisan dominical de la bicoque succédait le technicien du procédé Raymond Camus, qui s'était imposé en France au cours des années 1950 sur le marché de la préfabrication. À la fin des années 1950, celui-ci pouvait se vanter d'avoir déjà construit plus de 18 000 logements en France[76]. Pour les pouvoirs publics, ce procédé représentait également un précieux gain de temps en matière de productivité. Les services du MRU estimaient qu'entre 1955 et le début des années 1960, le temps de travail nécessaire à la construction d'un appartement familial moyen était passé de 3 600 heures à 1 200 heures[77]. La ligne fixée par l'État consiste comme le rapporte *L'Année politique* en 1954 à

> réduire le coût moyen des opérations de construction [...] et à améliorer la productivité par des programmes de longue durée, la standardisation et l'organisation plus rationnelle des chantiers[78].

Cette feuille de route, d'abord expérimentale, allait bientôt se généraliser, tout d'abord par le biais de la loi-cadre du 7 août 1957 prévoyant la construction de 300 000 logements collectifs par an dans le cadre du troisième plan de modernisation et d'équipement puis, à la suite, par le décret du 31 décembre 1958 officialisant les zones à urbaniser en priorité (ZUP) dont les décrets de création sont pris en 1960. Chaque opération doit comporter la construction d'au moins 500 logements avec les équipements annexes. De 1959 à 1969, date à laquelle les ZUP s'effaceront au profit des zones d'aménagement concerté (ZAC) à la suite de la loi foncière de 1967, 2,2 millions de logements, essentiellement des HLM, auront été ainsi créés grâce à ce dispositif[79]. Les Minguettes à Vénissieux, les Nouvelles-Synthes en lisière de Dunkerque ou encore le Nouveau-Créteil – pour ne citer que ces exemples emblématiques des années ZUP en France – comprendront chacune entre 6 000 à 9 000 logements.

La fin de l'urbanisation de la grande ville rejoint les espaces encore ruraux de la banlieue. C'est le cas à Nantes, où le futur grand ensemble prévu se situe également sur la commune limitrophe de Saint-Herblain. Au début de la décennie 1960, 20 000 familles vivent à Nantes dans des logements surpeuplés, 4 000 dans des taudis ou des baraquements, 1 000 autres dans des immeubles vétustes[80]. Une note stipule que « pour résorber la crise du logement sur 10 ans (perspective 1970), il est nécessaire de créer 30 000 logements au rythme de 3 000 par an ». Il convient aussi, précise-t-elle, de « mettre un terme au développement anarchique de la partie ouest de l'agglomération nantaise ». L'implantation d'une vaste ZUP en périphérie de la ville se justifie donc, selon les auteurs, du point de vue tant des conditions de logement que de l'aménagement de la principale métropole de la Loire-Atlantique et même de la région des Pays de la Loire.

C'est au cours de la première partie des années 1960 que le terme de « banlieue » emprunte une acception plus sociologique que strictement géographique dans la mesure où une partie de ces grands ensembles sont construits à cheval sur la ville-centre et sur la périphérie. Le principe de l'intercommunalité régit en effet un certain nombre des réalisations. Certains d'entre eux sont d'ailleurs administrativement implantés sur le seul territoire de la ville-centre. C'est le cas des quartiers du Mirail à Toulouse (Bellefontaine, Reynerie et Mirail-Université) qui sont situés dans le sud-ouest de la ville, juste avant le périphérique. S'ils sont bien toulousains du point de vue administratif, leurs caractéristiques, en particulier sociales, les assimilent bien souvent à des quartiers de banlieue. L'éloignement physique peut aussi expliquer cette confusion. Le Mirail est par exemple distant de six kilomètres du Capitole. Dans de nombreux esprits, c'est l'effet de masse qui inspire l'assimilation de ces quartiers à cette dernière. En réalité, il règne une certaine confusion concernant l'appellation de ces nouveaux quartiers. Dans une étude de 1967, Paul Clerc suggère de distinguer les « banlieues nouvelles, ensembles d'habitat qui ne modifient pas la structure d'une agglomération et les ensembles dont le poids numérique transforme la commune d'origine », et qui peuvent être « à la limite des villes nouvelles »[81].

Toujours dans le cas toulousain, ce sont en effet 23 000 logements susceptibles d'accueillir 100 000 habitants qui sont programmés en 1962 dans le cadre d'une ZUP dont la réalisation est confiée à l'équipe des architectes Georges Candilis, Alexis Josic et Shadrach Woods[82]. Si la version finale sera nettement inférieure (26 588 habitants au recensement de 1982), il n'en reste pas moins que la taille de ce nouveau quartier correspond à celle d'une ville moyenne. La composition sociale invite aussi dès les années 1960 les observateurs à évoquer Le Mirail comme une banlieue à part entière. La même remarque vaut également pour les quartiers nord de Marseille, ville dans la ville, très souvent présentés dès cette époque comme une véritable banlieue.

Pour autant, ces nouveaux espaces ne constituent pas des territoires de relégation voulus comme tels par les pouvoirs publics dans le but de contenir les populations modestes loin des villes-centres. Les opérateurs publics ont, outre l'enjeu financier, cherché d'abord des terrains constructibles. Pour l'essentiel, il s'agit des lieux occupés par les anciens lotissements de l'entre-deux-guerres. Les nouvelles constructions n'ont donc pas constitué une nouvelle forme de banlieue, mais plutôt une étape nouvelle de développement de celle-ci. Les terrains plats ayant déjà été accaparés par les activités industrielles ou par les lotissements, certaines réalisations banlieusardes se feront également sur les plateaux voisins encore vierges sans être pour autant plus éloignés des principales villes environnantes.

Dès lors, une partie de la banlieue se confondra, en particulier dans l'opinion publique, avec les ZUP édifiées au temps de Charles de Gaulle et de Georges Pompidou. Si le principe même de la ZUP pouvait paraître quelque peu brutal au regard des procédures adoptées jusque-là, il répondait aussi à l'impératif modernisateur fixé par le général de Gaulle. Malgré les avancées, l'état de la banlieue industrielle était en effet encore éloigné des injonctions gaulliennes. De même, la série d'articles parus en avril 1958 dans le journal *Le Monde* intitulée « Logement, notre honte » justifiait également aux yeux des opérateurs publics de recourir à une politique plus coercitive que ce qui avait été pratiqué durant la IVe République. À peine dix ans après le démarrage du plan Courant, le changement urbanistique est total. Avec la rationalisation des techniques de construction, la production de logements a quadruplé en une décennie. De nombreux pavillons héritiers de l'histoire séculaire de la banlieue ont cédé la place à des barres et des tours toutes alignées le long des avenues ayant servi initialement au déplacement des grues qui assemblaient les panneaux préfabriqués. À la variété singulière des pavillons épars a succédé le principe de la standardisation architecturale.

Certaines réalisations sonnent même comme des manifestes architecturaux. C'est le cas du Haut-du-Lièvre, grand ensemble de 3 400 logements réalisé entre 1956 et 1962 par Bernard Zehrfuss pour le compte de l'Office HLM de Nancy. À Clermont-Ferrand, c'est le grand ensemble long de 320 mètres et haut de 30 mètres, composé de quatorze blocs accolés, qui défraie la chronique. En 1960, le journal *La Montagne* le qualifie de « muraille de Chine ». Le nom restera d'ailleurs jusqu'à sa démolition programmée dans le cadre du Programme national de rénovation urbaine (PNRU) en 2017. Certaines régions comme la Bretagne, jusqu'alors épargnées par l'urbanisation de masse, sont elles aussi rattrapées par la fièvre bâtisseuse. C'est en 1959 qu'est officiellement lancée la ZUP de Villejean prévoyant 5 460 logements à l'horizon 1972. Quant à la ZUP sud, dite aussi ZUP du Blosne, qui est un peu plus tardive, elle dispose d'une capacité de 12 000 appartements[83].

Pourtant, c'est *in fine* le grand ensemble de Sarcelles qui deviendra très vite dans l'imaginaire collectif la marque indélébile de la banlieue dans sa déclinaison des Trente Glorieuses. Situé à quinze kilomètres de la capitale dans ce qui était alors le département de Seine-et-Oise, en 1955, le vieux village de Sarcelles vit encore en partie à l'heure de la culture maraîchère qui alimente chaque jour les halles de Paris. Selon certains récits, c'est le patron de la Caisse des dépôts lui-même qui, un dimanche, se promenant en famille dans la campagne des environs de Paris, aurait découvert ces terres marécageuses peuplées essentiellement de petites poules d'eau appelées « sarcelles » (c'est l'une des explications sur l'origine du nom du village). C'est aussi lui qui aurait enjoint la SCIC, nouvellement créée, d'y acheter massivement des terrains en raison de leur très faible valeur foncière.

L'architecte Jacques Henri-Labourdette, qui avait participé à la reconstruction de Beauvais, se voit confier le soin de réaliser sur place un grand ensemble de plusieurs milliers de logements. Alors que Sarcelles comptait 8 397 habitants en 1954, sa population est estimée à 35 912 lors du recensement de 1962 et à 51 520 lors de celui de 1968[84]. Avec plus de 12 000 appartements construits en moins d'une décennie, Sarcelles devient un cas d'école débattu dans le monde entier. En octobre 1955, la SCIC démarre les travaux de construction avec une première tranche de 440 logements sur le lieu-dit « Les Sablons » puis une seconde l'année suivante au lieu-dit « Les Lochères ». Ces deux programmes appelés aussi « Sarcelles I » et « Sarcelles II » sont livrés à leurs premiers locataires en février 1957 et août 1958. La création des ZUP décuplera les constructions, notamment en raison du retour des rapatriés qui rechercheront en toute urgence un toit après avoir été chassés d'Algérie – soit plus de 12 000 logements réalisés au lieu des 1 000 initialement prévus. La SCIC imprime donc sa marque sur la périphérie urbaine de manière profonde et irréversible.

Ce vaste ensemble urbain qui essentialise ainsi la banlieue des années 1960 ne peut toutefois pas être perçu uniquement comme une immense trouée de béton au sein de la périphérie de la capitale. Édifiés sur une surface de 195 hectares, les bâtiments ne représentent que 17 % de l'ensemble contre 39 % pour les espaces verts. Le reste se répartit entre les voiries (13 %), les parkings (9 %), les terrains de jeux (6 %)[85]. D'autres grands ensembles réalisés au cours de la même période invitent aussi à interroger le lien entre ceux-ci et la banlieue, et plus particulièrement sur les processus de bétonisation à l'œuvre au cours des Trente Glorieuses. C'est le cas par exemple de l'opération des Grandes Terres à Marly-le-Roi menée par Marcel Lods, l'un des représentants du mouvement de l'architecture moderne en France, et pour qui les principes de diffusion de l'air, du soleil et de la verdure doivent être élevés au rang de vertus cardinales. Perché sur une colline, ce vaste ensemble urbain composé de près de 1 500 appartements répartis en 9 squares de 3 immeubles et de 1 parc peut être considéré comme un contre-exemple de Sarcelles, dont le permis de construire avait pourtant été délivré la même année, en 1955. Les grands ensembles édifiés en banlieue ne peuvent donc pas être tous appréhendés de la même manière, selon qu'il s'agisse de copropriétés privées ou de logements financés par les pouvoirs publics ou bien encore d'opérations commandées par des bailleurs sociaux.

L'implantation géographique est également déterminante. Dans le cas de la périphérie de la capitale, les clivages Nord-Sud et Est-Ouest rejaillissent au gré des mises en chantier. Les périphéries résidentielles peuvent elles aussi profiter de la forme collective pour se transformer, comme dans le cas de Marly-le-Roi. Si l'on ajoute également la cité des Courtillières de Pantin réalisée par Émile Aillaud entre 1954 et 1957, il est impossible de faire de la banlieue un modèle unique en matière de grands ensembles. Tous ont en revanche un but commun : contribuer à la régénération de la périphérie, *a fortiori* en Île-de-France. Dans un texte rédigé en 1958 et publié dans une étude collective intitulée *Le Statut de Paris*, Pierre Sudreau justifie de la manière suivante la création près de la capitale d'une dizaine de grands ensembles représentant un potentiel de 4 000 à 5 000 logements : « Par leur effet de masse, obtenir des prix de série qui feront baisser sensiblement le coût de chaque logement » ; « constituer des pôles d'attraction capables de provoquer la rénovation de la banlieue »[86].

Tout comme le pavillon Loucheur avait marqué de son empreinte le paysage de la banlieue parisienne, le grand ensemble, à une tout autre échelle, fait de même. En 1962, le géographe Yves Lacoste dénombrait 137 ensembles de plus de 1 000 logements déjà terminés, soit 228 000 logements, dont 51 uniquement pour la périphérie de la capitale[87] – ce qui représentait, en unités de production et en nombre d'appartements, la moitié de l'effort national engagé. Si l'on ramène la proportion en termes de ZUP réalisées, on peut considérer que 30 % d'entre elles l'ont été sur le seul territoire francilien.

Sur le plan de l'équilibre territorial, ce choix contrevenait pourtant aux prescriptions graviéristes. La banlieue parisienne demeurait envers et contre tout l'espace privilégié pour accueillir les nouveaux ensembles urbains en raison de la suprématie de l'économie régionale. Les 18 000 demandes de dérogation, pour l'essentiel accordées, au plan d'aménagement révisé en 1950 qui prévoyait de limiter les constructions en région parisienne témoignent de la différence entre la règle et les usages[88]. De ce point de vue, il faut également souligner le rôle des maires dans la fièvre bâtisseuse des Trente Glorieuses. En dépit d'un discours parfois reconstruit pour se décharger de toute responsabilité dans l'implantation de grands ensembles, certains d'entre eux ont pourtant fortement influencé le rôle des opérateurs publics. La pression électorale est en effet forte en matière de demandes de logement, surtout dans le contexte de prospérité économique qui caractérise la France, et la région parisienne en particulier.

Parfois, les municipalités bousculent même les règles de l'urbanisme. C'est le cas à Gennevilliers où les cités des Agnettes, du Fossé-de-l'Aumône, du Luth avaient été réalisées sur des sites réservés à l'habitat individuel, voire à des espaces non bâtis[89]. En revanche, rares sont les édiles municipaux qui ont contesté des projets de grande envergure à l'instar de Pierre Carous, le maire de Valenciennes, dans le nord de la France. Dès 1960, il avait, en dépit des subventions proposées par les services de l'État, refusé l'édification sur sa commune de grandes tours en bordure de la voie rapide. Ce type de logements contredisait les usages de ses concitoyens, plus accoutumés à l'habitat individuel des corons, avançait-il[90]. Peut-être s'agissait-il d'une remarque prémonitoire qui annonçait en réalité la fin d'un cycle : celui des grands ensembles urbains et le retour en grâce de l'habitat individuel sous forme de pavillons. Une nouvelle fois, la banlieue servira donc de faire-valoir aux nouveaux choix urbanistiques des pouvoirs publics.

Fin de cycle

La grève des mineurs de 1963 constitue en quelque sorte une forme de baroud d'honneur des industries classiques qui avaient façonné la France industrielle. Le nord et l'est de la France sont particulièrement éprouvés dans la mesure où ce sont les activités minière et textile qui sont principalement remises en cause, du fait de la vétusté des équipements existants et de la concurrence internationale de plus en plus importante. Étant donné la très forte imbrication entre l'industrie et le logement, les pouvoirs publics se retrouvent confrontés tant à l'usure du tissu industriel qu'à celui qui caractérise l'espace urbain. Il est donc nécessaire de réfléchir à des modèles alternatifs qui, sans remettre en cause l'organisation même des villes industrielles, permettent toutefois de la dépasser. Le terme même de « banlieue » n'est pourtant pas présent dans les différentes études produites par les pouvoirs publics au début des années 1960, qu'il s'agisse des travaux du Commissariat général au Plan, des études du MRU ou bien encore des premières études de la DATAR. On parle davantage de « ville nouvelle », car cette appellation semble balayer la référence historique – et pas toujours valorisante – de la banlieue. En outre, le terme fait directement écho au modèle britannique.

Toutefois, dans les faits, notamment pour des raisons financières, mais aussi techniques (comme, par exemple, la disponibilité foncière), les pouvoirs publics s'obligent à davantage de retenue. En lieu et place de villes nouvelles comme en Grande-Bretagne, il s'agit surtout de quartiers neufs qui viennent compléter le tissu urbain existant. En cela, il convient dès lors plutôt de parler de nouvelles banlieues dans la mesure où elles auront pour objectif principal de porter l'élan modernisateur décidé par l'État.

La croissance urbaine dans les grandes métropoles ne se dément pourtant pas au milieu des années 1960. Ainsi, dans l'agglomération lilloise, les seules villes de Roubaix et Tourcoing estiment leurs besoins en 1964 à 97 000 logements à réaliser dans les vingt ans. À peine la moitié d'entre eux devraient être couverts par le desserrement des habitations existantes et l'éradication des taudis. Il reste donc à trouver l'équivalent de 2 000 hectares de terrain à bâtir. Des espaces libres que les communes en question sont souvent incapables de fournir, au vu de leur densité due à leur passé industriel.

Il convient donc pour les pouvoirs publics de continuer à se tourner vers les villes environnantes qui, parfois, ont déjà connu une première poussée urbaine au cours de l'entre-deux-guerres puis durant les années 1955-1965. Il faut en revanche passer à la vitesse supérieure. Toujours dans le cas de la métropole lilloise, un premier projet de ville nouvelle avait été envisagé mais les études de faisabilité n'avaient pas été entreprises. Comme dans bien d'autres cas, les communes situées en banlieue seront mises à contribution, alors même que le périurbain n'existe guère. L'action conjointe qui est menée par les pouvoirs publics en matière de développement local et de construction de logements se traduit concrètement sur le terrain au début des années 1960. Ce ne sont désormais plus tant les métropoles qui font les banlieues, mais bien l'inverse. La plupart des études conduites par le Commissariat général au Plan, l'INSEE ou bien encore l'INED s'orientent dans le même sens. La réalité métropolitaine s'affirme de plus en plus grâce à la vitalité économique et démographique de la banlieue.

La fabrication de nouvelles entités urbaines au sein de certains espaces industriels vieillissants apparaît aussi comme une solution viable pour les pouvoirs publics. Sans évoquer le terme de « banlieue » entendu ici au sens de réalisation de nouveaux espaces urbains, il est convenu par les pouvoirs publics de mettre un terme aux marques urbaines héritières d'une longue histoire industrielle. C'est le cas par exemple dans le bassin minier du Pas-de-Calais où, selon une étude du BERU (Bureau d'études et de réalisations urbaines) datant de 1964,

> pour certains corons, aucun avenir n'est possible. Ils avancent vers la *clochardisation*. Aucune collectivité n'a intérêt à investir, pour les sauver. Mais alors, les commerces, les équipements publics attenants à ces corons sont aussi condamnés à brève échéance. Il faut penser à des systèmes de remplacement[91].

Ces systèmes de remplacement consistent pour l'essentiel en la création d'une ville nouvelle qui soit à la fois centre d'habitat et pôle de développement économique. Le poids de plus en plus marqué de la désindustrialisation fait qu'en réalité le gouvernement devra choisir entre les deux. *In fine*, c'est Lille, capitale régionale, qui sera choisie pour accueillir l'une des neuf villes nouvelles officiellement créées par l'État à partir des années 1960. Pour les anciennes villes industrielles, la conversion urbaine se fera donc par extension du tissu urbain existant, à l'exemple d'Arras. En 1960, une étude sur l'évolution urbaine de la cité conclut à la nécessité « de ne plus penser ville mais agglomération ». Déjà, peut-on lire dans l'étude, on relève « un déferlement » de constructions dans les villages voisins :

> Dainville, autrefois séparée d'Arras, est maintenant reliée à elle par une suite presque ininterrompue de maisons. On en voit même s'échelonner le long de la route de Doullens jusqu'à la ligne de chemin de fer, car le bord de route en l'absence d'aménagement public permet une réduction des frais d'implantation[92].

Alors que la France est censée être, selon les pouvoirs publics, au début d'une nouvelle ère urbaine, ce type de description rappelle la situation vécue en région parisienne durant l'entre-deux-guerres. Le mouvement qui continue à se développer durant toute la première partie des années 1960 répond aussi à un appel pressant de la part des milieux industriels, qui y voient une réelle opportunité pour leurs activités. Leur développement dépend en effet en partie de la capacité d'accueil des ouvriers en matière de logements. Plusieurs associations patronales nordistes écrivent en 1962 au ministre de la Construction Pierre Sudreau pour lui demander d'intensifier l'effort de construction dans la région Nord-Pas-de-Calais. L'inverse, expliquent-ils, « mettrait l'industrie de notre région dans une situation très délicate vis-à-vis d'une main-d'œuvre qualifiée qui tend à émigrer vers des régions lui offrant des ressources en logements plus abondantes[93] ». Au milieu des années 1960, les autorités se tourneront vers de nouvelles solutions qui seront, à terme, génératrices d'un nouveau modèle de banlieue, nettement plus détaché que le précédent des invariants industriels qui étaient à l'origine de celui-ci. De nouvelles notions comme la promotion du cadre de vie ou celle de l'environnement en seront les marques de fabrique. À la contingence industrielle doit succéder la libre adhésion à un mode de vie. En 1965, l'heure semble donc venue pour un premier bilan de l'action menée depuis une décennie en matière de construction de logements neufs dans les grandes villes et, plus encore, au sein des banlieues environnantes.

Au milieu des années 1960, alors que le rythme de construction des grands ensembles s'est accéléré, notamment grâce à l'application du décret de 1958 sur les ZUP, des voix de plus en plus nombreuses se font entendre pour alerter contre les conséquences de la construction de grands collectifs à la périphérie des grandes villes. Les critiques portent autant sur le choix des sites que sur les types de constructions eux-mêmes. En 1963, une étude du BERU conclut, à partir du cas rouennais, que le recours à ce type de réalisations constitue « un moindre mal mais qu'il convenait de repenser le modèle ». Selon les auteurs, les nouvelles constructions seraient avant tout mal placées dans les agglomérations : « On les trouve généralement à la périphérie, très mal reliées au centre et ne disposant pas de toutes les facilités qu'on est en droit de trouver dans une métropole[94]. »

La même année, le ministre de la Construction, Jacques Maziol, annonce la mise en chantier d'un programme de constructions sur le territoire du Val d'Yerres dans ce qui sera bientôt le département de l'Essonne. Visant à édifier « une ville à la campagne », le projet architectural retenu promeut l'idée d'un « habitat collectif individualisé ». Il s'agit, au sein d'un site de 300 hectares, de bâtir 9 000 logements dans un cadre de vie totalement préservé, mêlant habitat collectif et individuel. Cette opération se veut alors pour la SCIC, après l'épisode des grands ensembles, « un nouveau terrain d'expériences[95] ».

Pour autant, il ne faudrait pas assimiler l'ensemble du développement de la banlieue entre 1945 et 1965 aux seuls grands ensembles. Il faut aussi prendre en compte le développement des périphéries résidentielles qui, pour une partie d'entre elles, se densifient grâce à l'apport régulier de citadins désireux de fuir les grandes villes en raison de la densité et de l'insalubrité de leur logement. Durant les Trente Glorieuses, l'attraction résidentielle continue en effet à fonctionner à plein régime. Les familles désireuses de quitter la grande ville se tournent alors non pas vers les appartements, mais au contraire vers les maisons individuelles, en général sous forme de lotissements pavillonnaires. Si cette tendance marque le devenir de la banlieue à partir de la seconde partie des années 1960, le mouvement est déjà perceptible au début de la décennie alors même que le modèle de la ZUP s'impose sur tout le territoire national. Ainsi, en Bretagne, la population de Vezin-le-Coquet dans la banlieue de Rennes augmente de 75 % entre 1962 et 1965. Cette progression est due à l'arrivée de 143 familles rennaises à la suite de la construction en 1962 d'un lotissement par l'Association des bâtisseurs de Vezin[96]. De cette façon, se comblent les interstices entre la ville-centre et les nouvelles ZUP grâce à un modèle reconnu, sinon encouragé, par les pouvoirs publics après 1965. C'est d'ailleurs ce type de réalisations qui sera appelé à se développer durant la période suivante.

On doit dès lors s'interroger rétrospectivement sur le rapport entretenu entre la banlieue et le modèle des grands ensembles qui, lui, a été, dans une large mesure, imposé avec un marquage politique parfois significatif. Ainsi, environ la moitié des grands ensembles franciliens qui ont été construits l'ont été dans les municipalités communistes et alors même qu'elles ne représentaient que 20 % des communes composant ce territoire[97]. Il apparaît que le regard porté par les pouvoirs publics sur les grands ensembles est contradictoire, voire schizophrénique, pour reprendre la formule d'Annie Fourcaut. D'une part, le ministre de la Construction Pierre Sudreau vante dans des films réalisés à la demande du MRU les qualités des grands ensembles édifiés ou en cours. Les films pointent l'opposition entre les nouveaux quartiers « et les monstrueuses villes-usines[98] ». Mais d'autre part, la densification suburbaine n'est pas sans inquiéter les autorités. Les mêmes films soulignent d'ailleurs l'état anarchique de la périphérie parisienne, décrite comme « un monstre sans tête ni queue [qui] grandit chaque année d'une lieue ». Inquiet des possibles conséquences sociales d'un tel développement, Pierre Sudreau, alors en charge de l'urbanisation de l'Île-de-France, installe en 1957 une commission sur « les problèmes de la vie dans les grands ensembles d'habitation[99] ». Lors d'une des séances, il y déclare qu'il « faut éviter l'extension d'une nouvelle banlieue, la création de cités-dortoirs, les alignements de bâtiments sans caractère [...]. Il faut éviter qu'une réussite technique ne soit un échec de l'humanisme ». S'y ajoutent les campagnes de presse à l'égard des premiers grands ensembles qui induisent une suspicion avérée envers cette nouvelle forme urbaine. Un certain nombre d'observateurs s'interrogent également sur l'impact que les futures banlieues auront sur l'évolution du tissu urbain. C'est le cas notamment à Toulouse, où l'opération du Mirail est très rapidement présentée comme un échec :

> Aucun des buts assignés à l'origine au Mirail n'a donc été atteint : la poussée de la banlieue n'a pas été contenue, la concentration des logements et des équipements n'a pas été respectée, et le modèle d'un nouvel urbanisme s'est dilué au fur et à mesure des opérations en plusieurs éléments disparates[100].

Philippe Lamour, qui dirige la Commission nationale de l'aménagement du territoire depuis 1963, écrit quant à lui au sujet des banlieues nouvelles : « À l'heure actuelle, nous fabriquons des taudis neufs qui seront inutilisables avant d'être rentabilisés[101]. »

À partir de la seconde moitié des années 1965, il apparaît toutefois que ce type nouveau de banlieues est appelé à supplanter le tissu urbain traditionnel. C'est le cas de Clermont-Ferrand où, il est vrai, l'expansion urbaine avait été jusque-là modérée :

> Cette invasion de la ville dans les collines et sur les coulées n'a guère rencontré de résistance de la part de l'agriculture ; c'est qu'elle a suivi, avec quelques dizaines d'années de décalage, le déclin de la vigne comme celui d'un genre de vie qui voulait que nombre de Clermontois aient un petit clos de banlieue. Les anciens bourgs ont été eux-mêmes atteints par la croissance urbaine, parfois dépassés[102].

Pour sa part, l'auteur chargé de l'étude sur Orléans et son agglomération constate qu'« au-delà de la Loire, tout est banlieue ». Mais si tout l'est inexorablement, il convient pour les pouvoirs publics de proposer au milieu des années 1960 – soit dix ans après le lancement de la politique des grands ensembles – un modèle urbain alternatif. C'est en 1966, à Saint-Michel-sur-Orge, une banlieue de l'Essonne à 24 kilomètres de Paris, qu'est organisée l'opération du Villagexpo visant à proposer de nouveaux modèles de construction de maisons individuelles. La réalisation de la première tranche est lancée dès l'année suivante à la suite d'un concours national. 184 pavillons, un hall réalisé par Jean Prouvé et une école s'ajoutent au programme. Rétrospectivement, cet épisode marquera une nouvelle étape pour le développement de la banlieue : celui du retour du pavillon, désormais encadré par les pouvoirs publics, moderne par la technique utilisée, et surtout accessible socialement pour les classes moyennes qui veulent devenir propriétaires. Ces dernières constituent en quelque sorte un nouvel horizon pour les villes en marge, en lien avec l'avènement de la civilisation des loisirs telle qu'annoncée par le sociologue Joffre Dumazedier[103].

Très vite, des projets urbanistiques traduiront en actes ce nouvel élan. C'est par exemple le cas de l'opération Port-Sud, à Breuillet, toujours en Essonne. Entièrement privée, elle consiste à réaliser 700 maisons individuelles en accession à la propriété. Son originalité est d'être un modèle de village loisirs, centré sur des activités récréatives – en particulier autour du lac artificiel réalisé à cet effet. Selon un reportage du *Journal du dimanche* en juin 1969, il s'agit d'un « ensemble révolutionnaire en Île-de-France[104] » conçu sur le principe du village de plaisance.

Mais en attendant cette nouvelle étape, ce sont les conséquences sociales du développement de la banlieue que les pouvoirs publics redoutent le plus. Depuis le milieu des années 1950, et plus encore à partir du début des années 1960, sous l'effet des procédures de ZUP, un nouveau type de société urbaine émerge sous l'œil attentif (et très perplexe) des pouvoirs publics, mais aussi des chercheurs en sciences sociales, conscients d'étudier un phénomène inédit. L'enjeu est en effet d'importance.

La banlieue entendue au sens générique du terme sera-t-elle capable d'engendrer une civilisation urbaine inédite, ou risque-t-elle de reproduire, en les amplifiant, les stigmates sociaux qui avaient caractérisé dans l'imaginaire collectif les faubourgs durant tout le XIXe siècle ?

4

Banlieusard au temps des Trente Glorieuses Années 1950-1970

« Nous vivons dans un monde nouveau ; nos villes doivent s'adapter au monde moderne et se décontracter. Dans les années qui viennent, l'homme aura des exigences accrues. Plus nous élevons le niveau de vie des populations, plus nous augmentons les besoins de l'homme moderne. Celui-ci voudra vivre à l'air, au milieu d'espaces verts ; il devra disposer de meilleurs équipements et de plus de surface pour vivre et pour circuler car il aura pour se déplacer un véhicule quatre roues. »

Discours de Pierre Sudreau à l'Assemblée nationale, 19 juillet 1960, cité par Loïc Vadelorge, *Retour sur les villes nouvelles. Une histoire urbaine du XX*e *siècle*, Grane, Créaphis, 2014, p. 98.

En décembre 1960, l'émission phare de la jeune télévision française *Cinq colonnes à la une* s'intéresse au nouveau phénomène des grands ensembles. Intitulé « Quarante mille voisins », le reportage est introduit par Pierre Tchernia en voix off avec en toile de fond un hélicoptère survolant le nouvel ensemble de Sarcelles :

Dans quelques années, quand vous traverserez la banlieue parisienne, c'est en hélicoptère sans doute que vous irez. Et partout vous survolerez des villes dans le genre de celle-ci. On les appelle des grands ensembles. On les appelle aussi les villes-dortoirs. Elles doivent permettre aux familles de vivre loin de l'agitation et de l'air malsain des grandes cités. Elles existent dans le monde entier. Les urbanistes et les sociologues leur consacrent des volumes et des congrès.

À cette date, la politique des grands ensembles est en plein régime et suscite l'interrogation de bon nombre d'observateurs, en particulier sur les éventuelles conséquences sociales que la politique menée ne manquera pas de produire. D'innombrables articles de presse ainsi que des études sociologiques tentent d'appréhender le phénomène à la mesure des interrogations qu'il suscite. La plupart oscillent généralement entre l'ode à la modernité et la reconnaissance du nécessaire progrès, et la crainte de voir les pouvoirs publics incapables de maîtriser un phénomène dont on mesure encore mal tous les effets à plus ou moyen long terme. Certaines publications évoquent notamment le risque de voir se développer à court terme « la grande ville inhumaine », pour reprendre le terme employé par l'une d'entre elles en 1965. Une fois encore, la banlieue risque d'endosser le rôle de contre-modèle urbain :

> Dès que l'on quitte les centres où la densité et l'encombrement sont excessifs, on aboutit fréquemment à des banlieues non structurées à densité très faible mais sans espaces verts, véritables déserts de pierres [...] où les dépenses fixes d'infrastructures sont réduites au maximum cependant que peuvent s'y implanter plus aisément les activités sociales et de distribution nécessaires à la vie moderne ; ces activités qui constituent justement un des plus puissants attraits de la civilisation urbaine[1].

Selon la même étude, des nouvelles cités comme Sarcelles ou Meudon-la-Forêt « demeurent totalement dénuées de vie sociale structurée, constituent un appendice inorganisé de la ville et contribuent à sa propre négation ». La banlieue au temps des grands ensembles peut être, à ce propos, qualifiée de banlieue-Janus dans la mesure où elle développe chez ses commentateurs des avis partagés, pour ne pas dire contradictoires, comme l'avait déjà suggéré l'attitude de Pierre Sudreau. Quoique attentif aux risques de dérapages sociaux, ils n'en constituaient pas moins de

« véritables greffes sur un corps malade » ; leur rôle étant de procéder à « une remise en ordre de l'agglomération parisienne »[2].

Être banlieusard au temps de ces banlieues d'un nouveau genre suppose de naviguer entre ces deux caps afin de définir un mode de vie caractéristique. D'une part, il faut goûter aux bonheurs matériels qu'offre la nouvelle expansion économique ; d'autre part, il est nécessaire de s'adapter à ce type d'urbanisme.

C'est donc à l'éclosion d'un monde urbain inédit auquel on assiste entre le début des années 1960 et 1973 – date à laquelle il est officiellement mis fin à la politique des grands ensembles qui, durant cette décennie, aura bouleversé en partie la banlieue. Il convient de l'étudier avec ses forces, en particulier la jeunesse de sa population, mais aussi ses faiblesses et ses erreurs, notamment son incapacité à produire une réelle urbanité susceptible de fournir à la banlieue un nouveau souffle.

Des pionniers d'un genre nouveau

Sarcelles ouvre la voie à une étape majeure de l'histoire de la banlieue. En effet, celle-ci est destinée à accueillir les nouveaux arrivants dans les grandes agglomérations afin de répondre aux besoins de la croissance économique. Très vite se posent les conditions d'accueil. Si les appartements répondent la plupart du temps aux standards de la modernité, en particulier la présence de la salle de bains et du living-room, deux références absentes de la vie en banlieue jusqu'alors, se pose aussi la question de l'identité de ces territoires en pleine mutation. La plupart d'entre eux répondent avant tout à des normes administratives programmées selon des circulaires prises au niveau national. Il s'agit là d'une rupture fondamentale avec l'image de la banlieue populaire telle qu'elle avait existé jusqu'à la fin de la Deuxième Guerre mondiale. Il appartient dès lors aux pouvoirs publics de susciter les conditions de développement social susceptibles de permettre aux nouveaux banlieusards de s'approprier leur cadre de vie résidentiel.

Les nouveaux banlieusards

À partir de la seconde partie des années 1950, une grande partie de la banlieue, existante ou en cours de développement, devient l'épicentre de la nouvelle activité urbaine. L'identité des premières familles venues s'y installer est variée. Certaines ont quitté leurs régions attirées par la perspective d'un meilleur salaire, d'autres viennent des agglomérations voisines en quête de meilleures conditions de logement.

Si l'on prend l'exemple du grand ensemble de Massy-Antony, sur un échantillon de 1 000 nouveaux résidents, près de la moitié (44,1 %) est originaire de Paris ainsi que du département de la Seine ; 12 % de la Seine-et-Oise ; 3,4 % des départements limitrophes. Un quart (24,5 %) est originaire de la province[3]. On retrouve la même proportion aux Ulis, banlieue nouvelle située sur les communes de Bures-sur-Yvette et Orsay, et au sein de laquelle les premiers résidents emménagent en 1968. 43 % habitaient déjà l'Essonne et la plupart d'entre eux, même, les deux villes susnommées. Seuls 6,5 % sont en réalité originaires de province[4]. La majorité des nouveaux résidents, du moins en région parisienne, sont donc en réalité surtout des néobanlieusards par leur nouveau mode de vie.

Ils doivent désormais apprendre à vivre dans des grands ensembles certes modernes, mais aussi parfois situés à l'écart des grands flux urbains – ce qui n'était pas forcément le cas des anciens banlieusards qui vivaient en bordure immédiate des villes, là où la délimitation entre l'ancien faubourg et la banlieue en cours de développement était le plus souvent assez ténue. Dès lors, en règle générale, on peut distinguer deux étapes dans le cheminement résidentiel des nouveaux arrivants. Dans un premier temps, ils découvrent un cadre différent de celui qu'ils avaient connu jusqu'alors. Leur installation rime alors avec l'espoir d'une meilleure qualité de vie, comme le confirment les témoignages des premiers arrivants. Une habitante de la cité de La Boissière située au nord de Nantes, dont la première tranche a été réalisée entre 1957 et 1959, se rappelle à cette occasion :

> Nous venions de la Noë où nous vivions à huis clos dans un deux-pièces, réquisitionné par la Ville. C'était un véritable taudis

sans eau courante ni sanitaires. Alors notre déménagement aux « Renards », une des nouvelles cités de Nantes, je l'ai vécu comme un événement formidable. C'était neuf, tout nous paraissait si beau que lorsqu'on est entrés pour la première fois dans notre appartement on marchait sur la pointe des pieds, de peur d'abîmer le sol ! Nous avions quatre chambres et une salle de séjour. Les pièces n'étaient pas très grandes mais c'était tellement mieux que notre petit deux-pièces[5].

Une sorte d'inversion des valeurs s'opère. Alors que la banlieue symbolisait l'archaïsme et l'inconfort, les nouveaux ensembles qui sont implantés en périphérie portent en eux les germes de la modernité, en lien souvent avec les standards de l'*American of life*. Plus prosaïquement, les résidents disposent désormais des bases de la salubrité, qu'il s'agisse de l'accès à l'eau courante, aux toilettes, et même à la salle de bains – autant de commodités qui, dans la France de l'après-guerre, faisaient encore cruellement défaut, comme nous l'avons vu. Les promoteurs immobiliers – privés ou publics – avancent d'ailleurs l'image d'une banlieue totalement revisitée, qui est partagée par les résidents eux-mêmes. Ainsi en va-t-il de la cité Billardon réalisée en périphérie dijonnaise par la municipalité du chanoine Kir et qui est inaugurée en 1955 :

C'était luxueux : si vous saviez les gens qui venaient nous voir ! Elle était regardée, cette cité Billardon. C'est vrai, on avait rien, nous à Saint-Apo'. Ma mère, elle était heureuse dans la salle de bains… Elle y restait un bon moment ! C'était luxueux, on était heureux. On a de bons souvenirs[6].

D'autres se montrent plus mitigés, rappelant que leur installation s'était faite dans la boue, la construction des immeubles n'étant pas totalement achevée. De plus, la priorité ayant été donnée à la construction des logements, les services se font en effet parfois attendre. Ainsi, à Sarcelles, durant les premières années, il n'existe que 1 commerce pour 300 habitants contre 1 pour 74 en France[7]. Mais une fois cette déception surmontée, ils apprécient le confort résidentiel, en particulier l'ascenseur et le vide-ordures, d'ordinaire réservés aux logements bourgeois.

Il ne faudrait toutefois pas imaginer une banlieue saisie à l'unisson par le confort et par le progrès. C'est souvent l'inverse qui se produit. La tour ou la barre cohabitent avec des îlots vétustes qui sont autant de buttes-témoins de la banlieue d'avant-guerre et qui, pour une partie, resteront en l'état jusqu'aux années 1970-1980. Le cas de Meudon, dans les Hauts-de-Seine, est de ce point de vue caractéristique de ce patchwork urbain. En 1961, l'architecte Fernand Pouillon réalise l'ensemble de Meudon-la-Forêt sur le plateau de la ville composé de 7 000 logements. Ces derniers sont censés incarner le bien-être résidentiel à son plus haut niveau, comme le souligne un reportage de l'époque pour qui l'ensemble représente « une citadelle du confort » où « les appartements ont été étudiés pour la maîtresse de maison » : la cuisine dessert une salle de séjour et un salon isolé des chambres permet de recevoir sans entendre les bruits de la nurserie[8].

À quelques centaines de mètres, c'est pourtant une tout autre image de la banlieue qui s'offre au visiteur du jour. Dans un pavillon construit au XIXe siècle et toujours dépourvu du confort moderne, s'est éteint en 1961 Louis-Ferdinand Céline, l'auteur français dont la plume s'est si souvent trempée dans l'histoire de la banlieue.

On se trouve donc face à deux représentations antagonistes d'une même ville, l'une incarnant le passé, l'autre tournée vers l'avenir. La comparaison n'est pas sans rappeler la mission assignée aux grands ensembles, comme l'avait déjà souligné notamment Maurice Rotival dans son article de 1935 dans *Urbanisme* sur « les grandioses ensembles » : régénérer la banlieue grâce à l'urbanisme moderne qui prendra corps tant au-delà des zones déjà urbanisées qu'au sein des « dents creuses » laissées par l'haussmannisation[9].

La composition sociale des nouveaux banlieusards représente assez fidèlement les mutations de la société française elle-même. Il s'agit pour l'essentiel de salariés, jeunes pour la plupart – dans les années 1960, les trois quarts des chefs de famille vivant dans les grands ensembles ont entre 25 et 45 ans. À âge égal, ils ont en moyenne 0,5 enfant de plus que les autres couples. Leurs revenus ne les distinguent pas réellement des autres salariés. L'écart n'est au début des années 1960 que de 7 %[10]. Avec la crise économique, ce rapport s'inversera à partir du milieu des années 1970, assimilant progressivement une grande partie de la banlieue à la paupérisation. Quant à la mobilité résidentielle des habitants de ces nouveaux espaces, elle correspond à l'origine aussi à peu de chose près à la moyenne nationale constatée durant les années 1960 et même encore durant une partie des années 1970.

Une fois la joie de la découverte passée, les premières critiques apparaissent. Si les nouvelles constructions donnent effectivement au départ l'impression d'un mieux-être résidentiel, les usages de la vie quotidienne en modifient quelque peu la perception. En fonction du standing de l'immeuble, certains logements se caractérisent par l'exiguïté des pièces, notamment les chambres. Les nouvelles normes en vigueur ont pour conséquence une révision à la baisse de la taille des pièces. Certaines chambres ne dépassent pas les 7 mètres carrés. À Sarcelles, un trois-pièces fait 53 mètres carrés. De ce point de vue, les bâtisseurs, à commencer par les dirigeants de la SCIC, n'ont jamais dissimulé qu'il fallait surtout produire beaucoup au plus bas prix. Les nouvelles banlieues des années 1960 seront donc promptes à se développer à défaut de prétendre à la durée.

L'autre déconvenue concerne bien souvent le déficit d'identité propre à ces territoires. Dans la plupart des cas, les familles nouvellement arrivées ignorent tout de leur nouveau lieu de résidence – *a fortiori* lorsque ces derniers ont été jusque-là tenus à l'écart de l'urbanisation. À Meudon-la-Forêt, le grand ensemble a été construit sur les terres céréalières de Villebon, à l'écart de la ville existante. Fruit d'un processus technocratique, l'urbanisation ne se soucie guère, en général, de la valeur historique du lieu. Contrairement à la banlieue d'avant-guerre, les constructions nouvelles ne se réfèrent pas, ou peu, aux marques bucoliques ou champêtres du passé. Pendant plusieurs années, certains bâtiments ne seront désignés que par une lettre ou un chiffre. La standardisation étant la norme, la préfabrication reproduite à des milliers d'exemplaires donne à ce type de banlieues un caractère uniforme. Si les lotissements durant l'entre-deux-guerres avaient livré une image d'anarchie (le fameux désordre urbain), l'espace façonné par les ingénieurs du MRU sera au contraire régi par le béton et l'angle droit. Partout ou presque, ce sont peu ou prou le même type d'avenues, de rues héritées du chemin de grue qui s'offrent aux passants. Quant aux logements, le nombre de malfaçons constatées n'est pas sans rappeler parfois l'état de certains pavillons de banlieue durant l'entre-deux-guerres. Pour des raisons d'économie, les équipements propres aux logements sont réduits au minimum. La plupart des immeubles ne sont guère pourvus de volets ou de persiennes, privant les familles d'une vraie intimité. La fine épaisseur des cloisons et des planchers laisse passer les bruits d'un appartement à l'autre, ce qui provoque parfois des conflits de voisinage. Le confort moderne est donc dans bien des cas très relatif. Parfois, le qualificatif « banlieusard » semble vouloir légitimer cet accès tout relatif au confort résidentiel.

Modernité ou monotonie involontaire, les avis sont partagés dès les premières réalisations autour de Paris. Très vite, le phénomène interpelle jusqu'aux observateurs extérieurs qui se ruent alors dans ces territoires en raison de leur nouveauté et de leur étrangeté apparente. Les périphéries nouvelles deviennent un nouveau centre d'intérêt pour la presse. Pour certains journaux, la comparaison (négative) avec les anciens faubourgs semble aller de soi :

> Qu'est-ce qu'un grand ensemble ? Tout d'abord un mythe qui a donné naissance à une littérature et même à un vocabulaire nouveau. [...] Bref, pour la plupart des gens et pendant très longtemps, un grand ensemble, c'était en quelque sorte l'hôpital psychiatrique Sainte-Anne transplanté dans un de ces quartiers de barrière où des bandes de jeunes voyous tiennent, la nuit tombée, le haut du pavé[11].

Ce qui retient aussi l'attention, c'est pourtant le caractère *ex nihilo* des nouvelles banlieues, contrairement à celles des années 1850-1950 qui pouvaient se prévaloir d'une histoire longue plongeant dans les faubourgs du Moyen Âge. On retrouve ici la même difficulté pour nommer la banlieue que lorsqu'il s'était agi de définir celle de l'entre-deux-guerres – ce qui, la plupart du temps, amène à des avis et des considérations rarement positifs. Le journaliste du *Figaro* venu enquêter sur place en 1963 témoigne à ce propos de sa perplexité concernant le modèle urbain en cours de développement : « J'ai plongé dans l'univers des "grands ensembles" (puisque tel est, dans le jargon technique, le nom de baptême de ces enfants hors nature) avec des yeux et un cœur neuf[12]. »

Le psychanalyste René Kaës, qui s'est intéressé de près à la vie dans les grands ensembles, considère pour sa part que

> leur naissance fut aussi un cri d'angoisse et leur baptême un problème encore irrésolu : grands ensembles ? Villes nouvelles ? Cités neuves ? Habitations nouvelles ? Quel nom leur donner ? La plupart du temps, pour les habitants, ce sont des blocs, des tours, quelquefois une « cité » ; on ne sait pas bien encore comment les appeler ou les apprivoiser[13].

Très vite, ces doutes et ces interrogations suscitent des publications de chercheurs confirmés et de praticiens de l'action publique qui livrent parfois pour la circonstance un véritable regard d'entomologiste sur la vie des nouveaux banlieusards.

La banlieue sous le regard des observateurs extérieurs

Autant la banlieue industrielle avait été décriée pour son développement non maîtrisé depuis le début du XXe siècle, autant la nouvelle, fruit du travail des pouvoirs publics, se devait d'être exemplaire. Guy Houist, militant associatif, élu rennais et technicien au ministère de la Reconstruction et de l'Urbanisme, le rappelle dans un rapport de 1960 pour le Conseil économique et social :

> L'art tâtonnant de faire lentement des villes et de construire des maisons d'habitation au goût de leurs habitants fait place à une extraordinaire puissance de création instantanée d'un milieu de vie pour des milliers de familles dans les mains de fonctionnaires et de quelques grands techniciens[14].

L'apparente maîtrise par les pouvoirs publics de cette croissance urbaine d'un genre nouveau ne convainc toutefois pas entièrement. Nombreuses sont les critiques, parfois excessives, qui s'élèvent contre les nouvelles réalisations. Le cas le plus connu reste Sarcelles, au point qu'il a donné son nom à un néologisme censé incarner « le mal des grands ensembles » – la sarcellite. Ces critiques visent en général explicitement la nouvelle forme urbaine et moins la banlieue. Il s'agit de s'interroger sur les possibles conséquences funestes qu'incarnent ce que portent ce type de constructions, notamment du point de vue social. À cet égard, l'article de Françoise Choay paru dans *France-Observateur* en 1959, « Cités-jardins ou cages à lapins », critique la qualité des réalisations et non le choix de l'implantation. Françoise Choay dénonce de très nombreux dysfonctionnements comme l'exiguïté des logements, le manque d'isolation ou bien encore la piètre qualité des matériaux utilisés. Au contraire, certains ensembles de la région parisienne – comme les Grandes Terres à Marly-le-Roi – bénéficient d'un jugement *a priori* positif. Il en va de même pour la cité Billardon à Dijon. Pour *France-Soir*, il s'agit ni plus ni moins que d'un « gratte-ciel où il fera bon vivre ».

C'est donc plus la forme urbaine qui est en cause que son implantation même. Comme durant la période de l'entre-deux-guerres, la banlieue est perçue comme un type de territoire disposant d'un réel potentiel qui ne demande qu'à être exploité par les pouvoirs publics.

En outre, certaines analyses n'hésitent d'ailleurs pas à faire le distinguo entre l'ancienne et la nouvelle. C'est par exemple le cas du romancier Marc Bernard qui, durant l'hiver 1963, est envoyé par son éditeur à Sarcelles pour livrer ses impressions sur ce coin en pleine transformation. Il déclare :

> Au petit galop nous traversons Saint-Denis, lépreux, d'une saleté repoussante, puis Pierrefitte, des terrains extrêmement vagues, et soudain, une pancarte se dresse au bord de la route : Sarcelles-Lochères. Nous y étions ! Enfin, presque. Il ne nous restait plus qu'à trouver la rue, le bloc, le couloir, l'escalier et le logement[15].

La presse se montre également favorable dans une certaine mesure à accorder le bénéfice du doute aux nouveaux ensembles urbains. En 1960, *Le Parisien libéré* qualifie celui de Sarcelles de « merveille des grands ensembles, bientôt pourvue de tous les attributs d'une cité futuriste ». « Il manque seulement une âme », ajoute-t-il. On constate donc une certaine ambivalence car si la banlieue offre une réelle opportunité pour la croissance urbaine, elle n'en est pas moins attachée à certaines représentations plutôt négatives. Il en ressort donc une image assez brouillée, tant pour les nouvelles constructions que pour celles et ceux qui y vivent désormais.

Et s'il existe encore des préventions à l'égard de la figure du banlieusard, on perçoit également une certaine compassion envers celles et ceux qui subissent au quotidien les affres de leur nouvelle condition urbaine. En 1964, *L'Aurore* publie plusieurs articles sur la vie dans les grands ensembles, et plus spécialement sur celui de Sarcelles. Le quotidien pointe en particulier le retard des livraisons d'équipements par les pouvoirs publics et qualifie pour la circonstance les habitants de Sarcelles de « cobayes[16] ».

La sociologie urbaine, tout comme la géographie humaine, entendent elles aussi s'investir sur la banlieue en train de se faire. Jean Bastié, qui a consacré sa thèse de doctorat d'État à l'étude de la croissance de la périphérie parisienne, s'attache à comprendre le phénomène inédit des grands ensembles. Avant lui, Pierre George avait dirigé un recueil, *Études sur la banlieue de Paris*, dans lequel il proposait une approche inspirée du marxisme faisant de la banlieue parisienne le terrain privilégié de l'analyse des conséquences spatiales de la concentration capitaliste[17].

Quant à la sociologie urbaine qui s'est affirmée durant les années qui ont suivi la guerre, elle entend confronter ses hypothèses et ses méthodes avec la réalité sociale des nouvelles banlieues. Paul-Henry Chombart de Lauwe, ancien cadre d'Uriage et résistant, appartient au CNRS depuis sa création en 1945. Il a mené des enquêtes sur les quartiers populaires de Paris et de sa périphérie afin de produire des données utilisables par les pouvoirs publics. Robert Auzelle, architecte et urbaniste, alors directeur du Centre d'études de la direction de l'aménagement du territoire au ministère de la Reconstruction et de l'Urbanisme, obtient que ce dernier finance une partie des études de Chombart de Lauwe et de son équipe[18]. Le sociologue publiera *Paris et l'agglomération parisienne* qui rappelle l'importance des notions d'espace social et de vie quotidienne et, à ce titre, contribue à jeter les bases de l'anthropologie urbaine.

Une décennie plus tard, dans *Des hommes et des villes* (1965), et après avoir fondé le Centre d'ethnologie sociale, il plaidera derechef pour mieux prendre en compte les études de sciences humaines dans les processus de construction. Quant à la sociologie d'obédience marxiste représentée par Henri Lefebvre et la revue *Espaces et sociétés* qu'il fonde en 1970 avec Anatole Kopp, elle s'attachera plus à dénoncer l'usage que le capitalisme industriel fait et fera des nouvelles constructions. Des études comme celles d'Alain Touraine sur la société des HLM (1966) ou de Paul Clerc sur les banlieues nouvelles (1967) contribuent également à mieux comprendre les mutations profondes dans les nouveaux espaces, et notamment l'adaptation des mouvements traditionnels d'encadrement à cette nouvelle catégorie urbaine.

Le Christ de retour dans la banlieue

Durant l'entre-deux-guerres, nous l'avons vu, les deux grandes forces antagonistes que représentaient l'Église catholique et le parti communiste s'étaient intéressées de près à l'essor de la banlieue afin de maintenir la population locale dans son giron pour la première, et de l'attirer à elle pour la seconde.

Mais la reconstruction crée de nouvelles formes de militantisme et le développement de l'urbanisation massive oblige les deux organisations à réviser leurs modes d'intervention. Cela est particulièrement vrai pour la hiérarchie catholique qui doit accompagner sur le plan matériel le flux ininterrompu de nouvelles constructions. Les nouvelles Missions poursuivent à cet égard deux buts complémentaires : d'une part, veiller à l'édification d'un lieu de culte dans les nouveaux quartiers et, d'autre part, créer de nouveaux réseaux d'animation pastorale, en particulier à destination des jeunes résidents. L'organisation des Chantiers du Cardinal destinée à trouver les financements pour bâtir de nouvelles églises reprend du service et se montre particulièrement active dans les nouvelles banlieues.

Dans le nord de la France, le cardinal Liénart lance en 1956 les Chantiers du diocèse de Lille. Le premier bulletin mensuel de l'association publie en première page une photo de quartier en cours de construction avec la légende : « Laisserons-nous ces nouveaux quartiers sans église[19] ? » Pour le prélat lillois, il importe bien à la suite du père Lhande de mettre « le Christ dans nos banlieues ». Le premier édifice cultuel réalisé grâce au financement des Chantiers le sera précisément dans la banlieue lilloise, à Ronchin, là où, jusqu'alors, le culte était rendu dans le sous-sol d'un immeuble HLM à peine sorti de terre.

Dans la majorité des cas, il s'agit de se fondre dans le décor local. La préfabrication et le fonctionnalisme prévalent sur toute autre considération liturgique ostentatoire. L'église au temps des grands ensembles ne doit guère se différencier des autres bâtiments collectifs et certains de ces édifices cultuels doivent servir à d'autres usages que ceux réservés au culte. Les pouvoirs publics soutiennent cette démarche. À Massy-Antony, le plan-masse du grand ensemble place l'Église catholique, le temple ainsi que la synagogue au cœur du futur centre, en compagnie des autres équipements comme le centre commercial, le centre administratif ou bien encore le centre culturel. Pour le patron du Schéma directeur de la région parisienne, Paul Delouvrier,

> il ne faut plus que nous nous trouvions dans une situation trop fréquente par un passé récent, où l'église était oubliée dans les plans et où son insertion tardive exigeait alors marches, contremarches, et finalement, longueur de temps et mauvaise localisation[20].

Ce dernier ira encore plus loin en exhortant la hiérarchie catholique à se montrer plus ambitieuse dans son implantation dans la banlieue en cours de développement. Lors d'une rencontre organisée en décembre 1969 par le cardinal Daniélou sur « L'urbanisme et l'art sacré », il estime que les propositions qui sont faites par l'Église sont trop modestes :

> Je le dis avec force aux chrétiens, pendant que vous discutez, la vie n'attend pas [...] les autres décident à votre place, et règlent votre élimination [...]. Vous me permettrez d'exprimer ici mon opinion de chrétien sans trop m'entourer de précautions verbales. Deux maux paralysent ceux qui devraient le résoudre : le premier c'est le triomphe de l'anti-triomphalisme, le second c'est le manque d'argent[21].

Pour lui, ressusciter l'église des catacombes, cachée dans le décor urbain, serait une erreur :

> La beauté est un élément du sacré et nous devons travailler de toutes nos forces, pour l'amour de Dieu, à faire des cités nouvelles, des sources de beauté, qui élèvent l'âme, même de celui qui ne croit pas.

Dans cette perspective, la future ville nouvelle d'Évry qui, à terme, devrait comporter 500 000 habitants à l'horizon de 1985, se doit d'avoir un bâtiment cultuel à la taille du projet urbain. Dix ans plus tard, la cathédrale d'Évry sera officiellement ouverte au culte. Fidèle au principe des équipements intégrés, elle se situe à proximité de la mairie, mais aussi du centre commercial Évry 2 et de la gare d'Évry-Courcouronnes. Ce territoire de banlieue sera aussi le seul au XXe siècle en France à accueillir une création *ex nihilo* de cathédrale.

La mobilisation pastorale en banlieue tient également compte de la politique urbaine. Les réglementations fixent un seuil pour les nouveaux équipements selon la taille de la ville et des quartiers attenants. L'urbanisation, qui plus est en banlieue – où la présence religieuse est plus faible, pour ne pas dire inexistante –, a conduit la hiérarchie catholique et les laïcs à réfléchir à de nouveaux modes d'intervention, comme en témoigne l'organisation des Semaines sociales à Brest en 1966 : « Logement, propriété, urbanisation : vers des voies nouvelles. » Pour certains intervenants, il était en effet urgent de trouver « une nouvelle expression religieuse urbaine ». Si le caractère de l'engagement pastoral durant les Trente Glorieuses sera moins marqué par le prosélytisme que durant l'entre-deux-guerres, la foi et l'engagement chrétien resteront bien présents en banlieue au moins jusqu'aux années 1970. Ce n'est qu'après cette date qu'il marquera un reflux alors que la religion musulmane, eu égard aux changements de peuplement dans les grands ensembles, y amorcera quant à elle une irrésistible progression. Mais les mutations urbaines marquent également le parti communiste qui avait voulu faire avant 1945 de la banlieue une vitrine du communisme municipal.

La banlieue rouge au temps des HLM

De son côté, le parti communiste intensifie l'effort engagé par les municipalités de la banlieue rouge durant l'entre-deux-guerres. Les succès électoraux du PCF dans les années qui suivent la Libération et son engagement sans faille en faveur de l'URSS durant la guerre froide intensifient le caractère idéologique de l'engagement des municipalités rouges auprès des habitants qui multiplient les mobilisations contre « l'impérialisme américain », ou pour honorer la mémoire de Staline. À cette époque, la banlieue rouge retrouve donc des accents de lutte idéologique.

Ainsi, Ivry, naguère proclamée « capitale du communisme » par Maurice Thorez lui-même, redevient une cible privilégiée pour ses détracteurs qui la présentent comme « La Mecque rouge » des « séparatistes »[22]. En matière de projet urbain, le souffle de l'entre-deux-guerres semble toutefois un peu retombé, ne serait-ce qu'en raison des moyens importants mobilisés par l'État en faveur de la construction sociale. Tout comme l'Église catholique, le parti communiste doit désormais en effet composer avec la puissance publique en matière de transformation urbaine et sociale.

Les élus de la banlieue rouge peuvent toutefois se prévaloir d'un réel bilan en matière de construction de logements sociaux qui bat des records durant les années 1950-1960. En dix ans, l'interoffice HLM est à l'origine de la livraison de 17 000 HLM dans dix communes gérées par le parti communiste en banlieue parisienne dont certaines dépassent les 50 000 habitants[23]. Ainsi, quelques grands projets émergent dans la région parisienne. Toujours à Ivry, ville marquée jusque-là par son caractère industriel et dirigée par le parti communiste depuis 1925, se dresse bientôt la cité Gagarine. En effet, redevenu maire à la Libération, Georges Marrane décide à la fin des années 1950 de réaliser une nouvelle cité HLM destinée à être la vitrine communiste en matière de logements populaires. C'est surtout son nom qui va la rendre célèbre : à l'heure de la compétition spatiale engagée entre l'URSS et les États-Unis, en 1961, les élus décident de lui donner le nom de Youri Gagarine. Le cosmonaute soviétique, héros de l'URSS, se rend sur place et, sous la conduite d'une foule en liesse, en profite pour saluer à son domicile le député de la circonscription et leader du parti, Maurice Thorez. Ainsi, la banlieue rouge retrouve pour un jour son lustre de l'avant-guerre.

Il s'agit toutefois d'un succès sans réel lendemain car le début des années 1960 annonce aussi le déclin électoral du parti communiste en banlieue parisienne. Ivry aura quand même marqué de son empreinte l'histoire urbaine du PCF par ses choix en matière de logements populaires et par la symbolique apportée. Avant la célèbre cité portant le nom de Gagarine, la ville avait honoré de son vivant Maurice Thorez en baptisant de son nom une cité HLM réalisée en 1953. Le compte rendu de journal *Le Travailleur* à l'occasion des premiers emménagements témoigne de la valeur politique que le parti communiste accorde au logement dans la mise en valeur de la banlieue rouge après la Deuxième Guerre mondiale :

> Quelle activité samedi et dimanche dernier aux HLM Maurice Thorez ! Camions, camionnettes, véhicules de tous genres toujours arrivaient chargés de meubles et autour s'affairaient des familles entières. C'est que 70 logements de ce magnifique groupe d'HLM étaient mis à la disposition de locataires rayonnant de joie, malgré les fatigues toujours occasionnées par un déménagement. Et rue Staline, combien de gens se sont arrêtés, regardant cette magnifique réalisation qui témoigne de l'activité des élus communistes d'Ivry, avec à leur tête Georges Marrane et Venise Gosnat, en faveur du logement[24].

Jusqu'aux années 1970, les deux cités HLM, Thorez et Gagarine, resteront les principales pourvoyeuses d'adhérents au parti communiste de la ville. Toutefois, Ivry, comme les autres villes de banlieue, sera également happée par les nouveaux référentiels de la consommation et la conscientisation politique reculera inexorablement, notamment chez les plus jeunes. Pour le PC comme pour l'Église, ceux-ci constituent pourtant une priorité dans les actions d'encadrement. Mais les deux forces doivent désormais compter avec la puissance publique qui, dans le cadre de l'État providence, déclinera des programmes spécifiques. Compte tenu du nombre élevé des jeunes vivant dans les nouvelles banlieues, ces derniers sont même en passe de devenir une catégorie prioritaire en matière d'action publique. La crainte séculaire d'une jeunesse oisive et propice à la déviance refait alors surface – peut-être encore plus quand ils vivent en banlieue. Signe des temps, le sort des femmes dans les grands ensembles retient également l'attention des experts. Pourtant, dès la mise en chantier des toutes premières ZUP en 1959, la SCIC elle-même, par la voix de son directeur général Léon-Paul Leroy, mesurait les efforts à accomplir pour éviter de créer une banlieue déshumanisée :

> Dans les programmes immobiliers qu'elle entreprend, la SCIC a le souci d'éviter qu'au dépaysement que ressent nécessairement au début, la clientèle qui s'y installe, ne vienne s'ajouter le sentiment que le toit qui lui a été procuré se trouve dans un quartier sans âme où rien n'a été prévu pour faciliter la vie des habitants et leur adaptation à leur nouveau foyer. C'est ainsi que la SCIC est très souvent amenée à prévoir la création de centres sociaux, de centres culturels, et qu'elle réserve des logements pour l'exercice des professions libérales, notamment à des médecins, des dentistes, des infirmières. Mais pour qu'un groupe d'immeubles neufs se transforme en un quartier vivant auquel peu à peu s'attacheront les personnes qui y habitent jusqu'à acquérir « l'esprit de clocher » il est au premier chef nécessaire de créer dans ces cités nouvelles tous les commerces indispensables à la vie de la population[25].

« Donner une âme aux cités nouvelles »

Ce qui caractérise particulièrement la banlieue durant les années 1955-1975, c'est en effet la part très importante des jeunes résidents. Une étude de 1967 estime que les moins de 20 ans représentent la moitié de la population vivant dans les cités nouvelles[26]. En 1962, l'âge moyen des habitants de Sarcelles est de 21 ans ; seulement 8 % a plus de 45 ans. Aux Ulis, dans l'Essonne, la moitié, en 1977, a moins de 20 ans et 82 % moins de 35 ans[27]. À cette époque, l'une des images les plus courantes, relayée bien souvent par les journaux et la toute jeune télévision, consiste à montrer les nombreux enfants qui déambulent dans les allées ou jouent dans les parcs en cours de réalisation. De ce point de vue, les nouveaux ensembles urbains sont à la fois la vitrine de la prospérité économique et celle du baby-boom qui atteint son apogée en 1963 avec plus de 850 000 naissances.

Si la construction massive de logements a été en partie motivée par cette expansion démographique sans précédent, les conséquences sociales potentielles de cette concentration juvénile dans certaines cités HLM inquiètent les pouvoirs publics. L'enjeu est dès lors de susciter le développement de la vie sociale afin de constituer de nouvelles communautés résidentielles au sein de territoires dépourvus pour la plupart d'entre eux de véritables réseaux de sociabilité. Si la banlieue a toujours eu vocation à être un lieu d'apprentissage social et pas seulement de transgression, la nouveauté consiste à ce que cette mission soit désormais assurée par les services de l'État, en particulier ceux de la direction de la Construction du ministère de l'Équipement. Tout comme la construction des logements a inspiré une approche rationalisée, l'organisation de la vie sociale sera soumise à un protocole très précis.

La grille Dupont, du nom de son concepteur, un inspecteur de l'Équipement, prévoit le nombre d'équipements auquel chaque unité d'habitation a droit. Cela va du groupe résidentiel (200 à 500 logements) jusqu'à la ville (ensemble d'au moins 8 000 logements) en passant par l'unité de voisinage (800 à 1 200 logements) et le quartier (2 000 à 3 000 logements). Chaque ensemble bénéficiera aussi de la construction de mètres carrés sociaux, les locaux collectifs résidentiels, pour permettre aux résidents d'organiser leurs propres activités : 30 mètres carrés à usage social seront construits par 100 logements réalisés, 50 mètres carrés de plus pour 250 logements[28].

Pour sa part, la SCIC (pour rappel, la Société centrale immobilière de la Caisse des dépôts) dispose de ses propres équipements grâce à la création en 1955 de l'Association pour le logement des familles et l'animation des grands ensembles (ALFA), chargée d'assurer la gestion et l'animation des équipements socioculturels réalisés par la SCIC. Ces équipements qui existent encore parfois aujourd'hui répondent à un besoin des familles coupées de leurs réseaux de sociabilité traditionnels.

Une enquête de l'INED menée au cours des années 1960 témoigne de l'importance que les habitants des grands ensembles attachent à la prise en charge spécifique des plus jeunes. Les demandes formulées concernent surtout les installations de loisirs[29]. Le centre social devient alors l'équipement de référence au sein duquel les néobanlieusards pourront retisser du lien social. Selon les orientations du Commissariat général au Plan pour les IVe et Ve Plans, il doit pouvoir « réunir en un même lieu, à proximité de ceux qui les utilisent, les différents services de l'action sociale et ensuite imprimer à cette action un caractère d'entraide parmi ses membres et même d'amitié[30] ». C'est là où « se recréera la vie sociale des familles arrachées à leurs vieux quartiers, souvent à leur village, où des loisirs bien conçus lutteront contre l'ennui des uns, l'isolement des autres et où se révéleront souvent l'ingéniosité et la générosité du peuple de France quand il est appelé à aider par lui-même un plus malheureux que soi ». Pour l'ALFA qui est adhérente à la Fédération des centres sociaux, il convient en effet d'humaniser les cités nouvelles :

> À des *étrangers* devaient succéder des voisins partageant les peines et les joies des uns et des autres, comme aux activités et préoccupations socioculturelles des petits groupes et des activités devaient se juxtaposer l'action d'associations et d'organismes plus charpentés. En un mot, il fallait donner une âme à ces cités nouvelles[31].

À partir du début des années 1960, les nouveaux quartiers de la banlieue disposent donc, du moins en théorie, des équipements nécessaires pour développer la vie sociale. Les pouvoirs publics décident en particulier de privilégier les plus jeunes, ce qui a également le mérite de répondre à la défiance qu'inspire l'importance numérique de cette classe d'âge dans la société française et plus encore dans les cités nouvelles. La direction de la Construction du ministère craint en effet que les jeunes qui y résident ne demeurent « inoccupés », « inorganisés » – pour reprendre les termes de l'époque – et, à ce titre, ne se livrent à des activités que la loi générale réprouve. La comparaison avec un épisode plus ancien vient aussitôt à l'esprit. Durant la Belle-Époque, la figure mythifiée des Apaches avait mis en scène de jeunes ouvriers des faubourgs accusés de venir semer le désordre dans la capitale et de s'en prendre aux demoiselles. La banlieue, du moins telle que certains se la représentent, alimente toujours les peurs urbaines. Mais qui, des grands ensembles ou de la banlieue en général, en est la cause ?

Le lien entre la nouvelle urbanisation et de possibles déviances sociales est toutefois établi par certains auteurs. En 1962, l'écrivain Michel de Saint-Pierre affirme ainsi sans détour que « les grands ensembles immobiliers sont des fabriques de Blousons noirs[32] ». Si le mot « banlieue » n'est pas prononcé, l'accusation vise pourtant explicitement la nouvelle urbanisation. Le terme même de « Blousons noirs », rendu célèbre par un article de *France-Soir* de juillet 1959 relatant un affrontement entre des jeunes dans un square du XVe arrondissement de Paris, va se muer en phénomène national. Il désigne la peur des bandes juvéniles qui se signalent surtout par la violence. Si « l'étincelle » a eu lieu à Paris, la presse mais aussi le cinéma contribuent pourtant à faire de la banlieue le lieu où prospèrent ces délinquants.

L'Aurore identifie ainsi Sarcelles comme un lieu de « fabrique de Blousons noirs et d'école de la violence [...]. L'un des pires fléaux que notre société ait jamais inventé[33] ». Certains films mettent en scène des bandes de jeunes inoccupés sur fond de cités. Sorti en 1960, *Terrain vague* de Marcel Carné raconte la vie d'une bande d'adolescents qui passe le plus clair de son temps à commettre des petits délits. Le film suggère aussi que la banlieue parisienne n'est plus, comme avant la guerre, l'expression des sociabilités ouvrières, mais celle de la solitude de jeunes au milieu d'immeubles sans âme.

Pour sa part, l'Académie des sciences morales et politiques organise en 1963 une commission d'études présidée par l'économiste Jacques Rueff dans laquelle siègent Pierre Sudreau, Paul Delouvrier, André François-Poncet ainsi que le sociologue Paul-Henry Chombart de Lauwe. Le rapport évoque le déficit de vie sociale dans les grands ensembles, la « solitude dans la collectivité » souvent à l'origine du malaise grave d'enfants et d'adolescents qui se réfugient dans une bande au sein de laquelle prévalent les mauvaises influences[34]. Malgré les efforts de l'État pour lancer des programmes d'actions, l'assimilation entre délinquance juvénile et la nouvelle forme urbaine restera tenace jusqu'à devenir, au cours des décennies suivantes, un invariant du débat sur l'avenir des quartiers populaires. Pour l'heure, l'évolution des nouvelles banlieues – qui en fera des lieux de bien-être ou, au contraire, de tension – semble quelque peu suspendue. En 1960, le film de Robert Menegoz *La Millième Fenêtre* montre pour sa part un grand ensemble en fin de construction, plus imposé aux habitants que réellement souhaité.

On doit en effet se demander si la banlieue ainsi façonnée par les pouvoirs publics apparaît comme un lieu propice à l'émancipation résidentielle, ou même si elle répond aux aspirations de ses habitants. Aucun film ne présente les nouvelles résidences comme des lieux où il fait réellement bon vivre[35]. Les témoignages des premiers occupants ne plaident guère, il est vrai, en leur faveur. Ils expriment plutôt une sorte de nostalgie pour la vie urbaine d'avant. Aux Ulis, en vallée de Chevreuse, on regrette surtout la disparition de toute référence à la nature d'antan :

> J'ouvre ma fenêtre : c'est pour voir en face une autre fenêtre semblable dans une tour identique. En bas, la boue du chantier et pas un brin d'herbe. Personne à qui dire seulement bonjour : tout mon étage est vide dans la journée. Dites-moi, c'était comment avant ? Avant il y avait des champs de blé avec des coquelicots. L'été nous allions nous y promener et les enfants revenaient avec les joues toutes rosées par le grand vent[36] !

Bien des témoignages évoquent en outre les difficultés de la vie quotidienne. Si la nature a disparu, son remplacement n'est pas encore à l'ordre du jour, et en fait de fleurs, c'est surtout la boue qui envahit tout – un dommage qui rappelle d'ailleurs les mal-lotis de l'entre-deux-guerres qui avaient déjà vécu les mêmes difficultés. Henry Canacos, maire de Sarcelles entre 1965 et 1983, se souvient pour sa part de l'expédition que représentait pour les résidents du grand ensemble le trajet quotidien jusqu'à Paris :

> Il fallait voir la procession des Sarcellois et des Sarcelloises, bottés, se dirigeant vers la gare de Pierrefitte pour aller au travail. Même les jours où il faisait sec, beaucoup partaient bottés de peur qu'il ne pleuve le soir, au retour. Dans le train, chacun échangeait ses bottes contre des chaussures propres qu'il transportait dans un sac spécial. En gare du Nord, on reconnaissait les gens de Sarcelles à ce qu'ils portaient tous, en plus de leurs serviettes, leur sac à bottes[37].

La ville nouvelle de Mourenx, dans les Pyrénées-Atlantiques, entièrement conçue par la SCIC pour le vaste projet industriel d'extraction du gaz de Lacq, devient également un cas d'école. Dans un article de 1960, le sociologue marxiste Henri Lefebvre y voit le symbole des risques d'anomie qui menacent l'urbanisme moderne : « La lutte contre l'ennui commence. Nous ne savons pas si cet ennemi public sera vaincu. De cette lutte et de cet enjeu dépendent pourtant, jusqu'à un certain point, le sens et le destin de la modernité[38]. » Parmi les victimes de ce nouvel ordre humain déshumanisé figurent notamment les femmes.

« Madame Bovary dans les HLM »

Suscitant moins de débats dans l'opinion publique, mais pourtant bien présente dans les analyses des années 1960 et 1970, la question de la place des femmes dans les HLM a bien marqué la manière d'appréhender la vie banlieusarde.

De ce point de vue, on peut dresser un parallèle entre le sort qui leur est réservé et celui des jeunes dans les cités nouvelles. Dans les deux cas, c'est souvent le terme d'« ennui » qui revient, dans la mesure où les catégories juvénile et féminine ne correspondent pas à l'image du résident qui quitte chaque matin très tôt son domicile pour aller travailler. Au début des années 1960, les femmes ne représentent que le tiers de la population active déclarée. Un certain nombre d'entre elles, sans emploi, ont donc suivi leurs époux et s'occupent principalement de leurs enfants. À Sarcelles, 61 % des femmes ne travaillent pas[39].

Pour elles, l'arrivée dans les cités nouvelles ne s'est pas faite sans difficultés : elles sont désormais coupées de leurs anciennes amies restées dans les quartiers anciens. Souvent, le manque de transports en commun les empêche d'y retourner. Le sentiment d'isolement, voire d'enfermement, prévaut. Une néorésidente n'hésite pas à témoigner : « Je suis bien logée, mais dès que je sors de chez moi, j'ai le cafard ; cette ville uniforme m'effraie comme un camp de concentration[40]. » Dans sa série d'articles publiée en 1963, « Vivre sa vie dans les grands ensembles ? », *Libération* consacre le troisième volet de son enquête « Madame Bovary dans les HLM » sur la place des femmes dans les nouveaux logements :

> Privées de rue-spectacle, des rapports sociaux de boutique, enfermées dans des logements uniformes [...] souffrant de la

> sonorité excessive des murs, coupées de leurs relations traditionnelles, astreintes à vivre dans une cellule familiale éclatée [...] rivées au foyer et aux enfants par l'absence totale de crèches et de jardins d'enfants, les femmes des grands ensembles ont de quoi se plaindre[41].

L'Aurore affirme pour sa part que « la sarcellite existe. Cette affectation qui est un *état dépressif* particulier aux habitants des grands ensembles, atteint surtout quelques jeunes femmes en mal d'oisiveté[42] ». La fiction n'est pas non plus en reste pour s'intéresser au sort de ces néobanlieusardes. Parmi les romans qui s'intéressent à ce thème, figure *Les Petits Enfants du siècle* de Christiane Rochefort publié en 1961. L'héroïne, Josyane, « née des Allocations et d'un jour férié » après la Deuxième Guerre mondiale, a grandi à Paris puis dans une cité du côté de Bagnolet avant de s'installer à Sarcelles. Sa vision de la vie en banlieue est particulièrement critique, pour ne pas dire acerbe, contribuant ainsi à nourrir une vision de la périphérie peu amène voire porteuse d'une immoralité assumée :

> Les Italiens étaient à Sarcelles. Ils construisaient de nouvelles maisons [...]. Ils habitaient là pour la durée des travaux, dans des baraquements. Le jour, quand les maris étaient partis, ils montaient chez les femmes, qui les appelaient par les fenêtres. En tout cas, c'est ce qu'on disait[43].

Le parallèle entre les représentations de certaines femmes et de certains jeunes est patent. La question de la déviance – sexuelle dans un cas, délinquante dans l'autre – ramène la banlieue à sa condition de territoire permissif, où certaines règles sociales semblent bien avoir disparu. Ce thème revient dans une enquête datant de 1966 concernant des prostituées occasionnelles dans les grands ensembles et que l'article appelle « les étoiles filantes ». Le thème sera repris l'année suivante par Jean-Luc Godard. Dans son film *Deux ou trois choses que je sais d'elle*, il explique ce phénomène par l'ennui et la recherche de complément financier pour accéder aux biens de consommation. Le lien qui est fait entre la prostitution et les nouvelles formes d'urbanisme choquera un certain nombre de banlieusardes qui se sentiront atteintes dans leur honneur, mais sans que l'on parle encore à cette époque de « stigmatisation ». Plusieurs manifestations se dérouleront dans les rues de Sarcelles, on se moquera aussi de l'usage du terme « sarcellite » considéré comme la « maladie féminine des grands ensembles découverte par ceux qui n'y habitent pas[44] ». Les pouvoirs publics prennent cependant au sérieux ces questions d'ennui, et comme pour la lutte contre la délinquance juvénile, mettent en place des activités dédiées aux femmes vivant dans ces nouveaux espaces. C'est dans cette perspective que l'ALFA propose des ateliers valorisant les tâches ménagères.

L'émancipation féminine perceptible dès la seconde moitié des années 1960 périmera cependant ce type d'approches encore marquées par la morale urbaine développée par les offices HBM du début du siècle. Ce cadre référentiel paraît en effet de plus en plus en décalage vis-à-vis des revendications portées par les jeunes et par les femmes, en écho avec d'autres mouvements d'émancipation pour une partie inspirés des États-Unis. Les associations de résidents rejettent au demeurant les formes traditionnelles d'encadrement, bien souvent accusées de paternalisme. Des voix s'élèvent également pour s'interroger sur la réelle capacité des grands ensembles à incarner un modèle de civilisation urbaine.

En revanche, la banlieue comme écosystème urbain ne semble guère être au cœur de la réflexion, à la différence parfois de l'entre-deux-guerres. Les documents de la direction de la Construction emploient plus volontiers celui de « nouveaux ensembles urbains » que celui de « banlieue ». Une étude a relevé que, de 1949 à 1969, ce mot n'a été utilisé que quatorze fois pour désigner un reportage diffusé dans le journal du soir[45]. De plus, le terme désigne généralement la périphérie parisienne. L'usage paraît donc surtout géographique (en référence à la ville-centre), et ne désigne pas encore une entité sociale à part entière. C'est précisément le doute croissant sur le modèle urbain ainsi que son contenu civilisationnel qui conduisent progressivement les experts à penser ce type de territoire comme un espace où se concentre le risque de fragmentation de la civilisation urbaine.

L'enjeu de la civilisation urbaine

À peine dix ans après les premiers emménagements, malgré les doutes et les critiques, la vie en banlieue s'organise. Au cours de la seconde moitié des années 1960, parfois à l'insu des principaux intéressés, les pouvoirs publics entendent faire évoluer le modèle urbain jugé trop productiviste et peu conforme aux aspirations des Français en matière de choix de logements. La décision prise en 1965 de créer neuf villes nouvelles, implantées à la périphérie des grandes métropoles, doit justement permettre de proposer un choix résidentiel plus équilibré.

Mais c'est surtout au sein de la banlieue constituée de grands ensembles que les tensions se font de plus en plus fortes. Il y existe toujours des poches de pauvreté, parfois même des bidonvilles, cependant c'est principalement la ségrégation sociale qui devient de plus en plus visible au sein de la banlieue édifiée sur ordre des pouvoirs publics. Dès le début des années 1970, le phénomène est mis en évidence, notamment par le biais de certaines études sociologiques[46]. La nécessité de définir une nouvelle politique urbaine se fait alors de plus en plus pressante. L'une des conséquences sera la circulaire ministérielle interdisant en 1973 la production de grands ensembles, ce qui ouvrira pour la banlieue une nouvelle page de son histoire séculaire.

Les exclus de la banlieue

La grève des mineurs en 1963 avait déjà sonné comme un avertissement pour le pouvoir. Le grand dessein modernisateur gaullien devait également compter avec ses laissés-pour-compte. La mise en ballottage du général de Gaulle aux premières élections présidentielles au suffrage universel en 1965 confirme également l'essoufflement de l'épopée gaullienne version 1958. La même année, la politique urbaine qui avait été jusque-là marquée par l'effet amplificateur des ZUP, tout comme par le mouvement impulsé par la DATAR, connaît un tournant majeur. Si les pouvoirs publics se soucient bien évidemment de maintenir un rythme de constructions élevé (près de 500 000 logements construits par an), de nouvelles thématiques apparaissent.

La lutte contre les bidonvilles provoque une première mobilisation gouvernementale en 1964. Les études et autres rapports sur les processus de ségrégation au sein de plusieurs nouveaux ensembles révèlent des tensions sociales jusque-là sous-estimées. Parallèlement, la réflexion sur la qualité de l'habitat franchit une nouvelle étape avec l'organisation du Villagexpo de Saint-Michel-sur-Orge en 1966, qui illustre la volonté du gouvernement Pompidou de permettre aux familles qui le souhaitent d'accéder à la propriété et de vivre dans un cadre plus en phase avec leurs aspirations. Pourtant, à cette date, la banlieue est encore loin d'être un paradis où les lotissements sinistrés laisseraient la place à de belles constructions porteuses de confort et de modernité. La périphérie, en particulier autour de Paris, garde au milieu des années 1960 son caractère parcellaire, offrant en vrac aux visiteurs des immeubles flambant neufs mais aussi des poches de pauvreté absolue.

Les bidonvilles, appelés ainsi en référence à la concentration de logements de fortune autour d'Alger et de Casablanca durant l'entre-deux-guerres, constituent une marque importante de l'exclusion sociale qui continue à imprégner la banlieue. À partir des années 1950, ils abritent surtout les travailleurs étrangers (principalement maghrébins) venus en métropole pour travailler dans les usines qui ne cessent de recruter en raison de l'expansion économique. L'implantation des ouvriers algériens tend à devenir ainsi un phénomène du point de vue tant social qu'urbain. Le recensement de 1954 en dénombre 211 000 tandis que celui de 1962 les évalue à 350 000. Les services du ministère de l'Intérieur estiment quant à eux leur nombre à 436 000. Un tiers des Algériens, soit 100 000, résident en banlieue parisienne, 29,4 %, soit environ 88 000, dans le Nord, la Moselle, le Rhône et les Bouches-du-Rhône, 13,2 %, soit environ 40 000, en particulier en Seine-et-Oise, Pas-de-Calais, Meurthe-et-Moselle et Loire[47].

Tout comme la banlieue de l'entre-deux-guerres avait été marquée par l'arrivée de nombreux immigrés, celle des années 1950-1960 l'est par une vague qui provient cette fois-ci de l'autre rive de la Méditerranée. L'enquête de l'INSEE de 1955 a montré que les logements neufs n'étaient pas en règle générale attribués aux catégories sociales les plus modestes. Après avoir occupé les garnis et les hôtels dont une partie se trouvait déjà en périphérie des grandes villes, les travailleurs immigrés, faute d'alternative, échouent dans les bidonvilles – la plupart du temps avec femmes et enfants.

Selon Pierre Merlin, ils sont « l'envers caché de cet effort de construction » qui caractérise alors la France. C'est surtout en banlieue parisienne que l'on trouve les plus grands, et ceci, malgré les efforts en matière de décentralisation industrielle, tout au long des années 1950 et 1960. Ils représentent environ 70 % du nombre total de bidonvilles connus en France. Celui de La Folie à Nanterre contient plus de 10 000 occupants au début des années 1960, celui de Champigny-sur-Marne, 15 000. Monique Hervo, qui a vécu dans celui de Nanterre, en livre une description qui n'est pas sans rappeler l'état de la banlieue des lotissements défectueux dans l'entre-deux-guerres :

> Des milliers de tôles enchevêtrées se mêlent à des briques cassées : La Folie. Des moutons broutent l'herbe alentour. Gravats et vieilles ferrailles traînent aux abords de cette étrange cité, reliquats des déchets déversés ici par des entreprises : une décharge publique ! [...] Situées derrière le palais de La Défense en construction luisant de blancheur, les baraques s'agrippent les unes aux autres dans un décor de débris de matériaux usés. Les chemins sont vides. Tout semble inerte[48].

Il existe des bidonvilles dans d'autres banlieues de province, notamment autour de Lyon, comme celui de Villeurbanne décrit dans le roman d'Azouz Begag, *Le Gone du Chaâba*. Certains d'entre eux constituent presque des villes entières avec comme seul dénominateur commun l'extrême pauvreté et le plus total dénuement. Cette question heurte de plus en plus les consciences au cours des années 1960. Dans un article dans la revue *Esprit* intitulé « Regard sur la banlieue », l'écrivain Henri Queffélec dresse le parallèle entre le symbole chrétien que représente la basilique Saint-Denis et la misère des quartiers constitués en grande partie de populations immigrées qui l'entourent : « Quelle leçon Dieu veut-il nous donner là ? Quelle invitation propose-t-il à une fraternité meilleure[49] ? » s'interroge-t-il. Les bidonvilles constituent « la honte de nos cités », selon l'expression du député gaulliste du département de la Seine, André Fanton, lors du débat sur la loi Debré en 1964.

Mais à la différence de la période antérieure à 1945, où seule la loi du marché était en capacité de réguler les choses, l'État dispose désormais de moyens pour prendre en charge la question. Parallèlement à l'éradication des bidonvilles se met en place la politique de résorption de l'habitat insalubre. Si les centres urbains anciens sont certes les premiers concernés par les nouveaux dispositifs, bien des villes de banlieue marquées par l'industrialisation vont être aussi concernées par la loi votée en 1970 sous l'autorité du secrétaire d'État au Logement, par ailleurs élu du Val-de-Marne, Robert-André Vivien qui répond à un fait divers tragique ayant entraîné la mort par asphyxie de cinq travailleurs africains dans un bidonville d'Aubervilliers. La visite éclair du Premier ministre Jacques Chaban-Delmas à Nanterre en juin 1971 avait achevé de faire de ces bouts de banlieues déshéritées un enjeu national pour la poursuite de la modernisation de la France. Si la loi a été votée à l'unanimité, des questions demeurent, en particulier celle du relogement. Il faut en effet permettre l'accès aux HLM aux occupants des bidonvilles, et même si l'idée du principe d'un quota de logements réservés fait son chemin, il faut attendre la fin des années 1960 pour qu'elle devienne effective.

Entre les deux, la banlieue verra l'installation de cités de transit destinées à assurer le passage des familles parfois qualifiées d'« inadaptées sociales » par les pouvoirs publics des bidonvilles aux cités HLM. La démolition de nombreux logements insalubres suscite également des tensions entre les communes des villes-centres et celles de la banlieue censées accueillir les nouveaux habitants. Déjà en 1966, le sociologue Henri Coing avait alerté sur les effets sociaux de la rénovation urbaine dans le XIIIe arrondissement de Paris et sur le risque de voir certains habitants analyser leur départ forcé comme une forme avancée de « rénovation-déportation ». Si la banlieue pouvait encore attirer pour son accès à la modernité, elle pouvait également représenter un exil contraint. Dans certains cas, ce brassage imposé par les pouvoirs publics entraînera vite des phénomènes de ségrégation sociale qui susciteront l'inquiétude. Il intervient aussi à un moment où les premiers arrivés dans les grands ensembles se voient offrir d'autres types de logements, avec comme conséquence une nouvelle extension de la banlieue.

Le retour de la maison individuelle

Dans une circulaire ministérielle du 5 août 1960, le ministre Pierre Sudreau alertait sur la nécessité de ne pas laisser se développer des immeubles trop homogènes du point de vue social :

> Toute forme de zonage social devra être prescrite. S'il n'est guère possible, avec les standards de construction actuelle, de destiner les logements d'un même immeuble à des familles de conditions très inégales, comme cela était courant dans l'ancienne France, au moins devra-t-on faire cet amalgame au niveau du quartier et même du groupe d'habitations, en assortissant les types d'immeubles aux différentes catégories de revenus[50].

C'est en fait l'évolution de la réflexion des pouvoirs publics sur les politiques de peuplement qui fera fortement évoluer le cours des choses. Dans une note de 1967 sur les perspectives du VIe Plan en matière de logements, le directeur adjoint de la Construction de l'époque, Robert Lion, affirme que le problème le plus urgent à résoudre est celui « des catégories sociales *non concernées* par la politique actuelle du logement[51] ». Alors que le gouvernement dispose du recul d'une décennie pour évaluer les impacts sociaux de la politique du logement menée à grande échelle, le constat s'impose : il est nécessaire de songer à un rééquilibrage social des HLM, en particulier au sein des grands ensembles qui ont été construits en banlieue.

Une étude de 1968 commandée par le ministère de l'Équipement sur la population logée dans ce type d'habitat montre que ce sont les nouvelles classes moyennes qui profitent principalement de cet habitat social, suivies de près par celle des ouvriers[52]. Dans l'agglomération parisienne, les salariés du secteur public sont près de 28 % à être logés dans ces habitations à loyer modéré, alors qu'ils ne représentent que 20,9 % de l'ensemble des actifs, ce qui confirme l'idée d'une « moyennisation » des HLM, pour reprendre un terme utilisé alors par Alain Touraine, qui avait également qualifié ce type d'habitat de « société petite-bourgeoise[53] ». Ce point de vue était d'ailleurs en phase avec les vœux émis par les fondateurs des HBM qui voyaient dans la banlieue le lieu privilégié pour y installer les classes sociales modestes salariées.

Il existe aussi au sein de ces nouveaux espaces un sentiment de compartimentage, notamment en fonction de l'origine professionnelle. La participation depuis 1953 des employeurs au financement des constructions a surtout eu pour conséquence de regrouper des catégories socioprofessionnelles au sein d'un même bâtiment. À Sarcelles, si les deux premiers quartiers ont surtout accueilli des familles parisiennes issues d'îlots insalubres, les suivants ont surtout été pour la plupart affectés en fonction des origines socioprofessionnelles. Le bâtiment de la police côtoyait celui des douaniers, celui des instituteurs « le bâtiment Citroën », qui abritait près de 600 ouvriers en majorité espagnols et portugais, ou « le bâtiment des Africains », où étaient logés environ 400 stagiaires et étudiants de l'Office des étudiants d'Outre-Mer[54]. Autant de microsociétés qui peinaient parfois à se mélanger pour contribuer à l'édification d'une nouvelle société urbaine.

Durant la seconde partie des années 1960, la prise de conscience d'un maintien de la pauvreté en France gagne du terrain. En 1965, le journaliste Paul-Marie de La Gorce dénonce dans *La France pauvre* « les ombres de la France riche », les 5 millions de Français qui vivent encore sous le seuil de pauvreté. D'autre part, les programmes gouvernementaux de résorption de l'habitat insalubre et d'éradication des bidonvilles obligent à repenser en profondeur les équilibres sociaux au sein des HLM.

La banlieue allait donc devoir prendre sa part de populations qui jusque-là avaient été écartées du logement construit pourtant grâce aux aides de l'État. Pour le ministre de l'Équipement nommé après la victoire gaulliste de juin 1968 et qui restera en poste jusqu'en 1972, Albin Chalandon, il existe effectivement un « problème HLM » dans la mesure où ces dernières n'assument pas leur rôle social d'accueil des plus modestes. Le schéma appliqué à partir de la fin des années 1960 et le début des années 1970 est assez simple : après avoir profité durant plusieurs années d'un logement aidé, les classes moyennes sont incitées à quitter les HLM construits récemment en périphérie des grandes villes pour se diriger vers d'autres territoires un peu moins urbanisés.

Cette fois, il ne s'agit plus de grands ensembles collectifs, mais plutôt de maisons individuelles ou semi-individuelles qui bénéficient pour la plupart du principe de l'accession sociale à la propriété. Souvent, elles sont regroupées en lotissements commercialisés par des sociétés privées. Ces modèles urbains passeront pour une partie à la postérité sous le terme de « chalandonnettes » – c'est en effet sous l'autorité d'Albin Chalandon que sera réalisé un programme de 60 000 à 70 000 pavillons dont l'ambition politique est de renouveler l'offre en matière de logements sociaux, tout en garantissant l'accession à la propriété et la maison individuelle. Alors qu'il s'agissait de promouvoir un modèle « rationalisé », l'expérimentation s'est malheureusement surtout fait connaître par la médiocrité des réalisations. Ces « nouveaux villages », comme ils ont été présentés dans la presse, n'en ont pas moins apporté une dimension spécifique supplémentaire à la banlieue : il ne s'agit pas d'ouvrir un nouveau front périurbain, mais de combler les vides là où il n'y a pas encore de constructions collectives.

À l'époque, le processus a surtout pour effet d'étendre encore un peu plus la zone d'influence de la banlieue existante mais aussi de lui fournir une image plus positive. Albin Chalandon, qui lancera en 1972 le premier Programme architecture nouvelle (PAN), rappelle à cette occasion que la nouvelle expérience vise à mettre un terme définitif au dirigisme technocratique qui a présidé à la réalisation des grands ensembles. C'est également, de son point de vue, l'occasion de redonner aux promoteurs privés une place stratégique dans le développement de la banlieue qu'ils avaient en partie perdue puisque les grands ensembles avaient été édifiés sous l'autorité directe de l'État. Mais il ne s'agit pas non plus de refaire la banlieue d'avant-guerre, comme il le rappelle :

> La maison individuelle ne doit pas être le résultat d'une réalisation anarchique. Il ne faut pas refaire les mauvaises banlieues que nous avons connues après la première guerre. [...] Je souhaite que les maisons individuelles soient, au contraire, l'expression d'un urbanisme qui permet de regrouper les constructions en créant une nouvelle forme de village[55].

Après les grands ensembles, place donc aux « nouveaux villages » pour incarner la banlieue moderne. Par la suite, le modèle sera pourtant fortement décrié, certains allant même jusqu'à qualifier ce type de réalisations de « maison individuelle du pauvre » ou encore d'« HLM à l'horizontale ». Lors d'un débat à l'Assemblée nationale en 1977, l'ancien ministre Eugène Claudius-Petit dénoncera à cette occasion « le mythe de la maison bon marché ». Le fantôme du pavillon de banlieue de l'entre-deux-guerres demeure décidément bien vivant. Mais à cette date, un nouveau phénomène retient pourtant l'attention des pouvoirs publics : celui de la ségrégation sociale qui marque les grands ensembles.

Lutter contre les phénomènes de ségrégation sociale

Avant même le début des grands ensembles, des études menées par l'équipe de Paul-Henry Chombart de Lauwe en banlieue parisienne avaient déjà pointé le manque de facteurs pouvant permettre l'éclosion des nouvelles communautés résidentielles tant espérées par les pouvoirs publics. À la question posée dans l'une des enquêtes : « L'avantage d'un collectif est-il l'entraide des familles ? », 55 % des sondés avaient répondu négativement, estimant que « chacun doit rester chez soi, sinon cela fait des histoires ». 21 % se montraient plus mitigés, estimaient toutefois que « c'est surtout une utopie de penser que l'on doit davantage mélanger les milieux sociaux dans les cités[56] ». Au fil du temps, la cohabitation entre certains groupes a parfois posé problème. Le spécialiste de ces questions à la direction de la Construction relève, à la suite de l'établissement à Argenteuil d'une cité pour des familles très modestes, que « le défaut d'entretien des espaces verts et l'aspect sans grâce des bâtiments contribuent à donner vraisemblablement à cette population d'origine apparemment moins *évoluée* que celle du groupe de la SCIC, un complexe de frustration[57] ».

Dès le tout début de la grande vague de constructions, *Le Figaro* s'était quant à lui interrogé : « Que dire à propos des cités d'urgence où s'entassent des *sous prolétaires* ou des Nord-Africains[58] ? » Si le processus de ségrégation existait déjà entre les citadins des villes traditionnelles et les banlieusards, il existait aussi entre les banlieusards eux-mêmes, et ce, bien avant le début de la crise économique. Plusieurs témoignages, émanant notamment des études réalisées pour les organismes gestionnaires, laissent notamment entrevoir un processus de ségrégation fondé sur l'origine ethnique. L'une d'entre elles, réalisée à la fin des années 1960 dans une cité de Nanterre, évoque des « difficultés de cohabitation » entre résidents, et surtout selon les auteurs, « lorsque ces derniers sont, dans une assez large proportion, d'origine étrangère, notamment les Nord-Africains »[59]. Parfois, la cohabitation entre groupes s'avère difficile au sein d'un seul et même ensemble. Une jeune lycéenne de Sarcelles, dans un magazine d'adolescents, confie pour sa part peu apprécier le partage des espaces collectifs. L'usage du terme « oued » suggère ici une référence ethnique :

> En attendant, constate-t-elle, les bassins de Sarcelles sont pleins d'enfants de 2 à 11 ans qui pataugent dans l'eau sale pendant que leurs mères font la sieste sur la pelouse, journal sur la tête, corsage dégrafé. C'est un spectacle honteux [...]. Les mauvaises langues parlent de Sarcelles-Oued[60].

De même, si la banlieue lyonnaise apparaîtra à la fin des années 1970 comme l'archétype des violences urbaines, les premières tensions apparaissent en réalité dès 1971, dans la cité de la Grappinière de Vaulx-en-Velin, construite pour accueillir, après la fin de la guerre d'Algérie, des Français musulmans d'Algérie (pour l'essentiel des familles de Harkis). Les autorités s'alarment également de l'incapacité des nouvelles villes à développer des relations sociales. Malgré les programmes d'animation sociale, c'est le principe de la communauté résidentielle qui semble mis à mal. Des slogans de Mai 1968 comme le célèbre « Non aux bidonvilles, non aux villes bidons » n'encouragent pas non plus, il est vrai, à faire des banlieues récemment édifiées l'avenir de la civilisation urbaine.

C'est d'ailleurs également à la fin des années 1960 que le lexique lié au terme « ghetto » apparaît dans le vocabulaire administratif français. Pour le directeur de la Construction, Robert Lion, il existe bien en France « un risque d'une harlémisation de certains quartiers urbains ». Le président de la République lui-même, lors d'un voyage aux États-Unis en 1970, fait part de son inquiétude quant à l'évolution sociale des sociétés urbaines modernes. Au cours d'un discours à Chicago, une ville où la notion de ghetto prend tout son sens, il s'interroge gravement sur le risque de dérapage social que représente la persistance de poches de grande pauvreté au sein des villes occidentales :

> Le système économique mondial est parvenu dans l'ensemble à gagner largement la course du niveau de vie. Il n'a pas réduit toutes les inégalités, ni la honte de ce que nous appelons les *bidonvilles*, ou de ce que vous appelez les *ghettos urbains*, pour ne pas parler de bien d'autres misères mieux cachées. Voilà pour les dirigeants des démocraties la tâche première[61].

Dès lors, les appels en faveur de la promotion de la civilisation urbaine (sans que l'on sache ce que le terme désigne exactement) se multiplient, à l'exemple de l'appel lancé par les dirigeants de la Caisse des dépôts et de la SCIC. Pour François Bloch-Lainé et Léon-Paul Leroy, il s'agit de faire prendre conscience aux villes, « de leur responsabilité dans la civilisation urbaine, qui va se confondre pour nous, demain, avec la civilisation tout court[62] ». On peut toutefois douter de la confiance accordée aux banlieues nouvelles telles qu'elles ont été conçues jusqu'au milieu des années 1960 pour incarner cet idéal civilisationnel. Dans un texte de 1970, Albin Chalandon réaffirme sa préférence en faveur des cités demeurées à taille humaine et porteuses d'une réelle urbanité :

> La ville doit rester à l'échelle humaine : il faut pour cela éclater volontairement l'urbanisation dans l'espace, en multipliant ces centres-villes nouveaux, qui sont la partie essentielle des villes nouvelles, ou en favorisant le développement des agglomérations existantes de taille moyenne dont le centre possède encore sa capacité d'animation[63].

C'est donc bien à un risque de fragmentation sociale des banlieues qu'on assiste dès la fin des années 1960. Une partie d'entre elles accueillera les dernières innovations sociales, les nouveaux villages ou bien les villes nouvelles ; l'autre partie, principalement composée de grands ensembles, bénéficiera de correctifs sociaux afin de lutter contre les phénomènes de ségrégation sociale qui s'y développent – d'autant que pour éviter le développement des cités de transit, les réalisations d'immeubles PSR (programmes sociaux de relogement) sont encouragées. Ils s'adressent en priorité aux familles relogées à la suite d'une opération de résorption de l'habitat insalubre – l'idée finale étant d'aboutir à une forme de normalisation des catégories sociales les plus modestes au sein des HLM.

Pour cela, les pouvoirs publics encouragent aussi la promotion de l'animation sociale. Dans leurs conclusions, les membres de l'intergroupe « Loisirs » du VIe Plan (1971-1975) rappellent qu'elle peut contribuer à la prise de compréhension des « malaises de la civilisation urbaine », et plus particulièrement des difficultés liées à la vie dans les grands ensembles[64]. Elle devient alors un passage obligé pour le développement de la vie sociale en banlieue. Certains y voient l'anticipation de nouvelles pratiques. Pour Henri Théry, très écouté par la direction de la Construction et qui appartient à la même galaxie des réformateurs catholiques que Chombart de Lauwe et bien d'autres, l'animation constitue en réalité un nouveau paradigme pour la société française[65].

L'architecture est également convoquée par les pouvoirs publics pour réinventer la banlieue composée en majorité d'habitat social. En 1971, le ministère de l'Équipement, sur l'initiative de Robert Lion, crée le Plan-Construction, chargé de susciter des programmes d'architecture nouvelle. Pour Émile Aillaud, l'auteur des Courtillières à Pantin, la banlieue peut être propice à la naissance d'une nouvelle forme architecturale. Il tentera de mettre en œuvre ses idées au sein de la cité de la Grande-Borne dans l'Essonne, un projet composé de plusieurs milliers de logements situés sur les communes de Grigny et de Viry-Châtillon. Dans le cas présent, qui n'est guère unique en son genre, on constate une certaine contradiction entre les orientations des pouvoirs publics et les aspirations des habitants. Lors d'une visite dans la cité en 1971, le ministre Albin Chalandon est accueilli aux cris de « Chalandon-subventions ». Les échanges témoignent du décalage qui existe entre pouvoirs publics et résidents, comme le rapporte le reporter du *Monde* :

« Par rapport aux habitants de La Courneuve, vous êtes dans un paradis », affirme le ministre en réponse aux très vives critiques qui lui sont adressées, en particulier concernant la fixation des charges locatives. Ce à quoi, il se voit rétorquer : « Nous ne voulons pas le paradis mais la commodité de la vie quotidienne[66]. »

Ces échanges doux-amers illustrent en réalité des années de malentendus entre ceux qui font la ville et ceux qui y vivent. La banlieue aurait pourtant pu représenter une opportunité pour repenser la démocratie en lui conférant des bases locales, un *modus operandi* bien différent de la manière dont le pouvoir local était alors exercé.

« Je participe, tu participes […] ils profitent »

Ce slogan, attribué aux piétons de Mai 68, repris ensuite par le Parti socialiste unifié (PSU), interpelle sur l'état de la démocratie en France au début de la Ve République. Pour la gauche, les institutions créées par le général de Gaulle en 1958 ne sont guère démocratiques et privent le peuple de toute réelle expression politique. En attendant de conquérir le pouvoir au niveau national, la gauche tente donc d'expérimenter des solutions de démocratie directe sur le plan local. Si la SFIO et le parti communiste restent en retrait de ces pratiques, eu égard à leurs histoires municipales, le PSU tente de passer à l'acte dans un certain nombre de grands ensembles où il dispose de nombreux sympathisants et militants. La sociologie des pionniers, cadres, ou fonctionnaires disposant d'un bagage intellectuel et généralement politisés, favorise le parti dirigé par Michel Rocard.

Paradoxalement, cette mobilisation suscite, du moins dans un premier temps, l'intérêt des pouvoirs publics. Non pas pour les idées politiques défendues par les militants du PSU (même si certains fonctionnaires du ministère de l'Équipement sont eux-mêmes des sympathisants), mais parce que ces derniers estiment que les habitants doivent participer localement à l'amélioration du cadre de vie et contribuer à la fondation d'une nouvelle urbanité. La mobilisation engagée au cours des années 1960 et 1970 plonge aussi ses racines dans la réflexion socialiste du début du siècle, notamment celle de Georges Benoit-Lévy sur les conditions de transposition du modèle de cités-jardins en France, ainsi que dans celle de l'utopie communautaire comme fondement d'une reconquête chrétienne des sociétés modernes – une thèse défendue aussi par le père Lebret et qui trouva une audience certaine auprès des cadres du MRU après la guerre. Par la suite, les équipes du ministère de l'Équipement se sont également intéressées à ce type d'initiatives, d'autant qu'elles redoutaient toujours des dérapages sociaux.

Pour l'urbaniste Robert Auzelle, construire des logements ne peut suffire à faire entrer les Français dans la modernité résidentielle. Il faut aussi faire en sorte que « la vie sociale, la vie familiale et la vie intérieure de chacun de leurs occupants puissent s'y épanouir aussi largement que possible[67] ». Pour Guy Houist, spécialiste de ces questions, il existe un possible développement communautaire des cités nouvelles susceptible d'apparaître comme « un facteur de compensation permettant d'accroître l'esprit civique et de stimuler le progrès démocratique dont il serait sans doute dangereux de se désintéresser[68] ». Enfin, René Kaës, qui a étudié de très près la vie dans les grands ensembles, affirme dans son étude publiée en 1963 que ces derniers sont « le creuset d'un nouveau style de vie » dans lequel le militantisme et la participation ont toute leur place. De quoi fournir un réel contenu à la promotion sociale de la banlieue comme le souhaitent les pouvoirs publics.

Les conditions semblent donc réunies pour que la banlieue de type « grands ensembles » devienne une forme de laboratoire expérimental de la démocratie moderne. Dès les années 1950, des travaux de sociologie urbaine toujours autour de Paul-Henry Chombart de Lauwe confirment l'intérêt de favoriser la participation résidente au regard de la croissance urbaine qui marque le territoire, particulièrement en banlieue. Cette réflexion est aussitôt partagée par la direction de la Construction du ministère de l'Équipement pour qui l'urbanisation nouvelle doit nécessairement être prolongée par une approche novatrice en matière d'accompagnement social par les résidents eux-mêmes. C'est le sens donné à la création des locaux collectifs résidentiels en 1960. D'une certaine manière, le mot même de « participation » fait aussi écho au message du gouvernement, notamment au travers de l'ordonnance d'août 1967 sur « la participation des salariés aux fruits de l'expansion des entreprises », ou bien encore du thème de la campagne référendaire d'avril 1969 perdue par le général de Gaulle.

Pourtant, les mots n'ont pas le même sens pour le pouvoir en place et la galaxie socialiste réformatrice que forment le PSU, mais aussi la CFDT ainsi que des mouvements d'éducation populaire comme Peuple et Culture ainsi que certains cercles de réflexion comme le club Jean-Moulin. À leurs yeux, la participation doit rimer avec l'émancipation et ne doit pas être au service du pouvoir. Parmi les acteurs les plus engagés sur ces sujets figurent l'Association démocratique des élus locaux et sociaux (ADELS), devenue en 1963 Association pour la démocratie et l'éducation locale et sociale. Issue de la mouvance chrétienne progressiste, elle entretient une forte proximité idéologique et politique avec le PSU, d'autant que plusieurs de ses membres appartiennent à cette formation. Son slogan « Faire du citoyen mineur d'une commune sous tutelle, un citoyen majeur d'une commune » conduit l'ADELS à s'intéresser de près au fonctionnement des grands ensembles. Tout au long des années 1960, elle mène en banlieue des enquêtes afin de définir le rôle du résident dans les projets locaux. Les pouvoirs publics manifestent la même appétence pour la participation résidentielle car l'animation ne saurait suffire. Les populations doivent être associées à la gestion de leur cadre de vie, comme l'affirme en 1959 l'auteur de la grille des équipements dans les grands ensembles :

> Étant donné qu'il s'agit de créer une communauté humaine, il est indispensable de pouvoir faire participer les habitants dès le début à la gestion du grand ensemble ou de ses composantes en donnant à chacun le sens de ses responsabilités dans la vie collective[69].

Les expérimentations menées prêteront cependant très vite le flanc à certaines interprétations, à des divergences, voire des oppositions qui, un demi-siècle plus tard, persisteront entre acteurs locaux et pouvoirs publics. Dès la construction des premiers grands ensembles en banlieue, la question de la participation des nouveaux résidents est posée, et il n'est pas étonnant que Sarcelles ait constitué le premier banc d'essai pour de nouvelles pratiques. En 1965, la SCIC décide de mettre en place des conseils de résidents afin de permettre à ses membres élus par l'ensemble des locataires de contribuer à l'amélioration du cadre de vie. Après la création de l'ALFA dix ans plus tôt, il s'agit de créer des instances pérennes susceptibles de prendre en compte l'avis des résidents, comme c'est déjà le cas en Allemagne, et surtout aux États-Unis, où des comités d'habitants sont extrêmement impliqués dans la gestion locale.

Selon le témoignage de Léon-Paul Leroy, patron de la SCIC, l'expérience sarcelloise a été dans un certain sens « le laboratoire du collectif » qui pouvait, le cas échéant, être reproduit ailleurs[70]. Mais, très vite, cette aventure montre ses limites. Le conseil ne peut par exemple pas intervenir sur la fixation du montant des charges collectives par la SCIC, et encore moins sur celui des loyers. La manière dont celle-ci entend faire vivre l'instance participative ne correspond en fait pas du tout à la manière dont les militants locaux conçoivent la participation. Plus encore, les règles imposées par la SCIC montrent selon eux qu'elle « mettait systématiquement des freins à toute évolution véritable, refusait les simples informations promises[71] ». Ils estiment que la SCIC ne voit en fait dans ces conseils qu'un « simple tampon entre les résidents et eux-mêmes ! ». Dès le début des années 1970, le maintien ou non de ces conseils sera mis sur la table, d'autant que les candidats pour les intégrer se feront de plus en plus rares.

Les militants de la démocratie locale n'en poursuivront pas moins l'engagement en faveur d'une conception renouvelée de celle-ci, dont l'ébauche se fabrique dans une certaine mesure dans les banlieues nouvelles. Lors des rencontres nationales d'action municipale organisées en 1969 par le PSU dans la perspective des élections municipales de 1971, celui-ci réaffirme son souhait de voir se dessiner « une démocratie de participation » qui se substituerait à la traditionnelle démocratie représentative. Cette affirmation s'inscrit de la même manière dans la reconfiguration idéologique post-Mai 68 qui tente d'ouvrir une série de nouveaux fronts de mobilisation, notamment en rapport étroit avec la question urbaine. En 1970, le sociologue Henri Lefebvre publie *La Révolution urbaine*, dans lequel il appelle à la « constitution d'un parti politique nouveau » et à la « politisation des questions urbaines ». La banlieue apparaît dès lors pour certains penseurs de gauche comme un terrain privilégié pour la mobilisation idéologique. Le pouvoir n'y est encore guère solidement constitué et une alternative paraît donc envisageable. De plus, nombreux sont les salariés de l'industrie qui y vivent et, de ce point de vue, une convergence des luttes entre ce qui relève de l'usine et du logement paraît possible. Plus largement, militer en banlieue donne aussi l'occasion de « faire de la politique autrement », autrement que dans les grandes villes, où la gestion est accaparée par les grands partis traditionnels que sont principalement le parti gaulliste et la SFIO[72]. Quant au PCF, lui aussi entreprenant dans les nouvelles banlieues, il ne se montre pourtant guère enclin à se lier avec des mouvements politiques qu'il qualifie de « gauchistes ».

La question reste également d'actualité pour les pouvoirs publics. Dans le cadre préparatoire du VIe Plan (1971-1975), le rapport général de la commission de l'Habitat rappelle que la participation « manquerait son objet si elle ne se traduisait pas par une association plus étroite des intéressés aux décisions qui commandent l'implantation, la forme et la gestion des logements dans lesquels ils auront à vivre[73] ». Si les premières dispositions de la politique de la ville reprendront à leur compte le legs de la participation habitante, des municipalités tenteront d'en faire le cadre principal de leur action en matière de gestion municipale. Après l'expérimentation des groupes d'action municipale (GAM) par Hubert Dubedout lors des élections municipales de Grenoble en 1965, d'autres candidats tentent de réitérer l'expérience au moment des élections suivantes. Pour Robert de Caumont, engagé au sein des GAM et qui sera candidat à Hérouville-Saint-Clair dans la banlieue de Caen, il s'agit de proposer une nouvelle ligne politique et pas seulement un modèle de gestion actualisé en fonction des aléas locaux. De ce point de vue, les nouvelles villes construites en banlieue offrent un cadre d'action propice à une mobilisation citoyenne de grande envergure :

> Les choix que nous avons proposés découlent d'une certaine conception de l'éducation, de l'économie, de la vie en société. Il s'agit de préparer des citoyens responsables et non des sujets obéissants ; de développer les biens collectifs et de combattre un système de production fondé sur le seul profit ; de diffuser largement

les centres de décision, afin que chaque personne puisse être informée, s'exprimer et agir[74].

Si Robert de Caumont ne sera pas élu, le maire François Geindre mènera avec le GAM local et les militants du PSU une politique municipale ambitieuse dans les domaines urbanistique et foncier. La mobilisation politique est d'autant plus aisée que, dans ce type de territoires, rien n'est encore figé et qu'il reste en fait à penser la ville dans sa globalité. Dans certains cas comme celui-ci, il s'agit aussi d'un certain affranchissement vis-à-vis de la ville-centre. Pour François Geindre, afficher une résolution était également une façon de prendre ses distances avec Caen qui ne voyait dans la ville nouvelle qu'une excroissance propice à son propre développement. Ce rapport de force entre le centre et sa banlieue est d'ailleurs souligné dans une étude sur l'agglomération de Caen au début des années 1970 :

> Hérouville n'est pas que l'échec d'une utopie, mais une extraordinaire caisse de résonance politique et un atelier permanent urbanisme où s'affrontent les usagers, les élus locaux, l'administration préfectorale et la municipalité de Caen, en un débat fort complexe, et qui est devenue le symbole d'un certain socialisme municipal face à la ville voisine[75].

La décennie 1970 sera d'ailleurs fortement marquée par des luttes de pouvoir entre les villes-centres et les villes nouvelles de banlieue qui entendent s'émanciper de ce qui leur apparaît être une tutelle de moins en moins supportable. Alors que l'intercommunalité est encore à bien des égards un vœu pieux, les affrontements se multiplient. À Villeneuve-d'Ascq, le maire (socialiste) élu en 1977 rappelle à son puissant voisin lillois que le temps où sa ville s'appelait Lille-Est est désormais révolu et qu'elle n'entend pas se réduire à une dépendance de Lille alors administrée par Pierre Mauroy – qui, un moment, a en effet convoité une partie du territoire villeneuvois pour agrandir sa propre ville. Dans d'autres cas, la banlieue nouvelle s'émancipe de la ville sur laquelle elle a été en partie édifiée. La cité des Ulis entend pour sa part assumer son statut d'indépendance à l'égard des communes à partir desquelles elle a pourtant été construite (Bures-sur-Yvette et Orsay), comme le rappelle un texte de 1976 :

> Ne serait-ce pas une aventure passionnante pour des hommes et des femmes d'organiser eux-mêmes leur ville, et lui donner une âme, d'étudier les meilleures conditions pour que les habitants s'y rencontrent au lieu de s'y côtoyer ? N'était-ce pas le moment, pour la cité-mère d'Orsay, de s'effacer et de laisser son enfant vivre sa propre vie, résoudre ses propres problèmes ? Et est-ce vraiment que le changement de rapports qui s'effectuerait entre Orsay-mère et les Ulis-enfant pour devenir cités-sœurs amoindrirait les solides liens d'amitié qui unissent tant d'Orcéens à tant d'Ulissiens[76] ?

On peut toutefois s'interroger sur l'impact que ces débats ont pu avoir sur la grande majorité des néobanlieusards, moins préoccupés sans doute par les nouvelles formes de démocratie que par les tracas de la vie quotidienne. La question des transports est en particulier cruciale dans la mesure où en vertu du principe émis par Le Corbusier dans la charte d'Athènes, les zones de résidence et de travail doivent être clairement distinctes. Les termes de « cité-dortoir » et de « banlieue-dortoir » sont fréquemment utilisés pour signifier l'éloignement des deux pôles – certains résidents ayant jusqu'à deux heures de transport quotidiennes pour se rendre sur leur lieu de travail. Parti tôt le matin, rentré tard le soir, le banlieusard subit les affres de la vie moderne – ce qui inspire nécessairement le cinéma. En 1973, sort sur les écrans le film de Gérard Pirès *Elle court elle court la banlieue*, inspiré du livre de Brigitte Gros publié en 1971 : *4 heures de transport par jour*. L'auteur, qui est aussi la maire de Meulan, dans les Yvelines, retrace la vie de deux habitants de la banlieue parisienne, incarnés à l'écran par Marthe Keller et Jacques Higelin, aux prises avec la « galère des transports ». Le phénomène est alors en passe de devenir un marqueur essentiel de la vie en banlieue – au même titre que l'emprise de la « bagnole » dans la vie quotidienne des Français des années 1960-1970.

« Elle court elle court la banlieue »

Malgré les travaux de prospective réalisés par le Commissariat général au Plan, l'urbanisation à grande échelle qui se développe à partir des années 1960 est essentiellement focalisée sur la construction des logements, et beaucoup moins sur les infrastructures devant les accompagner dans leur vie quotidienne – en particulier les transports. Il s'agit sans aucun doute du problème le plus délicat auquel les banlieusards sont confrontés.

Chaque jour, des milliers d'entre eux quittent le domicile familial pour se rendre pour le travail dans la grande ville voisine ou dans une autre banlieue voisine. Mais les infrastructures sont rarement en adéquation avec les flux de voyageurs. Il faut parfois une à deux heures d'attente pour prendre un bus, les trains sont généralement bondés et les grands axes de circulation routière insuffisants pour absorber quotidiennement les milliers de voitures qui se pressent sur les périphériques quand ils sont en usage, les routes nationales, les autoroutes qui sont encore rares au début des années 1960. Le cas de la banlieue parisienne est particulièrement typique de cette thrombose alors que la civilisation de l'automobile n'en est qu'à ses débuts. Selon l'enquête de la préfecture d'Île-de-France réalisée en 1975, le nombre des déplacements quotidiens observés au début de 1969 est estimé à environ 12,2 millions et leur croissance évaluée à 20 % au cours des années 1960 – sans que, pour autant, le réseau des transports n'ait été réellement amélioré[77]. Les difficultés de déplacements constituent de fait une nouvelle forme de dépendance de la banlieue envers la capitale. Une étude menée cette fois à Nanterre en 1970 révèle que 80 % des habitants sortent quotidiennement de la ville, dont 80 % vers la capitale[78]. Il faut également compter avec tous ceux qui veulent se rendre dans un grand ensemble afin de rendre visite à un proche. Dans son roman *Les Petits Enfants du siècle*, Christiane Rochefort raconte la difficulté de se rendre à Sarcelles qui, pourtant, se situe à moins de vingt kilomètres de la capitale :

> Toute l'affaire c'était donc comment aller là-bas, et ce n'était pas du commode ; c'était dans une autre banlieue, il aurait fallu prendre l'autobus jusqu'à la Porte des Lilas, le PC jusqu'à la Porte

> Saint-Denis ou Pantin ou La Villette, ou alors le métro en changeant deux fois, hélas et là je ne sais plus quoi, ou encore le métro jusqu'à la gare du Nord et là un train jusqu'à je ne sais où, d'après Liliane c'était un endroit perdu, bref il y fallait un plein après-midi aller-retour…

Sarcelles constitue effectivement un cas d'école pour les transports. Seuls 5 % des hommes (21 % pour les femmes) travaillent localement. La ville nouvelle ne dispose en matière de desserte que d'une ligne de chemin de fer et de deux lignes de bus. S'il existe bien une gare, il ne s'agit en réalité que d'une simple halte en raison du désaccord financier qui oppose la SNCF à la SCIC. Quant à la desserte intérieure, elle n'est assurée que par une seule ligne de bus. Assurément, les nouveaux habitants de Sarcelles souffrent d'un déficit en transports, comme le montre une enquête de 1964. Le temps moyen entre le retour dans la cité et l'heure du coucher se situe entre deux et trois heures. Seuls 19 % des résidents parviennent à disposer d'un temps libre supérieur à quatre heures[79], ce qui altère la vie sociale et fragilise l'ambition des pouvoirs publics de voir les habitants créer de nouvelles communautés résidentielles.

Très vite, alors même que leur position géographique n'est la plupart du temps guère éloignée des centres des grandes villes, la carence en matière de transports collectifs les transforme en isolats qui contribuent également à nourrir des représentations négatives comme aux premiers temps de la banlieue industrielle. Les tensions sont particulièrement fortes en Île-de-France qui, dans les années 1960, représente à elle seule 40 % de la population banlieusarde sur le plan national. La question des déplacements se politise rapidement, rappelant les revendications de la population banlieusarde de l'entre-deux-guerres qui, elle aussi, se sentait flouée vis-à-vis de la métropole. En matière d'accessibilité à la grande ville, il existe en effet une sorte de miroir entre les ressentiments exprimés par les banlieusards des Trente Glorieuses et ceux qui s'exprimaient un demi-siècle plus tôt. En 1926, un journal de Garges-lès-Gonesse, acquis au parti communiste, décrivait les difficultés des banlieusards pour profiter des plaisirs de Paris :

> Voulez-vous aller passer la soirée à Paris ? Là, le plaisir est plus grand. Vous rentrerez après une demi-heure de marche dans la boue et dans la nuit, toujours aussi noire, en jurant que vous n'y retournerez plus, car les trams et les autobus ne sont pas faits pour nous [...]. Le matin, on s'entasse à vingt ou trente dans des trains cahotants, sans lumière et souvent sans chauffage et le soir, après quatorze ou quinze heures hors de notre intérieur, nous avons les mêmes « distractions ». Les distractions, ici, ce sont les cabarets et c'est bien assez bon pour les ouvriers, pensent ceux qui tranquillement sortent de l'Opéra[80].

Si de nombreuses améliorations ont eu lieu, la colère banlieusarde demeure malgré tout. La montée des revendications en faveur du cadre de vie durant les années 1960 et 1970 nourrit également les mobilisations. Le PSU voit dans le manque de transports un stigmate de la société capitaliste. La question de la mobilité se trouverait ainsi liée à celle de l'inégalité sociale : les habitants les plus modestes, ceux qui vivent en banlieue, sont également ceux qui subissent le plus les inégalités sociales. La Fédération des usagers des transports de la région parisienne publie en 1970 un *Livre noir des transports parisiens* dans lequel figurent bon nombre de témoignages d'habitants de HLM qui se plaignent du manque de dessertes. Une nouvelle fois, ils pointent l'incohérence des politiques publiques en matière d'urbanisation qui consistent à réaliser de nouveaux ensembles d'habitation sans se soucier de les accompagner des investissements correspondants en matière d'équipements collectifs. On aurait toutefois tort de ne voir dans ce *Livre noir* qu'un ensemble de revendications pratiques émises par des usagers en colère. Ses auteurs mettent aussi l'accent sur l'enjeu politique de la question dans la mesure où la politique des transports en commun reste, selon eux, plus que jamais soumise aux intérêts immédiats du capitalisme par le biais de deux fonctions essentielles dédiées à la ville capitaliste : produire et consommer[81]. Selon la revue d'inspiration marxiste *Espaces et sociétés*, la ségrégation sociale se lit aussi dans les rapports que les banlieusards entretiennent avec les transports publics :

> Les affrontements sociaux dont la crise des transports est grosse ne se réduisent pas à la question des transports urbains qui pourrait ainsi être extraite de son contexte ; ils concentrent sur l'enjeu des transports les conséquences de la division sociale de l'espace urbain[82].

Pour sa part, le PSU développe une analyse quelque peu similaire en affirmant que le choix du gouvernement se traduit bien par le sacrifice de la banlieue. Le Mouvement pour le droit à la ville publie un rapport qui démontre que, contrairement aux déclarations gouvernementales, 75 % des crédits d'État sont en réalité consacrés à l'amélioration des transports individuels et seulement 25 % d'entre eux aux transports collectifs. De fait, l'argent finance pour l'essentiel la modernisation des voies déjà existantes dans Paris, et non leur prolongement vers la banlieue qui risque donc de souffrir encore longtemps de son isolement. L'inégalité est d'autant plus visible sur le plan social que la répartition budgétaire des crédits publics conduit à une réelle coupure entre l'est et l'ouest de l'agglomération parisienne – ce dernier étant selon les études de ce collectif deux fois et demie mieux doté que l'est de la capitale.

La mise en chantier, en juillet 1961, du nouveau réseau express régional (RER), permettant de desservir à la fois la banlieue ouest (Saint-Germain-en-Laye) et est (Boissy-Saint-Leger) constitue une première entreprise d'envergure pour rapprocher la banlieue de la capitale. L'extension de certaines lignes de métro est aussi entreprise pour mieux desservir la proche banlieue. En province, la question se pose également mais le recours au métro arrivera bien plus tard, privilégiant dans la majorité des cas le centre et non ses environs. L'adoption du Schéma directeur d'aménagement et d'urbanisme de la région parisienne en 1965 marque de fait une avancée dans le domaine de la mobilité banlieusarde. Il s'agit d'anticiper ce que les auteurs appellent la « liberté de mouvement » due à l'évolution des modes de vie, et ceci, indépendamment de la croissance démographique. Il s'agit, dans cette perspective, de donner un rôle croissant aux formes de transports conférant une plus grande mobilité et d'« accroître la liberté concrète des hommes qui y habitent, non pas par la vie sans contrainte, mais en restaurant le choix entre les possibilités dont les contraintes sont différentes[83] ». Dans le cas parisien, la contrainte reste sans conteste du côté des banlieusards. Une étude réalisée dans le cadre de la préparation du VIe Plan estime que chaque jour plus de 1 million d'entre eux se rendent à Paris alors qu'à peine 200 000 Parisiens faisaient le trajet inverse.

Majorité et opposants au gouvernement s'accordent au moins sur un point : les nouvelles politiques urbaines doivent dans tous les cas réserver une plus grande place à de réels centres urbains secondaires capables de se suffire à eux-mêmes afin de réduire l'impact de l'antagonisme séculaire entre ville-centre et banlieue. Ce sera en particulier la mission qui est affectée aux villes nouvelles qui auront vocation à devenir des pôles urbains de premier ordre. Celles-ci peuvent-elles être pour autant considérées comme des anti-grands ensembles, et proposer une autre manière d'appréhender la banlieue des Trente Glorieuses ?

Les villes nouvelles, appréhender différemment la banlieue ?

Dès la création des villes nouvelles à la fin des années 1960, leurs concepteurs ont mis en avant l'opposition censée exister entre ce modèle et celui des grands ensembles. À l'heure de leur disparition officielle sur injonction ministérielle, l'auteur de la décision, le ministre de l'Équipement Olivier Guichard justifie son choix, y voyant les signes d'un nouveau départ :

> On me dit : pourquoi les villes nouvelles échappent-elles à votre condamnation ? Pour la simple raison qu'elles sont le contraire des grands ensembles. Le grand ensemble échappe au centre, la ville nouvelle recrée un centre. Le grand ensemble est sans amarres. La ville nouvelle devient le nœud d'un réseau de liaisons. En région parisienne, les villes nouvelles ne doivent pas relancer une urbanisation périphérique, mais structurer une banlieue préexistante, assurer à ses habitants aussi le droit à la ville[84].

En théorie du moins, les intentions affichées par les pouvoirs publics consistent à démontrer que les villes nouvelles éviteront les défauts propres aux grands ensembles : la conception se fera selon un plan d'aménagement régional dûment préparé en amont ; tous les équipements majeurs seront réalisés en même temps que les logements ; l'équilibre entre habitat et emploi sera pris en compte afin d'éviter le phénomène des cités-dortoirs. Ainsi, la vie sociale pourra mieux se créer, puis se développer. Enfin, soutiennent leurs concepteurs, les villes nouvelles pourront faire de la banlieue un endroit conçu comme une ville heureuse – formule recherchée par les urbanistes et les architectes depuis le début du siècle.

À la fin des années 1960, le discours officiel opère donc lui-même la dichotomie entre villes nouvelles et grands ensembles alors qu'au début des années 1960, le terme de « ville nouvelle » ou « nouvelle ville » était fréquemment utilisé pour désigner ces derniers en cours de réalisation. Dans les faits, il paraît difficile d'opposer dans un seul et même élan les deux modèles. En revanche, ils renvoient tous deux au souci d'organiser le développement de la banlieue.

Durant le régime de Vichy, la DGEN avait réfléchi à un système de villes-satellites en région parisienne afin de contrôler l'expansion démographique banlieusarde. Et un certain nombre de grands ensembles n'avaient pas été uniquement créés pour absorber l'arrivée massive de nouveaux résidents, mais préfiguraient aussi en quelque sorte la volonté émise dans le SDAU de la région parisienne de 1965 de disposer aussi de « centres restructurateurs » susceptibles d'organiser la grande banlieue. Le projet connu sous le nom de « 4 M » – Meaux, Melun, Montereau, Mantes – vise ainsi le développement des villes existantes à 50 kilomètres de Paris par le biais de la réalisation de grands ensembles comme celui de la Pierre-Collinet à Meaux[85]. Il existe également des projets de ce type en province où il ne s'agit pas seulement de construire des logements en banlieue, mais des villes à part entière. Le projet de Firminy-Vert impulsé par le maire de la commune et ancien ministre Eugène Claudius-Petit vise à développer une authentique ville nouvelle en lien avec la ville industrielle existante. Il en va de même pour Mourenx, créée *ex nihilo* à 25 kilomètres de Pau. Parmi les plus vifs détracteurs du projet, on trouve Henri Lefebvre, lui-même résident d'un village béarnais à proximité, Navarrenx. Pour sa part, il dénie à la ville édifiée par la SCIC toute référence au passé mais également à l'avenir :

> Le texte qu'offre la ville à nos yeux est parfaitement lisible, aussi pauvre et clair malgré les efforts des architectes pour varier les lignes. La surprise ? Le possible ? Évanouis dans ce lieu qui devrait être celui des possibilités. À Mourenx, je ne lis pas les siècles, ni le temps, ni le passé, ni le possible[86].

À son arrivée à la tête du commissariat à la Construction et à l'Urbanisme de la région parisienne, Pierre Sudreau avait affirmé sa volonté de faire des grands ensembles alors en cours de réalisation d'authentiques villes nouvelles, selon son propre terme :

> Le but n'est pas de créer selon le style britannique des villes satellites dans la Région parisienne, mais d'insérer dans la banlieue actuelle des villes nouvelles de 20 000 à 40 000 habitants pour lesquelles, profitant de l'expérience acquise au cours de la reconstruction, nos urbanistes chercheront la plus pure et la plus moderne expression du génie français dans l'alliance de la pierre et des arbres. Ces unités résidentielles devront être équilibrées, c'est-à-dire comporter des centres d'activité de commerce et de loisirs pour leurs habitants[87].

À partir de l'analyse publiée par la Fondation nationale des sciences politiques en 1970, *L'Expérience française des villes nouvelles*, une étude a montré toute l'ambiguïté qui régnait dès cette époque entre théoriciens et praticiens de l'urbanisme concernant le sens à donner aux termes de grands ensembles et villes nouvelles. Mourenx – réalisée au temps des grands ensembles – est qualifiée de « ville nouvelle », tandis que Lille-Est – qui figure pourtant dans la liste officielle – n'est pas, selon les participants à la journée d'étude, « une véritable ville nouvelle » au même titre que les huit autres. De même, le statut de ville nouvelle au Vaudreuil, qui figure elle aussi dans le programme, paraît « ambigu » à certains. *A contrario*, Eugène Claudius-Petit voit dans le projet urbanistique de Toulouse-Le Mirail une « ville nouvelle »[88]. La banlieue peut toutefois également rester une sorte de mètre étalon pour mesurer l'impact des politiques urbaines. En 1970, dans le premier numéro de la revue *Espaces et sociétés*, Henri Lefebvre, sans évoquer le nouveau modèle urbain, situe les grands ensembles en opposition à la banlieue pavillonnaire[89]. Une fois encore, c'est la forme urbaine qui détermine le territoire sur lequel elle est implantée.

Alors que les grands ensembles suscitent des critiques de plus en plus vives, le modèle des villes nouvelles a vocation, lui, à suggérer un contre-modèle, capable d'apporter des réponses aux récentes revendications tant en termes de démocratie locale que de cadre de vie. Une fois encore, la banlieue, au sein de laquelle vont s'établir les villes nouvelles, offre aux pouvoirs publics l'opportunité de proposer une offre inédite en matière de vie urbaine. À cette occasion, la notion d'innovations urbanistiques et sociales s'impose derechef dans le vocabulaire officiel, rappelant que les nouveaux projets se veulent, comme pour les grands ensembles, un antidote à l'ancienne banlieue de la première partie du XXe siècle.

La vie des familles qui s'installent dans ces périphéries d'un genre nouveau doit donc se distinguer de ce que certaines d'entre elles avaient vécu en banlieue. À cet effet, leur destinée sera placée par les pouvoirs publics sous le sceau de l'innovation, en particulier sur le plan social. Jean-Eudes Roullier, le premier secrétaire général du Groupe central des villes nouvelles, fait part dès 1972 de sa conviction de voir celles-ci devenir porteuses d'une vraie plus-value sur le plan de l'innovation sociale :

> Ce que peuvent apporter les villes nouvelles sur ce plan, c'est essentiellement un banc d'essai en vraie grandeur permettant d'éliminer par sa nature même, utopie et futurisme parce qu'il faut passer à la réalisation. Elles peuvent nous aider, petit à petit et sur une longue période, à aménager un mode de vie urbain qui retrouve ses vraies valeurs[90].

Si cette affirmation doit évidemment être appréhendée de manière critique, les initiatives prises localement témoignent d'une volonté de faire apparaître ces entités urbaines autrement que comme des créations dépendant de la seule volonté de l'État. Elles doivent également permettre l'affirmation d'une vraie urbanité étouffée par les réalisations antérieures qui étaient essentiellement tournées vers la production quantitative de logements. De ce point de vue, certains cadres du ministère de l'Équipement n'hésitaient d'ailleurs pas, dès le milieu des années 1960, à établir un parallèle entre la banlieue de l'entre-deux-guerres et celle des grands ensembles. Toutes deux manquaient cruellement selon eux d'une ambition urbaine digne de ce nom. Plusieurs initiatives furent donc prises pour assurer les futures villes nouvelles d'équipements socioculturels performants ainsi que de structures culturelles servant la démocratisation artistique. C'est en 1971 que fut constitué le Fonds d'initiative culturelle (FIC) dont une partie des crédits fut directement attribuée à ces dernières. La réflexion sur le cadre de vie est également centrale dans la promotion de ces jeunes banlieues. L'esthétique urbaine doit contribuer à donner une autre image des banlieues en voie de réalisation, comme l'explique François Bloch-Lainé, l'inspirateur de Sarcelles, en 1969 :

> Donner de la qualité aux voiries piétonnières, aux espaces verts, aux aires de jeux, aux parkings, les agrémenter de sculptures et de jeux d'eaux, organiser les bâtiments et spécialement les bâtiments à usage collectif, de fresques, de bas-reliefs, de tapisseries et de vitraux, telle a été la tâche assignée aux quelques centaines d'artistes qui ont collaboré jusqu'ici avec les architectes et les ingénieurs de la SCIC. Ces œuvres ont pour objet d'aider les habitants des villes nouvelles dans leurs recherches instinctives du beau, dans leur soif d'imagination créatrice et de formation culturelle. Elles se veulent les ferments du développement de cette âme qu'on quête dans les nouveaux quartiers avant même qu'ils soient nés[91].

La banlieue, dans sa déclinaison des villes nouvelles, sera donc innovante, tournée vers les différentes formes d'art qu'une cité peut accueillir. De la même manière, elles auront la charge de capter les nouvelles formes de démocratie locale révélées dans le sillage de Mai 68. Si le souvenir des conseils de résidents pilotés par la SCIC est encore dans les esprits, il convient dans le cas présent de donner une autre image de la banlieue en train de se faire.

Cette ambition répond aussi au désir des « pionniers » des villes nouvelles qui ont pour un certain nombre d'entre eux adhéré au parti socialiste après le congrès d'Épinay et voient dans ces créations l'opportunité d'en faire un laboratoire pour l'exercice du pouvoir local. Si la main de l'État était encore trop présente dans les décisions intéressant le développement des grands ensembles et les villes anciennes corsetées par des majorités municipales parfois identiques depuis la fin de la Deuxième Guerre mondiale, les villes nouvelles, elles, portent l'ambition de faire de l'habitant un réel participant aux décisions. Si la technocratie avait jusqu'ici décidé de l'avenir de la banlieue, c'est désormais le résident qui fera entendre sa voix, notamment grâce aux techniques participatives de l'animation socioculturelle.

À Villeneuve-d'Ascq, l'établissement public chargé de la réalisation de la ville nouvelle mettra en place en 1973 un dispositif censé être innovant : les PHAR (participation des habitants avant réalisation). Il s'agit de permettre à des non-professionnels de l'aménagement d'aider à la réflexion sur l'aménagement des quartiers et de pouvoir se prononcer autant sur les finalités de l'aménagement que sur ses modalités concrètes de réalisation. Si l'impact de cette approche sera en fait limité – la plupart du temps à cause d'un manque de maîtrise des questions techniques par les habitants –, cet aspect sera pourtant mis au crédit des établissements publics d'aménagement à l'heure du bilan. Cela contraste avec la manière dont on associait jusqu'alors les habitants dans la plupart des banlieues composées de ZUP. L'ouvrage commandé par celui qui présida à la réalisation de la ville nouvelle située dans la métropole lilloise mentionne cette remarque d'un habitant de Villeneuve-d'Ascq :

> J'ai habité cinq ans une ZUP de la banlieue de Lille sans vraiment m'intéresser à ce qui se passait autour de moi. Et trois semaines après avoir emménagé dans la ville nouvelle, je me retrouvais à la tête d'une délégation du quartier allant porter une pétition aux autorités. Depuis, l'animation du quartier, de la ville, est devenue l'une de mes premières préoccupations[92].

La nouvelle topographie en matière de développement social s'incarne également sur le plan local par la constitution de lieux dédiés au débat. Alors que la politique des locaux collectifs résidentiels a fait long feu, un nouveau type d'équipements résidentiels apparaît au sein des nouveaux quartiers – comme dans celui de l'Agora, à Évry, dont le nom affiche la nouvelle ambition des pouvoirs publics. Celle-ci correspond aux prescriptions édictées par le Premier ministre Jacques Chaban-Delmas dans son discours sur la Nouvelle Société. Il s'agit de contribuer à développer « une société prospère, jeune, généreuse et libérée[93] ». En cela, les villes nouvelles ont vocation à accueillir les représentants de cette société d'un genre nouveau que le Premier ministre appelle de ses vœux. Ils incarneraient à leur manière une banlieue jeune et décomplexée par rapport aux pesanteurs technocratiques ainsi qu'au dirigisme de la période précédente – d'autant que la banlieue des grands ensembles était, dans le même temps, en pleine évolution sociologique.

Dans les faits, des liens unissent pourtant les deux modèles. Si les villes nouvelles ont su mettre en avant une image flatteuse, la réalité oblige aussi à mentionner la présence, dès les années 1970, de phénomènes de ségrégation similaires à ceux que l'on trouve, à la même époque, dans les grands ensembles. L'ALFA, qui bénéficiait dès cette époque d'une solide expertise, dresse par la voix de sa directrice générale un tableau très mitigé de la situation telle qu'elle se présente en 1974 :

> Nous arrivons à travailler avec tous les milieux. Mais en sachant bien que nous sommes un peu victimes de notre finalité : « faire participer les résidents », qui, culturellement ou socialement, ont difficilement la possibilité de se prendre en charge, est une gageure. Par exemple, à Ermont et dans d'autres endroits qui se prolétarisent terriblement, notre action est à revoir et doit peut-être reposer plus sur des services. Mais là, nous pensons que les collectivités locales doivent prendre ces actions en charge[94].

Parmi les invariants du fait urbain figure sans aucun doute la déception des résidents quant à la réalisation de ce qu'ils avaient espéré. Sur ce point, les critiques des pionniers des villes nouvelles ne sont peut-être pas si éloignées de celles émises par les premiers résidents des grands ensembles – et avant eux, par les mal-lotis de l'entre-deux-guerres. Mais le propos de la directrice générale de l'ALFA témoigne surtout du passage vers une autre séquence urbaine.

Alors que la circulaire Guichard de 1973 a acté le principe officiel d'arrêt de la production des grands ensembles, de nouveaux indicateurs sociaux alertent les autorités publiques, en particulier les signes de précarisation qui se manifestent au sein des grands ensembles urbains construits au temps de la prospérité. À partir du milieu des années 1970, il va donc s'agir de trouver des solutions pour secourir de nouveau la banlieue, voire procéder à sa réparation.

5

La banlieue malgré elle ? 1975-1995

« Si au moins on pouvait en vouloir à quelqu'un. Si même on pouvait croire qu'on sert à quelque chose, qu'on va quelque part. Mais qu'est-ce qu'on nous a laissé ? Les lendemains qui chantent ? Le grand marché européen ? On n'a que dalle. On n'a plus qu'à être amoureux comme des cons, et ça, c'est pire que tout. »

Extrait du film d'Éric Rochant, *Un monde sans pitié*, 1989.

En mars 1971, un fait divers tragique s'apprête à modifier le cours de l'histoire de la banlieue. Un jeune habitant de la Cité des 4 000 à La Courneuve est abattu par un tenancier de bar à cause, apparemment, du bruit de certains d'entre eux. Le jour des obsèques, des affrontements se produisent entre la police et des membres du cortège qui réunit plus de 1 000 personnes. La tension durera plusieurs mois, inaugurant ainsi la longue liste des affrontements entre jeunes de banlieue et forces de l'ordre. Sitôt connue, la nouvelle du meurtre relance le débat sur la vie dans les grands ensembles. L'émission *Les Dossiers de l'écran* y consacre un numéro spécial. C'est au cours de la décennie 1970 que l'image de ces derniers se confond de plus en plus avec celle d'un certain type de banlieue caractérisé par la violence et la précarité sociale. La question d'une surreprésentation immigrée commence également à être soulignée dans certains articles. Un paradoxe oppose pourtant ces représentations et l'irrésistible ascension démographique de la banlieue qui, selon le décompte national de l'INSEE, regroupe 18,2 millions d'habitants en 1990, contre 16,4 en 1982 et 15,5 en 1975 – soit une hausse de 415 000 entre 1982 et 1990, rien que pour les villes de plus de 200 000 habitants et 337 000 pour la seule région parisienne[1].

C'est également durant cette période que le terme passe généralement du singulier au pluriel. Il ne semble en effet plus guère possible de regrouper en un seul mot, « la banlieue », une réalité de plus en plus composite, contradictoire, entre des espaces qui subissent la crise économique, et d'autres qui continuent à incarner au contraire l'espérance d'un meilleur cadre de vie.

Pour répondre au « problème » de la banlieue, les services de l'État ne restent pas inactifs. Les dispositifs de réhabilitation appliqués à partir du début des années 1970 consistent à faire de cet espace, malgré son caractère pluriel, une catégorie d'action publique à part entière – à tel point qu'à partir de 1981, une confusion persistera entre les territoires de banlieue d'une part, et les périmètres d'intervention de la politique de la ville de l'autre. On peut d'ailleurs se demander si la hausse de dispositifs n'a pas quelque peu altéré son développement interne – les marges de progression dépendant étroitement des programmes mis en œuvre par les pouvoirs publics. De là vient l'hypothèse que l'histoire récente de la banlieue s'est d'une certaine manière faite « malgré elle », bien que la participation des habitants aux programmes mis en œuvre ait toujours été affichée comme une priorité officielle.

Retracer son histoire durant cette période suppose également de la mettre en perspective vis-à-vis de l'évolution de la société française elle-même. Durant cette fin de siècle, la périphérie subit des formes de rejets sans équivalent avec les stigmatisations de l'entre-deux-guerres. On peut affirmer qu'elle focalise, pour une partie de l'opinion publique, le lieu par excellence des maux qui accablent la société française, qu'il s'agisse de l'exclusion sociale, de la délinquance ou des violences urbaines qui connaîtront un point de non-retour lors des émeutes de 2005. Comme l'écrit Pierre Merlin en 1998 : « Le mal des banlieues n'est que le reflet exacerbé, le symptôme le plus voyant d'une crise beaucoup plus large de cette société elle-même[2]. »

Un nouveau modèle d'action publique

Avant même le drame de La Courneuve, des études avaient mis en avant le risque de voir la banlieue édifiée au cours des deux décennies précédentes devenir l'archétype d'une nouvelle crise fondée essentiellement sur des phénomènes de ségrégation sociale et de violences urbaines. Le groupe d'études du Commissariat général au Plan sur l'avenir des villes, présidé par l'ancien ministre Eugène Claudius-Petit en 1970, pointait ce danger :

> Ces brèves remarques font-elles suffisamment apparaître les signes avant-coureurs d'une nouvelle crise née de l'inadaptation radicale des conditions de logement à ce que pourront être dans vingt ans la vie quotidienne et les échanges sociaux des habitants des villes françaises ? Les formes que pourra prendre cette crise peuvent être variées et plus ou moins explosives ; libre à chacun d'en imaginer les conséquences politiques, économiques ou sociales selon qu'elle « pourrira » ou qu'elle « explosera »[3].

L'année suivante, la DATAR (pour rappel, la Délégation à l'aménagement du territoire et à l'action régionale) livrait le même scénario dans *Images de la France de l'an 2000*. Elle brandissait la menace d'une opposition frontale entre « des centres-villes rassemblant des populations de revenus élevés » et certaines banlieues peuplées de « migrants peu intégrés » et d'« exécutants à faibles revenus »[4]. Ce « scénario de l'inacceptable » devait inciter les pouvoirs publics à agir promptement et spécifiquement en faveur de ce type de banlieues. La circulaire de 1973, mettant officiellement fin à la politique des grands ensembles en France, va dans ce sens :

> Après les efforts considérables accomplis pour augmenter la production massive de logements neufs, il est aujourd'hui indispensable de répondre plus efficacement aux aspirations à une meilleure qualité de l'habitat et de l'urbanisme et de lutter contre le développement de la ségrégation sociale par l'habitat[5].

L'avenir d'une partie de la banlieue passera donc par ces deux principaux objectifs sans que pour autant les termes utilisés dans la circulaire renvoient ni à des populations particulières ni à des territoires identifiés spécifiquement[6]. Ce n'est que progressivement que se fabriquera la référence à un certain type de banlieue caractérisée tant par sa composition sociale qu'ethnique.

Logement social et immigration

La promulgation de la circulaire Guichard coïncide avec le moment où la construction neuve en France atteint un niveau inédit avec 556 000 unités, dont 64 % bénéficient des aides de l'État (23 % en locatif social, 11 % en accession sociale). Dès lors, l'investissement de la France peut de la même manière se focaliser sur l'amélioration du parc existant en parallèle des programmes qui sont menés en matière de résorption de l'habitat insalubre et d'éradication des bidonvilles. Ces approches nouvelles portées par les lois Debré de 1964 et Vivien de 1970 induisent un nouveau type de peuplement en lien direct avec la volonté d'Albin Chalandon de réviser la composition sociale des HLM. La conjonction de ces paramètres prend toute son ampleur à mesure que des populations nouvelles s'installent en banlieue. L'attention des pouvoirs publics se porte en particulier sur les logements vacants et la possibilité d'y accueillir de nouveaux locataires, pour une partie des « asociaux » – pour reprendre le terme officiel de l'époque[7] – ou bien des personnes d'origine étrangère. Une première circulaire est adressée dans ce sens aux préfets. Le ministère de l'Équipement entend réviser les mesures financières en vigueur pour porter l'effort sur la catégorie PSR des logements (programmes sociaux de relogement) qui s'adresse en priorité aux familles relogées suite à une opération de résorption de l'habitat insalubre. À l'inverse, les familles des « immeubles à loyer normal » (ILN), disposant d'un revenu supérieur au plafond fixé, subiront un loyer supérieur aux tarifs en vigueur. Le gouvernement pense donc avoir trouvé la parade : les familles aux revenus moyens laisseront la place à celles ayant des revenus plus modestes.

Se forme alors une sorte d'outre-banlieue qui prendra bientôt le nom de « périurbain », aux limites géographiques mal établies. Car, sans se confondre avec la périphérie des villes, ce dernier est appelé à entretenir des liens multiples avec la banlieue, ne serait-ce que par l'origine sociale des populations qui le composent[8]. Dans une étude publiée en 1975, la DATAR confirme l'intérêt à réfléchir à la production d'un nouveau modèle urbain porté par le lotissement. Après plusieurs décennies d'éclipse, celui-ci opère donc son retour, dessinant ainsi un nouvel horizon pour la banlieue. En attendant l'arrivée de ce nouvel eldorado urbain, l'urgence concerne les logements existants, en particulier les plus vétustes, et le risque de dérapage social qu'ils contiennent. À terme, ils risquent, selon certains responsables politiques, de générer de fortes tensions sociales, comme le craint en 1970 le sénateur de la Charente et ancien candidat à l'élection présidentielle de 1965, Pierre Marcilhacy :

> Nous sommes dans un domaine où nous avons tous mauvaise conscience. N'oublions pas que le problème de l'habitat insalubre est toujours à l'origine de grands orages sociaux. Nous devons avoir le courage de dire clairement quels problèmes moraux nous sont aujourd'hui posés[9].

Pour cela, il faut donc hâter les programmes de rénovation urbaine et proposer aux habitants de ces quartiers un logement de type HLM qui, pour le député républicain indépendant Jean-Pierre Soisson, s'adresse en priorité « aux plus pauvres, pour tous ceux qui, malheureusement, disposent encore de revenus insuffisants et habitent dans des locaux dépourvus du confort le plus élémentaire[10] ». Parmi eux, on compte à cette date encore un grand nombre d'immigrés et dont la politique de regroupement familial mise en œuvre entre 1972 et 1974 amplifiera la tendance[11]. La politique ainsi engagée ne tarde pas à porter ses fruits. De 1968 à 1975, la part des immigrés dans le parc social passe de 8,9 % à 11,7 %[12] – dont une majorité dans les HLM de banlieue.

Se pose dès lors la question sensible de leur répartition locale. Pour cela, les pouvoirs publics naviguent entre deux écueils : éviter que se forment de trop fortes concentrations qui pourraient à terme se muer en territoires ségrégués ; se montrer attentif aux aspirations communautaires qui pourraient s'avérer utiles à l'intégration locale de ces populations. Sans que la question ait été réellement débattue, y compris sur le plan politique, la proportion de familles étrangères dans un même ensemble d'habitations ou dans le même quartier ne devra pas, « autant que possible », précise une circulaire de 1972, dépasser 15 % de la population totale[13]. Le décret du 29 avril 1976 sur le regroupement familial aborde aussi la question du logement en recommandant de disperser les familles immigrées dans le parc HLM afin de favoriser leur insertion. Il doit s'agir en priorité « de petits ensembles devant permettre l'accueil de familles primo-immigrantes ou plus généralement ayant des difficultés d'insertion[14] ». Ces préconisations peuvent surprendre par leur caractère imprécis au regard des enjeux sociaux qu'elles sous-tendent. De même, elles interviennent au moment où la question de la présence immigrée en France dépasse de très loin le seul cadre du logement[15].

Dans les faits, le principe du quota dépendra surtout de l'offre locale et de l'état des logements. Les familles sont principalement dirigées vers les logements vacants. Par le biais des systèmes d'aides, les familles immigrées se retrouvent donc dans les quartiers les moins demandés qui sont généralement aussi les plus denses et surtout les moins équipés en services collectifs. Dans la majorité des cas, l'affectation opérée par les bailleurs et les services de l'État traduit un marquage social évident puisque l'implantation de ces populations renforce les différences entre les territoires. Si l'on ajoute que ces dernières nécessitent dans la plupart des cas un accompagnement social inédit, on perçoit les germes d'une nouvelle crise urbaine à venir, tant par son ampleur sociale que par son caractère dépassant le strict cadre du logement.

Certaines cités de banlieue voient leur taux de population immigrée augmenter fortement. C'est le cas en particulier des territoires disposant d'une infrastructure industrielle que l'on estime au début des années 1970 encore pérenne. À titre d'exemple, la Cité des 4 000 dépasse les 40 % de familles étrangères tandis que celle de la Grappinière à Vaulx-en-Velin passe de 10 % en 1968 à 35 % en 1976[16]. Afin de garantir une politique globale et pérenne du point de vue financier, une Commission nationale du logement immigré (CNLI) se charge, notamment à partir de 1976, de gérer le 0,2 % patronal destiné au logement immigré, et de faire des préconisations quant à leur répartition. À plusieurs reprises, les membres de la commission alerteront sur la nécessité de veiller à une meilleure répartition des familles étrangères dans le tissu urbain existant, mais sans être réellement entendus. Particulièrement au cours de la seconde moitié des années 1970, les concentrations de familles immigrées continuent à se former là où la demande en logements est la moins forte.

Certes, des sanctions visent les bailleurs sociaux qui ignorent la règle des 15 %, notamment le fait de ne plus pouvoir collecter l'argent du 0,2 % patronal, mais rares sont les pénalités réellement appliquées. *A contrario*, certaines villes de la banlieue résidentielle se montrent hostiles à l'implantation de familles étrangères sur leurs territoires. C'est le cas aussi de certaines banlieues encore industrielles à cette époque. Après avoir refusé d'accorder un permis de construire destiné à leur construire des logements et avoir été débouté par le préfet, le maire communiste de Levallois-Perret s'enchaînera aux grilles de son hôtel de ville afin de protester. Dans une lettre adressée à son autorité de tutelle, le secrétaire général de la CNLI en appelle à l'arbitrage de l'État, réaffirmant qu'il paraît impossible de résoudre le problème du logement immigré sans développer l'accueil dans le parc HLM[17]. Parfois, ce sont les préfets eux-mêmes qui alertent sur une trop forte concentration de logements immigrés. Celui de l'Oise souligne que, à Creil, l'implantation de nouvelles familles immigrées « complique et contrarie les actions entreprises pour améliorer les conditions de vie de la population étrangère implantée et résoudre les situations conflictuelles de voisinage[18] ».

Dans l'ensemble, les protestations locales restent toutefois assez vaines. Les territoires de banlieue les moins riches continueront à accueillir, parfois malgré eux, les populations les plus pauvres. Dès lors, faute d'un réel projet social visant à l'insertion de ces nouvelles catégories d'habitants, la question spécifique du logement immigré se télescope avec celle du devenir de la banlieue, et de ses grands ensembles en particulier. À travers cette situation qui modélise l'avenir du logement social, c'est une nouvelle fois le statut de la banlieue au sein du territoire national qui est posé. Dans un premier temps, les pouvoirs publics, plutôt que de créer un dispositif propre, optent pour une prise en charge plus large qui se fonde sur deux thématiques complémentaires : le bâti d'une part ; la vie sociale d'autre part. Par la nature même des interventions prescrites et des lieux choisis, c'est en grande partie la banlieue des Trente Glorieuses qui est visée par l'intervention publique.

Habitat et vie sociale

Après le tragique fait divers de La Courneuve en 1971, le gouvernement entend réagir vite. Une première circulaire ministérielle portant sur « l'action sociale et culturelle dans les ensembles d'habitation » est promulguée le 15 décembre 1971. Elle vise à favoriser la mise en œuvre de « communautés résidentielles » afin que les néorésidents se forgent une destinée commune[19]. L'intergroupe « Loisirs » du VIe Plan (1971-1975) avait pour sa part pointé le fait que l'animation urbaine était avant tout liée à la prise de conscience des « malaises de la civilisation urbaine », et constituait un remède aux problèmes de la vie dans les grands ensembles[20]. À cet égard, la direction de la Construction du ministère de l'Équipement organise une série de séminaires régionaux avec les acteurs concernés par l'avenir du logement social. Parallèlement, elle œuvre à la création d'un nouvel outil appelé « Plan-Construction », spécialement créé pour favoriser la qualité de l'architecture au sein des nouvelles constructions recevant des aides de l'État. Présidé par Paul Delouvrier, cet organisme veillera à ce que de grands noms de l'architecture moderne – tels qu'Émile Aillaud – puissent être associés aux programmations. C'est une réelle opportunité pour la banlieue généralement accusée de laideur architecturale – et alors même que, pour ce dernier, la banlieue ne doit pas seulement être en mesure de proposer un logement aux plus modestes mais aussi de se distinguer du point de vue esthétique :

> Pour penser cet urbanisme il faut pratiquer une sorte de fonctionnalisme qui ne s'applique pas seulement au quantitatif [...] mais à la complexité de la vie mentale et affective, à l'histoire humaine qui va se dérouler dans ce lieu [...]. Les bienfaits hygiéniques et économiques d'un certain fonctionnalisme une fois acquis, l'essentiel demeure de prendre possession poétiquement d'un lieu[21].

C'est ce qu'il tentera de faire avec la cité de la Grande-Borne : rompre avec une vision productiviste de la banlieue en lui conférant une réelle plus-value patrimoniale destinée à réconcilier les habitants avec leur environnement. La presse évoquera même à propos de la Grande-Borne un « anti-Sarcelles ». Émile Aillaud refuse notamment d'édifier des tours auxquelles on identifie trop la banlieue des Trente Glorieuses. Il imposera également une densité réduite rompant avec les usages, pas plus de 40 logements à l'hectare. La variété architecturale est aussi à l'ordre du jour avec des rues sinueuses, des sculptures en face d'immeubles aux façades colorées, ainsi qu'une variété de places et de perspectives. L'œuvre d'art offre une réponse à la laideur de la banlieue maintes fois dénoncée par ses détracteurs. L'accueil fait par les habitants sera toutefois pour le moins mitigé si l'on en juge par le traitement réservé sur place au ministre Albin Chalandon – comme nous l'avons vu. Mais c'est en fait la logique économique de l'offre et de la demande qui s'imposera et les logiques de peuplement qui en découleront. La lutte contre les différentes formes de paupérisation d'une partie de la population locale aura finalement raison de l'ambition esthétique formulée encore au milieu des années 1970 par les pouvoirs publics.

Précisément, l'amélioration de la vie quotidienne dans les HLM suscite une attention soutenue de la part des opérations « Habitat et vie sociale » progressivement mises en place à partir de 1975. Il n'existe d'ailleurs guère de réelle rupture sur ce point avec la politique impulsée par Pierre Sudreau à partir de 1960 – à savoir, miser sur l'action sociale afin de contribuer à une meilleure implantation des nouveaux résidents. Dans les nouveaux quartiers, la contribution des centres sociaux sera ainsi très précieuse, à en croire une étude de la Documentation française en 1974 :

> Un sentiment d'isolement et de frustration des joies de la vie urbaine provoque soit un renforcement de l'individualisme, soit des réflexes de défense collective qui se manifestent par des associations de locataires, des comités de quartier, des associations familiales, des sections de parti politique. La présence de deux centres sociaux a permis d'atténuer des écarts avec la ville ancienne. Un esprit de quartier y naît progressivement ; ce ne sont plus tout à fait les dortoirs sans âmes du début[22].

Mais vouloir donner une âme aux nouvelles banlieues ne saurait suffire, d'autant qu'à partir de 1974, d'autres problématiques obturent quelque peu leur avenir. C'est le cas en particulier des premiers effets concrets de la crise qui frappe la France suite au choc pétrolier de 1973. Une enquête de 1975 intitulée « SOS ZUP » sur les Minguettes à Vénissieux permet d'appréhender l'état social et urbanistique de certaines cités d'habitat social au milieu des années 1970. Durant plusieurs semaines, des journalistes du *Progrès de Lyon* ont parcouru la cité afin de rencontrer les habitants. Aux thèmes déjà évoqués, le sentiment d'enfermement des femmes, l'oisiveté des jeunes, il s'en ajoute de nouveaux comme le retard scolaire chez les enfants, la montée du racisme et de la délinquance parmi la population locale, ou bien encore la progression de la précarité sociale. « Endettement et délinquance : Les Minguettes s'en vont à la dérive », tel est le titre d'un volet de l'enquête[23]. Une partie de la banlieue inaugure ainsi un nouveau cycle urbain qui se caractérisera par la précarité sociale et des cycles réguliers de violences urbaines. Une fois encore, le cinéma rend compte de cette évolution. En 1979, sort sur les écrans le film de Bertrand Blier, *Buffet froid*. Il donne à voir une banlieue à la fois glaçante et totalement déshumanisée.

Les nouveaux rejets de la banlieue

Le recul industriel des années 1970 frappe la banlieue tout comme l'industrie avait contribué à l'édifier un siècle avant. Par exemple, à Ivry, plus de 11 000 emplois industriels sont détruits au cours des années 1960-1970 et la ville ne cesse de perdre des habitants jusqu'aux années 2000[24]. Tout l'écosystème urbain est ainsi touché par la crise qui progresse. À Trappes, dans les Yvelines, de vastes cités avaient été édifiées à la demande des industries automobiles qui s'implantaient à proximité. Une fois celle-ci touchées par la crise pétrolière, c'est tout le bassin de vie qui est mis à mal – *idem* dans la ZUP du Courghain dans la banlieue de Dunkerque, édifiée pour loger les ouvriers d'Usinor.

Dès 1974, le nouveau délégué général de l'Union nationale des HLM, Robert Lion, alerte sur la précarité sociale qui gagne alors une partie de l'habitat social. Au cours des Journées d'étude pour une politique sociale de l'habitat, il souligne le risque combiné de trois facteurs concomitants : le rejet à la périphérie des villes des familles les plus défavorisées ; les inégalités concernant l'accès à un meilleur cadre de vie ; enfin, une ségrégation accentuée pour certaines catégories sociales, en particulier les travailleurs immigrés[25]. C'est une menace que perçoit également le Commissariat général au Plan. Dans la préparation du VIIe Plan, plusieurs études pointent le caractère dangereux de la politique qui consiste à regrouper les catégories sociales les plus modestes à la périphérie des villes. La commission préparatoire « Inégalités sociales » invite pour sa part les pouvoirs publics à prendre les mesures nécessaires afin que l'habitat, plutôt que d'aggraver les inégalités sociales, contribue au contraire à les réduire, en évitant par exemple « le rejet systématique des plus pauvres à la périphérie des agglomérations [qui] est une source d'inégalités choquantes et pernicieuses[26] ».

Preuve d'une sorte de schizophrénie prolongée de l'action publique en matière d'urbanisation, la spécialisation dans l'accueil des catégories sociales les plus modestes dans des banlieues déjà en difficulté s'accentue avec la réforme décidée par l'État concernant les aides au logement. Le gouvernement de Raymond Barre décide en 1977 de créer l'aide personnalisée au logement (APL) en lieu et place des anciennes aides à la pierre et de la traditionnelle allocation-logement. La nouvelle forme sera dégressive en fonction des revenus, accordant ainsi une aide importante aux familles les plus modestes. L'APL contribuera mécaniquement à les fixer sur place, plutôt que de leur fournir les moyens suffisants pour les aider à devenir propriétaires – une partie des aides à la pierre étant réaffectée pour le paiement des APL.

La banlieue devient donc pour ces familles leur seule ligne d'horizon. Hier espace des possibles, elle se mue progressivement en lieu de la résignation, avec ou sans perspectives de réhabilitation urbanistique et d'amélioration sociale. De plus, le principe de l'APL affecte les plus pauvres dans le parc social sans qu'une action sociale prescriptive ait toujours eu le temps de les intégrer aux codes en vigueur au sein du logement collectif. En 1978, la Fondation pour la recherche sociale qui avait accompagné sur un plan méthodologique la définition de la procédure « Habitat et vie sociale », publie à cet égard une étude sur les territoires les plus dégradés dont une majorité se situe en banlieue. Ceux-ci cumulent tous les problèmes, qu'il s'agisse de la pauvreté et du chômage, du retard scolaire ou encore de la délinquance. La sur-représentation de la population immigrée – parfois près de la moitié du cas étudié – est également présentée comme un handicap au regard de sa propre précarité[27].

C'est également durant cette période, entre la fin des années 1970 et le début des années 1980, que les mobilisations collectives évoluent. Il ne s'agit plus de défiler pour des causes politiques comme au temps de la banlieue rouge triomphante, mais plutôt de défendre son propre emploi. La CGT organise ainsi en mars 1982 un rallye automobile entre les ministères des Transports et de l'Industrie pour combattre la délocalisation de l'entreprise Kléber de Colombes[28]. « Les grands ensembles sont devenus les lieux où les familles les plus défavorisées et même les classes moyennes subissent quotidiennement les effets cumulatifs de paupérisation », note pour sa part le rapport de la commission « Habitat et cadre de vie » installée par le Premier ministre en octobre 1979 et qui remet ses propositions en juillet 1980[29].

Quant au phénomène des rodéos urbains (qui consistent à organiser des courses sauvages entre voitures ou motos dans les avenues jouxtant les ensembles HLM), il constitue également une caractéristique propre à la banlieue en difficulté des années 1970-1980. Il contribue également à nourrir l'image négative de cette dernière aux yeux de l'opinion publique jusqu'à en faire un contre-modèle de société. Si le phénomène s'impose surtout à la fin des années 1970, en particulier dans l'Est lyonnais, certains rapports de la direction de la Construction du ministère de l'Équipement, qualifiés pour certains de « confidentiels », alertent dès le début des années 1970 sur la situation explosive de certains grands ensembles en termes de délinquance. Au début des années 1970, le délégué général de l'Union des HLM décrivait la Cité des 4 000 à La Courneuve comme « un monstre social » dont la prise en charge relèverait plus « de la mission d'un instituteur ou du curé plutôt que d'un organisme HLM »[30]. Dans les quartiers nord de Marseille, le niveau de tension sociale atteint un premier seuil d'alerte en 1974, en particulier dans la ZUP n° 1 composée en majorité de familles relogées sur place dans le cadre de la politique de résorption des bidonvilles. Durant les années 1970, la situation sociale ne cesse de se dégrader. Plusieurs pétitions mentionnent le fait qu'il faille laisser les volets fermés toute la journée car des enfants de 6 à 10 ans jettent régulièrement des pierres sur les fenêtres. Si des remontrances sont faites, ajoutent les auteurs, les voisins sont « copieusement insultés ». De même, des voitures sont volées et volontairement percutées contre celles qui sont garées sur le trottoir[31].

Ce type d'exaction nourrit une vision de plus en plus négative des cités de banlieue, comme le souligne un journaliste du *Monde* au sujet de la cité Bellevue dans la banlieue nantaise :

> Les loubards, si peu nombreux soient-ils, ont inconsciemment fait apparaître ce qui semble être le moteur de la vie sociale dans ce type de quartier : le rejet[32].

Plusieurs quartiers symbolisant ce type de dérapage social, comme celui de Nantes, ne figurent pourtant pas parmi les premiers qui ont été choisis pour expérimenter les opérations « Habitat et vie sociale ». La question de la sécurité est aussi rarement abordée dans les prédiagnostics établis pour monter des opérations de ce type. La banlieue, prise comme un tout, est pourtant de plus en plus assimilée aux violences qui sont en passe de s'imposer comme un phénomène de société.

Présidé par Alain Peyrefitte, ministre de la Justice depuis le 30 mars 1977, le Comité d'études sur la violence, la criminalité et la délinquance rend son rapport final au chef de l'État en juillet de la même année. Il établit une corrélation entre ces phénomènes et l'urbanisme moderne « sécrétant violence et insécurité ». Selon lui, « la concentration urbaine s'est accompagnée d'un relâchement des liens sociaux qui autrefois unissaient les citadins[33] ». Dès lors, il convient de recomposer ce que le rapport qualifie pour sa part d'« éthique communautaire ». L'intensification des liens sociaux sur le plan local permettra à la banlieue d'échapper à la montée de la violence. Pour sa part, le secrétaire d'État à l'Action sociale, René Lenoir, préconise un recours plus important aux associations qui peuvent selon lui contribuer, avec les syndicats et les collectivités locales, « à contrebalancer la puissance centralisatrice de l'État[34] ». La banlieue doit donc pouvoir compter sur ses propres forces afin de dessiner résolument son avenir. L'État n'apparaissant pour sa part qu'en soutien des initiatives locales et non pour faire à la place des habitants. De ce point de vue, la participation de ces derniers à l'amélioration du cadre de vie est appelée à devenir l'un des moteurs de l'action publique, en particulier dans les quartiers en proie à des difficultés sociales. Il s'agit là d'un point de convergence avec la gauche qui, après la victoire aux élections municipales de 1977, pousse également à une plus forte implication des citoyens dans la vie locale. Ce vœu pieux – presque utopique – hérité de 1968 va pourtant être très fortement et très rapidement fragilisé, pour ne pas dire érodé, par la crise.

La manière dont la presse, locale comme nationale, évoque la situation d'un certain nombre de cités de l'Est lyonnais à la fin des années 1970 constitue une sorte de butte-témoin de l'état social d'une partie de la banlieue à cette date. C'est en septembre 1979 qu'éclatent les premiers incidents entre jeunes et policiers dans le quartier de la Grappinière à Vaulx-en-Velin. Ils se soldent notamment par l'incendie de voitures. Les affrontements se multiplient également entre 1979 et 1980 dans la cité des Minguettes à Vénissieux. Cela conduit *Libération* à écrire en 1981 :

> Quinze ans après l'inauguration d'un îlot de neuf tours de quinze étages dans l'horrible ZUP des Minguettes, à Vénissieux, c'est le grand bond en arrière. De dégradations en déménagements rapides, les immeubles se vident et sont transformés en repaires à bandits. La société de gestion a décidé de fermer deux tours et de reclasser les survivants dans des bâtiments voisins qui obtiennent ainsi un sursis […]. L'insécurité s'accroche à cette situation anarchique. Ni les biens, ni les personnes ne sont plus assurés d'un minimum de sécurité[35].

La presse de gauche ne s'empêche pas non plus de pointer les dérapages sociaux qui caractérisent certaines cités de banlieue. *Le Nouvel Observateur*, en 1980, explique pour sa part comment un quartier de Villeurbanne, la cité Olivier-de-Serres, est devenu en quelques années « le Bronx lyonnais » :

> L'histoire est classique : au départ, un groupe de six énormes barres construit comme cité d'urgence pour les rapatriés d'Algérie. Mais les rapatriés d'Algérie ne restent pas. S'installent à leur place et progressivement des familles arabes. La régie se contente

d'encaisser les loyers, les immeubles se dégradent, les derniers Français s'en vont, les immigrés de plus en plus pauvres restent. Le ghetto est créé[36].

Mais l'urbanisme n'est pas le seul en cause. Le comportement de certains jeunes dont l'origine ethnique est suggérée pose question, comme le pointe de son côté *Le Matin de Paris* à propos du cas villeurbannais :

> La cité grouille de jeunes désœuvrés, moins de 18 ans, au-delà ils ne pensent qu'à quitter ce « trou à rats » qui, comme le souligne un employé du consulat d'Algérie, « s'amusent à emmerder les gens parce qu'ils n'ont rien à faire »[37].

L'article cite également le maire socialiste de la commune, Charles Hernu, pour qui cette cité, frappée par la petite délinquance, le racisme et les rumeurs, est devenue « une verrue urbaine ». Pour ce faire, il n'hésite pas à désigner explicitement les ressortissants de la communauté maghrébine comme responsables de cette dégradation. Selon lui, « il y a plus d'Italiens que de Maghrébins dans Villeurbanne, or il n'y a pas de problème italien[38] ». Les services de l'État ne sont pas loin de partager cet avis. Dans l'une de ses notes, la Commission nationale pour le logement des immigrés cite le propos du préfet de Rhône-Alpes selon lequel, si l'on n'y prend pas garde, « la plupart des ZUP de Vénissieux, Vaulx-en-Velin ou de Rillieux deviendront des "Harlem" où les Français ne voudront plus aller et ne pourront plus pénétrer[39] ». Finalement, la municipalité entreprendra la démolition du quartier entre 1978 et 1984. Aucune trace physique des anciennes barres ne subsistera.

Si cet exemple est emblématique, d'autres éléments invitent pourtant à la nuance. Un sondage de la SOFRES en août 1979 révèle par exemple que 64 % des sondés considèrent que vivre en banlieue plutôt qu'en centre-ville constitue un avantage ; 29 % estiment le contraire[40]. Parmi les banlieusards eux-mêmes, 82 % d'entre eux jugent que vivre en banlieue constitue un avantage certain, en raison du calme (59 %), du jardin (48 %), ainsi que de la proximité de la campagne (34 %). Parmi les inconvénients figurent logiquement le temps et l'argent perdus dans les transports (44 %), l'éloignement des commerces (32 %), le manque de distraction (28 %), la violence et l'insécurité n'arrivant qu'en quatrième position (15 %) suivies de l'isolement (14 %). Il convient donc de relativiser l'image d'une banlieue qui, à la fin des années 1970, se définirait prioritairement – voire exclusivement – par ses taux élevés de chômage et de délinquance. Cela explique pourquoi le pouvoir envisage encore à l'époque l'avenir de la banlieue non pas principalement sous l'angle de la réparation, mais d'abord sous celui de l'aménagement, afin de rendre plus égaux les banlieusards et les autres citadins en matière de cadre de vie résidentiel.

C'est dans ce contexte qu'est adopté à l'Élysée le 18 décembre 1979 le premier plan pour la banlieue selon la terminologie officielle employée. Premier d'une longue série, il remet au goût du jour le terme même de « banlieue », jusqu'alors quelque peu exclu du langage politico-administratif. À la veille de l'échéance électorale des présidentielles, cette attention n'est pas forcément dénuée de tout calcul politique dans la mesure où elle représente 17,6 millions de citoyens, soit le quart de la population française. Les communes rurales sous influence urbaine, appelées à devenir elles aussi d'une certaine manière des banlieues, connaissent une croissance fulgurante en raison de l'attraction qu'elles produisent chez les classes moyennes[41]. Elles requièrent donc tout particulièrement l'attention des pouvoirs publics mais aussi du gouvernement dans la mesure où elles peuvent constituer une réserve électorale en vue de l'élection présidentielle de 1981.

Pourtant, c'est une tout autre image qui s'enracine dans l'opinion publique à la fin des années 1970 ; celle qui semble vouée à une lente mort sociale et qui recoupe plus ou moins la banlieue industrielle telle qu'elle existe depuis le début du siècle. Y vit, ou plutôt y survit, une jeunesse immortalisée par le chanteur Renaud dans sa *Chanson du loubard* sortie en 1977 :

> Le jour se lève sur ma banlieue,
> j'ai froid c'est pourtant pas l'hiver,
> qu'est-ce que j'pourrais foutre nom de Dieu ?
> J'ai pas un rond et j'ai pas l'air
> sérieux,
> sérieux.

J'suis un loubard parmi tant d'autres,
je crèche pas loin de la Défense,
J'ai l'air crado, c'est pas ma faute,
Mon HLM c'est pas Byzance,
mon pote,
mon pote.

Dans mon HLM (1980) et *Banlieue rouge* (1981) viendront compléter une vision très éloignée de celle que les pouvoirs publics promeuvent au travers du premier plan banlieue.

Le premier plan banlieue

Après plusieurs décennies d'éclipse, la banlieue en tant que telle fait donc son retour sur la scène politico-administrative après avoir été remplacée après la Deuxième Guerre mondiale par des termes moins connotés comme « nouveaux ensembles urbains » ou « nouvelles villes ». On peut à cet égard dresser un parallèle entre les efforts entrepris par le courant réformateur-conservateur des années 1920 incarné par Raymond Poincaré et Louis Loucheur en faveur de la banlieue et celui qu'ambitionne d'incarner Valéry Giscard d'Estaing. Ce dernier n'hésite pas à rappeler que celles-ci représentent en population autant que les campagnes. Or, estime-t-il, les conditions de vie y sont souvent plus difficiles en raison « de l'urbanisation inorganisée et de l'insuffisance du cadre de vie[42] ». Il faut donc rétablir l'égalité en faveur de ces territoires[43]. À la fin des années 1970, qui plus est après la vague rose des municipales de 1977 observée en particulier dans ces territoires, la reconquête politique de cet espace semble être pour la majorité un objectif très important. Pour le ministre de l'Environnement et du Cadre de vie (MECV), Michel d'Ornano, à qui le président de la République a confié le dossier, « les banlieues en formation et nouvelles sont peuplées de gens déracinés, jeunes, utopiques et donc socialistes[44] ». Quant aux banlieues anciennes, elles sont « conservatrices, avec soit des riches, majoritaires, soit communistes ». Le chef de l'État lui-même dresse un parallèle entre l'état matériel d'une partie de la périphérie et la réaction politique qui en découle chez les habitants des territoires concernés :

> Évry est un scandale, une honte de prétention, de mocheté. À Évry, je voterai communiste. L'urbanisme de Moscou est mieux qu'Évry. C'est un scandale au sens fort. Faire vivre 50 000 personnes dans ce cadre ! Les bureaux sont mieux que les logements, car les promoteurs ont pris, eux, de bons architectes[45].

Le gouvernement doit donc s'emparer du problème. Toujours du point de vue du président de la République, « le gouvernement n'est pas en contact avec les banlieues. Aucun gouvernement et aucun parti n'ont encore intégré la banlieue dans ses préoccupations ». Il s'agit donc de mener une véritable reconquête (politique) de ces territoires. La comparaison historique utilisée à ce propos surprend quelque peu :

> Tels les Espagnols du XIIIe siècle, il faut se fixer un objectif de reconquête. Si on vit mal dans les banlieues, c'est la faute de la société. Et je suis convaincu que la reconquête sera beaucoup plus facile qu'on ne le croit, voyez le succès des candidats réformistes aux élections prud'homales, et que les responsabilités d'abandon sont également beaucoup plus grandes qu'on ne le croit[46].

Il revient donc au gouvernement de traduire en actes la vision réformatrice giscardienne pour la banlieue. En avril 1980, le Premier ministre annonce la création d'un « Groupe interministériel permanent pour l'aménagement des banlieues » afin « d'animer et de coordonner l'activité des administrations intéressées en vue de permettre la prise en considération des problèmes des banlieues dans tous les domaines de leur action et d'assurer l'élaboration et la mise en œuvre d'une politique concertée d'aménagement des banlieues[47] ».

Michel d'Ornano choisit à titre expérimental treize communes de banlieue. Il s'agit de privilégier l'approche aménagement, et non de répondre aux flambées de violences qui marquent certaines villes au même moment. En région lyonnaise, Décines et Rillieux-la-Pape sont préférées à Vaulx-en-Velin et Vénissieux[48]. En Île-de-France, Issy-les-Moulineaux figure dans la liste, mais pas La Courneuve. C'est donc bien un type particulier de banlieue qui est choisi. La proximité politique entre le gouvernement et certains élus locaux peut aussi expliquer ces choix. Il n'en reste pas moins que la banlieue apparaît désormais comme une catégorie spécifique de l'action publique. Il reviendra aux communes de définir les modalités pratiques de mise en œuvre des opérations retenues[49], en agissant particulièrement dans le domaine des transports, de la vie quotidienne ou de l'emploi. La « qualité de la vie », affichée comme une priorité du MECV depuis 1978, est donc privilégiée, et non le ciblage des zones dites « sensibles » au regard de la précarité sociale qui les caractérise. Cette priorisation sera remise en cause avec l'arrivée de la gauche au pouvoir en 1981.

La gauche et la banlieue

La gauche, arrivée au pouvoir en mai 1981, a-t-elle inventé la politique de la ville ? Si oui, elle aurait été la première force politique à bâtir une action spécifique en direction de la banlieue en proie à des pathologies urbaines et sociales de plus en plus fortes. La réalité est quelque peu différente si l'on en juge par les premières opérations « Habitat et vie sociale » définies à la fin du mandat de Georges Pompidou ainsi que par l'attention particulière portée à la périphérie durant celui de son successeur, Valéry Giscard d'Estaing. Ce qui fait le pont entre les années 1970 et le début des années 1980, en dehors de tout clivage idéologique, c'est la conviction des pouvoirs publics que c'est par le développement de la vie sociale que ces territoires parviendront à surmonter ces difficultés. À quelques mois de l'élection présidentielle, le Groupe interministériel pour les banlieues rappelait l'importance de voir se développer des unités de voisinage dans lesquelles les habitants seraient amenés à jouer un rôle essentiel :

> Les relations sociales sont souvent plus développées dans les banlieues qu'en ville. [...] Cette vie sociale se développe d'autant mieux que les unités de voisinage sont plus « soudées » : même milieu social, passé commun, enfants se fréquentant dans les mêmes classes, culture voisine (même ethnique). [...] La vie sociale locale sera favorisée par l'association des habitants à la vie de quartier, et notamment la gestion d'équipement ou espace de voisinage[50].

À cet égard, les émeutes survenues en avril 1981 à Brixton, une banlieue pauvre de Londres, ne remettent pas en cause la conviction des pouvoirs publics français sur leur capacité à surmonter les difficultés qui touchent certaines marges durant l'été 1981. Au mois de juillet, alors que le parti socialiste célèbre son arrivée au pouvoir, des échauffourées éclatent dans plusieurs cités de la région lyonnaise. Médusés, les Français assistent derrière leurs écrans de télévision aux rodéos organisés par des jeunes de la cité, et dont le final consiste à incendier des voitures volées. Cette fois, le phénomène surprend par sa durée et son ampleur. Rien qu'aux Minguettes, plus de 200 automobiles ont brûlé à la fin de l'été. La « banlieue » telle qu'elle est présentée dans la presse s'invite donc dans l'actualité politique. Le nouveau gouvernement se doit d'apporter urgemment une réponse, alors que la priorité du gouvernement se porte sur d'autres dossiers – en particulier le débat sur l'abolition de la peine de mort ainsi que la mise en débat des lois sur la décentralisation. De plus, « l'été chaud » de la banlieue ne semble guère inquiéter plus que cela certains observateurs. *Le Monde* se veut par exemple rassurant, refusant d'établir un parallèle entre ce qui se passe à Vénissieux et les émeutes de Brixton :

> La ZUP des Minguettes, dans la banlieue de Lyon, ne sera ni Birmingham ni Londres. Une dizaine de voitures ont été brûlées la semaine dernière et un policier a eu le poignet foulé. Mais on est loin d'une émeute. La colère des jeunes reste sourde, étouffée. Elle n'est pas encore dévastatrice[51].

Tandis que la droite pointe les actes de délinquance commis (ainsi que le laxisme du nouveau gouvernement à l'égard des fauteurs de troubles), la gauche, quant à elle, met en avant la raison sociale. Devant les 5 000 personnes réunies au cœur de la ZUP de Vénissieux, le leader du parti communiste, Georges Marchais, dénonce le procès qui est fait aux logements de type HLM :

> Les affabulateurs qui affirment que Vénissieux est à feu et à sang et vivrait chaque nuit comme au temps d'Al Capone. Ceux qui soutiennent que les HLM seraient maudites veulent supprimer tout bonnement cette conquête ouvrière[52].

La question migratoire occupe aussi une place croissante dans les débats. Le soutien apporté par le parti communiste à la politique des HLM ne l'empêche toutefois pas de dénoncer à certaines occasions le surnombre de logements immigrés au sein des communes qu'il administre encore. En janvier 1981, le maire de Vitry-sur-Seine, dont la ville héberge deux fois plus d'immigrés que la moyenne nationale (13,9 % contre 7,8 %), décide de détruire un foyer de migrants dans lequel vivent plusieurs dizaines de ressortissants sénégalais. Quant au maire de Montigny-lès-Cormeilles, Robert Hue, il dénonce publiquement une famille marocaine accusée selon lui de se livrer au trafic de drogue.

Certaines municipalités de droite n'hésitent pas de leur côté à se débarrasser en toute légalité des implantations les plus contraignantes en matière de logements immigrés. Ainsi, dans le seul département du Val-de-Marne, 33 des 41 foyers d'immigrés répertoriés sont installés au début des années 1980 dans des municipalités de gauche. Plusieurs d'entre eux étaient à l'origine implantés dans des villes gérées par la droite.

L'exécutif cherche pour sa part à apporter des réponses concrètes aux émeutes de l'été tout en appliquant son programme « Changer la vie ». Dans sa préface au *Projet socialiste,* François Mitterrand rappelle à cet égard que « changer la vie, c'est aussi changer les villes où vivent plus des deux tiers des Français ». De ce point de vue, le PS peut compter sur l'expertise de ses élus locaux, en particulier les maires qui ont été élus lors de la vague rose de 1977. Le rapport rendu par Dominique Figeat (alors chargé de mission auprès du Commissariat général au Plan) durant l'été sur la procédure « Habitat et vie sociale » servira de matrice à cette politique. Il pointe notamment une « évolution inquiétante » depuis que le groupe « Habitat et vie sociale » a été fondu dans le Fonds d'aménagement urbain : selon lui, il règne au sein des instances dirigeantes de ce dernier une « hégémonie du cadre de vie[53] » au détriment de l'action sociale. Cette analyse rejoint le constat dressé par le parti socialiste en 1980. Il dénonçait « les idéologies du cadre de vie [qui] sont un aspect de l'idéologie dominante permett[ant] au pouvoir de lier ses intérêts fondamentaux à des intérêts conjoncturels de la société civile[54] ».

Il convient donc d'opérer un recentrage social dans la perspective des annonces que le Premier ministre doit faire au cours des Assises pour l'avenir des cités d'habitat social organisées par l'Union nationale des HLM le 28 octobre 1981. Dans l'esprit de la décentralisation qui constitue le socle de l'action publique locale, Pierre Mauroy n'annonce pas la création d'une nouvelle procédure ministérielle, mais la mise en place d'une Commission nationale du développement social des quartiers (CNDSQ) qui sera présidée par un élu local, Hubert Dubedout, député-maire de Grenoble. Spécialiste des questions de démocratie locale pour le parti socialiste, il devra proposer une nouvelle politique pour les « quartiers », un terme qui figure explicitement dans sa lettre de mission – une manière de faire l'impasse sur certains termes comme « grands ensembles » et même « banlieue ».

Dans son discours, le Premier ministre prend en effet soin de ne pas aborder de manière directe la question de la banlieue. Il définit plutôt une méthode d'action à l'égard des territoires qui nécessitent une prise en charge spécifique de la part de l'État. Selon lui, la nouvelle politique devra être conduite principalement par les maires dans le cadre des nouvelles lois de décentralisation, en lien étroit avec les HLM et les habitants eux-mêmes. Elle devra également être globale, c'est-à-dire intégrer les problématiques liées à l'éducation, l'emploi ou bien encore la formation. Pour ce faire, le nouvel organisme pourra s'appuyer sur de nouveaux dispositifs comme les Missions locales pour l'emploi ainsi que les zones d'éducation prioritaires (ZEP) créées dès 1981 par le ministre de l'Éducation nationale, Alain Savary. Bientôt, une Commission des maires pour la sécurité sera également installée par le Premier ministre et la présidence confiée au député-maire d'Épinay-sur-Seine, Gilbert Bonnemaison. En 1983, elle débouchera sur la création du Conseil national de prévention de la délinquance. Il existe donc en 1981 une réelle mobilisation en faveur de la banlieue et de son développement social.

La CNDSQ retient une première liste de 16 quartiers en 1982. L'action entreprise bénéficiera des moyens d'abord alloués au Plan intérimaire de 1982-1983, puis au IXe Plan. Contrairement au plan de 1980, les sites retenus correspondent pour l'essentiel aux territoires les plus en difficulté du point de vue tant urbain que social. Y figurent les Minguettes à Vénissieux, la

Grande-Borne à Grigny, les Grésillons à Gennevilliers, la Cité des 4 000 à La Courneuve, le Val-Fourré à Mantes-la-Jolie ou bien encore le Haut-du-Lièvre à Nancy et le Neuhoff à Strasbourg.

Par ailleurs, un certain nombre d'initiatives en faveur des jeunes habitants des cités est également prévu. Un premier projet de vacances en partenariat avec le Club Méditerranée, sous le contrôle de CRS volontaires, est organisé. Officialisé à la veille de l'été 1982, le dispositif vise à proposer des camps d'été et des activités locales dans différentes villes. Ces « opérations anti-été chaud » s'inscrivent dans le temps long de l'animation sociale développée dans les grands ensembles depuis le début des années 1960. Si le taux de délinquance baisse durant l'été, il ne peut toutefois s'agir que d'un palliatif à une action plus profonde. L'enjeu principal reste l'engagement de nouvelles opérations de réhabilitation – une politique qui cache pourtant mal la détresse de certains habitants de ces territoires, à l'instar de la « banlieue » chantée par Karim Kacel en 1983 pour qui le facteur humain n'est pas suffisamment pris en compte :

> Hé Banlieue
> Ne les laisse pas vieillir, leur jeunesse se tire… Banlieue
> Banlieue, ta grisaille ne m'inspire que l'envie de partir… Banlieue
> Hé Banlieue
> Ne les laisse pas tomber, ils ont l'droit d'exister eux aussi…
> Banlieue… oh oh… Banlieue.

Une nouvelle politique

Pour mener à bien sa mission, la Commission nationale du développement social des quartiers s'appuie sur une poignée de permanents qui n'est pas sans rappeler l'administration de mission du temps de la DATAR. Une partie de la nouvelle équipe est issue du militantisme urbain des années 1970 et entend à cette occasion mettre les habitants au cœur des nouveaux dispositifs. L'attention portée à la banlieue ne signe toutefois pas le Grand Soir attendu par des militants. C'est plutôt, selon un responsable de l'Office public HLM de Marseille, « par l'existence de révolutions minuscules faites chaque jour et recommencées le lendemain, que des organismes arrivent ponctuellement à trouver des solutions et à faire avancer les problèmes[55] ».

Le nouvel organisme cherche donc à organiser la cohabitation entre les communautés locales, à favoriser le développement économique et social et à lutter contre l'exclusion par le logement. Tout cela figurait déjà en partie dans les orientations définies par la procédure « Habitat et vie sociale ». L'enjeu d'un recours éventuel à la démolition constitue en revanche une rupture. Évoquée dans *Le Livre blanc des HLM* de 1975, cette option n'avait guère connu d'applications concrètes, en particulier parce que le coût de l'obsolescence économique des grands ensembles avait été calculé sur une durée de trente ans. En 1981, la question resurgit. Faut-il songer à démolir ou plutôt privilégier la réhabilitation ? Dans son discours de 1981 devant les HLM, Pierre Mauroy n'avait pas écarté la première hypothèse[56]. Cette approche ne fait toutefois pas l'unanimité. Pour Sylvie Harburger, de la CNDSQ, l'avenir de la banlieue ne passe pas forcément par la destruction d'une partie de son patrimoine immobilier, mais plutôt par la capacité des pouvoirs publics à encourager une politique de développement social capable de faire des habitants les véritables acteurs du changement urbain :

> Encourager la démolition de ces immeubles, c'est laisser croire que le problème est physique et non social, c'est encourager une idéologie de mise à l'écart, c'est s'engager dans une spirale qui bientôt rendra obsolètes des fractions bien plus grandes du parc HLM [...]. C'est le contraire de la reconnaissance sociale que les jeunes revendiquent, de la dignité retrouvée, du droit à la différence. C'est la répétition implicite de la hiérarchisation des habitats, des individus et des classes sociales[57].

Des témoignages d'habitants attestent pourtant de la dégradation rapide de certaines cités au début des années 1980. Ils confortent l'idée que le développement social ne peut, à lui tout seul, venir à bout de la dégradation sociale de certains quartiers – comme, par exemple, ceux du nord de Nantes :

> Ça s'est dégradé au début des années 1980, après le départ de nombreuses familles à Gresvine. Je me souviens avoir pleuré quand

> mes voisins sont partis. Les relations avec les jeunes sont devenues de plus en plus tendues. Le centre commercial et le centre socio-culturel ont subi de nombreuses dégradations. On a participé à des réunions de concertation, mais si on s'exprimait on risquait des représailles. On nous a jeté des cailloux contre les fenêtres. Beaucoup trop de jeunes n'ont pas de projets. L'oisiveté est à l'origine de la délinquance, des trafics[58].

À partir de 1981, la destruction de tours ou de barres s'inscrit, avec les rodéos urbains, dans les représentations mentales et télévisuelles des Français. La première mise en scène de ce type concerne le quartier des Minguettes, devenu le symbole de la banlieue en difficulté. C'est le 9 juin 1983 qu'a lieu l'explosion de la première tour. D'autres cas, aussi médiatisés, suivent – comme la barre Debussy, dans la Cité des 4 000, à La Courneuve, dynamitée en 1986. Faute de pouvoir éradiquer les pathologies qui se sont développées au sein de certains quartiers de banlieue, il y a une volonté, comme pour la cité Olivier-de-Serres à Villeurbanne, de les effacer de la mémoire collective.

Destruction ou pas, le défi lancé aux pouvoirs publics est en fait immense. Il s'agit d'envisager des programmes d'actions qui tiennent autant compte de la précarisation sociale des populations locales que de leur participation à la vie locale. Pour la CNDSQ, il faut pour cela « prendre appui sur les identités, pratiques sociales et modes de vie pour promouvoir l'intervention des couches sociales sur les décisions qui les concernent[59] ». Le développement social de la banlieue au début des années 1980 passe donc encore d'un certain côté par l'approche communautaire qu'il convient de ne pas confondre avec toute expression communautariste qui se nourrit, quant à elle, du rejet de l'altérité. Il s'agit ici de reconnaître un droit à la différence en admettant l'existence d'une « France au pluriel » pour reprendre le titre d'un ouvrage de 1981 préfacé par François Mitterrand[60]. L'enjeu est aussi politique : se donner les moyens pour réussir enfin l'inclusion de certains territoires périphériques. « Des millions de citadins, français aussi bien qu'étrangers ne se sentent pas citoyens [...]. Physiquement et moralement, ils sont hors les murs[61] », affirme en 1982 le nouveau directeur général de la

Caisse des dépôts, Robert Lion. La banlieue devra être testée pour ses capacités intégratrices ou ne sera pas.

Le discours mettant la citoyenneté et la décentralisation au cœur de la démarche s'effacera vite devant les contingences sociales. Le but est alors d'apporter une « solution » à un « problème » plutôt que d'envisager sur la longue durée une refondation des cadres de la société ainsi que des modalités de sa gouvernance propre à la banlieue. Le rapport officiel que remet le président de la CNDSQ au Premier ministre en janvier 1983, « Ensemble refaire la ville », témoigne de ce point de vue de l'entre-deux de la réflexion gouvernementale. S'il s'agit de dépasser le stade de l'animation sociale jugée « artificielle » au regard des enjeux, le rapport entre les villes-centres et leurs périphéries n'est que peu évoqué – pas plus que les véritables causes qui sont à l'origine des émeutes urbaines. Cela rejoint l'absence de vrais débats politiques sur le sujet, y compris au Parlement. À cet égard, 1983 constitue bel et bien un tournant pour la prise en charge des banlieues en difficulté par les pouvoirs publics.

1983 ou les illusions perdues

Pressentie, la défaite électorale de la gauche aux élections municipales de 1983, qui plus est dans un contexte économique de plus en plus sombre, constitue bien un tournant majeur. Si elle ne pouvait certes prétendre au score similaire de 1977, la gauche enregistre malgré tout des pertes symboliques, qu'il s'agisse de Roubaix, acquise au socialisme municipal depuis le début du siècle, ou de Grenoble, dirigée depuis 1965 par Hubert Dubedout, par ailleurs président de la CNDSQ. Au total, 31 villes de plus de 30 000 habitants passent à droite. Beaucoup d'entre elles appartiennent à la banlieue – notamment Sarcelles, Suresnes, Aulnay, ou bien encore Levallois-Perret, perdue par le PCF au profit du RPR (Rassemblement pour la République) de Patrick Balkany. Dans ce dernier cas, il s'agit d'un mouvement qui ne cessera de prendre de l'ampleur : en effet, une partie de la banlieue ouvrière, généralement la plus proche des grandes villes, se résidentialise, avec tous les changements politiques que cela implique. Ainsi, plus qu'une défaite électorale classique, il s'agit surtout d'un reflux idéologique pour la gauche qui se traduit notamment par un changement de cap en matière de conduite des politiques en direction des quartiers en difficulté. L'idée de changer la vie des Français est en passe de s'effacer devant le changement de cap économique décidé par le gouvernement.

Par ailleurs, essentiellement à partir du départ d'Hubert Dubedout de la CNDSQ après sa défaite aux municipales et, parallèlement, de l'arrivée de Paul Quilès au ministère de l'Urbanisme et du Logement, les services centraux de l'État entendent reprendre la main sur un dossier en grande partie délégué aux élus locaux. Mais le changement d'appréhension de la banlieue composée en majorité de logements sociaux à partir de 1983 revêt aussi un caractère sociétal. Alors qu'elle était jusque-là un marqueur du changement, elle devient progressivement un *problème* qu'il convient de traiter comme tel, plutôt qu'un laboratoire d'expérimentations sociales. À cet égard, le traitement politique de la « Marche pour l'égalité et contre le racisme » qui marque l'actualité en 1983 symbolise le divorce qui s'amorce entre la gauche et les immigrés de la seconde génération – celle des enfants des pères venus travailler au temps de la prospérité des Trente Glorieuses. Contre le racisme et la xénophobie qui croissent avec la crise économique, la gauche au pouvoir ne parvient donc pas à renouveler son discours sur l'immigration et, surtout, est incapable de proposer un programme cohérent en matière d'intégration territoriale.

Les avertissements n'ont pourtant pas manqué. Déjà en 1979, le prédossier « Habitat et vie sociale » (HVS) de Vénissieux notait à ce sujet qu'il existait des « quartiers à problèmes » ou « en voie de ghettoïsation » dans lesquels les familles d'origine étrangère n'étaient tolérées qu'à condition de ne pas se faire voir[62]. Dans de nombreux cas, les observations de terrain font remonter des difficultés de cohabitation de plus en plus fortes entre familles françaises et d'origine étrangère. Le cas des résidents dits « de 2e génération » inspire de longs développements. Leur difficile insertion, soulignent des rapports, pèse sur l'ensemble de la vie dans les ZUP. Particulièrement fragile, cette classe d'âge pourrait basculer soit vers une réelle intégration à la vie locale, soit au contraire vers la délinquance. Dans le cas des Minguettes, le prérapport HVS préconise de favoriser leurs demandes de logement sur la ZUP, ainsi que leur intégration dans des postes d'animation sociale. Pourtant, les émeutes de 1983 témoignent une nouvelle fois des limites de l'application locale de cette politique.

À Vénissieux, de nouveaux affrontements opposent la police et les jeunes issus de la ZUP. Durant ces heurts, le jeune président de l'association SOS Avenir Minguettes Toumi Djaïdja est grièvement blessé par un policier et transporté d'urgence à l'hôpital. Une grève de la faim est lancée par des jeunes de la cité ainsi que par le père Delorme en soutien à Djaïdja, accusé d'un braquage de supermarché qu'il nie.

Le 15 octobre démarre à Marseille une grande marche sur le modèle de celles des militants des droits civiques aux États-Unis. Peu à peu, « la Marche des Beurs », telle que présentée dans la presse, devient en effet un événement médiatique, à tel point que lors de son arrivée à Paris, le 3 décembre, François Mitterrand reçoit à l'Élysée une délégation de marcheurs. Le temps d'un moment, la banlieue refait l'actualité, mais de manière positive. Le président leur promet une carte de séjour et de travail valable pour dix ans, ainsi qu'une loi contre les crimes racistes et un projet sur le vote des étrangers aux élections locales. Seule la première promesse sera honorée alors même que dans les 110 propositions du candidat Mitterrand figurait le vote des étrangers aux élections locales – ce qui aurait pu bouleverser le jeu politique local dans certaines banlieues. De fait, ce mouvement n'a guère eu d'influence sur la conduite des opérations urbaines tandis pourtant que certains élus locaux, comme le premier adjoint de Vénissieux, ont rappelé l'urgence de la situation au lendemain des municipales :

> Il faut absolument que ces ghettos soient résorbés dans les meilleures conditions. Un tel urbanisme, une telle concentration de travailleurs immigrés est un phénomène que l'on doit à l'avenir éviter [...] Monmousseau ne doit pas rester une zone interdite[63].

À cette date, les pouvoirs publics semblent encore hésiter à se saisir frontalement de la question de la sécurité. La causalité sociale concentre à elle seule l'ensemble des explications pour analyser les souffrances de la banlieue. Dans le rapport que le nouveau président de la CNDSQ Rodolphe Pesce, député-maire de Valence, remet au Premier ministre en 1984,

> l'insécurité est liée à l'inadaptation des institutions, des services urbains qui n'arrivent pas à répondre avec assez de célérité et de pertinence aux besoins des populations et à donner une qualité au lien social[64].

En réalité, le modèle *développement social des quartiers* se montre impuissant à proposer des solutions innovantes en dehors de la réhabilitation du cadre bâti et du développement de la vie sociale dans les grands ensembles. Il se borne souvent à doter les ZUP d'équipements pour les intégrer à la ville et à l'agglomération[65]. Les problématiques de l'insécurité et l'immigration sont en revanche peu abordées, voire tout simplement écartées. La radicalisation du débat sur ces questions, avec une première poussée du Front national aux municipales, aurait sans doute mérité une plus forte mobilisation des élus locaux comme des représentants ministériels sur ces questions engageant au premier chef l'avenir de certaines villes de banlieue.

Les alliances municipales entre le RPR et le Front national à Dreux, ainsi que le doute exprimé par des membres du gouvernement – selon lequel les grévistes CGT de Citroën à Aulnay et Simca-Talbot à Poissy, en majorité des travailleurs immigrés, seraient manipulés par des « intégristes » –, ne contribuent pas non plus à faire émerger un nouveau courant d'expression citoyenne ou politique. Par son caractère inédit, il aurait pourtant permis d'envisager son renouveau autrement que de manière traditionnelle, c'est-à-dire par le seul filtre des élus locaux et des services de l'État, et selon la principale approche de la réparation.

Quelques mouvements locaux – en particulier dans la région lyonnaise – (comme Zaâma d'banlieue ou Jeunes Arabes de Lyon et sa Banlieue) – vont se former, mais sans pouvoir dépasser le registre protestataire fortement influencé par la radicalité politique. Convergence 84, avec Farida Belghoul, ne parviendra guère plus à fédérer les énergies banlieusardes, faute d'un réel partage de vues entre ses dirigeants. Une autre création militante, le Mouvement de l'immigration et des banlieues (MIB), constitué en 1995, tentera lui aussi de faire entendre sa voix mais souffrira également d'un manque d'audience locale étant donné son positionnement idéologique. Il s'inscrit en effet clairement dans la filiation de l'extrême gauche ainsi que des mouvements « autonomes » des années 1970. Quant à SOS Racisme, coproduit dans une très large mesure par le parti socialiste et l'Élysée, il ne parviendra guère plus à devenir le porte-parole des « jeunes de banlieue ».

À partir de 1983, faute de débouchés politiques crédibles, une partie de l'histoire de la banlieue s'écrira donc non contre elle, mais malgré elle, au rythme des différents dispositifs de la politique de la ville. Dès 1984, un Comité interministériel pour les villes ainsi qu'un Fonds social urbain, en liaison avec le programme prioritaire d'exécution intitulé « Mieux vivre dans la ville » sont constitués, dans la ligne des orientations du IXe Plan (1984-1988). Du point de vue administratif, la prise en charge d'une partie de la banlieue se confirme donc.

Si le « problème des banlieues » n'est en effet pas nouveau, la nature de sa prise en charge se précise. Alors que le militantisme urbain recule et qu'une partie de ses animateurs ont rejoint les cabinets ministériels, l'action sociale pratiquée en banlieue dépend désormais directement d'organismes qui appartiennent à l'appareil d'État. Les chefs de projet de la politique de la ville évoluent aussi vers une technicisation qui tranche avec les débuts du développement social des quartiers profondément marqué par l'éducation populaire. S'ajoute également l'effacement progressif des forces d'encadrement traditionnelles que représentaient le parti communiste et l'Église catholique. Il n'est pas certain que leur savoir-faire ait trouvé au cours des années 1980 de réels successeurs.

La figure du banlieusard est aussi en train de se métamorphoser, en particulier les plus jeunes. Si ceux-ci sont devenus une catégorie spécifique de l'action publique au cours des années 1970, ils sont durant la décennie suivante de plus en plus présentés comme étant « en galère » pour reprendre le titre du livre de François Dubet publié en 1987[66]. Sur fond de désindustrialisation, l'auteur présente « les jeunes de banlieue » non plus comme souffrant d'ennui et de désœuvrement, mais incarnant « la violence » et « la rage ». Si l'analyse ne vaut évidemment pas pour l'ensemble des jeunes banlieusards, elle contribue à diffuser l'image de cadets entravés dans les rets de l'exclusion sociale, comme le confirme l'évolution de certaines cités comme celle du Val-Fourré. Au début des années 1990, plus de la moitié de la population locale a moins de 20 ans et la moitié d'entre elle ne dispose pas d'un emploi stable, alternant stages et petits boulots[67].

Mais le devenir de la banlieue s'inscrit dans un débat plus large, qui plus est après deux années d'exercice du pouvoir par la gauche. Il s'agit de son rapport aux classes populaires qui ont pour une partie permis l'élection de François Mitterrand. Si certains responsables du PS se montrent confiants, considérant que les choix opérés n'altèrent pas la volonté de changement social exprimée par les Français en 1981, d'autres se montrent plus inquiets. C'est le cas d'un certain nombre d'élus de banlieue comme Marie-Noëlle Lienemann, élue de Massy, qui redoute que son parti n'ait pas pris toute la mesure de la sanction exprimée lors des municipales de 1983 :

> Un sentiment d'insécurité profonde, d'inquiétude face à l'avenir et d'une certaine amertume devant la faible prise en considération dans notre discours, dans nos décisions de ce qui me paraît essentiel pour le socialisme : la revendication de dignité du citoyen et du travailleur[68].

L'ex-maire de Dreux, Françoise Gaspard, regrette quant à elle que sa formation se soit montrée durant la campagne des municipales trop abstraite sur l'immigration, estimant selon ses termes que « tous les immigrés sont bons, tous les immigrés sont gentils et la France est une terre d'accueil ». Or, conclut-elle, « quand on dit cela, nous sommes totalement en accord avec notre conscience, mais pas en accord avec la réalité[69] ». Analysant la percée du Front national, elle pointe, non sans une certaine amertume, le fait que son parti soit passé en quelques années du slogan « Changer la vie » à un programme de gouvernement « dont le point fort a été que les ascenseurs montent et descendent[70] ».

Alors que le parti socialiste engage son éloignement vis-à-vis des classes populaires et s'aligne sur les thèses sociolibérales européennes, un dernier sursaut politique en faveur de l'autonomie de la banlieue doit être souligné. Banlieues 89, une mission ministérielle créée en 1983, qui ne fait guère mystère de sa proximité avec la gauche, constitue un moment inédit, aussi bref qu'intense, dans l'histoire récente de la banlieue.

Banlieues 89, un moment inédit

Contrairement à la CNDSQ (pour rappel, Commission nationale du développement social des quartiers), le nouvel arrivant dans le paysage politico-administratif français, loin d'ignorer le terme de « banlieue », le met au contraire en avant. Il est vrai que celle-ci est à l'origine de sa création.

Le 10 juillet 1983, la Cité des 4 000 de La Courneuve est une nouvelle fois le théâtre d'un drame. À cette date, elle est toujours la propriété de l'Office HLM de Paris, qui la rétrocédera officiellement à La Courneuve l'année suivante. Le jeune Toufik Ouanès est mortellement blessé par un tir d'arme à feu. Son nom vient s'ajouter à la liste déjà longue des victimes abattues au sein des cités. Le drame prend cette fois une allure plus politique puisque le président de la République décide de se rendre sur place afin de rencontrer les parents de la victime. Alors que les violences en banlieue s'imposent de plus en plus dans l'actualité, le dossier est repris directement par l'Élysée, tandis qu'il était suivi jusqu'alors par Matignon. La banlieue devient dès lors un dossier présidentiel prioritaire. Une note préparatoire au déplacement de Mitterrand évoque sur le sujet « une attitude de découragement devant une situation de moins en moins maîtrisée[71] ». De son côté, l'ancien secrétaire général adjoint de la CNDSQ Pierre Saragoussi, désormais en poste à la Caisse des dépôts, alerte quant à lui le secrétaire général de l'Élysée sur le caractère éminemment explosif de la question du traitement social de la banlieue :

> À l'heure où la droite exploite avec bonheur le thème du racisme, la gauche devrait se méfier des affrontements raciaux que son immobilisme suscite car ils sont le levain des affrontements politiques de demain. L'action de la Commission en faveur de tous les habitants des quartiers prioritaires était une réponse à la guerre fratricide qui risque d'opposer la nouvelle classe ouvrière qui se trouve être de fait multiraciale[72].

Il convient donc de définir une relance politique sur le dossier « banlieue ». Alors que la CNDSQ poursuit son travail, deux architectes – Roland Castro et Michel Cantal-Dupart – se voient confier une nouvelle mission par le Premier ministre. Ce sera Banlieues 89. Ils devront « formuler des propositions pour faire pleinement participer les banlieues à la civilisation urbaine et mettre en œuvre un nombre limité d'actions exemplaires[73] ». Il leur est aussi demandé de réfléchir au devenir de la périphérie de Paris sans pour autant interférer avec les documents d'urbanisme des collectivités locales esquissant ainsi un Grand Paris. La portée de l'engagement de Banlieues 89 se veut également politique. Alors que la France se prépare à célébrer le bicentenaire de la Révolution française, l'association entend faire du peuple de la banlieue les nouveaux porte-parole de l'idéal de 1789. Il ne s'agit pas cette fois d'appréhender cet espace de manière victimaire mais, au contraire, d'en faire le fer de lance d'une nouvelle mobilisation à la veille du nouveau millénaire. Pour Roland Castro,

> la démocratie a besoin d'un territoire pour se manifester à elle-même physiquement : les villes où l'on habite doivent être pareillement belles, que l'on soit puissant ou misérable. C'est à l'État de garantir ce droit, pour son ambition, sa volonté, ses décisions[74].

Cela revient à faire de la banlieue non plus un lieu répondant à des procédures administratives particulières, mais tout simplement à « faire la ville[75] ».

L'ancien militant maoïste ne cache pas non plus sa volonté de faire de la lutte contre le Front national, alors en pleine émergence, un déterminant de ses objectifs en matière de remodelage urbain. Selon lui, « il y a urgence pour Paris et sa banlieue : c'est Le Pen ou nous[76] ». Pour cela, le mouvement organisera à plusieurs reprises des assises qui deviendront le temps d'un débat un lieu d'échanges dépassant le seul enjeu de la réhabilitation. Les premières prennent place en décembre 1985 au casino d'Enghien-les-Bains et s'intitulent « De la démocratie urbaine ».

La culture est également convoquée pour valoriser la banlieue. L'opération « Fêtes et forts », qui se déroule en périphérie parisienne à partir de 1984, vise à affirmer le rôle de cette dernière dans les opérations de réhabilitation, afin de contribuer à l'invention d'une « urbanité actuelle ». Il s'agit d'investir d'anciens ouvrages militaires chargés de défendre Paris au siècle précédent et de les transformer en lieux de culture et de convivialité afin de casser l'image traditionnelle de ces territoires périphériques. « Y'a d'la banlieue dans l'air », affiche fièrement à sa une le supplément spécial de *Télérama* consacré en 1985 à cette opération. Dans le sillage de la politique menée par Jack Lang, il s'agit de faire de la culture un levier pour leur développement comme cela se fait dans d'autres territoires grâce à l'impulsion donnée par les lois de décentralisation. Le mensuel *Actuel* publie un numéro spécial sur les marges parisiennes en collaboration avec Banlieues 89. Le supplément est constitué d'un almanach qui promet un « superbe événement » par jour. Selon l'auteur de l'éditorial, « la banlieue mérite d'être explorée comme n'importe quel labo du futur, comme le fin fond de Bornéo ou comme le Bronx[77] ». On peut aussi voir dans cette mobilisation culturelle une sorte de contrepoint aux grands travaux lancés dans la capitale par François Mitterrand. Si certaines initiatives avaient bien été prises durant la décennie précédente, notamment grâce aux financements du Fonds d'intervention culturelle, la banlieue n'en avait que peu profité. Il s'agit donc d'œuvrer, selon les animateurs de Banlieues 89,

> pour une égalité apparente des destins qui corresponde au principe démocratique de l'égalité des chances dans l'éducation. Il est injuste de naître et vivre dans du laid, quand d'autres naissent et prospèrent dans le beau[78].

Outre les efforts déployés par l'association pour diffuser une image plus en phase avec les grandes tendances culturelles du moment, les pouvoirs publics tenteront aussi, en particulier au début des années 1990, de valoriser les expérimentations culturelles qui font également la banlieue au quotidien. *Saga-Cités*, diffusée sur FR 3 puis France 3 entre 1991 et 2002, contribue ainsi à en proposer une autre vision que celle des immeubles en cours de destruction ou des manifestations violentes. Il s'agit de reportages mettant en valeur les énergies positives de très nombreux quartiers. Cette démarche tranche avec la vision que donne à voir, par exemple, Mathieu Kassovitz dans *La Haine*, film sorti sur les écrans en 1995 et qui deviendra très vite une référence sur la banlieue et auprès de ses habitants eux-mêmes.

Le projet porté par Banlieues 89 signifie donc le refus de traiter cet espace comme un territoire en marge de la ville, mais au contraire, de le prendre pour ce qu'il est, avec ses défauts mais aussi son potentiel. Plus encore, il s'agit d'en faire un élément moteur de la transformation urbaine. Pour le député-maire socialiste de Rezé, Jacques Floch, par ailleurs fondateur de l'association de maires Ville et Banlieue, cette approche marque un tournant dans la prise en compte de la question, comme il le souligne lors des Rencontres d'Enghien organisées en 1985 :

> Voici qu'enfin on donne à la banlieue le droit à la parole, l'occasion de se faire connaître, d'affirmer son identité, de faire valoir ses projets, de montrer enfin que, là aussi, l'imagination existe.

Banlieues 89 bénéficie, malgré ses origines politiques, d'un réel soutien transpartisan. Le maire gaulliste de Nogent-sur-Marne, Roland Nungesser, ancien secrétaire d'État au Logement durant le gouvernement Pompidou, estime qu'en participant à l'association, il s'agit « avant tout [de] participer à "un coup" de relance de la banlieue et il n'y en aura jamais assez[79] ». Cet objectif de valorisation avait aussi été identifié par la CNDSQ comme un objectif dans la mesure où, selon elle, les médias préféraient en général écrire sur les dysfonctionnements les plus spectaculaires plutôt que « sur les mouvements profonds et continus qui traduisent le redressement des cités[80] ».

La volonté de faire de la banlieue un sujet de réflexion politique, et non exclusivement un thème d'action publique, se manifeste par celle de relancer le débat sur l'avenir de la civilisation urbaine et de la place que cet espace doit y tenir. D'une certaine manière, Banlieues 89 renoue avec les questions qui avaient caractérisé le passage des années 1960 aux années 1970 au sein des réseaux animés par la direction de la Construction du ministère de l'Équipement.

Dès lors, plusieurs manifestations scientifiques sont organisées, comme le colloque international d'architecture et d'urbanisme de Villeurbanne en juin 1984. Des groupes de recherche universitaires, tel que celui coordonné par l'historien Claude Willard et le géographe Guy Burgel, « Banlieues et changement urbain », sont également constitués. De son côté, le Centre d'histoire sociale fondé en 1966-1967 par Jean Maitron participe aux chantiers de Banlieues 89 en organisant plusieurs journées d'étude – dont l'une d'entre elles donnera lieu à une publication collective, *La Banlieue en fête*. Une revue intitulée *Civilisation urbaine* est aussi prévue. Elle a vocation à devenir un lieu de rendez-vous et d'échanges entre architectes, écrivains, philosophes, mais aussi élus, afin, précise une note d'intention, « d'inventer un langage commun, une citoyenneté nouvelle dans l'Europe multiculturelle de l'an 2000 ». La promotion de la citoyenneté est au cœur de la réflexion, faisant le pari que la banlieue peut « secréter une citoyenneté démocratique ». « La banlieue, souligne le texte des Assises de 1985, rappelle constamment que l'appropriation de la ville n'est rien d'autre que la conquête des droits de la citoyenneté[81]. » À ce titre, la promotion de la citoyenneté doit jouer un rôle de tout premier ordre dans la reconnaissance culturelle de la banlieue.

Banlieues 89 met également en garde les pouvoirs publics contre le risque de voir se concentrer aux périphéries des villes les populations les moins intégrées à la société moderne. Le risque serait d'y voir se développer de nouvelles formes de barbarie qui pourraient, le cas échéant, faire vaciller la civilisation urbaine pour laquelle ils souhaitent faire de la banlieue un modèle :

> Aujourd'hui campent aux lisières de nos métropoles et de nos orgueilleuses Babylone une autre armée de déracinés, venus d'un autre monde, celui de la périphérie […]. Seulement cet autre monde, tiers-monde, quart-monde, ne peut être effacé exterminé, même si pour l'instant on ne lui reconnaît pas le droit à la visibilité. Lui reconnaître ce droit, c'est l'intégrer dans l'espace public, l'espace de la cité, l'espace de la ville. C'est pourquoi une politique de la ville exige d'un seul mouvement le droit pour tous (droit du citoyen, droit du citadin), au plaisir de la ville, droit aux beautés de la ville. C'est cela la civilisation urbaine, un barrage contre la barbarie[82].

Les émeutes qui éclatent en 1990 semblent leur donner raison. Lors des Assises de Nanterre en 1989 consacrées justement au thème de la civilisation urbaine, Castro a rappelé la nécessité « de faire beau aujourd'hui pour ne pas avoir à faire la guerre demain[83] ». Mais à cette date, le gouvernement de Michel Rocard envisage une reprise en main par l'État central de la politique menée en faveur des banlieues. Il crée en 1988 une Délégation interministérielle à la Ville (DIV) afin d'animer « la politique de la ville » selon la nouvelle appellation. Elle concentrera les différents organismes qui travaillent sur la banlieue – à commencer par Banlieues 89 qui y sera officiellement rattachée en 1991, signifiant ainsi sa fin officielle.

À la veille des élections législatives de 1986, la Mission avait déjà fait un pas vers sa normalisation. Afin de soustraire le mouvement aux affres de la future cohabitation, Roland Castro avait été nommé délégué interministériel à la rénovation des banlieues sur décision du président de la République. Dans la lettre qu'ils adressent au Premier ministre au sujet de la DIV, les élus référents de la CNDSQ soulignent pourtant que l'État doit disposer d'une vision globale du rôle de la ville à la veille de l'unification européenne[84]. De leur point de vue, la DIV ne peut donc se contenter de gérer la question du devenir de la banlieue. Lors des dernières Assises Banlieues 89 qui se sont déroulées en décembre 1990 en périphérie de Lyon, à Bron, François Mitterrand a plaidé pour une « unité de commandement », annonçant ainsi la création d'un ministère qui assurerait le suivi politique du dossier. Bernard Kouchner a pour sa part suggéré de constituer « un grand ministère de la Convivialité, de la Ville et de l'Aménagement du territoire » dont il prendrait la tête.

Cette proposition n'ayant pas fait l'unanimité, c'est la constitution d'un ministère de la Ville en tant que tel qui est finalement retenue[85]. Jusque-là ministre des Transports et de la Mer, Michel Delebarre, avec le rang de ministre d'État, accepte de relever le défi en prenant en charge ce poste au contour politique et administratif inédit. Si l'appellation suggère que son département ministériel a bien vocation à s'intéresser à l'ensemble des problématiques qui concernent la France urbaine, c'est en réalité le traitement des banlieues en difficulté qui concentre toute son attention. D'autant qu'une nouvelle question émerge au début des années 1990 : le retour du prosélytisme religieux dans certains quartiers de la politique de la ville. Dès lors, l'islam en banlieue est aussi appelé à devenir un thème central dans la mesure où il interpelle également la société française dans son ensemble.

Les années 1990 : la fin d'une vision réformatrice de la banlieue ?

Les années 1990 marquent assurément une période de transition pour les banlieues qui font l'actualité depuis la fin des années 1970. Si la politique de la ville demeure bel et bien un outil stratégique au service de la restructuration sociale et urbaine des quartiers concernés, il n'en reste pas moins que d'autres éléments qui ne sont pas en lien direct avec ces enjeux vont venir interférer sur le devenir des banlieues populaires. C'est le cas en particulier de l'affirmation de l'islam dans les quartiers.

Islam de banlieue, banlieues de l'islam

Si les années 1980 avaient été principalement marquées par le débat sur le terrain social, c'est au début des années 1990 que le facteur religieux vient se surajouter. Un événement *a priori* local, à Creil, est à l'origine du déchaînement des passions. En octobre 1989, trois adolescentes sont exclues de leur collège pour avoir refusé de retirer leur voile. Aussitôt, les réactions fusent. Si Creil n'est pas une banlieue à proprement parler malgré sa proximité relative avec Paris, la corrélation entre cet espace et l'islam s'installe très vite, d'autant que les facteurs religieux avaient peu imprégné les débats jusqu'alors.

Les familles immigrées étaient surtout décrites en fonction de leur nombre et de leur degré de précarité. L'opinion publique, par ailleurs, s'intéressait plus au rapprochement entre l'origine ethnique des auteurs des actes de délinquance qu'à leur appartenance religieuse. La question de l'implantation de nouveaux lieux cultuels restait aussi marginale. Au cours des années 1980 s'achève donc progressivement l'invisibilité religieuse de l'islam en banlieue. Conscientes que leur implantation locale sera durable, sinon définitive, un certain nombre de familles expriment des revendications religieuses qui dépassent désormais le simple cadre résidentiel. Ce sentiment d'appartenance devient un « fait social », pour reprendre l'expression de Gilles Kepel, auteur de l'une des toutes premières études sur le sujet en 1987[86].

Pour apaiser la situation, le gouvernement de Pierre Mauroy souhaite pouvoir s'appuyer sur les représentants de l'islam dans les quartiers où vivent la grande majorité des pratiquants pour favoriser leur intégration au sein de la société française. Le précédent gouvernement avait déjà opté pour cette solution, et accepté la création de salles de prière dans des foyers de travailleurs, certaines usines (dont Renault), puis dans les HLM qui disposaient alors de locaux collectifs résidentiels vides vu la baisse de la fréquentation. La montée des tensions au début des années 1980 encourage également les pouvoirs publics à trouver de nouvelles forces de médiation sociale dans la mesure où les jeunes concernés rejettent souvent en bloc les autorités qui représentent les institutions. Il s'agit dès lors d'inventer de nouvelles formes d'interventions, plus admissibles par cette « seconde génération ». En 1992, *Le Monde* consacre une série de reportages sur le thème « France, terre d'Islam ». Le premier volet intitulé « Des banlieues sous influence » présente ainsi la question :

> Une frange nouvelle de jeunes issus de l'immigration maghrébine brandit la religion musulmane comme substitut à l'action sociale, qui les a déçus. Dans quelques quartiers où se conjuguent misère sociale, concentration ethnique et abandon politique, les militants de l'islam radical gagnent de l'audience.

À ce propos, Kamel Mansour, un responsable associatif de la ZUP de Rillieux-la-Pape, dans la banlieue de Lyon, aussi engagé sur le terrain religieux, confirme le rôle qu'il joue en matière de vie sociale locale. Nommé responsable de l'aide à la vie scolaire par la municipalité, il gère dans le même temps les trois salles de culte islamique de la ZUP et bénéficie pour cela des locaux de maisons de quartier qui étaient jusqu'alors désaffectées :

> Comme l'éducation populaire autrefois, nous parlons aux jeunes du bien et du mal, du respect des autres, de la tolérance, de la paix. Nous faisons du social plus que du religieux. Mais c'est parce que je suis musulman que les jeunes et leur famille me font confiance[87].

Les associations musulmanes locales peuvent aussi compter sur le soutien financier des pays producteurs de pétrole comme les émirats du Golfe qui les considèrent comme une opportunité pour faire progresser l'islam en France. En 1987, on comptait

650 associations musulmanes déclarées ; vingt ans plus tard, elles seront 1 500[88]. À côté de l'investissement social local, les revendications portent également sur la construction d'édifices cultuels. Les villes de La Courneuve, Argenteuil, Mantes-la-Jolie possèdent toutes des mosquées pouvant accueillir plus d'un millier de fidèles. Sept autres communes, toutes situées en banlieue, disposent de salles pouvant accueillir entre 500 et 1 000 fidèles : Évry, Trappes, Nanterre, Asnières, Sevran, Saint-Ouen, Les Mureaux[89].

Les pouvoirs publics espèrent donc faire de l'islam un auxiliaire des politiques publiques pour améliorer la vie sociale en banlieue. Si la tendance est discrète jusqu'au milieu des années 1980, elle tend par la suite à se développer et à s'afficher comme telle. Elle est bien souvent corrélée au reflux des engagements liés à l'éducation populaire ou aux mouvements de jeunesse des partis de gauche qui peinent désormais, comme les formations catholiques, à recruter parmi les plus jeunes. Dès lors, une forme de mobilisation sociale et d'engagement chasse l'autre. En quelques années, le panorama militant des Minguettes a fortement évolué, comme le souligne un reportage de *Libération-Lyon* en 1987. L'enracinement de l'islam y est manifeste, surtout auprès des plus jeunes banlieusards :

> Qui a connu la capitale des Beurs entre 1981 et 1983 ne reconnaît plus les lieux […]. Au cours de cette année, six lieux de prière se sont ouverts dans la ZUP. Fréquentés avant tout par des jeunes. Au 10 de la rue Gaston-Monmousseau, à l'endroit même où se trouvait le local de l'association « SOS Avenir Minguettes » à l'origine de la première marche des Beurs, on trouve aujourd'hui une salle de culte […]. Des anciens militants du mouvement beur rêvent tout haut […] de l'unité des jeunes immigrés dans la foi : « Le prochain chapitre de l'histoire des jeunes Arabes de France sera musulman ou ne sera pas ! Qu'on ne me parle plus de Beurs, à quoi donc a servi cette histoire, à part faire pleurer les cathos et faire vendre des badges aux *feujs* (juifs) ? En vérité, le vrai malheur est de vivre à l'occidentale, alors que l'islam en héritage nous rend invincibles[90]. »

D'autres expériences, moins engageantes sur le plan religieux, traduisent aussi un certain repli communautaire. C'est le cas de l'expérience dite « des grands frères » qui favorise l'emploi de jeunes des quartiers pour canaliser la violence des cadets. Des crédits de la politique de la ville sont mobilisés pour leur assurer un emploi souvent précaire, avant que les services municipaux de la jeunesse ne les recrutent à leur tour, normalisant ainsi l'expérimentation[91]. La définition de solutions alternatives au tout-service public, s'appuyant sur une approche qui s'apparente à ce qui se pratique dans les pays anglo-saxons, inspire toutefois des appréciations variées.

Depuis le début des années 1990, les pouvoirs publics semblent en réalité hésiter sur la conduite à tenir, et notamment sur la possibilité de s'appuyer sur les forces locales, au risque d'accepter des compromis altérant les principes républicains – le respect de la laïcité notamment. C'est d'ailleurs l'extrême fragilité de ces compromis locaux qui est en partie à l'origine des tensions qui s'exprimeront surtout à partir des années 2000. De la dynamique communautaire, au prisme d'un débat public souvent mal engagé sur les politiques d'immigration, pour ne pas dire inexistant sur le plan politique, l'opinion publique va vite basculer dans une peur nourrie par l'expansion du communautarisme dont les banlieues seraient l'archétype.

En première ligne, les élus locaux sont déstabilisés par cette nouvelle lame de fond que nul n'avait en vérité vu venir. Si, dans l'ensemble, les maires ne dérogent pas aux principes républicains, certains tentent pourtant de composer avec les forces qui leur semblent offrir un relais efficace auprès de populations qui ne se reconnaissent pas dans les représentations politiques traditionnelles. À gauche, le reflux idéologique des années 1980 favorise également l'émergence de courants d'idées qui s'éloignent des classiques rapports de force censés expliquer le fonctionnement de la société. Le contexte géopolitique brouille aussi le message d'un islam favorisant l'intégration sociale. La fatwa lancée contre Salman Rushdie en 1988, l'affaire du voile à Creil en 1989, ou encore le déclenchement de la guerre du Golfe en 1990 trouvent des résonances en banlieue. Certaines émeutes urbaines sont d'ailleurs qualifiées d'« intifada des banlieues ».

Dans les années 1990, à la figure du « jeune de banlieue d'origine maghrébine » succède, notamment dans les médias, celle du « jeune arabo-musulman ». Des enquêtes tendent aussi à faire le lien entre islam et banlieue. Celle du *Monde* – déjà citée – en fait partie. Convenant qu'il ne faut pas verser dans la caricature qui ferait de la cité « un bastion avancé de l'islamisme » en périphérie de la capitale, l'auteur conclut toutefois son article en écrivant que « dans ce concentré de misère sociale abandonné à son sort, la foi musulmane apparaît comme la dernière des énergies disponibles [...]. La drogue, la délinquance ou l'islam, serait-ce la seule alternative pour les banlieues des années 1990 ? »[92].

Après les attentats de Paris en 1986 qui sont revendiqués par le « Comité de solidarité avec les prisonniers politiques arabes et du Proche-Orient », la France découvre en 1995 la figure de Khaled Kelkal. Ses empreintes ont été retrouvées sur les traces de l'attentat du RER B à la station Saint-Michel de Paris et qui a été revendiqué par le Groupe islamique armé, en lien avec la guerre civile en Algérie. Abattu deux mois plus tard près de Lyon par la police, il avait grandi à Vaulx-en-Velin, avant, durant un séjour en prison, de se convertir à l'islam radical. Aux yeux de certains, il incarne la figure archétypale du « jeune de banlieue » en rupture avec la société et ses valeurs[93]. Progressivement, pour les pouvoirs publics, la question de l'islam de banlieue éclipse celle de la reconnaissance du *droit à la différence*, notamment culturelle, pour les jeunes d'origine immigrée. C'est désormais le thème de l'intégration qui s'impose dans les débats, alors même que l'ethnicisation de certaines banlieues classées en zone urbaine sensible ne cesse de croître. Certains maires s'inquiètent à ce sujet de la non-maîtrise des flux migratoires par l'État. Jacques Brunhes, député-maire communiste de Gennevilliers, entend ainsi intégrer la question migratoire dans le débat sur l'avenir de la banlieue :

> Y a-t-il un problème de l'immigration dans nos banlieues ? C'est évident. Il mériterait sans doute débat [...]. Alors que le chômage ne cesse de s'aggraver, il faut prendre toutes les mesures propres à stopper l'immigration clandestine [...] Il faut également maîtriser le regroupement familial[94].

Pour ces élus qui appartiennent à la droite républicaine, une forte corrélation unit aussi les violences commises par certains jeunes et l'activisme islamiste. En 1997, à la suite des émeutes de Melun et de certaines villes voisines, le député-maire RPR de

Dammarie-les-Lys, en grande couronne parisienne, adresse une lettre de félicitations au ministre de l'Intérieur après la vaste opération de police qui visait, selon ses termes, à « mettre un terme aux agissements d'officines comme le Front Islamique du Salut, qui, sous couvert d'associations, infiltrent les quartiers paisibles pour y manipuler les jeunes et les inciter à la haine, voire même au terrorisme, comme malheureusement cela a été le cas de mon département de Seine-et-Marne au cours de ces derniers jours[95] ».

À gauche aussi, le consensus sur les causes sociales des difficultés de la banlieue tend à s'éroder. Certains élus locaux s'inquiètent eux aussi d'une montée de la radicalité islamique. Dans une interview à *Libération* en janvier 1990, l'un des ténors du parti socialiste, Marcel Debarge, sénateur et maire du Pré-Saint-Gervais, reconnaît être notamment excédé par certaines femmes musulmanes pour lesquelles il vient d'obtenir une subvention et qui refusent de lui serrer la main parce qu'il est *impur* : « Je suis un homme de gauche, un humaniste, mais croyez-moi, quelquefois[96]... », ajoute-t-il.

La question de l'islam, couplée à celle de l'immigration, est également en passe de fracturer le parti communiste entre les militants attachés à la défense des immigrés et ceux qui y voient un danger pour l'avenir des classes populaires. Le maire de Clichy-sous-Bois, en poste depuis 1965, se fait ainsi exclure du parti pour avoir tenu, en mars 1990, des propos particulièrement durs sur certains de ses administrés : « Une meute de hyènes dans les escaliers des cités » qui, selon lui, « feraient mieux de se bouger » plutôt que « d'agresser des pauvres bonnes femmes »[97]. Il sera pourtant réélu contre le candidat officiel du parti communiste en janvier 1991, en menant une campagne axée sur « les périls d'une invasion de l'immigration tiers-mondiste ». Si ce cas peut paraître isolé par son caractère outrancier, d'autres prises de position, comme à Gennevilliers, montrent que la gauche se fracture autour de la question de l'islam et de son intégration dans la société.

Cela interpelle nécessairement les acteurs de l'action publique locale, contraints de composer avec de nouveaux acteurs sociaux qui entendent eux aussi intervenir, tandis que l'État semble désormais s'orienter vers des programmes de réhabilitation à grande échelle, ranimant parfois le spectre de la rénovation urbaine pratiquée durant les années 1960.

À l'ombre des tours

Au début des années 1990, l'attention du pouvoir politique se focalise essentiellement sur les lieux où éclatent les manifestations de violence urbaine. Plusieurs notes de l'Élysée évoquent une situation de plus en plus tendue. « La fièvre monte, des incidents sont probables », écrit le secrétaire général de l'Élysée Jean-Louis Bianco en octobre 1990[98].

Pour sa part, *Le Point* titre après de nouvelles émeutes à Vaulx-en-Velin, près de Lyon : « Ces banlieues qui font peur à la France. » C'est dans la cité du Mas-du-Taureau que de nouveaux affrontements ont eu lieu après la mort d'un jeune suite à une course-poursuite avec les forces de l'ordre. Mais, cette fois, pillages et incendies se sont propagés aux villes voisines de Vénissieux et Villeurbanne. La destruction de lieux publics comme une bibliothèque municipale constitue une étape supplémentaire dans la fabrique médiatique de la banlieue, présentée non plus seulement comme un lieu de relégation, mais aussi comme un espace potentiel de dé-civilisation. En 1991, de nouvelles violences éclatent, cette fois principalement dans la région parisienne, dans la cité des Indes à Sartrouville d'abord, puis à Mantes-la-Jolie, dans la cité du Val-Fourré. Cette cité paraît symboliser la faillite d'une politique tout entière. Sur ses 8 300 logements, 6 500 sont des HLM, soit la banlieue la plus vaste en logements sociaux de France. Le maire socialiste de la ville, Paul Picard, est aussi le conseiller du ministre de la Ville, Michel Delebarre.

Le temps de la valorisation sociale des quartiers semble en partie révolu. Une approche plus ciblée sur le cadre bâti est désormais d'actualité, comme le suggère une note envoyée à l'Élysée par son ancien secrétaire général adjoint et désormais préfet régional d'Île-de-France, Christian Sautter. Il insiste sur la haine de plus en plus forte exprimée à l'égard des logements sociaux, en particulier ceux qui se caractérisent par des taux importants d'immigrés[99]. La démolition pourrait donc servir d'exutoire social, alors même que les chiffres de la précarité ne cessent de progresser, voire explosent dans certaines banlieues.

La dépression économique, il est vrai, est au plus fort et les territoires industriels qui avaient connu leur heure de gloire au début du XXe siècle sont ceux qui souffrent le plus. Selon la formule de Robert Castel, « le précariat » est en passe de remplacer le régime salarial qui caractérisait l'essentiel des villes de la banlieue industrielle. Le type de logement construit étant généralement en étroite relation avec l'activité économique locale, il est donc à son tour emporté dans la tourmente : tout un écosystème local risque finalement de disparaître. La crise politique menace enfin dans la mesure où l'effondrement industriel local entraîne aussi souvent celui des sociabilités, qu'elles soient d'ordre philanthropique ou politique, voire les deux, comme dans certaines municipalités de la banlieue rouge.

La montée de l'extrême droite dans certaines banlieues ouvrières témoigne également du délitement de certaines forces politiques comme le parti communiste. En 1983, le Front national obtient des scores significatifs dans plusieurs villes de la banlieue rouge – comme à Aulnay-sous-Bois où il frôle même les 10 %. Après dix-huit ans de direction communiste, c'est finalement le RPR qui l'emportera. Aux élections européennes de 1984, le parti de Jean-Marie Le Pen obtient près de 11 % des suffrages, faisant presque jeu égal avec le PCF. Aux Mureaux, il atteint le score de 17 % et près de 20 % dans les quartiers HLM de la ville[100]. Assez loin des enjeux européens, ce sont surtout les questions liées à l'insécurité et à l'immigration qui ont prévalu. S'ajoute, depuis le milieu des années 1980, une abstention qui ne cesse de grossir à chaque nouveau scrutin. La dépolitisation constitue aussi un marqueur fort de certaines banlieues sur le plan électoral. Ainsi, petit à petit, les liens traditionnels entre la population locale et les institutions se défont. Désormais, seuls les pouvoirs publics peuvent colmater, par des programmes spécifiques, des fractures de plus en plus profondes.

Pourtant, contrairement aux États-Unis, il est impossible d'affirmer que les territoires les plus déshérités ont été livrés à eux-mêmes, voire abandonnés. Même ébranlée, la machine étatique a continué à fonctionner étant donné que la banlieue reste un motif prioritaire de préoccupation pour l'action publique. On peut en revanche s'interroger sur la capacité des pouvoirs publics à porter l'ambition de la réforme urbaine comme ils l'avaient fait jadis, lors de la création des HBM ou du développement du logement social durant les années 1950 et 1960, d'autant que la prise en charge a évolué. Après avoir mis l'accent sur le développement social durant les périodes HVS et DSQ, ces derniers privilégient à nouveau le traitement spatial pour résoudre les problèmes sociaux alors qu'au mitan des années 1970, ils avaient priorisé pour les banlieues HLM une intervention sociale plutôt qu'une action comme celle que menait la DATAR sur d'autres territoires. Tandis que le tabou de la démolition s'estompe, les registres d'interprétation relatifs aux violences urbaines évoluent. Si la causalité sociale subsiste, elle est en perte de vitesse, alors qu'en 1983, le groupe de travail du Conseil économique et social sur la qualité de la vie dans les banlieues distinguait actes de délinquance et actes de violence comme les rodéos ou les voitures incendiées :

> Il n'est pas nécessaire d'être psychologue pour comprendre que le caractère spectaculaire et gratuit de ces actes délictueux est aussi un geste de révolte, peut-être une certaine façon primaire d'appeler « au secours » une société qui, prétendent les coupables, ne les comprend pas ou même les rejette[101].

Si la Délégation interministérielle à la Ville continue à entretenir la flamme de l'action sociale, notamment par le biais de la participation des habitants, des moyens inédits sont mobilisés pour changer la physionomie de certains quartiers de banlieue. Parmi les opérations les plus en vue figure celle du quartier Démocratie à Vénissieux. En 1994, dix tours, murées depuis 1985, sont abattues. Pour le maire, il s'agit de « faire des Minguettes le symbole d'une renaissance et d'un renouveau urbain[102] », principalement en réduisant la densité du quartier et en veillant à une meilleure répartition de la population locale. Cette politique connaît toutefois des limites dans la mesure où il s'agit également de pouvoir disposer à l'échelle locale de logements neufs. Or, l'une des tendances lourdes des années 1980 et 1990 est précisément la baisse des mises en chantier. Alors qu'un record avait été atteint en 1973 (550 000), le nombre a progressivement baissé pour plafonner à 250 000 au début des années 1990.

L'État entend par ailleurs renforcer l'arsenal législatif relatif aux problématiques urbaines afin d'en faire une question d'intérêt général. En 1991, le débat sur la loi d'orientation sur la ville marque à cet égard un tournant, en invoquant le principe de solidarité entre communes riches et déshéritées. L'objectif est de ne plus appréhender les émeutes comme des épiphénomènes de la question urbaine, mais plutôt comme un signe de la fragilisation de l'organisation urbaine elle-même. Si les violences de l'été 1981 avaient été perçues comme des événements propres à la région lyonnaise, celles du début des années 1990, en particulier celles de Vaulx-en-Velin, sont désormais analysées comme relevant du « problème de la banlieue » à l'échelle nationale, ainsi que comme le signe d'un échec de la politique de la ville. Au cours des débats, l'ensemble des groupes parlementaires évoque la banlieue en l'associant à des termes comme « ségrégation » ou « exclusion ». Si le terme de « ségrégation » avait déjà été utilisé par Olivier Guichard en 1973, celui de « relégation », pour reprendre le titre d'un rapport officiel publié en 1991, est désormais admis au miroir de l'évolution économique et sociale du pays.

Par ailleurs, symbole, jusqu'au début des années 1970, de la promotion sociale de la classe ouvrière, la banlieue industrielle illustre désormais le déclassement du monde ouvrier en train de se désagréger, sinon de disparaître. Par contrecoup, le peuplement s'homogénéise. Entre 1975 et 1999, Paris et le département des Hauts-de-Seine ont ainsi connu une hausse de 50 % du nombre de cadres et la perte de plus de deux tiers des ménages ouvriers. En 1982, deux communes sur trois de la petite couronne (Hauts-de-Seine ; Seine-Saint-Denis ; Val-de-Marne) étaient encore à majorité ouvrière. Moins d'une sur deux le demeure en 1999. À l'inverse, les communes à dominante de cadres, multipliées par trois, passent de 12 à 38 en 1999[103]. De fait, le départ des catégories modestes cesse dans la majorité des cas d'être compensé par l'arrivée d'ouvriers venus de province ou bien de l'étranger[104].

La mobilité entre banlieues ne cesse quant à elle de se développer tout au long des années 1980-1990 : plus on s'éloigne de la métropole parisienne et plus la part des catégories sociales modestes augmente, contribuant ainsi à introduire de nouvelles formes de division sociale au sein de la banlieue. Ces phénomènes modifient en profondeur son équilibre social, une évolution sur laquelle les dispositifs d'action publique n'ont en réalité qu'une faible prise dans la mesure où ce sont les mécanismes liés à l'offre et la demande qui prévalent.

Le débat parlementaire sur l'avenir de l'organisation urbaine française aborde aussi des problématiques plus en lien avec l'actualité. La droite insiste par exemple sur la montée des violences ainsi que sur une immigration de moins en moins maîtrisée. Gérard Larcher, alors sénateur des Yvelines, évoque pour sa part la perte des « références morales et éthiques » des « jeunes des quartiers ». Il met aussi en avant le fait que, selon lui, « beaucoup de ces jeunes n'ont pas encore adopté les valeurs de notre société. Ceux qui viennent d'autres pays ont souvent perdu les valeurs de leur société d'origine ou se révoltent contre elles parce qu'elles sont contraignantes[105] ».

L'enjeu sécuritaire est en passe de s'imposer dans le débat. Tandis que des jeunes dénoncent les violences perpétrées par les policiers, ces derniers déplorent une situation qui échappe à leur contrôle. « La loi républicaine ne s'applique plus dans les banlieues avec la même rigueur que dans le reste du territoire national », écrivent des représentants du Syndicat des commissaires et des hauts fonctionnaires de la police nationale dans un rapport destiné au ministre de l'Intérieur. Ils dressent un « constat d'échec » d'autant plus sévère que dans ces quartiers « à risques », la police est de plus en plus considérée comme un bouc émissaire[106]. Au cours du premier semestre 1990, le Val-de-Marne enregistre ainsi plus de 90 agressions de policiers par des bandes. *Le Monde* titre à l'occasion d'un reportage sur le travail des policiers en Seine-Saint-Denis : « Banlieue en marge. Ces policiers interdits de séjour[107]. » La question de la sécurité devient dès lors, avec l'exclusion sociale, le dénominateur commun pour caractériser la banlieue difficile.

Prudemment, la loi d'orientation pour la ville votée le 13 juillet 1991 insiste quant à elle sur la nécessaire lutte contre la ségrégation et affirme le principe d'un « droit à la ville ». La loi reprend, dix-huit ans après, certains accents de la circulaire Guichard qui affichait déjà son ambition de lutter contre la ségrégation sociale, ainsi que le principe d'un droit à la ville pour tous.

Le gouvernement d'Édith Cresson ajoute des mesures de solidarité financière pour soutenir les communes les plus en difficulté. Elles pourront désormais bénéficier de la dotation de solidarité urbaine qui acte ce principe de péréquation dans les dispositifs de la politique de la ville – un moyen de rappeler le principe de solidarité nationale.

L'État accroît encore son influence en créant treize postes de sous-préfets à la ville dans les départements les plus sensibles, en vue d'animer et de coordonner sa politique urbaine. Il passe aussi officiellement du développement social des quartiers au développement social urbain, montrant sa volonté d'inclure davantage les banlieues dans les processus métropolitains qui s'amorcent au début des années 1990. Le Comité interministériel des villes annonce pour sa part un programme national de 300 sites concernant 3,5 millions d'habitants et 1 million de logements. Toutes sommes confondues, la politique de la ville s'appuie sur 7,5 milliards de francs, destinés prioritairement à intervenir sur les territoires confrontés aux plus grandes difficultés. Pour ce faire, les pouvoirs publics créent les « grands projets urbains » qui visent à concentrer des moyens importants sur les zones les plus fragiles afin de modifier en profondeur leur physiologie urbaine. Évoqué pour la première fois lors du Comité interministériel des villes en 1991, ce principe est confirmé en 1993 puis formalisé lors du Comité interministériel des villes de février 1994 :

> Un GPU se fixe comme objectif majeur la réinsertion urbaine. Il s'agit pour l'État de donner une impulsion décisive pour changer l'image de ces quartiers et pour les réinsérer dans leurs villes en agissant sur l'aménagement urbain et sur le développement économique local. Il faut traiter d'urbanisme, d'habitat, d'économie, d'emploi, de transport, de services publics...

Finalement, treize sites sont retenus, parmi lesquels une majorité de territoires qui caractérisent la banlieue des Trente Glorieuses, en particulier en Île-de-France et dans la banlieue lyonnaise – Argenteuil, Grigny, Clichy-sous-Bois/Montfermeil, Vaulx-en-Velin, Bron et Vénissieux. Pour ces territoires, le désenclavement est une priorité. Pour cela, le recours au tramway, qui avait été l'un des chevaux de bataille des maires de banlieue au début du XXe siècle, revient en force. La dé-densification est également au programme de nombreux grands projets urbains portés conjointement par l'État et les collectivités, en raison de l'importance des opérations qui sont engagées. Pourtant, certaines voix s'élèvent pour regretter que le volet social ne soit pas pris en compte. Si des contrats de ville regroupent les opérations qui sont menées sur le plan social, scolaire, culturel, une partie de la situation semble cependant devoir échapper aux opérateurs publics. Le rapport 1991 de Banlieuscopie, alors seul institut indépendant de recherche sur les quartiers populaires, note une rapide dégradation de la situation sociale malgré les efforts fournis par les pouvoirs publics. Pour son directeur, il existe même une « logique mafieuse » à l'œuvre dans les sites étudiés par son équipe[108].

L'économie de la drogue constitue en effet un point névralgique dans le développement de certains quartiers. *Le Monde diplomatique* évoque même en 1993 la drogue comme un « nouveau supplice pour les cités ». Malgré dix ans de traitements prodigués par la politique de la ville, la banlieue nourrit donc la rubrique des faits divers de la presse locale et nationale, tout comme dans les années 1980. Les relais médiatiques abondent, notamment *La Marche du siècle* qui consacre en 1993 un de ses numéros au thème suivant : « État d'urgence. Banlieues ». Comme la gauche avant elle, la droite, revenue au pouvoir en 1993, entend se servir de la politique de la ville pour régler ce dossier brûlant. Après une campagne présidentielle menée par Jacques Chirac sur le thème de la fracture sociale, le président annonce un « plan Marshall pour les banlieues ».

Le gouvernement d'Alain Juppé souhaite mettre en avant les atouts des quartiers inscrits en politique de la ville. À cette fin, il promeut un pacte de relance pour la ville qui entend replacer les enjeux liés à l'amélioration de l'habitat, la mixité sociale ainsi que ceux liés au développement des services à la population dans une cohérence d'ensemble. La mise en place d'une géographie prioritaire avec des *zones urbaines sensibles* (avec notamment les emplois de ville réservés aux jeunes) et des *zones franches urbaines* acte le principe de la discrimination positive territoriale. La circulaire ministérielle précise qu'il s'agit de « désenclaver les quartiers, les ouvrir au reste de la ville, favoriser une plus grande mixité sociale et fonctionnelle, ainsi qu'une plus grande mobilité résidentielle afin de lutter contre la ségrégation sociale dans l'espace urbain[109] ». Dans l'esprit du gouvernement, il s'agit de « recoudre » le tissu urbain en intégrant les territoires de banlieue aux dynamiques territoriales, ce qui suppose de lutter en priorité contre les facteurs de relégation identifiés quatre ans plus tôt dans le rapport du conseiller d'État Jean-Marie Delarue. De son point de vue, si des dispositifs exceptionnels devaient être adoptés, c'est en fait la société tout entière qui doit être concernée par la question, surtout après les nouvelles émeutes survenues aux Minguettes, à Vaulx-en-Velin et à Sartrouville[110]. Il convient cependant de s'interroger sur le terme de « relégation » appliqué aux banlieues qualifiées de « difficiles » par les pouvoirs publics. Malgré les carences qui les caractérisent, notamment sur le plan économique et social, elles constituent aussi une interconnexion de leurs habitants à d'autres territoires. Cela invite à nuancer l'image de « banlieues en marge », pour reprendre un titre du *Monde* au sujet de Vaulx-en-Velin dans lequel il était question de « l'émergence d'une génération perdue dans les ghettos de France »[111].

Mais si le gouvernement Juppé précise les dynamiques qu'il conviendrait de valoriser afin de normaliser les quartiers en question, il crée, dans sa première version, un secrétariat d'État aux quartiers en difficulté dont l'appellation ne survivra cependant pas au départ de Françoise de Veyrinas du gouvernement quelques mois seulement après sa nomination. Cet exemple illustre le dilemme des gouvernements : faut-il ou non réserver un traitement particulier à ces banlieues d'autant qu'il existe parallèlement un autre modèle qui jouit d'une réelle estime de la part des Français ?

Un autre modèle de banlieue

Dans les années 1980-2000, la banlieue, loin de se résumer à sa seule prise en charge par la politique de la ville, demeure plurielle. Selon l'INSEE, sur 36 538 communes métropolitaines au 1er janvier 1988, 2 955 pouvaient revendiquer en faire partie – soit 8,1 % du total[112]. Mais ces chiffres recoupent des réalités différentes qui rendent l'appellation de plus en plus difficile à appréhender au singulier. À cette date, 73 % des banlieues recensées ont moins de 5 000 habitants. Ces espaces offrent donc une gamme urbaine variée qui dépasse largement le cadre imposé par les pouvoirs publics au cours des années 1980-1990.

De même, on ne peut confondre « la banlieue » avec la géographie prioritaire de la politique de la ville. Car de nombreuses villes-centres disposent sur leurs propres territoires de quartiers qui sont éligibles à la politique de la ville. C'est le cas du Mirail à Toulouse ou La Duchère à Lyon, sans même parler de Marseille. La répartition des programmes de cette politique privilégie d'ailleurs les villes-centres (59 %) par rapport à la banlieue (41 %). Si la plupart des zones urbaines sensibles alors référencées en région parisienne se situent bien en périphérie, sur le reste du territoire, 77 % des habitants des ZUS résident dans une ville-centre.

La banlieue, à la fin du XXe siècle, se caractérise également par des populations qui ont choisi de vivre en zones pavillonnaires pour la qualité de vie qu'elles sont censées offrir, mais aussi pour échapper à la pression fiscale croissante des centres-villes anciens. Depuis le milieu des années 1960, la recherche d'un meilleur environnement mais aussi la volonté de fuir un espace urbain devenu hostile expliquent en effet la montée irrésistible de ces territoires de plus en plus éloignés des périphéries traditionnelles. Selon le recensement de 1990, ils sont les seuls à voir augmenter continûment leur population, avec une croissance moyenne de 14 % en quinze ans[113]. C'est bien la preuve que la banlieue constitue, en dépit des impensés sociaux, un modèle urbain apprécié des Français – à condition toutefois que l'on définisse précisément de quel type il s'agit précisément.

Celle des Trente Glorieuses suscite toujours en revanche des réserves en raison de son manque d'authenticité – en particulier l'absence de références, comme un centre-ville, une place et l'église au centre de celle-ci. La maison individuelle reste également une référence absolue. Cette tendance dépasse d'ailleurs le cadre banlieusard. La part des maisons individuelles dans la construction neuve a doublé entre 1968 et 1999, continuant à s'imposer comme une marque de distinction résidentielle pour les nouveaux citadins. En dépit des marques de mépris quelque peu condescendant de certains intellectuels comme Pierre Bourdieu pour qui « les aspirations au petit bonheur privé, accroché à l'ambition immémoriale au patrimoine transmissible [...] enferment la petite bourgeoisie des pavillons de banlieue dans l'univers captieux des publicités frelatées[114] ».

Les années 1980-1990 voient donc se côtoyer deux types de développement banlieusards qui, sans se mélanger, cohabitent parfois au sein d'un même territoire. Si le cas parisien témoigne du retour en grâce des zones pavillonnaires situées en lisière du périurbain, la province n'est guère en reste. Pour la seule période 1982-1990, les territoires banlieusards ont ainsi gagné sur l'ensemble du territoire national un million d'habitants. Les taux de croissance les plus élevés enregistrés se situant, par ordre décroissant, autour de Marseille, Nice, Paris, Lyon, Toulouse, Lille, Bordeaux, Nantes[115]. La banlieue se dilate au point que la frontière avec le périurbain se brouille : la jonction entre les deux espaces s'opère souvent au sein des zones de peuplement industriel et urbain (ZPIU). Délimitées par l'INSEE au début des années 1960, elles agglomèrent ville-centre, banlieue et territoires périurbains, en référence à l'attraction du centre[116].

C'est le cas par exemple de Juvignac, situé dans l'agglomération de Montpellier. À proximité du grand ensemble HLM de La Paillade, la commune est formée pour moitié d'un immense lotissement de « chalandonnettes » construites dans les années 1980, dont la population est surtout composée d'ouvriers et d'employés en accession à la propriété ; et pour l'autre, de lotissements privés dont les habitants sont beaucoup plus aisés. Durant les années 1990, des terres viticoles sont supprimées pour accueillir de nouvelles constructions, agrégeant la commune à la banlieue immédiate de Montpellier, et de l'autre, au périurbain ouvrant sur les espaces encore ruraux de l'agglomération[117]. Ce type de banlieue révèle une hétérogénéité qui, finalement, questionne son identité propre. S'il s'agit bel et bien d'une banlieue au regard de sa relation avec la ville-centre, la distinction s'opère surtout sur le plan social. Il s'agit d'un type de modèle affinitaire qui s'est surtout construit contre la périphérie HLM, et dont le sentiment de distinction sociale n'a cessé de prévaloir. C'est le cas par exemple du lotissement pavillonnaire de Clairlieu situé à 8 kilomètres de la place Stanislas de Nancy et à l'orée de la forêt de Haye. Habiter un pavillon traduit non seulement l'entrée dans le confort moderne mais représente aussi l'affirmation d'une réussite sociale au travers du statut de propriétaire[118]. Le contre-modèle est également clairement identifié : il s'agit des grands ensembles de la périphérie nancéienne, à commencer par Le Haut-du-Lièvre et La Californie, qui incarnent aux yeux des habitants du lotissement des cas caractéristiques de la marginalité urbaine en cours de développement.

Au regard de ses dynamiques régionales propres, la région parisienne continue quant à elle à jouer un rôle essentiel, ne serait-ce qu'en valeur absolue, dans le développement d'un certain type de territoire suburbain se démarquant nettement du modèle originel. À cet égard, les villes nouvelles de l'Île-de-France jouent un rôle déterminant. Depuis 1982, elles ont assuré un tiers de la croissance urbaine de la périphérie, contribuant par là même à repousser les limites de l'agglomération parisienne[119]. En 1999, le « Francilien moyen » résidait à 17,1 kilomètres de la capitale contre 13,5 en 1968, alors que de 1936 à 1968, la distance moyenne n'excédait pas les 10 kilomètres[120]. Chacune des villes nouvelles voit ainsi émerger de nouveaux quartiers qui se caractérisent surtout par l'habitat pavillonnaire en lotissement. Celui de Courdimanche, sur le territoire de Cergy-Pontoise, allie ainsi la proximité campagnarde du Vexin et les bassins d'emploi de Paris.

Dans cet essor, la dynamique économique est centrale, comme le confirment les lotissements construits suite à l'implantation de la firme Disney sur la ville nouvelle de Marne-la-Vallée (Chessy) en 1985. Le prolongement de la ligne A du RER, mise en service en 1992, contribue à faire de cette partie de la Seine-et-Marne une nouvelle banlieue résidentielle de l'agglomération parisienne. Elle s'implante dans les quatre départements qui se situent au-delà de la petite couronne (Essonne ; Val-d'Oise ; Seine-et-Marne ; Yvelines). Au recensement de 1999, ils représentent 44 % de la population francilienne contre 30 % en 1968, et ont gagné, en près de trois décennies, près de 2 millions d'habitants.

Dans le même temps, Paris perd près d'un demi-million d'habitants tandis que la petite couronne maintient son équilibre[121]. Les pouvoirs publics se doivent donc de définir une politique urbaine capable de lier les territoires composant la myriade de banlieues qui forment une France urbaine s'apprêtant à entrer dans le troisième millénaire. C'est la tâche qui revient au nouveau président de la République élu en 1995, Jacques Chirac : il entend tenter de définir une nouvelle approche pour le développement des banlieues dont une partie d'entre elles semblent de plus en plus sujettes à des formes plurielles de marginalisation.

6

La fin de l'exception banlieusarde ? Depuis 1995

> « Au-delà, aux quatre coins de V., les cités reléguaient des milliers d'habitants aux confins. D'une ville qui n'avait pourtant que très peu de contours, jouxtant d'autres villes qui semblaient elles aussi mangées par leurs abords, réduites à des zones d'approche qui n'en finissaient pas de tendre vers un cœur inexistant. On changeait de code postal par la seule grâce d'un panneau indicateur, vu du ciel tout se fondait en une masse indistincte. »

Olivier Adam, *Les Lisières* (Paris, Flammarion, 2012, p. 41-42).

Parti favori pour l'élection présidentielle de 1995, Édouard Balladur est progressivement rattrapé par Jacques Chirac qui a choisi de faire campagne sur la fracture sociale, un thème qui lui a été inspiré par une note d'Emmanuel Todd pour la Fondation Saint-Simon. Dans son livre-programme, *La France pour tous*, le maire de Paris lance cet avertissement solennel :

> La France souffre d'un mal plus profond que ne l'imaginent les acteurs politiques, les responsables économiques, les intellectuels en vogue et les célébrités du système médiatique. Le peuple a perdu confiance. [...] Tous les indicateurs en révèlent des symptômes, mais aucune thérapie n'est prescrite parce que trop de responsables raisonnent sur des chiffres, pas sur des hommes. Or les

chiffres en eux-mêmes n'expriment pas la gravité de la fracture sociale qui menace – je pèse mes mots – l'unité nationale[1].

En première ligne face à la crise économique, les banlieues populaires apparaissent comme l'un des signes les plus visibles de cette fracture sociale. Pourtant, le candidat du PS, Lionel Jospin, n'évoque à aucun moment dans son programme ni l'état des banlieues populaires ni la politique de la ville. Or, un climat de défiance sociale règne dans bon nombre d'entre elles, à commencer par les communes qui avaient connu les émeutes du début de la décennie 1990.

Au cours des années 1995-2022, leur image se dégrade significativement. Surtout, la vision du jeune de banlieue en galère s'efface progressivement au profit de celle de réseaux liés au banditisme ou à l'islamisme. Cela tend aussi à occulter les initiatives menées pour améliorer la vie quotidienne des habitants.

Si, pendant sa première campagne présidentielle, Jacques Chirac avait pensé trouver avec son « plan Marshall » des banlieues une solution pour juguler la fracture sociale, les émeutes de 2005 conduisent à s'interroger sur le sens à donner à cet événement fondateur : explosion sociale pour les uns, rupture civilisationnelle pour les autres. Les dix années qui suivent seront dominées par la défiance qu'un certain nombre de territoires inspirent aux Français ainsi qu'à certains représentants des pouvoirs publics.

Le point de non-retour est atteint en 2015 lorsque la France est touchée par une offensive terroriste islamiste sans précédent. Quelques jours après l'attentat contre *Charlie Hebdo*, le Premier ministre Manuel Valls évoque un « apartheid territorial, social et ethnique ». Si le terme de « banlieue » n'est pas utilisé, la référence s'inscrit néanmoins dans la lignée d'autres cas historiques – qu'il s'agisse des États-Unis lorsqu'il est question des ghettos, ou de l'Afrique du Sud quand le terme d'« apartheid » est employé. Dans les deux cas, il enracine la banlieue dans un registre négatif.

Au XXIe siècle, l'usage même du terme « banlieue », au singulier, ne semble plus guère possible tant il renvoie à des variétés diverses, pour ne pas dire opposées. La présence dans la banlieue traditionnelle de « territoires perdus de la République », pour reprendre le titre de l'ouvrage collectif publié en 2005, ne doit pas faire oublier que dans la majorité des cas, il s'agit d'espaces qui se cherchent un destin à la mesure de leurs envies et de leurs ambitions. Ce qui était d'ailleurs déjà le cas pour la période précédente mais, entre-temps, les contrastes se sont accentués. L'enjeu est désormais de déterminer si la métropolisation à l'œuvre depuis plusieurs décennies conduit ou non à une normalisation de ces territoires historiquement bâtis à côté de la ville-centre. Cette interrogation, aussi politique qu'urbanistique, émerge au milieu des années 1990.

Quelle urgence pour les banlieues ? (1995-2005)

Après la victoire de Jacques Chirac en 1995, le nouveau gouvernement dirigé par Alain Juppé s'attelle à réduire la fracture sociale, ce qui suppose de proposer des solutions autres que celles proposées jusqu'alors. C'est en fait l'inclusion des banlieues dans la société elle-même qui fait débat. En 2006, Jacques Donzelot synthétisera cet enjeu en alertant sur le risque de voir les centres urbains se déliter sous l'emprise d'une politique de la ville inadaptée pour les banlieues, car surtout fondée sur des plans de réhabilitation, et non sur « l'esprit de la ville[2] ».

Les banlieues laissées en plan

Depuis le début des années 1990, les violences urbaines concernent l'ensemble du territoire national et l'exclusion sociale progresse. Ces deux paramètres contraignent les gouvernements, de droite comme de gauche, à élargir le registre de l'intervention publique concernant l'avenir des banlieues. En 1995, la sortie du film de Mathieu Kassovitz *La Haine* – prix de la mise en scène à Cannes – confirme que les approches ont changé. Il ne s'agit plus seulement d'inventer des modes spécifiques de développement social mais d'éviter la marginalisation économique, sociale mais aussi civique de ces espaces où la défiance envers les pouvoirs publics ne cesse de progresser. Depuis la fin de Banlieues 89 et la création du ministère de la Ville, l'ambition politique concernant la banlieue s'est affadie – ce qui, selon le sociologue Paul Yonnet, résulte en partie du fait que la gauche, malgré son exercice du pouvoir, n'est plus en capacité de « planter les fondations d'une société transformée[3] ». Quitte à laisser se développer un divorce avec les classes populaires, comme semblent le montrer les résultats serrés du référendum sur Maastricht. L'avenir des banlieues confrontées à la désindustrialisation massive aurait pourtant mérité une forte mobilisation politique et intellectuelle. Elle n'est pas venue.

Nous l'avons vu, dans le premier gouvernement Juppé, un secrétariat d'État aux « Quartiers en difficulté » est confié entre mai et novembre 1995 à Françoise de Veyrinas, élue toulousaine, engagée de longue date dans la politique de la ville. Dans le second gouvernement Juppé, c'est cette fois Éric Raoult, fraîchement élu maire du Raincy, « l'une des rares communes bourgeoises de Seine-Saint-Denis » selon *Le Figaro*, qui devient ministre délégué à la Ville et à l'Intégration auprès de Bernard Pons, ministre de l'Équipement, du Logement, des Transports et du Tourisme. Sa nomination à un poste sensible, qui plus est mêlant ville et intégration, suscitera une vive polémique visant directement la banlieue. En 1997, des cinéastes signent un appel à la désobéissance civique contre la loi Debré qui, selon eux, restreint considérablement les droits des étrangers présents sur le sol français – en particulier ceux qui sont en situation irrégulière.

En tant que ministre, Éric Raoult s'en prend directement aux 66 signataires, invitant chacun par courrier à venir habiter pendant un mois dans un quartier difficile de la Seine-Saint-Denis, pour « mieux apprécier l'ampleur des difficultés économiques et sociales rencontrées par nos compatriotes et leurs élus ». Tous les signataires reçoivent d'ailleurs une affectation particulière. « L'intégration, ce n'est pas du cinéma », ajoute le ministre, reprochant à ses correspondants, « une erreur de scénario, une erreur de casting »[4]. Pour sa part, le cinéaste Bertrand Tavernier se voit affecté à la cité des Grands-Pêchers de Montreuil. Prenant au mot le ministre, il s'installe avec son fils dans cette cité populaire et en tire un documentaire fascinant : *De l'autre côté du périph'*. Proposé sur une chaîne publique et sélectionné pour le Festival de Berlin, il sera vu par 2,5 millions de téléspectateurs malgré une heure tardive de diffusion. Ainsi, la question de la banlieue intéresse encore l'opinion publique. À la suite de sa diffusion, plus de 150 projections-débats seront organisées en banlieue parisienne, mais aussi hors région[5].

Le gouvernement d'Alain Juppé entend poursuivre l'œuvre de réhabilitation engagée par ses prédécesseurs. Nous le savons, au cours de sa campagne, Jacques Chirac s'était prononcé en faveur d'un « véritable plan Marshall pour les cités » puisque « aux situations exceptionnelles doivent correspondre des moyens exceptionnels »[6]. À la question posée par les journalistes de *L'Express* sur le coût d'une telle initiative, le candidat de la droite avait répondu sans ambiguïté :

> Ce coût n'est rien au regard de la charge que représente pour la nation le développement du chômage et de l'économie mafieuse, fondée sur la drogue et la délinquance, que l'on observe dans ces quartiers. Il faut cesser de raisonner à court terme.

Si la volonté de faire des habitants des cités « les fers de lance de la reconquête des banlieues difficiles » s'inscrit dans un discours commun à celui de la gauche depuis les premiers temps de la Commission nationale du développement social des quartiers, en revanche, il n'apporte aucune précision concernant les conditions de ce plan qui en appellera bien d'autres. C'est en 1996, lors d'un discours à Marseille, sur les terres de Jean-Claude Gaudin, maire de Marseille et ministre de l'Aménagement du territoire, que le Premier ministre annonce la mise en place d'un pacte de relance pour la ville (PRV) avec une mesure phare : la création de 751 zones urbaines sensibles (ZUS) regroupant, selon les chiffres de la Cour des comptes, environ 4,4 millions de personnes – soit 7,6 % de la population française. Autre annonce : la création de 44 zones franches urbaines reposant sur un système complexe d'exonérations fiscales pour les entreprises qui s'installent en banlieue. Ces zones se caractérisent par la présence massive de grands ensembles ainsi que par une forte précarité sociale essentiellement due au chômage. Mais l'enfer est pavé de bonnes intentions : si donner à la France urbaine la plus déshéritée des avantages spécifiques méritait d'être salué, le zonage a pu aussi contribuer à enfermer ces territoires dans une définition administrative qui se caractérise par une forte tutelle de la puissance publique. L'avenir d'un certain type de banlieues doit-il dès lors se penser *via* une série de programmes définis dans les hautes sphères de l'État ?

Dès cette époque, des voix proposent des solutions alternatives, en se référant notamment au modèle anglo-américain qui mise plus sur les communautés locales que sur la transformation en profondeur du cadre bâti. Le changement de cap opéré au début des années 1990 en faveur de cette seconde option n'a pas donné les résultats escomptés. La politique de développement social des quartiers pratiquée durant la décennie précédente n'ayant pas plus donné satisfaction, il convient de trouver une troisième voie susceptible de coupler les deux approches. Faute d'une vision réellement nouvelle, la réparation, la rénovation ou le renouvellement urbain – selon les époques et les gouvernements – continuent d'inspirer les politiques publiques. Le terme de « zones urbaines sensibles » utilisé dans le PRV éclaire aussi deux enjeux : d'une part, le retour au « zonage », qui rappelle les politiques de l'État durant les années 1960-1970 (ZUP, ZAC) ; d'autre part, la volonté des autorités d'employer un mot neutre, « sensible », pour caractériser l'état social des territoires en prise avec l'exclusion sociale. Sa signification a pourtant évolué depuis les années 1980. Le facteur migratoire a pris l'ascendant sur la question sociale définie au sens strict du terme.

Si les mesures contenues dans le PRV ne rompent guère avec les programmes antérieurs, un principe s'avère en revanche novateur : la reconnaissance officielle de la discrimination « territoriale » comme levier pour l'action publique en banlieue. Autrement dit : dépasser le cadre formel de l'égalité pour privilégier le principe d'équité et de redistribution territoriale[7], ce qui peut également apparaître comme une concession faite au modèle américain en matière de redistribution sociale. Ce faisant, le nouveau pouvoir se démarque des orientations prises par la gauche puisqu'il mise sur la capacité des habitants à s'en sortir par eux-mêmes avec le soutien des pouvoirs publics. Toutefois, le thème de la discrimination positive demeure discret et ne tend pas à devenir un ressort à part entière des politiques publiques. Et contrairement au modèle nord-américain, il n'a pas vocation à déboucher sur un mode de développement communautaire où l'*affirmative action* est au centre de l'action publique. Cette politique suppose aussi de reconnaître l'existence, mesurable statistiquement, de minorités victimes de discriminations notamment sociales – ce qui ne semble guère envisageable dans un pays où l'égalité républicaine constitue encore une clé de voûte du pacte national. Il ne s'agit pas non plus de bouleverser l'ordre administratif. Au demeurant, les instances de la politique de la ville ne connaissent pas de modifications significatives au cours de la période.

Finalement, le PRV n'aura pas l'occasion de se déployer comme prévu dans la mesure où la dissolution de l'Assemblée nationale en avril 1997 et le retour de la gauche ouvrent de nouvelles perspectives politiques ; la gauche n'ayant plus exercé le pouvoir depuis 1993, elle peut rouvrir le dossier de la solidarité urbaine amorcé par la loi d'orientation pour la ville votée six ans plus tôt.

Réaffirmer le principe de la solidarité urbaine

Pas plus qu'en 1995, la banlieue n'a été au cœur des débats de la campagne électorale. Fait significatif : dans le premier gouvernement formé par Lionel Jospin, il n'est pas prévu de ministère, même délégué, à la Ville. C'est Martine Aubry, ministre de l'Emploi et de la Solidarité, qui porte le dossier. À ce titre, elle commande un rapport au maire d'Orléans, Jean-Pierre Sueur. Il ne s'agit pas de trouver des réponses après de nouvelles émeutes mais de réfléchir à des formes inédites d'organisation urbaine et territoriale. S'il n'est jamais question de la banlieue dans la lettre de mission que la ministre adresse au maire d'Orléans, il s'agit pourtant de définir sa place au vu des mutations récentes de la France :

> Du « Développement Social des Quartiers » aux contrats de ville, les quinze dernières années ont vu se succéder plusieurs types d'actions en direction des quartiers défavorisés. [...] Tous ces efforts n'ont pas suffi à enrayer les processus d'exclusion et de ségrégation spatiale et sociale dont sont victimes de nombreux quartiers de nos villes et leurs habitants. C'est pourquoi, il me paraît aujourd'hui nécessaire que de nouvelles perspectives soient dessinées pour une politique de la ville prenant prioritairement en compte ces évolutions déterminantes pour l'avenir de nos sociétés urbaines. Comment faire en sorte que tous les quartiers et les communes qui composent nos agglomérations – y compris ceux et celles qui sont considérés comme les plus défavorisés – soient

> parties prenantes, acteurs et bénéficiaires du développement, et constituent des villes à part entière où la mixité sociale existe et où les différentes fonctions soient représentées de manière équilibrée[8] ?

Les perspectives ici tracées montrent qu'il ne s'agit plus tant d'organiser la banlieue pour elle-même que de préparer son inclusion définitive dans les nouvelles « agglomérations » pour lesquelles le gouvernement prépare une loi sur l'intercommunalité. Cette option repose la question du statut des communes banlieusardes dans les métropoles en cours de développement. En particulier, pourront-elles préserver leurs identités propres ? Une question qui avait d'ailleurs déjà été évoquée par certaines urbanistes au cours de l'entre-deux-guerres.

Le rapport rendu en février 1998 tranche par sa volonté de proposer une réflexion globale et non pas limitée au « traitement » spécifique des banlieues – un peu à la manière dont Olivier Guichard avait en 1976 appréhendé l'avenir de la question urbaine. Vingt-deux ans plus tard, selon la commission présidée par Jean-Pierre Sueur, les maillages administratifs qui structurent l'organisation de la ville ne sont plus adaptés à la situation présente. Pour les territoires inscrits en politique de la ville, l'empilement des dispositifs semble avoir eu pour conséquence de les couper quelque peu de leur environnement proche. En 1997, 1 300 quartiers sont référencés en contrat de ville. S'ajoutent également les territoires régis par le système du zonage défini par le gouvernement précédent. La prise en charge des banlieues en difficulté se fait donc, selon les membres de la commission, et « sauf exception notoire », sans prendre en compte le reste des communes qui composent les agglomérations. Or, il est essentiel que l'avenir de la banlieue administrée par les pouvoirs publics s'inscrive en cohérence avec les priorités avancées pour les autres quartiers, en particulier la stratégie définie à l'échelle de l'agglomération :

> C'est le rapport entre le centre, la banlieue, entre les quartiers périphériques et les autres quartiers qu'il faut modifier. Il ne s'agit plus de « panser des plaies » sur des parties limitées du corps

urbain. Les solutions ne pourront être trouvées qu'au niveau de la ville tout entière[9].

Si ces réflexions, présentes dans les études produites par la DATAR, ne sont pas nouvelles, la mise en débat succède à plusieurs émeutes. L'enjeu est donc de taille : recoudre le tissu urbain avant que celui-ci ne se déchire. Si de nombreux quartiers de banlieue se sont édifiés dans un premier temps à côté des villes traditionnelles, ils risquent désormais de se développer contre elles. Il convient donc de les intégrer avant qu'il ne soit trop tard, avant que le principe du séparatisme sociospatial ne s'applique. Ce document, moins par les conséquences que les pouvoirs publics seront amenés à en tirer que par son champ d'analyse, est appelé à faire date. En attendant, il débouche sur le retour d'un ministère de la Ville de plein exercice, confié à un élu de la banlieue parisienne, Claude Bartolone, député et maire du Pré-Saint-Gervais en Seine-Saint-Denis. La marge de manœuvre du nouveau ministre est cependant restreinte. D'une part, le ministre de l'Intérieur, Jean-Pierre Chevènement tend à s'imposer sur le dossier de l'organisation territoriale ; d'autre part, le gouvernement table surtout sur la reprise de l'économie pour améliorer les conditions de vie dans les banlieues.

Le principal registre de l'intervention ministérielle au sujet de la banlieue concerne la loi sur la solidarité et le renouvellement urbain (loi SRU), présentée devant le Parlement en 2000. Il s'agit de renouer avec une vision politique relative à la cohésion sociale et à l'organisation territoriale en lien avec les dynamiques métropolitaines. Parallèlement à l'action menée par Jean-Pierre Chevènement pour réaffirmer l'ordre républicain dans les cités, la définition et le vote de la loi SRU constituent un moment important dans la prise en compte des spécificités de la banlieue, autrement qu'au travers d'un écosystème trop refermé sur lui-même. Ministre de l'Équipement, des Transports et du Logement, Jean-Claude Gayssot, porteur du projet de loi devant le Parlement, l'affirme. Pour lui, il s'agit de

> donner une plus grande cohérence au développement des villes et à assurer le renouvellement du tissu urbain dont l'extension mal maîtrisée a produit de nombreux effets néfastes : dépérissement

> de quartiers, ségrégation entre habitants, asphyxie des moyens de transport, diminution de la qualité de vie des habitants, creusement des inégalités[10].

Si la politique de la ville tend à rester ce qu'elle est – c'est-à-dire une politique qui déroge au droit commun et qui s'applique à des territoires marqués par une concentration aiguë des difficultés –, cette loi montre que les pouvoirs publics entendent normaliser les procédés d'inclusion des banlieues dans les réglementations générales de l'urbanisme. Il faut souligner qu'au cours des interventions, la notion de « civilisation urbaine », déjà abordée durant les années 1970, reprise ensuite par Banlieues 89, émerge à nouveau. Si la banlieue y a toute sa place – un point consensuel –, le volet de la solidarité tel que le gouvernement entend l'imposer suscite en revanche des critiques. Il s'agit de rendre obligatoire l'une des dispositions de la loi d'orientation de 1991 qui, destinée à lutter contre l'exclusion et la ségrégation, imposait aux communes urbaines situées dans des agglomérations de plus de 200 000 habitants, un taux de 20 % de logements sociaux sur leur territoire. Le texte entend désormais l'imposer à toutes les communes de plus de 3 500 habitants, et de plus de 1 500 habitants pour l'agglomération parisienne. Cette disposition risque à terme d'entraîner une modification substantielle des équilibres sociaux, notamment au sein des banlieues résidentielles qui, jusque-là, avaient échappé à cette construction sociale. L'article de loi présentant cette disposition a été l'un des plus discutés par les parlementaires, notamment par les élus des communes favorisées.

Sans surprise, les critiques les plus vives viennent de la droite. Pour le député UDF du Val-de-Marne Gilles Carrez, la loi signifie ni plus ni moins selon lui qu'un « retour à l'urbanisme du Gosplan et à l'architecture du béton [...] un texte dangereux pour la qualité de vie et d'habitat des Français ». Son collègue Henri Plagnol, élu de la circonscription dans laquelle figure la ville résidentielle de Saint-Maur-des-Fossés, dénonce la volonté de la gauche d'agiter « le drapeau rouge du tout-HLM[11] ». On peut en déduire que l'image du logement social continue à nourrir les peurs et, avec lui, son meilleur support aux yeux de certains élus, la banlieue. Si la loi sera votée grâce à la majorité dont dispose le gouvernement, elle n'en révèle pas moins les tensions que suscite le débat sur le logement social et, par extension, sur les banlieues qui abritent une partie des grands ensembles édifiés durant les Trente Glorieuses.

Par ailleurs, le contexte qui suit l'adoption de la loi SRU n'est guère propice à un apaisement des esprits. Tandis que le gouvernement continue à miser sur la croissance en vue de l'élection présidentielle, une nouvelle vague de tensions exogènes secoue les banlieues. L'année 2001 est en effet marquée par le déclenchement d'une nouvelle « Intifada » survenue dans les territoires palestiniens contrôlés par Israël. En Europe, et particulièrement en France, les répercussions ne tardent pas à se manifester. Certaines banlieues servent de caisse de résonance aux événements du Moyen-Orient. Le terme « Intifada des banlieues », déjà entendu durant la première partie des années 1990, refait surface. Selon certains propagandistes locaux très actifs en périphérie, la situation des Palestiniens dans les territoires occupés se compare à celle des habitants d'origine immigrée dans les marges françaises. Ces thèses trouvent en particulier un écho favorable auprès de jeunes qui s'estiment victimes de discriminations de la part des pouvoirs publics, surtout de la police. S'ajoute le discours caricatural et antisémite du « deux poids deux mesures » qui dénonce la prétendue inégalité de traitement entre des Juifs insérés et protégés, et des musulmans socialement et économiquement stigmatisés.

Cette propagande aura très vite des conséquences concrètes. Un certain nombre d'habitants d'origine juive, en particulier dans les agglomérations parisienne et lyonnaise, sont pris à partie tandis que des synagogues sont attaquées à la voiture bélier, voire incendiées. Des familles d'origine juive installées en banlieue depuis la fin de la guerre d'Algérie ne se sentent plus en sécurité. Certains résidents, à Sarcelles par exemple, partent vers des communes périphériques plus tranquilles. Certains observateurs parleront même d'une « Alya intérieure[12] ». Le phénomène ne fera que s'amplifier jusqu'aux attentats de 2015 et la prise d'otages dans la supérette Hyper-Cacher de la porte de Vincennes. Pour leur part, les pouvoirs publics tardent à prendre la mesure de la situation et ne parviennent pas à apaiser les conflits entre communautés. Des associations à forte composante maghrébine estiment que l'accusation d'antisémitisme constitue une nouvelle forme de discrimination à leur égard[13]. Par la suite, plusieurs études montreront que l'antisémitisme devient un marqueur culturel au sein de certaines banlieues où l'on affiche ostensiblement sa « haine des feujs ». Le meurtre sauvage d'Ilan Halimi en 2006 par le « gang des barbares », largement composé de résidents d'une cité HLM de Bagneux, révèle l'ampleur du phénomène[14].

« Le coup de tonnerre » du premier tour des présidentielles de 2002 confirme la fracture profonde qui marque la France au début du nouveau millénaire. Le positionnement des partis politiques sur la question des banlieues traduit aussi un débat clivé, idéologisé, entre une partie de la droite convaincue que ces territoires constituent le levain d'une nouvelle forme de barbarie, et une partie de la gauche qui a validé idéologiquement le principe du communautarisme comme moteur du développement local. Une fois encore, elle tend un miroir au pays tout entier pour mesurer son incapacité à dessiner un avenir commun. Après l'épisode politique de 2002, le retour politico-administratif de la rénovation urbaine sur la scène urbaine pose la question de l'administration de ces espaces. Si les années 1990 avaient été marquées par une prise en main des pouvoirs locaux des dispositifs liés à la politique de la ville, la création par l'État d'un nouveau dispositif aux moyens décuplés – l'Agence nationale pour la rénovation urbaine (ANRU) – repose la question de la gouvernance des banlieues qui dépendent en partie des aides publiques.

Le retour du thème de la rénovation urbaine

Au lendemain de la réélection de Jacques Chirac le 5 mai 2002, il revient au nouveau ministre délégué à la Ville et à la Rénovation urbaine, Jean-Louis Borloo, de dresser les plans pour une nouvelle politique de la ville. La nomination du députémaire de Valenciennes arrive aussi au moment où la Cour des comptes publie un rapport complet sur la politique menée depuis la décennie précédente qui critique tout à la fois ses objectifs et ses modes de fonctionnement. Selon les magistrats du palais Cambon, elle a été jusqu'alors « marquée par l'imprécision de ses objectifs comme de sa stratégie et par une volonté d'affichage qui conduit à la mise en œuvre périodique de nouveaux dispositifs[15] ». Il en est résulté un empilement des dispositifs et un manque de lisibilité tant pour la population que pour les acteurs chargés de son application.

Jean-Louis Borloo entend marquer les esprits en obtenant les moyens nécessaires pour le vote d'une loi-programme fondée sur la rénovation urbaine. Au cours de ses interventions, le ministre affiche sa volonté de résoudre « le problème des banlieues ». Une nouvelle fois, la presse s'empare du sujet en qualifiant de « plan Marhall des banlieues » cette ambition. La comparaison historique suggère en effet une mobilisation jusque-là inédite. Fort de son expérience nordiste, Jean-Louis Borloo entend mener de front la lutte contre la concentration de populations paupérisées sur un même territoire, la discrimination liée à l'origine ethnique d'une partie de la population locale, les problématiques liées à la sécurité publique. C'est pourtant le thème de la rénovation urbaine qui s'impose dans les débats, ce qui interroge.

Au mitan des années 1960-1970, des chercheurs comme Henri Lefebvre ou Manuel Castells avaient dénoncé ce processus remontant à l'haussmannisation qui constituait selon eux un projet de la bourgeoisie contre les classes populaires. De leur point de vue, la rénovation avait surtout eu pour objectif de chasser les plus modestes en périphérie afin de laisser la place aux plus aisés dans un cadre urbain enfin débarrassé de ses taudis. Dans le cas présent, c'est bien essentiellement la banlieue postindustrielle qui constitue le point névralgique de la future politique. Il s'agit d'envisager une prise en charge globale et massive des territoires les plus désertés par les activités prospères des Trente Glorieuses. La loi d'orientation et de programmation pour la ville et la rénovation urbaine du 1er août 2003 valide un Programme d'action nationale (PNRU) s'articulant autour de trois volets : 200 000 destructions, 200 000 réhabilitations, 200 000 constructions. Avec une mobilisation financière de plus de 40 milliards d'euros dans près de 500 ZUS, le PNRU montre que l'État souhaite accélérer le changement dans les territoires les plus touchés. Il s'agit de faire évoluer ces quartiers vers des espaces urbains « ordinaires » – une manière aussi de faire entrer les banlieues des Trente Glorieuses dans une forme de normalité urbaine prompte à en faire des espaces comme les autres, regroupés dans une seule entité métropolitaine. Est-ce dès lors la fin programmée de la banlieue comme une exception administrative ?

La banlieue est donc la cible privilégiée de ce vaste programme étatique, avec les conséquences inéluctables qui en découlent en matière de peuplement : l'un des objectifs affichés est de produire davantage de mixité sociale grâce à la rénovation d'un parc d'habitat social dégradé. La normalisation de la banlieue passe aussi par la destruction des grands ensembles les plus abîmés – même si la règle des trois opérations (démolition, rénovation, reconstruction) a pu paraître aux yeux de certains maires un peu trop systématique. Néanmoins, les 43 milliards d'euros mobilisés par l'État et par d'autres acteurs, comme les bailleurs sociaux, donnent au PNRU une puissance de feu jusque-là inédite. On peut toutefois se demander si la mise à l'agenda politique du thème de la rénovation urbaine n'a pas aussi eu pour conséquence d'euphémiser la question du devenir de ces quartiers.

Depuis 2003, il est davantage question de la rénovation du cadre bâti que des attentes réelles ou supposées des populations locales et de la prise en charge des tensions entre certaines communautés d'habitants[16]. Cette orientation aura un fort impact sur ces territoires dans la mesure où dissociant l'action urbaine de l'action sociale, la philosophie du PNRU rompt avec l'idée d'une approche globale[17]. De plus, la requalification urbaine n'évacue pas toujours les risques de déqualification sociale. Contrairement à ce qui avait été envisagé initialement, la requalification n'a guère entraîné de vastes transformations dans l'implantation territoriale des familles les plus pauvres. Selon une étude de 2011 sur le relogement des habitants par l'Union sociale pour l'habitat (USH), 89 % des ménages relogés sont restés dans leur commune et pour la moitié, dans leur quartier[18]. Les impacts sociaux de la rénovation urbaine seraient en fait limités si l'on en croit certaines études[19]. Une fois encore, leur sort dépend en grande partie de la variabilité de la règle du consentement national en matière de mixité sociale.

Concentrés sur la question de la rénovation urbaine, les pouvoirs publics ne sont pas parvenus à inverser réellement la situation économique et sociale des banlieues classées en ZUS. Selon l'observatoire éponyme, la population qui y résidait en 2009 restait fortement touchée par le chômage : 16,9 % des actifs âgés de

15 à 29 ans étaient au chômage contre 9,2 % au niveau national[20]. Par ailleurs, en 2007, 33,1 % des habitants des ZUS vivaient au-dessous du seuil de pauvreté contre 12 % au niveau national. De même, le PNRU n'a guère modifié la morphologie urbaine des banlieues en rénovation. S'agit-il de mettre en œuvre un programme de requalification propre au territoire sélectionné, ou de proposer une recomposition totale des territoires banlieusards en les incluant dans un projet urbanistique défini à l'échelle nationale ? En d'autres termes, s'agit-il de traiter la banlieue pour elle-même ou plutôt de l'inclure dans une ambition nationale ? De ce point de vue, la loi Borloo n'évoque que très brièvement la participation des habitants et des associations au vaste effort engagé. Faute d'une expression politique reconnue, les émeutes survenues en 2005 auront aussi pour conséquence de réduire à nouveau les banlieues « sensibles » au registre des peurs, recomposées toutefois pour la circonstance en partie sous l'angle ethnique. Comme un trait historique permanent, les banlieues rendent compte, à leur manière, des doutes qui assaillent la France quant à son avenir.

On ne pourrait voir dans les événements tragiques survenus en 2005 qu'une suite logique des drames survenus une décennie plus tôt dans certaines cités HLM. Mais l'affaire de Clichy-sous-Bois le 27 octobre 2005 aura des conséquences qui, à bien des égards, dépassent très largement ce que la France avait connu durant les années 1990. Cette fois, le phénomène surprend autant par son ampleur que par les symboles qu'il véhicule auprès de l'opinion publique. Si l'expression « guérilla urbaine » avait déjà été utilisée, elle prend ici un sens nouveau dans la mesure où, pour la première fois, l'affrontement avec les forces de l'ordre devient systématique et que les émeutiers s'en prennent à des bâtiments symbolisant le modèle républicain. Comme le soulignera Dominique Schnapper, ces événements conduisent à s'interroger autant sur l'état des banlieues que sur le modèle français d'intégration et sur la société elle-même[21]. Si ces dernières, où l'exclusion sociale est forte, ont été au cœur des émeutes de 2005, on doit aussi s'interroger au sujet des conséquences sur les autres banlieues, précisément celles qui étaient déjà engagées dans un processus d'entre-soi et d'urbanisme affinitaire. Comment recoudre le tissu urbain et éviter le ressac des banlieues pauvres hors les murs de la métropolisation ?

Clichy-sous-Bois ou l'embrasement

Quelques jours avant le drame, les banlieues avaient une nouvelle fois fait la une de l'actualité avec la visite quelque peu mouvementée du ministre de l'Intérieur, Nicolas Sarkozy, à Argenteuil, sur la « dalle » qui se caractérisait par une forte concentration de logements sociaux. Interpellé par des habitants, il s'était engagé à les débarrasser des « bandes de racailles » qui leur empoisonnaient la vie au quotidien. Quelques semaines plus tôt, dans une autre cité de banlieue, elle aussi emblématique des malfaçons de l'urbanisme moderne (la Cité des 4 000 à La Courneuve), il avait promis de tout « nettoyer au Kärcher ».

Ces propos ont provoqué de nombreuses réactions et ont eu pour conséquence de remettre au premier plan le thème de la banlieue et de la dangerosité sociale qu'elle est censée incarner. L'intervention de Nicolas Sarkozy a aussi ouvert le débat entre ceux qui estimaient qu'il avait voulu stigmatiser les habitants des banlieues populaires en employant des termes volontairement dégradants, et ceux pour qui il avait rappelé le droit à la sécurité pour tous ceux qui vivaient alors dans ces quartiers. Les événements de Clichy-sous-Bois vont donner une tout autre ampleur au débat sur la dangerosité imaginaire ou avérée de la banlieue.

« Trois semaines qui auront choqué, secoué la France, qui auront fait trembler le gouvernement et auront attiré le regard du monde entier[22]. » C'est par ces mots que s'ouvre le journal télévisé du 20 heures du 17 novembre 2005, trois semaines après le déclenchement des émeutes en banlieue, le 27 octobre 2005. Ce jour-là, deux jeunes habitants de Clichy-sous-Bois décèdent électrocutés dans un transformateur EDF. Se croyant poursuivis par la police, ils s'étaient cachés dans ce lieu à l'abri des regards. Aussitôt, des émeutes éclatent en banlieue parisienne. Mais c'est apparemment le tir d'une grenade lacrymogène aux abords d'une mosquée de Clichy-sous-Bois le 30 octobre qui intensifie le mouvement et marque son extension à toute la France, y compris dans des villes qui n'appartiennent pas au référentiel traditionnel de la banlieue. Cela permet très rapidement d'écarter l'hypothèse d'un complot préparé de longue date afin de renverser l'ordre établi. Ce qui frappe, en revanche, c'est bien le caractère spontané de ces émeutes. Ni mots d'ordre ni leaders ne se révèlent durant les trois semaines d'embrasement, ce qui contraste avec les commentaires de la presse, surtout étrangère, qui suggère que la France entière se soulève. Certains journaux américains évoquent même une « guerre civile », sous-entendant que la banlieue est devenue le lieu de l'affrontement ethnique entre communautés. Certains organes de presse parleront des « *Muslim riots* » tandis que la presse russe n'hésite pas à écrire qu'il s'agit d'une « guerre ethnique ».

En octobre 2015, les attentats de Londres du 7 juillet, perpétrés par quatre jeunes terroristes islamistes de nationalité britannique, sont encore dans les esprits. Dix ans plus tôt, la France a elle aussi été la victime d'attentats islamistes perpétrés sur son sol. Mais l'idée qu'une force islamiste ait pu téléguider les émeutes en banlieue relève du fantasme, ce que corroborent les Renseignements généraux. L'affaire n'en reste pas moins significative. Pour la première fois, des représentants des pouvoirs publics comme les pompiers sont visés par les manifestants, parfois avec des armes à feu. Plusieurs incendies ciblent délibérément des édifices publics comme des écoles, des gymnases ou des bibliothèques qui améliorent le cadre de vie des habitants. Au total, après 21 jours d'émeutes, on dénombre sur l'ensemble du territoire 1 300 communes touchées, plus de 200 policiers blessés au cours des affrontements, et près de 9 000 véhicules incendiés. Les assurances évaluent quant à elles le coût des émeutes à 200 millions d'euros. Sans doute est-ce cette ampleur jusque-là inégalée des émeutes urbaines qui conduit le chef de l'État, après un conseil de sécurité tenu à l'Élysée, à proclamer le 8 novembre l'état d'urgence dans une vingtaine de métropoles ainsi que dans la totalité de l'Île-de-France. Le gouvernement reprend ainsi la loi du 3 avril 1955, votée pour être appliquée en Algérie au moment des premiers soulèvements. Pour certains, c'est une opportunité qui permet de dresser un parallèle entre la France coloniale et sa manière d'aborder la situation dans les banlieues un demi-siècle plus tard.

Au mois de janvier 2005, en effet, un appel intitulé « Nous sommes les indigènes de la République ! » avait été lancé en vue de la tenue des Assises de l'anticolonialisme postcolonial. À l'origine de cet appel, on retrouve des mouvements comme le Collectif des musulmans de France (CMF), proche du prédicateur Tariq Ramadan, lui-même signataire de la pétition, ainsi que quelques intellectuels comme le sociologue Saïd Bouamama qui, en son temps, avait participé à la Marche de 1983. Le texte entend rompre avec « l'antiracisme paternaliste » et réaffirmer que la France « a été » et « reste un État colonial ». « Le traitement des populations issues de la colonisation prolonge la politique coloniale », affirme l'appel, évoquant les discriminations, la « relégation » dans les quartiers sensibles, la « gestion de l'islam » ou la « loi anti-foulard ». Le collectif demande donc à l'État ainsi qu'à la société française « d'opérer un retour critique radical[23] » sur son passé colonial. En réaction à l'établissement du couvre-feu, le mouvement des Indigènes de la République publie un communiqué intitulé « Non au couvre-feu colonial ! La révolte n'est pas un crime ! Les véritables incendiaires sont au pouvoir ! » dans lequel il affirme que « les populations issues de la colonisation [sont] assignées à résidence dans ces nouvelles zones d'indigénat que sont les quartiers populaires[24] ». Difficile, dans ces circonstances, d'y voir une authentique mobilisation populaire en faveur des banlieues qui, néanmoins, sont à l'origine d'un nouveau type de mobilisations essentialisant « la race » à des fins idéologiques et militantes. Sadri Khiari, l'un des initiateurs de l'Appel de 2005, tentera d'ailleurs d'établir une convergence des luttes entre jeunes des banlieues et engagement postcolonial dans un livre publié en 2006 : *Pour une politique de la racaille : immigrés-e-s, indigènes, et jeunes de banlieues*.

Si la causalité islamiste peut être écartée, le fait migratoire a pesé. Si la référence n'est pas tout à fait nouvelle (on se souvient des commentaires concernant les premières émeutes dans l'Est lyonnais à la fin des années 1970), elle prend une nouvelle ampleur dans la France du début des années 2000. Le mirage d'une France Black-Blanc-Beur apparu au lendemain de la victoire de la France au Mondial de football en 1998 s'est donc très vite dissipé. On peut tout autant discuter la formule de Régis Debray qui, lors des émeutes de 2005, écrivait que le *United Colors of Benetton* s'était substitué au drapeau rouge et au drapeau tricolore dans l'ex-banlieue rouge[25]. Une recension rapide de la presse concernant les émeutes de 2005 permet de distinguer deux camps : les uns mettent en avant le caractère a-civilisationnel des émeutes, les autres préfèrent prioriser la causalité sociale afin d'expliquer le caractère violent des actes commis. *Le Figaro* décrit ainsi « l'empreinte de la barbarie et de la sauvagerie gratuite » sur des « casseurs encagoulés [qui] montrent leur haine » et des « barbares » issus des « banlieues sensibles »[26]. Quant au *Monde*, il évoque des « bandes » et des « émeutiers » qui agissent en « incendiant », en « caillassant », en « vandalisant »[27]. Le philosophe Alain Finkielkraut ira encore plus loin dans un entretien accordé au quotidien israélien *Haaretz* après les événements, le 19 novembre 2005 :

> En France, on a tendance à réduire ces émeutes à leur dimension sociale, de les voir comme une révolte des jeunes des banlieues contre leur situation. Le problème, c'est que la plupart de ces jeunes sont des Noirs ou des Arabes avec une identité musulmane. En France, il y a également d'autres immigrants en situation difficile – Chinois, Vietnamiens, Portugais – et ils ne prennent pas part aux émeutes. Donc, il est clair qu'il s'agit d'une révolte avec un caractère ethnico-religieux[28].

À l'inverse, d'autres titres comme *Libération* et *L'Humanité* privilégient l'explication sociale pour comprendre les raisons qui ont poussé les émeutiers à agir. Selon eux, ces derniers sont les victimes directes d'une situation d'exclusion sociale et politique qui provoque en retour « une réaction typique des ghettos ethniques[29] ». Pour régler ce problème, il faut, selon *Libération*, mettre en œuvre au plus vite des programmes de discrimination positive pour les jeunes habitants de Clichy – en quelque sorte, une démarche communautaire de type anglo-américain mais qui est appliquée par les services de l'État au titre de la politique de la ville.

Certains, en dépit du manque de leaders et de relais politiques, voient dans ces émeutes les prémices d'un authentique mouvement social :

> La rue, lieu d'errance et de désœuvrement, est devenue pour eux un lieu de *manifestation*. Et qu'on ne s'étonne pas qu'ils ne

> défilent pas de la République à la Bastille, infidèles en cela à une tradition et une mémoire qui n'est pas la leur [...]. Osons le mot, ces émeutes, révoltes, flambées de colère, violences, la gamme sémantique est large, sont un mouvement social. Il ne s'agit pas d'une révolte ouvrière mais de celle d'enfants de la classe ouvrière[30].

Le ministre de l'Intérieur Nicolas Sarkozy tente lui aussi de prendre date en remettant en perspective les événements :

> Nous sommes en présence d'une des crises urbaines les plus aiguës et les plus complexes que nous ayons eues à affronter. Elle exige de la fermeté et beaucoup de sang-froid. Elle exige aussi un sursaut national dont chacun doit se sentir partie prenante. Car nul n'a le droit de tourner le regard ailleurs. Nul ne peut croire que ces événements sont à la périphérie de notre destin collectif[31].

Malgré ces constats, l'événement n'a qu'un faible impact sur les modes d'intervention publique en faveur des banlieues. La prise de conscience n'est en rien équivalente au choc qui avait amené à la fin du XIXe siècle les milieux réformistes à inciter le Parlement à légiférer sur le logement des classes sociales modestes. Il est vrai qu'en 2005, il n'existe pas de structures équivalentes au Musée social pour penser une crise urbaine qui plonge aux tréfonds de notre modèle social national. Finalement, faute d'être en capacité de proposer une réelle alternative, les pouvoirs publics se retrouvent une nouvelle fois au cœur de la critique. Ils sont accusés par les uns d'en faire trop pour les banlieues, par les autres de ne pas en faire assez.

« La révolte des banlieues ou les habits nus de la République[32] », pour reprendre la formule de l'essayiste Yann Moulier-Boutang, pose la question du rapport que les banlieues entretiennent non pas avec l'administration qui veille sur elles depuis un demi-siècle, mais bien avec la République elle-même. La référence au ghetto semble devoir s'imposer désormais en référence aux banlieues.

De la banlieue au ghetto, ou la tentation américaine

L'usage du mot « ghetto » pour qualifier l'avenir possible de certaines banlieues ne date pas des années 2000 puisque ce terme avait déjà été utilisé à la fin des années 1960 par des représentants de la haute administration française afin d'alerter sur le risque de dérapage de certaines d'entre elles – nous l'avons vu. À la fin des années 1970, la presse avait évoqué l'image des ghettos américains durant des violences urbaines commises dans l'Est lyonnais. Mais c'est au début des années 1990, lors de la multiplication des émeutes urbaines en France que le débat sur un éventuel alignement des banlieues françaises « sensibles » sur le modèle des États-Unis est clairement évoqué. Le sociologue Alain Touraine affirme :

> Nous glissons rapidement vers le modèle américain [...]. Nous allons vers une ségrégation dans sa forme la plus dure, le ghetto [...]. Vu la logique générale d'accroissement de la ségrégation, nous pouvons nous attendre à ce que nos grandes villes prennent le chemin de Chicago[33].

Les pouvoirs publics adoptent ce même prisme. La loi d'orientation sur la ville de 1991 s'apparente à une loi « antighetto » et, dix ans plus tard, la nouvelle secrétaire d'État au Logement, Marie-Noëlle Lienemann, affiche son souhait de « casser les ghettos », en accélérant le processus de démolition de certains immeubles. En 2003, lors de la promotion de sa loi sur la rénovation urbaine, Jean-Louis Borloo affirme la même volonté. Mais la référence aux ghettos renvoie également à la question de la sécurité publique.

C'est au cours des années 1990 que le regard sur les banlieues en difficulté s'est inversé. L'objectif sécuritaire devient une manière politiquement consensuelle d'aborder la question[34]. C'est dans ce contexte que sont créées les brigades anticriminalité (BAC) qui deviennent rapidement des acteurs de la vie en banlieue et un sujet de controverse avec un certain nombre de jeunes qui y vivent. Par la suite, la gauche tentera d'infléchir le cours des événements en lançant la police dite « de proximité » en 1998 (supprimée par Nicolas Sarkozy en 2003). Mais la question de la sécurité est devenue un invariant des politiques depuis le milieu des années 1990 sans que les moyens déployés parviennent pour autant à enrayer l'augmentation des trafics, surtout ceux liés à la drogue. En novembre 2005, à la suite des émeutes de Clichy-sous-Bois, le ministre de l'Intérieur affichait pourtant devant les préfets sa détermination à engager une lutte implacable contre les délinquants :

> La réalité de nos banlieues, c'est que nous avons accepté que la loi des bandes s'impose au détriment de celles de la République, que des gens vivent dans la peur entretenue par les trafiquants et les bénéficiaires des trafics[35].

Le discours sur la banlieue criminogène, autre impensé de l'urbain contemporain, semble être entendu par les Français puisque dans un sondage publié en novembre 2005, 56 % des sondés se disent favorables à un durcissement des lois pour combattre la délinquance et 68 % à une prorogation de l'état d'urgence en vigueur. Le caractère ethnique de la question est aussi perceptible. 56 % demandent une définition plus rigoureuse des règles en matière de regroupement familial et 63 % approuvent « l'expulsion des étrangers impliqués dans les émeutes de banlieues, qu'ils soient ou non en situation régulière[36] ».

En 2005, la référence ethnique est donc en passe de s'imposer dans le débat. Le pendant français du ghetto nord-américain suppose en effet l'existence de communautés repliées sur elles-mêmes car subissant à la fois l'exclusion sociale ainsi que la discrimination fondée sur l'affinité religieuse et l'origine ethnique. Pourtant, la référence au ghetto paraît quelque peu surévaluée. Elle renvoie ici aux peurs citadines ayant marqué de manière durable l'imaginaire social contemporain[37].

Sur le plan de l'analyse sociologique, des études comme celle de Loïc Wacquant – qui compare le South Side de Chicago au cœur du ghetto noir et la Cité des 4 000 à La Courneuve – démontrent que la comparaison ne tient pas plus que le parallèle entre les émeutes de 2005 en France et de 1992 à Los Angeles (elles firent plus de 50 morts). Outre qu'aucune cité de banlieue n'atteint le dixième de la taille de l'un des ghettos américains, la différence concerne surtout la répartition ethnique. Pour Loïc

Wacquant, dans le cas français, le principe de la composition pluriethnique s'impose comme règle de peuplement, même si certaines banlieues se caractérisent par un fort taux d'immigrés. Le ghetto américain se reconnaît au contraire par une forme d'homogénéité raciale[38]. D'autres paramètres distinguent le modèle de la banlieue française du cas nord-américain – le taux d'emploi et la criminalité notamment. Mais, surtout, la différence se mesure à l'aune de l'intervention publique. Contrairement à une légende parfois tenace, les banlieues pauvres n'ont jamais été abandonnées en France, comme le montrent les très nombreux dispositifs de la politique de la ville mis en place depuis plus d'un demi-siècle.

Cela n'enlève rien au fait qu'il existe toute une série de discriminations dont les banlieusards, en premier lieu les plus jeunes d'entre eux, sont les premières victimes. En matière scolaire, les résultats sont généralement inférieurs aux moyennes académiques et les taux de chômage très élevés pour les moins de 25 ans au moment des émeutes de 2005 : 41 % à la Grande-Borne de Grigny, 54 % à La Reynerie et Bellefontaine, deux quartiers toulousains du Mirail[39]. Plusieurs expérimentations ont donc été lancées, notamment celle du *busing* qui consiste à scolariser des enfants hors de leurs quartiers d'origine afin de favoriser la mixité sociale. En 2001, le directeur de Sciences Po Paris, Richard Descoing, avait annoncé la signature de conventions avec des lycées situés en zone d'éducation prioritaire, pour ouvrir les portes de son établissement aux lycées des banlieues défavorisées. Afin de « donner leur chance » aux jeunes qui veulent s'en sortir (et en sortir), le Plan Espoir Banlieues de Fadela Amara en 2008 annonce aussi la création des « internats d'excellence », tandis que seront renforcées les « écoles de la seconde chance ». On retrouve ici une idée déjà développée en 1995 dans le pacte de relance pour la ville. Donner aux habitants de ces territoires en difficulté les moyens de s'en sortir individuellement sans passer par un régime collectif, type développement social des quartiers. Parallèlement, de nouveaux moyens de police sont déployés afin de garantir l'ordre public. Mais à cette date, les banlieues populaires voient leurs chances de transformation sociale réduites du fait de la désindustrialisation et de la crise nouvelle que traverse alors le pays.

Par ailleurs, certaines puissances étrangères commencent à manifester leur intérêt pour les banlieues. En 2011, après avoir racheté le club de football du Paris-Saint-Germain, l'émir du Qatar, en lien avec l'Association nationale des élus locaux de la diversité, s'engage à verser 50 millions d'euros pour des projets économiques dans les communes défavorisées. Cette proposition entraînera de vives réactions. Pour Gilles Leproust, alors vice-président de l'association Ville et Banlieue et maire communiste d'Allonnes, « les banlieues françaises ne sont tout simplement pas à vendre ». Finalement, Doha ne donnera pas suite au projet.

La fracture de 2005 conduit toutefois à s'interroger sur les métamorphoses de la question des banlieues. Les émeutes marquent un changement de paradigme historique. Elles ouvrent sans aucun doute une nouvelle séquence de la révolte sociale à l'âge de la désindustrialisation, alors que l'usine n'est plus le lieu où la contestation peut réellement s'exprimer. Il faut donc penser ce type de territoires en dehors de la « centralité ouvrière[40] », pour reprendre la formule d'un historien, voire admettre que la disqualification ouvrière s'est exprimée à la fois sur le plan économique, politique et symbolique[41]. En germe depuis le début des années 1980, ce processus s'est notamment traduit par le changement de désignation de ces territoires dont la justification urbaine venait de leur vocation à loger le monde des ateliers. Un glissement sémantique s'est opéré. De la banlieue « ouvrière », on est ainsi passé à la banlieue « populaire », sans que l'on soit toutefois réellement en capacité d'en définir les contours sociologiques[42]. Dans bien des cas, il s'agit surtout d'exprimer un point de vue politique tendant à mettre en avant l'importance de ces territoires sur le plan national.

Dès lors, faute d'une expression sociale canalisée autour de l'usine, ce sont les banlieues postindustrielles qui joueront, d'une certaine manière, la fonction d'exutoire social. Mais au-delà de ces constats, il convient de se poser la question en termes politiques. La période qui s'ouvre avec les émeutes de 2005 signe un risque de sédition territoriale, voire de sécession – pour reprendre un terme que l'on voit apparaître au début des années 2020. Si l'enjeu ne se limite pas seulement aux banlieues, il pose d'emblée la question de la place qu'elles occupent au sein de la République.

En 2002, trois ans avant les émeutes, un ouvrage collectif composé de textes de professeurs du second degré de la région parisienne, *Les Territoires perdus de la République*, lance un cri d'alarme au sujet des « incidents », selon le vocabulaire de leur ministère de tutelle, à caractère antisémite, raciste et sexiste. Ce livre décrit un certain nombre de mutations socioculturelles à l'œuvre dans certaines banlieues françaises. Pour les auteurs, à terme, elles risquent d'aboutir à un retrait vis-à-vis de la communauté nationale et des valeurs républicaines qui la structurent. D'autres études corroborent cette dérive. Un rapport de SOS Racisme et de l'Union des étudiants juifs de France montre que les actes antisémites en banlieue ont fortement crû après la seconde Intifada. Quant au profil des agresseurs, Nonna Mayer, du Centre d'études sur la vie politique française, expliquait en 2002 qu'il « était très typé : il s'agit dans la grande majorité des cas de jeunes Beurs de banlieue défavorisée[43] ». Les banlieues dites « sensibles » sont donc appelées à revenir cycliquement dans un débat dont l'appartenance réelle ou supposée à la République et à ses valeurs constitue le cœur.

Banlieues de la République ou territoires perdus de la République ?

Comme pour l'usage du terme *ghetto*, la référence au délitement des villes et au risque de rupture au sein de l'organisation urbaine précède les années 2000-2005, puisqu'il fait son apparition dès les années 1990. Certains constatent qu'après dix ans de politique de la ville, la situation des cités d'habitat social ne s'est guère améliorée.

Du côté des jeunes qui y vivent, les codes culturels évoluent. La référence au personnage de Tony Montana incarné par Al Pacino dans le film *Scarface*, qui se caractérise par sa folie meurtrière, devient un mythe auquel s'identifient nombre de jeunes banlieusards, notamment parce que Montana est lui aussi d'origine étrangère et qu'il a malgré tout réussi à s'imposer grâce à la violence. En 2011, un documentaire intitulé *Un soir avec… Générations Scarface*, dont le réalisateur a lui-même grandi dans une cité HLM des Yvelines, éclaire ce processus d'identification. Il le justifie notamment « parce que les thèmes de la violence, la soif d'ascension, la famille, le besoin de reconnaissance et la place de la femme sont communs et qu'en s'appuyant sur un film le dialogue est plus facile[44] ». Ces raisons sont justes, tout comme le fait que les regards se tournent désormais plus volontiers vers les États-Unis que vers le modèle culturel français.

Après 2005, un palier supplémentaire dans cette forme de désaffiliation culturelle semble franchi. Il s'agit du facteur religieux qui s'est à nouveau manifesté en 2004 à l'occasion du vote de la loi portant sur « le port de signes ou de tenues manifestant une appartenance religieuse dans les écoles, collèges et lycées publics ». Devant la commission d'étude présidée par Bernard Stasi qui s'était réunie en 2003 à la demande de Jacques Chirac, des personnalités religieuses ainsi que des responsables associatifs s'étaient pourtant majoritairement prononcés contre le vote d'une nouvelle loi sur le sujet qui risquait d'entraîner une stigmatisation des musulmans ainsi qu'un encouragement à la déscolarisation. Dix ans plus tard, au moment de « l'affaire » de la crèche Baby Loup de Chanteloup-les-Vignes – une employée licenciée parce qu'elle avait refusé de retirer son voile –, l'Institut Montaigne avait produit une note démontrant la hausse de l'affirmation du sentiment religieux dans les banlieues. Intitulée « Faire vivre la promesse laïque », elle constatait notamment que

> la notion de laïcité suscite pourtant un malaise grandissant dont les débats sur la société française en général et sur les « banlieues » en particulier se font l'écho. Le débat public s'envenime régulièrement autour de ces sujets. C'est dans les quartiers de la politique de la ville, où l'islam est fortement représenté, que le malaise semble le plus fort. La laïcité y est perçue comme une critique indirecte d'une mauvaise assimilation des populations issues de l'immigration au sein de la République[45].

À ce titre, estimait la note, il ne semblait guère opportun de réviser ou d'adopter un nouveau texte de loi relatif à la laïcité, d'autant que les tensions étaient surtout d'origine sociale. Il s'agissait donc plutôt de trouver les bonnes pratiques locales afin de faire partager les règles de laïcité. Cette note faisait suite à une enquête publiée par l'Institut en 2011. Fruit de plusieurs mois de travaux menés sous la direction de Gilles Kepel à partir de l'étude de deux sites emblématiques des émeutes de 2005

– Clichy-sous-Bois et Montfermeil en Seine-Saint-Denis –, elle montrait que la rénovation urbaine faisait son œuvre mais ne pouvait garantir à elle seule le développement et la cohésion des quartiers inscrits en politique de la ville. Du coup, l'adhésion aux valeurs de la République de certains habitants reculait :

> Sans doute est-ce la faible capacité d'attraction de la promesse laïque et républicaine qui interrogera le plus les lecteurs de ce travail. Il faudrait, pour porter remède à cette situation, que l'insertion dans la société par l'emploi rende aux habitants de ces quartiers dans leur diversité une pleine croyance dans les valeurs de la Nation, et que l'éducation leur en ait fourni les capacités, face aux défis quotidiens d'un environnement où l'ensemble de nos repères communs évolue sans cesse[46].

À la veille des attentats qui ensanglanteront la France en 2015, l'influence de l'islam dans de nombreuses cités est incontestable. Dans les années 2010, la France compte environ 2 500 mosquées déclarées, contre 1 500 en 2000[47]. En vertu de la loi de 1905, elles échappent à tout contrôle concernant leur financement, l'essentiel venant de dons privés, souvent d'origine étrangère. Dans les banlieues s'affrontent alors deux pratiques de l'islam : la pratique traditionnelle des chibanis et « l'aspiration puriste de jeunes en quête de sens, de repères et de cadre de pensée ». C'est donc l'islam radical, celui qui place les lois religieuses au-dessus des lois de la République, qui constitue un réel danger pour les banlieues au fur et à mesure de ses campagnes d'endoctrinement, généralement auprès des plus jeunes.

Ayant été chargé par le ministre de l'Intérieur d'une mission de réflexion sur l'analyse et la prévention des phénomènes de radicalisation et du djihadisme, le député socialiste de l'Essonne, ancien président de SOS Racisme, Malek Boutih, rend en juin 2015 un rapport intitulé « Génération radicale ». Il insiste notamment sur la nécessité de ne pas s'en tenir à la « dérive » d'une minorité mais plutôt de « s'interroger sur le fait qu'une grande partie de la jeunesse se détourne de notre modèle de société[48] ». Ce constat suggère que le degré d'adhésion à ces thèses dépasse largement le petit nombre qui passe à l'acte. Du coup, le traitement ne peut pas être que social, il doit être également politique puisque le modèle républicain est lui-même contesté par une frange qui excède celle de l'islam radical. Comme le souligne le philosophe Pierre Manent, c'est aussi l'impuissance à penser un projet commun qui doit être débattue :

> Le problème le plus alarmant qui assiège la France et l'Europe, c'est une désorientation générale, une impuissance croissante à penser et à vouloir un projet commun. L'irruption de l'islam réveille ce problème, l'aggrave sans doute, mais cette désorientation existe indépendamment de l'Islam[49].

Le discours que le chef de l'État Emmanuel Macron prononce aux Mureaux le 2 octobre 2020 marque une étape importante dans la reconnaissance du phénomène par les pouvoirs publics. Il aborde en effet de front la question :

> Ce à quoi nous devons nous attaquer, c'est le séparatisme islamiste. C'est un projet conscient, théorisé, politico-religieux, qui se concrétise par des écarts répétés avec les valeurs de la République, qui se traduit souvent par la constitution d'une contre-société et dont les manifestations sont la déscolarisation des enfants, le développement de pratiques sportives, culturelles, communautarisées qui sont le prétexte pour l'enseignement de principes qui ne sont pas conformes aux lois de la République[50].

L'assassinat du professeur Samuel Paty quelques jours plus tard à proximité de son collège de Conflans-Sainte-Honorine, en banlieue parisienne par un musulman radicalisé qui bénéficiait du statut de réfugié en France, marque un nouveau pas franchi dans l'indicible et débouche sur la « loi confortant le respect des principes de la République » du 25 août 2021. Elle crée notamment un *délit de séparatisme* protégeant les élus et les agents publics « contre les menaces ou violences pour obtenir une exemption ou une application différenciée des règles du service public ». Par ailleurs, les associations ou les fondations qui demandent une subvention publique devront s'engager à respecter le caractère laïc ainsi que les principes de la République dans un « contrat d'engagement républicain ». Cette disposition sera contestée car jugée stigmatisante par certaines associations de banlieue qui estiment qu'elles n'ont pas besoin de cela pour œuvrer à la vie locale.

Si les mouvances islamistes ont pour objectif de supplanter les lois de la République, certaines initiatives tentent de relancer la mobilisation citoyenne. Né après les émeutes de 2005, le collectif AC Le Feu (« Action Collectif Liberté Égalité Fraternité Ensemble Unis »), s'est très vite transformé en appel pour « agir politique ». Se situant clairement dans l'héritage de la Marche de 1983, il entend aussi s'inspirer du Mouvement civique américain.

En janvier 2013, le porte-parole du mouvement, Mohamed Mechmache, ainsi que la sociologue Marie-Hélène Bacqué, sont missionnés par le nouveau ministre de la Ville François Lamy pour écrire un rapport sur la transformation de la politique de la ville. Le gouvernement de Jean-Marc Ayrault installé à la suite de la victoire de François Hollande aux présidentielles de 2012 entend rompre avec le climat de défiance qui s'est établi entre l'État et les représentants des quartiers des banlieues – en particulier après les déclarations de Nicolas Sarkozy à Grenoble en 2010. Le chef de l'État avait alors prononcé un discours très ferme sur la sécurité et la lutte contre l'immigration clandestine, brandissant notamment la menace de la déchéance de la nationalité française pour les « Français d'origine étrangère ».

Le rapport rendu au ministre de la Ville en 2013 tranche avec les précédents dans la mesure où il réclame un réel *pouvoir d'agir* pour les habitants des quartiers, ce que suggère son titre complet : « Pour une réforme radicale de la politique de la ville. Ça ne se fera pas sans nous. Citoyenneté et pouvoir dans les quartiers populaires ». Partant du principe que, jusqu'alors, les réelles mesures prises en faveur de la participation des habitants n'ont eu que peu d'effets concrets, il réclame la mise en place d'un vrai « empowerment à la française » qui mettrait les habitants au centre d'une « politique de la ville co-élaborée ». Il ne s'agit toutefois pas de copier le modèle anglo-américain dans la mesure où, selon les auteurs, la version française « ne serait pas conçue comme un moyen d'accompagner la disparition des moyens, ni de remplacer le droit commun ou les services publics ». Au contraire, elle implique une « intensification des politiques publiques, mais de politiques publiques coélaborées et qui s'appuient sur les initiatives citoyennes ». Cela revient aussi à reconnaître l'autonomie de la société civile en encourageant les initiatives citoyennes et en les dotant des moyens pour se développer. Les auteurs proposent de sortir du discours réducteur sur les quartiers « ghettos » où se concentrent les problèmes, et de reconnaître, sans angélisme, la complexité de ces quartiers où fleurissent également innovations, et solidarités[51]. C'est aussi une manière de reconnaître l'existence de contre-pouvoirs face aux pouvoirs publics et la possibilité d'un droit d'interpellation pour les habitants. Pour autant, il ne s'agit pas non plus d'opposer le mode participatif au système représentatif. Reprenant une ancienne promesse de la gauche, les auteurs préconisent le vote des étrangers aux élections locales – un « véritable préalable pour parler de participation dans les quartiers populaires », selon eux.

La loi de programmation pour la ville et la cohésion sociale votée en 2014 entend se saisir de ces orientations, notamment en rendant obligatoire l'existence de conseils citoyens dans tous les quartiers de la politique de la ville. Selon le ministre de la Ville, ces conseils « seront tout à la fois des lieux de dialogue, de formation, d'interpellation, d'amendement des projets locaux et de participation ». À ce titre, précise-t-il, « il faut donner les clés des Conseils citoyens aux habitants[52] ». Toutefois, les spécialistes des questions liées à la participation des habitants s'interrogent sur la capacité de ces instances à réellement faire bouger les lignes. Au demeurant, le produit fini est assez éloigné de ce qui avait été préconisé dans le rapport de 2013. Il se situe plutôt dans la ligne définie en 1982, alors même que, depuis 1995, les banlieues ont connu des mutations profondes, en particulier sur le plan de leurs rapports aux institutions. En 1995, le géographe Daniel Béhar invitait d'ailleurs les pouvoirs publics à réfléchir à une révision de leurs propres modes d'intervention : « Ne faut-il pas voir, en fait, au travers des phénomènes qui agitent les banlieues, l'épicentre – le point le plus sensible et le plus visible – d'un double processus de recomposition généralisée de la question urbaine et de la question sociale[53] ? »

Au regard de l'évolution du type de banlieues concernées, on peut s'interroger sur la véritable portée de telles mesures, d'autant que les attentats de 2015 placent à nouveau les banlieues sous le feu de l'actualité. Si l'on ne peut bien évidemment guère leur imputer une quelconque responsabilité dans la barbarie qui se déchaîne à *Charlie Hebdo* puis au Bataclan, l'onde de choc qui secoue toute la France passe aussi par la banlieue, dix ans après des émeutes qui sont restées gravées dans la mémoire nationale. Si les réactions dans certaines communes ont parfois été vives au sujet des caricatures publiées dans *Charlie Hebdo*, force est de constater que le massacre de sa rédaction le 7 janvier 2015 n'a pas entraîné de réactions de solidarité avec les terroristes. Quelques refus de participer à la minute de silence en hommage aux journalistes ont été signalés par des établissements scolaires en périphérie, mais ces réactions, très minoritaires, n'ont pas été non plus circonscrites aux quartiers de banlieue.

Le thème du ghetto réapparaît d'ailleurs, notamment à la une du *Journal du dimanche* deux semaines après l'attentat de *Charlie Hebdo* : « Les ghettos de la République ». Il présente une enquête réalisée auprès de 64 sites censée illustrer la déclaration du Premier ministre Manuel Valls qui, s'appuyant sur un rapport de l'Observatoire national de la politique de la ville, avait évoqué un « apartheid territorial, social et ethnique » au sein duquel la pauvreté, l'insécurité et l'échec scolaire s'accumulaient. Le mot « apartheid » vient grossir le flot des qualificatifs utilisés pour décrire une situation de plus en plus préoccupante. En 2015, dans le contexte dramatique que connaît la France, le terme est encore plus chargé de symboles. Il suggère que le problème n'est plus seulement social mais également ethnique. L'enquête menée par le *Journal du dimanche* s'inscrit dans un regain d'intérêt journalistique pour le thème de la banlieue à la manière des enquêtes menées durant l'entre-deux-guerres publiées sous forme d'ouvrages. En 2010, le journaliste du *Monde* Luc Bronner, spécialiste des banlieues, sort un livre intitulé : *La Loi du ghetto. Enquête dans les banlieues françaises*. De son point de vue, l'emploi du terme « ghetto » est parfaitement justifié, d'autant que depuis 2005, rien n'a bougé :

> Ghetto ? Oui, il faut oser le mot, ce terme qui fait si peur à la République. Parce que, année après année, dans les banlieues des grandes villes françaises, se sont constitués des territoires à part, avec leurs propres lois, leurs langages, leurs hiérarchies, leurs frontières[54].

Huit ans plus tard, en 2018, deux autres journalistes du *Monde*, Ariane Chemin et Raphaëlle Bacqué, se frottent au sujet en prenant cette fois la ville de Trappes comme lieu d'investigation.

Elles soulignent les logiques d'enfermement qui prévalent, en particulier le rôle du facteur religieux dans l'affirmation identitaire de certains jeunes. En quelques années, cette ville, qui a aussi été celle de Jamel Debbouze, Omar Sy, Sophia Aram, est devenue l'une des premières pour le recrutement des djihadistes en France.

D'autres types d'alertes pointent l'écart qui se creuse au sein de certains quartiers quant au respect des valeurs républicaines. En 2016, un reportage de France 2 en caméra cachée, atteste que les femmes ne sont pas les bienvenues pour des raisons religieuses dans l'un des cafés de la ville. Si d'autres médias, comme le *Bondy Blog,* contesteront, preuves à l'appui, cette version, l'image du séparatisme territorial continue à progresser dans une partie de l'opinion publique comme chez certains responsables politiques. Ce thème doit toutefois être resitué dans un ensemble plus vaste, celui des recompositions urbaines dont la métropolisation apparaît comme le fil conducteur. L'enjeu qui s'impose dans les années 2010, c'est effectivement la capacité des banlieues d'interagir avec les dynamiques territoriales qui se développent à l'échelle métropolitaine. De ce point de vue, elles se retrouvent prises en étau entre les trois mouvements qui fondent le principe de la ville au début des années 2000 : la gentrification d'une part, la périurbanisation d'autre part. La relégation étant précisément pour les banlieues le troisième anneau du système[55].

Recompositions urbaines en banlieue après 2015

À la fin du mois d'octobre 2015, l'IFOP enquête sur les Français et la situation dans les banlieues dix ans après les émeutes de 2005[56]. À la première question : « Dans le contexte actuel, pensez-vous que la banlieue soit un territoire plus violent que le reste du pays ? », le « oui » l'emporte à 75 %. À la seconde : « Pensez-vous que des épisodes de violence dans les banlieues de même ampleur que ceux de l'automne 2005 sont susceptibles de se reproduire en France ? », 85 % des sondés répondent tout aussi affirmativement. Ils sont également 56 % à estimer que la première raison pouvant expliquer un possible regain des violences concerne la présence de bandes organisées et le trafic de drogue

– soit une hausse de 27 points par rapport au précédent sondage qui datait d'octobre 2006. À l'inverse, 5 % des sondés seulement retiennent comme raisons le logement et l'urbanisme des quartiers concernés alors que les programmes de rénovation urbaine ont désormais plus de dix ans d'existence. Les banlieues concernées disposent pourtant de ressources susceptibles d'en faire des éléments clés de la métropolisation qui s'est imposée depuis la fin des années 1990.

L'avenir de la banlieue dans la métropolisation

Du point de vue territorial comme du point de vue social, les banlieues héritières de la grande aventure industrielle des XIXe et XXe siècles sont de plus en plus délaissées par les classes sociales aisées qui optent soit pour le retour en centre-ville, soit pour le périurbain dont l'essor remonte aux années 1970. Pendant longtemps, ce dernier a pourtant été associé à ce qu'un anthropologue a qualifié de « non-lieux[57] ». Un terme qui rappelle les critiques émises sur la banlieue jusqu'au moins la Deuxième Guerre mondiale, souvent présentée elle aussi comme un espace sans qualités. Encore en 2010, le magazine *Télérama* titrait à sa une « La France moche » avec une photo prise à Villebon-sur-Yvette, dans le département de l'Essonne.

À mesure qu'un certain nombre de banlieues ont été frappées par la crise, le périurbain n'a cessé de se développer. Ainsi, dans l'agglomération lyonnaise, le nombre de communes périurbaines a doublé en dix ans, passant de 194 en 1999 à 383 en 2010[58]. Pour les habitants, il s'agit de retrouver un cadre de vie résidentiel s'apparentant au village ou, du moins, de l'image que l'on s'en fait. Cette quête d'une urbanité revisitée avait déjà été mise en évidence dans les années 1970 à travers un néologisme évocateur : la « rurbanisation[59] », ce qui peut s'apparenter à une « clubbisation[60] » de la vie urbaine. Il existe en effet une opposition, même symbolique, entre la banlieue au sens historique du terme et le périurbain. Ce dernier entend résister à l'absorption dans un ensemble plus vaste. En cela, estime Éric Charmes, il ne peut être la banlieue de demain. La raison est également morphologique : les lotissements qui forment le périurbain s'étendent peu, et surtout, ils ne se rejoignent pas pour former de vastes nappes pavillonnaires comme dans le cas de certaines banlieues[61].

Le déficit de mobilité qui caractérise désormais les liaisons entre ces dernières et le périurbain marque d'ailleurs une rupture historique. Jusqu'aux années 1960, la périphérie des grandes villes représentait en quelque sorte l'épicentre du rêve urbain pour de nombreuses familles. Promesse de quitter enfin l'habitat insalubre de la ville ancienne, elle incarnait avec les lotissements pavillonnaires la prochaine étape du parcours résidentiel. La rupture est intervenue lorsque chacun de ces espaces s'est replié sur lui-même, ne laissant aux banlieues que la promesse d'un meilleur avenir résidentiel sur place, défini surtout par les règles de la rénovation.

Les enjeux consistent donc à lier dans une destinée commune métropolitaine les villes anciennes et leurs banlieues. La question se pose moins pour le périurbain dans la mesure où il existe bien souvent une frontière naturelle avec les deux entités citées. Mais dans les années 2000 encore, le consensus n'apparaît pas évident à nouer, d'autant que des critiques émergent quant aux aides publiques allouées aux banlieues au regard des autres espaces en difficulté, en particulier ceux qui appartiennent à ce que Christophe Guilluy nomme « la France périphérique » – une préférence qui conduit selon le géographe à s'interroger sur le fait de savoir « comment on a sacrifié les classes populaires ».

Son analyse présente les territoires banlieusards non comme des victimes de la crise mais bien comme une composante des métropoles qui, au rebours de la France périphérique, s'en sortent face aux effets induits de la mondialisation. Ainsi coexisteraient deux modèles antagonistes : la France des métropoles (incluant les banlieues), et la France périphérique des petites et moyennes villes, des zones rurales éloignées des bassins d'emploi les plus dynamiques. Celle-ci serait, selon ses termes, laissée-pour-compte, volontiers méprisée, désormais associée à la précarité sociale et au vote Front national[62].

Contestée par d'autres chercheurs, cette analyse présente une tout autre image des banlieues. Loin d'être reléguées, elles seraient en fait l'une des composantes gagnantes de la métropolisation. Les territoires du Val-d'Oise qui comportent de nombreuses cités HLM bénéficient aussi de leur proximité avec l'aéroport international de Roissy – Charles-de-Gaulle. Jouxtant Paris, la Seine-Saint-Denis peut elle aussi profiter du dynamisme et des richesses produites par la capitale. Il paraît donc envisageable que l'inclusion des banlieues en difficulté dans le processus de la métropolisation, elle-même soumise aux règles de la mondialisation, ne soit en réalité qu'une question de temps et qu'un vaste mouvement de recomposition territoriale soit en cours depuis les années 1990. Le cas de La Plaine-Saint-Denis au nord de la capitale est de ce point de vue caractéristique. En effet, disposant d'énormes réserves de friches industrielles (58 % de toutes celles de l'Île-de-France en 1985), les villes de ce territoire ont progressivement capté la demande de tertiaire attirée par la proximité avec la capitale. Des villes comme Saint-Denis ou Pantin sont devenues leaders en la matière. La première a accueilli plus de 720 000 mètres carrés de bureaux et a bénéficié des grands travaux de l'État avec la construction du Stade de France, la couverture de l'autoroute A1 et la création de deux stations de RER. Pantin a pour sa part actionné des ressorts qui jusqu'ici étaient plutôt dédiés à la capitale elle-même : les Grands Moulins ont été rénovés pour accueillir la logistique de la BNP et l'entreprise de luxe Chanel a installé ses ateliers sur un ancien site industriel de la ville[63]. Si ces implantations ne remettent pas en cause les inégalités sociales qui marquent ces territoires, elles n'en signent pas moins une profonde évolution qui tend à faire des banlieues proches des grandes villes des éléments incontournables de leur développement, jusqu'à en gommer l'altérité, voire la marginalité, qui les caractérisaient jusqu'ici. Cela supposera une adaptation des règles françaises dans la mesure où, par exemple, les entreprises mondialisées présentes en banlieue s'accommodent d'un fonctionnement communautaire qui n'appartient pas réellement au référentiel traditionnel de la France en matière d'intervention publique.

La séquence qui s'ouvre en 2017 avec l'élection d'Emmanuel Macron à la présidence de la République laisse entrevoir une certaine hésitation concernant la politique à suivre pour les banlieues. Tandis que l'ANRU poursuit ses programmes de restructuration, les orientations en matière de développement social paraissent devoir s'inscrire dans une certaine continuité avec la politique menée par les gouvernements précédents. Toutefois, le concept de *start-up nation* avancé par le chef de l'État durant sa campagne électorale – puis surtout au cours de son mandat – a vocation à s'appliquer également aux banlieues, en particulier celles qui sont confrontées à la désindustrialisation. Il convient dès lors de leur donner les moyens de se développer par elles-mêmes et de profiter des opportunités géographiques locales. Il en appelle à la mobilisation citoyenne des entrepreneurs et annonce la généralisation du *testing* afin de veiller à la non-discrimination à l'embauche, en particulier pour les jeunes qui peinent parfois à trouver un travail, voire un stage en raison de leur origine géographique ou de leur nom.

En 2018, au motif que la politique des banlieues est « aussi âgée que lui », le président de la République refuse de mettre en œuvre le plan préparé par Jean-Louis Borloo et ses équipes, suggérant de ce fait qu'une autre politique, à ce jour non explicitée, serait envisageable. On peut toutefois penser qu'il s'agirait de privilégier l'équité territoriale ainsi que de garantir la mise en mouvement des individus, ce qui renvoie à une vision décomplexée de la banlieue. Il s'agit de lui permettre de prendre toute sa place dans la vaste compétition territoriale engagée par les métropoles tout en réduisant la tutelle de l'État dans le vaste domaine des programmes lancés depuis plus de quarante ans.

Pourtant, près d'un siècle après le lancement de l'idée métropolitaine par des maires comme Henri Sellier et André Morizet, la tâche s'avère encore immense comme le montre l'avancée complexe du Grand Paris Express devant relier les principaux lieux de vie et d'activités en banlieue sans passer par Paris. Si l'on s'en tient à la période la plus récente, c'est en 2008 que Nicolas Sarkozy, ex-maire de Neuilly-sur-Seine, a voulu relancer le Grand Paris. Christian Blanc, secrétaire d'État en charge du développement de la région capitale, a lancé une grande consultation sur le « Grand pari(s) de l'agglomération parisienne ». Dix équipes internationales d'architectes ont réalisé un travail inédit qui a débouché sur la création d'un Atelier international du Grand Paris afin de poursuivre les réflexions entre architectes, urbanistes, chercheurs et experts mobilisés pour la circonstance. Plus de 500 000 personnes ont visité au palais de Chaillot l'exposition où les projets étaient présentés. Finalement, en raison notamment de la crise de 2008, la concrétisation de ce projet se traduira essentiellement par le développement du métro automatique Grand Paris Express.

Sous le pilotage de Maurice Leroy devenu ministre de la Ville en 2010, un accord a été signé entre l'État, la région et les départements franciliens en janvier 2011 afin de rééquilibrer les transports collectifs en faveur des banlieues déshéritées. La future ligne 16 du métro doit ainsi relier le nord de la banlieue parisienne (Saint-Denis-Pleyel) avec plusieurs villes de l'est de la périphérie de la capitale, notamment Clichy-Montfermeil. Plusieurs relances du Grand Paris seront ensuite tentées, notamment *via* le rapport que Roland Castro rend à Emmanuel Macron en 2018 et qui s'intitule « Paris en grand ». L'inventeur de Banlieues 89 revendique avoir accompli « un travail de poète urbain[64] ». Il recommande notamment de développer les téléphériques urbains afin de désenclaver des villes comme Clichy-sous-Bois ou Montfermeil. Malgré la perspective des Jeux olympiques de 2024, le dossier restera en l'état.

L'exemple des Jeux olympiques de 2024, certes difficilement reproductible, permet toutefois de contester la thèse des détracteurs de la métropolisation à marche forcée qui affirment que ce processus tend à opérer une segmentation des espaces territoriaux : au cœur de la métropole les plus riches, et aux marges les plus pauvres, sinon les plus modestes[65]. Car au-delà des opérations de rénovation urbaine, l'expérience historique des grandes opérations d'aménagement demeure la condition nécessaire au développement de la banlieue. Toutefois, il est nécessaire de s'interroger sur l'impact qu'auront ces projets sur l'identité de la banlieue. À sa manière, cette dernière a représenté une forme d'altérité urbaine vis-à-vis de la ville-centre. L'intégrer pleinement au processus métropolitain risque donc de lui aliéner son identité propre. Une fois encore, en dépit des lenteurs du Grand Paris, la banlieue parisienne pourrait servir de modèle malgré les craintes exprimées par certains élus locaux depuis le début des années 2000. Pour sa part, le député communiste de la Seine-Saint-Denis et maire de Saint-Denis jusqu'en 2004, Patrick Braouezec, évoque ses doutes mais aussi ses espoirs. Il s'inquiète notamment du risque de voir les banlieues perdre leur caractère populaire mais estime aussi que les quartiers qui les composent sont « porteurs de dynamiques nouvelles, sans doute très contemporains et qui bouleversent l'économie traditionnelle, y compris les institutions dans leur fonctionnement[66] ».

Le déclenchement de la révolte des Gilets jaunes en 2018 laisse aussi à penser que l'urgence sociale se situe peut-être désormais moins du côté des banlieues connectées aux grandes villes, à commencer par celles qui entourent Paris, que de celui des territoires qui vivent en marge des pôles de développement métropolitains. Il appartient donc aux territoires banlieusards de s'intégrer dans la métropolisation tout en préservant leur identité et leur histoire progressivement acquises durant le XXe siècle. La politique de patrimonialisation de la banlieue constitue à cet égard une manière d'assumer son propre statut au regard de la compétition qui se joue avec les autres territoires métropolitains. Dans le cas présent, son hétérogénéité représente un atout certain. Plusieurs collectivités locales l'ont d'ailleurs bien compris.

C'est le cas par exemple de Pantin, en Seine-Saint-Denis, qui entend concilier son héritage industriel et sa capacité à promouvoir différentes formes d'innovations, notamment sur le plan culturel, afin d'attirer des catégories de populations plutôt aisées. Dans le cadre du festival Banlieues Bleues qui couvre l'ensemble du département, Pantin a installé en 2006 un nouvel équipement culturel baptisé « La Dynamo », première salle dédiée au jazz, abritée dans une usine entièrement réhabilitée pour la circonstance. Depuis les années 1990, on constate en effet une volonté des communes de banlieue d'affirmer leur vocation culturelle et patrimoniale à la fois pour leurs habitants, mais également pour un public plus large – ce qui contribue à accompagner leur métamorphose territoriale.

Les banlieues hors les murs

Les Lieux de mémoire, la grande entreprise éditoriale conduite sous la direction de Pierre Nora entre 1984 et 1992, n'avait pas pris en compte la banlieue comme phénomène socioculturel sur le plan national. Depuis, plusieurs ouvrages ont abordé la question de la portée mémorielle des différentes composantes territoriales françaises. C'est le cas des *Lieux de l'histoire de France*, paru chez Perrin en 2017, et dans lequel figure un article sur Sarcelles[67].

Certains territoires de banlieue eux-mêmes ont eu à cœur de développer un projet centré sur l'histoire et sur la mémoire collective des habitants. Ainsi par exemple de la Maison de Banlieue et de l'Architecture basée à Athis-Mons dans l'Essonne qui propose des expositions et des publications destinées à mieux faire connaître les différents territoires de l'Essonne, notamment du point de vue de l'identité architecturale. Installé sur le territoire de Villeurbanne, Le Rize travaille également sur les problématiques de la banlieue, en particulier du point de vue de la construction d'une mémoire urbaine partagée avec le reste de la métropole lyonnaise. Au-delà des initiatives locales, l'État souhaite aussi élargir le registre patrimonial du XXe siècle en y incluant les constructions immobilières les plus significatives – ce qui ne va pas parfois sans difficultés avec certains programmes de réhabilitation lancés au même moment. Par exemple, dans le cadre du projet de rénovation de Pantin en banlieue parisienne, les pouvoirs publics ont envisagé la destruction partielle des fameux Serpentins édifiés par Émile Aillaud au sein de la cité des Courtillières, alors même que la cité de l'Abreuvoir, à Bobigny, réalisée elle aussi par Émile Aillaud, avait reçu le label « Patrimoine du XXe siècle » de la Direction régionale des Affaires culturelles d'Île-de-France en 2008. La valorisation des patrimoines de la banlieue érigés tout au long du XXe siècle contribue à normaliser ce territoire, avec ses faiblesses mais aussi ses atouts. Sans réellement modifier la vie quotidienne des habitants, cette forme de reconnaissance culturelle doit en fait s'apprécier sur le long terme.

D'autres initiatives s'efforcent également de changer les regards sur la banlieue. C'est le cas des randonnées pour explorer le Grand Paris : 200 kilomètres et 11 étapes pour découvrir la grande banlieue autour de Paris en compagnie de géographes et d'urbanistes qui expliquent les paysages mais aussi les fractures urbaines[68]. À cette occasion, on peut aussi souligner la plus-value représentée par l'implantation de nouveaux organismes scientifiques de grand renom. C'est le cas avec le projet de Paris-Saclay qui a démarré dans l'Essonne en 2006 et qui consiste à regrouper des laboratoires de recherche, des grandes écoles et des universités ainsi que des grandes entreprises afin de constituer un pôle d'excellence scientifique susceptible de rivaliser sur le plan international avec des sites comme la Silicon Valley. De même, le projet d'un campus des sciences humaines et sociales à Aubervilliers en 2008 avec en point de mire le déménagement de l'École des hautes études en sciences sociales du cœur de Paris, en Seine-Saint-Denis, favorise les recompositions de la banlieue populaire du point de vue tant de la culture que du savoir scientifique. Mais il témoigne aussi des barrières mentales qui subsistent. En effet, l'annonce du projet a provoqué une fronde parmi les enseignants de l'EHESS alors que la majorité d'entre eux étaient parfaitement au fait des problématiques liées aux banlieues et à leur enclavement[69]. Après son ouverture, le campus Condorcet qui a rejoint d'autres grands équipements d'envergure nationale – comme les Archives nationales à Pierrefitte ou le Stade de France à Saint-Denis – a lancé une série de manifestations scientifiques en direction des collectivités locales, mais aussi des habitants de la Seine-Saint-Denis et des territoires voisins. Le levier culturel constitue un élément fort de la politique de développement, comme cela avait d'ailleurs déjà été le cas durant le Front populaire. Les municipalités, en particulier celles de la banlieue rouge, avaient bien compris tout l'intérêt que la valorisation des projets culturels revêtait.

L'approche culturelle et patrimoniale suggère aussi pour les élus locaux de faire des choix qui contredisent parfois certains intérêts financiers, comme l'a montré la mobilisation pour la cité-jardin de la Butte-Rouge à Châtenay-Malabry. En effet, défini en concertation avec la municipalité, le projet ANRU menacerait, selon ses opposants, la vocation sociale de cet ensemble au profit d'un projet immobilier destiné à des classes sociales plus aisées. Ces dernières années, plusieurs initiatives d'envergure nationale ont été lancées pour assurer la promotion et le rayonnement des territoires de banlieue. Ainsi, Villeurbanne a obtenu pour 2022 le label « Capitale française de la culture », parmi 29 villes et intercommunalités de 20 000 à 200 000 habitants. Sur le site officiel dédié au programme officiel des manifestations, la ville – qui a longtemps été une banlieue industrielle – souligne son identité populaire et urbaine.

Toujours au chapitre de la valorisation et du rayonnement de la banlieue, le choix de Paris pour les Jeux olympiques de 2024 a constitué un effet d'aubaine pour le département de la

Seine-Saint-Denis généralement présenté comme le plus pauvre de France. Près d'un quart des compétitions s'y sont déroulées et 75 % des subventions attribuées aux Jeux ont été attribuées au « 9-3 ». Après l'implantation du Stade de France à Saint-Denis, c'est un tournant significatif puisque, il y a un siècle, la capitale avait refusé toute participation de la banlieue à l'Exposition universelle de 1900.

Selon l'auteur Vincent Roger, le département qui se situe aux portes de Paris connaît à son tour un processus d'haussmannisation au travers de trois types de grands projets : les projets ANRU destinés à modifier en profondeur le tissu urbain ; la création des nouvelles gares du Grand Paris Express malgré les limites budgétaires connues ; enfin, bien sûr, les retombées espérées des Jeux olympiques[70]. L'aménagement du Village olympique sur les communes de Saint-Denis, Saint-Ouen et L'Île-Saint-Denis a permis l'aménagement d'un nouveau quartier composé de plusieurs milliers de logements et de bureaux, ainsi que de nouveaux services en direction des populations – nouveau jalon en matière d'inclusion, et donc de normalisation de la banlieue, au sein des grandes tendances qui se dessinent à l'échelle métropolitaine.

À cela s'ajoutent des actions de valorisation propres à cet espace. Outre le rap qui enferme cependant un certain type de banlieue dans des images convenues, on dénombrait en 2005 plus d'une centaine d'œuvres romanesques se rapportant directement à celle-ci et à ses cultures[71]. Dans le même temps, force est de constater que ce type d'œuvre est encore très peu présent dans les anthologies de la littérature contemporaine, mis à part quelques titres pionniers – comme *Le Thé au harem d'Archi Ahmed* de Mehdi Charef (1983), ou dans un tout autre style, le roman autobiographique d'Azouz Begag *Le Gone du Chaâba* (1986). Depuis, le style romanesque se rapportant à la banlieue a quelque peu évolué. On serait ainsi passé d'une littérature « beur » fondée principalement sur les récits de l'immigration maghrébine en France à une production assumant pleinement son statut banlieusard et qui peut être qualifiée de « roman urbain »[72].

Parallèlement, la filmographie banlieusarde a aussi évolué de manière significative depuis *La Haine* (1995) jusqu'aux *Misérables*, de Ladj Ly (2019), primé au Festival de Cannes ainsi qu'aux Césars, dont l'histoire se déroule à Montfermeil en écho au roman éponyme de Victor Hugo. Totalisant près de 2 millions d'entrées dans les salles, le film fera l'objet de nombreux commentaires politiques. Le *Journal du dimanche* révélera que le président de la République Emmanuel Macron, qui s'est fait projeter le film à l'Élysée, a été « bouleversé par la justesse » des *Misérables* au point qu'il a « demandé au gouvernement de se dépêcher de trouver des idées et d'agir pour améliorer les conditions de vie dans les quartiers »[73]. D'autres personnalités issues elles aussi de la scène médiatique – qu'il s'agisse du cinéma et du stand-up – ont également contribué à faire de la banlieue non un faire-valoir culturel mais un authentique modèle de production artistique. Le cinéaste Luc Besson entend faire de ce territoire un lieu d'excellence pour la production cinématographique française. Pour ce faire, il a installé le siège de sa société EuropaCorp à Saint-Denis, dans la Cité du Cinéma qui, espérait-il, deviendrait l'équivalent de Cinecittà dans la banlieue de Rome ou de Babelsberg dans celle de Berlin. Plusieurs films portant la marque de ces studios évoqueront d'ailleurs la banlieue, notamment *Banlieue 13* (2004), qui décrit l'univers ghettoïsé des cités de la périphérie parisienne.

Le slam, une expression artistique venue principalement de banlieue, a aussi ses interprètes pour décrire la vie au quotidien. Abd al Malik, tout comme Grand Corps Malade, écrivent des textes qui ne font ni dans l'euphémisme ni dans l'hyperbole lorsqu'il s'agit de donner à voir la banlieue. Dans un écrit de 2008, « Je viens de là », il livre une vision intimiste de cette dernière :

> Je viens de là où on est fier de raconter d'où l'on vient
> J'sais pas pourquoi mais c'est comme ça, on est tous un peu chauvin
> J'aurais pu vivre autre chose ailleurs, c'est tant pis ou c'est tant mieux
> C'est ici que j'ai grandi et que je me suis construit
> Je viens de la banlieue.

Outre ses textes, Abd al Malik réalise un film tiré de son livre autobiographique publié en 2004, *Qu'Allah bénisse la France !*, dans lequel il raconte notamment sa conversion à l'islam durant son adolescence et sa vie dans la cité du Neuhof à Strasbourg. En

2009, il publie un ouvrage intitulé *La guerre des banlieues n'aura pas lieu*, dans lequel il redit sa conviction de faire de l'islam un élément d'intégration dans la société française.

Dans le domaine de la presse, s'il n'existe plus de titres spécifiques attachés à la banlieue à la différence du début du XXe siècle, certaines initiatives comme le *Bondy Blog* s'attachent à promouvoir un type d'information propre à la banlieue. Créé au plus fort des émeutes de 2005 par un journaliste du magazine suisse *L'Hebdo*, il veut alors faire entendre la voix réelle des quartiers pour s'opposer à la manière dont les médias français en rendent compte. D'un type nouveau en matière de collecte et de diffusion de l'information, il sera à plusieurs reprises cité en référence par des responsables politiques – notamment par François Hollande, au moment où il préside le pays. Le *Bondy Blog* se présente sur les réseaux sociaux comme « un média en ligne qui a pour objectif de raconter les quartiers populaires et de faire entendre leur voix dans le grand débat national ». Mais la rédaction est aussi accusée d'être trop conciliante avec les idées islamistes qui circulent. En 2016, dans une interview à *L'Obs*, l'islamologue Gilles Kepel accusait « certains intellectuels de gauche, dont les plumes du *Bondy Blog*, de faire le jeu des islamistes et de minimiser la menace djihadiste[74] ». Assurément, la ligne rédactionnelle divise malgré un réel investissement dans le traitement informatif des banlieues. C'est aussi une manière de rappeler qu'une partie de l'avenir de ces territoires se joue sur le terrain politique et des idées.

Politiques de la ville, villes en politique

Les banlieues ont de quoi peser dans les débats politiques. En 2010, l'INSEE recense environ 3 800 communes regroupant 23 millions d'habitants et occupant 7 % du territoire national. À elle seule, la banlieue parisienne compte près de 8 millions d'habitants répartis dans plus de 400 villes, tandis que Paris totalise 2,2 millions d'habitants[75]. Les carences en matière de représentations politiques sont également identifiables, qu'il s'agisse de l'émiettement communal ou des coupures sociologiques entre différents types de banlieues composant le tissu urbain. Dès lors, difficile donc de parler d'une seule et même voix. Par ailleurs, si l'enracinement de l'islamisme radical dans un certain nombre d'espaces a focalisé les débats sur la loi sur le séparatisme, il n'en reste pas moins que le phénomène doit être pris à sa juste mesure.

Dans son rapport de 2019, l'Observatoire national de la politique de la ville constate qu'en dépit des politiques menées, notamment par l'ANRU, l'image des territoires inscrits dans les dispositifs de la géographie prioritaire, dont un très fort contingent se situe en banlieue, reste malgré leurs atouts globalement négative[76]. Ils sont généralement plus souvent associés à l'insécurité et la délinquance, aux difficultés sociales, ou encore à la relégation territoriale. *A contrario,* ces quartiers sont également reconnus pour le dynamisme de leur population. Environ un Français sur deux estime qu'ils se distinguent par la jeunesse et la forte solidarité de leurs habitants, ainsi que par un tissu associatif dense. Cette ambivalence au ressort très politique corrobore le débat sur les facteurs qui engagent les banlieues populaires dans les dynamiques métropolitaines malgré le risque de se voir maintenues en relégation. Les enjeux ne sont donc pas qu'économiques et sociaux. Ils renvoient également à la capacité des banlieues à exister dans le grand dessein national de la France. Ici également, on pourrait d'ailleurs se livrer à un exercice en matière de concordance des temps.

En son temps, la banlieue rouge avait inspiré un sentiment de défiance nationale. L'histoire récente de la banlieue suggère toutefois une évolution rapide des termes utilisés jusqu'à celui, très récent, de « séparatisme ». De la relégation des années 1990 à la ghettoïsation des années 2000, l'usage du terme mentionné explicitement dans la loi de 2021 suggère désormais une approche plus politique que sociale. D'où la nécessité de reposer la question de l'avenir des banlieues en termes politiques et non plus seulement sous l'angle de la réparation sociale qui fige ces territoires dans une posture de dépendance vis-à-vis des pouvoirs publics. À condition, toutefois, qu'un nouveau mode d'agir politique soit défini afin de permettre aux habitants de réellement trouver une place dans la façon de faire de la politique qui corresponde à leur manière d'appréhender la *Res publica*.

Emmanuel Macron avait esquissé une autre voie politique pour les banlieues lorsqu'il était candidat en 2017. Aux Mureaux, il avait défendu une « politique assumée de discrimination positive » pour les cités tout en exprimant sa volonté de « remettre un imaginaire de réussite républicain » ainsi que de se montrer « intransigeant » avec le « communautarisme »[77]. Avec le recul historique dont on dispose désormais, il paraît acquis que le rendez-vous manqué avec les banlieues, symbolisé par l'échec de la transformation politique de la Marche pour l'égalité de 1983, a eu de lourdes conséquences. Elle aurait pu en effet constituer sans nul doute le moment fondateur de l'intégration politique des jeunes issus de l'immigration à la nation tout entière et ainsi repousser le discours des extrêmes de droite comme de gauche.

La plupart des responsables français se montrent toutefois encore rétifs à l'idée de s'inspirer du modèle d'organisation sociale appliqué dans les quartiers américains déshérités. Si la définition de la banlieue n'a évidemment pas le même sens dans les deux pays, dès les années 1970, le Bureau du recensement américain établissait que la majorité des habitants des métropoles américaines y résidait et que vingt ans plus tard, la majorité des Américains eux-mêmes vivaient en banlieue[78]. Selon la géographe Cynthia Ghorra-Gobin, on assiste ainsi à l'émergence d'une « nation suburbaine » en lieu et place de la société urbaine que l'on connaissait jusqu'alors. Cela suppose dès lors un positionnement politique différent des partis. Dès les années 1990, le Parti démocrate aux États-Unis a ainsi révisé sa stratégie à l'égard des nouveaux suburbains. Si le vote citadin avait soutenu la politique de *new deal* durant l'entre-deux-guerres et du programme *Great Society* dans les années 1960-1970, il revenait au Parti démocrate, selon la géographe, « d'assumer le "tournant suburbain" pour assurer sa continuité historique ». À cet égard, on pourrait établir une comparaison avec le cas français dans la mesure où le vote banlieusard a favorisé le vote réformiste, en particulier celui du parti socialiste et de ses alliés après 1971. À l'heure où le multiculturalisme constitue un enjeu fort pour les banlieues, il conviendrait donc pour les partis réformistes de réviser leurs logiciels politiques afin de s'adapter aux nouveaux modes de vie et aux aspirations des habitants qui disposent notamment d'un fort potentiel de jeunes parfois désireux de s'engager.

De ce point de vue, le rapport de Terra Nova, un think tank proche du parti socialiste, a montré en 2012 que l'on était encore assez loin d'une recomposition politique visant les résidents des banlieues, en particulier ceux d'origine immigrée. Constatant le « divorce » historique entre la gauche et la classe ouvrière, il proposait de s'appuyer sur d'autres électorats, qui représentaient « la France de demain » et qui comprenaient « les diplômés », « les jeunes », « les femmes », ainsi que « les minorités et les quartiers populaires » ; tous partageant « des valeurs culturelles, progressistes »[79]. Outre le présupposé communautaire qui accompagne la proposition, il s'agissait plus d'utiliser le vote que d'en faire un élément de recomposition démocratique pour les banlieues. Ce document fit grand bruit au sein du parti socialiste car, pour certains, il entérinait l'abandon définitif des classes populaires ; mais il témoignait aussi de l'incapacité de la gauche sociale-démocrate à proposer une nouvelle voie politique en dehors de la période électorale – ce qui est en soi une différence historique de taille avec ce qu'elle avait proposé aux banlieusards un siècle plus tôt.

La gauche ne semble pas non plus en mesure de répondre à l'insécurité culturelle dont l'origine, d'après le politiste Laurent Bouvet, tourne essentiellement autour de l'immigration et de l'islam[80] – deux éléments essentiels qui renvoient à la perception qu'une majorité de Français se forge des banlieues. La promotion du multiculturalisme tel qu'il se développe dans les années 2000 ne semble toutefois pas en mesure d'incarner un autre moyen pour les banlieues de « faire de la politique autrement » pour reprendre une expression à propos des expériences urbaines des années 1970[81]. On ne perçoit en effet pas une réelle intention de retisser le fil de ces « expériences inachevées » par-delà quarante années de politique de la ville. La prise en compte *a minima* des propositions du rapport Mechmache-Bacqué en 2014 durant le quinquennat Hollande, tout comme le rejet du rapport de Jean-Louis Borloo quatre ans plus tard, interroge sur les capacités des pouvoirs publics à proposer une autre voie politique pour les banlieues. Le titre du rapport qui sonnait comme un manifeste, « Vivre ensemble. Vivre en grand. Pour une réconciliation nationale », insistait pourtant sur la nécessité de fixer le statut des banlieues dans le récit républicain :

> Nous sommes capables de traiter l'essentiel de ces problèmes en quittant les angoisses de notre histoire, les dispositifs accumulés,

> entassés, sédimentés, inefficaces, contradictoires, éparpillés, abandonnés où l'annonce du chiffre spectaculaire tient lieu de politique. Redevenons une puissance d'actions, une grande puissance éducative, économique, scientifique, républicaine, fraternelle, dans le respect des rêves et des différences de chacun, en faisant coïncider notre grandeur avec le rêve républicain[82].

L'avertissement a-t-il été compris ? Il paraît à ce jour trop tôt pour l'affirmer même si le terme « républicain » s'impose de plus en plus dans la qualification des quartiers difficiles. En 2018, le dispositif visant à réintroduire une police de proximité dans certains d'entre eux les qualifie de « quartiers de reconquête républicaine ». Selon la brochure de présentation du ministère de l'Intérieur, il s'agit « de remettre la République au cœur de ces quartiers ». Mais l'élection présidentielle de 2022 n'a guère fourni de réelles réponses à ce sujet. Elle a en revanche souligné les mutations électorales que vivaient les banlieues. Une étude publiée en janvier 2022 a montré que le parti du président sortant avait échoué à s'implanter dans les espaces populaires attirés, malgré une forte abstention, par les extrêmes, de droite comme de gauche. L'enquête souligne également les fractures électorales au sein des banlieues que l'on qualifie encore de « populaires ». Si le vote en faveur de Jean-Luc Mélenchon se distingue dans les QPV (quartiers de la politique de la ville), c'est plutôt la droite et le Rassemblement national qui bénéficient du vote de ceux qui vivent à leurs lisières[83]. Il s'agit d'ailleurs d'une évolution déjà ancienne puisque dès les élections présidentielles de 1995, le Front national avait percé en banlieue, notamment à Vaulx-en-Velin où le parti de Jean-Marie Le Pen avait obtenu 25,2 % à la présidentielle de 1995 et 27,9 % à Saint-Priest[84]. *A contrario*, aux législatives de 2022, la nouvelle coalition de gauche, la Nupes, vainc dans les onze circonscriptions que compte la Seine-Saint-Denis.

Il paraît toutefois difficile de distinguer, quel que soit le parti, l'affirmation d'une réelle ambition politique pour ces territoires au-delà des programmes de réhabilitation qui rythment la vie des banlieues depuis maintenant près d'un demi-siècle. Pourtant, certains élus y croient. Par exemple, lors de sa prise de fonction en 2012, le nouveau président du département de Seine-Saint-Denis affirme que « l'avenir de la République se joue ici, en Seine-Saint-Denis[85] ».

La banlieue, comme forme urbaine spécifique, a plus que jamais besoin d'un nouvel élan politique. Son développement ces vingt-cinq dernières années tend à montrer un certain tropisme pour le modèle urbain anglo-saxon, qu'il s'agisse de la banlieue pavillonnaire ou du modèle hérité de l'industrialisation du XXe siècle. Avant les émeutes de 2005, une étude compara la politique de la ville en France et aux États-Unis[86] en soulignant la différence d'approche entre ces deux modèles – celui du *community policing* étant très éloigné, pour ne pas dire opposé, au modèle français de la politique de la ville mis en place au début des années 1980. Depuis, de nouveaux enjeux sont apparus sans que les autorités publiques aient pour autant énoncé une vision claire et compréhensible par tous. « La ville ne fait plus société[87] », affirmait Jacques Donzelot en 1999. En 2022, la question se pose toujours, mais avec une nouvelle acuité car, pour reprendre la formule d'Erwan Ruty, les banlieues incarnent « une condition urbaine sans urbanité[88] ». Peut-être le moment est-il venu de voir celles-ci disparaître comme exception administrative française afin de mieux l'intégrer à notre régime d'urbanité commun et à nos modes d'expression politiques comme lorsqu'au début du XXe siècle les ouvriers des périphéries se métamorphosèrent en citoyens à part entière.

De ce point de vue, l'histoire de la banlieue peut contribuer au débat public sur son avenir. Ne serait-ce qu'en rappelant que, tout au long du XXe siècle, les énergies et les mobilisations configurèrent en partie l'identité de la France.

Conclusion

L'Exposition universelle en 1900 à Paris a ouvert cette histoire de la banlieue au XXe siècle. Comment choisir une date pour signifier l'achèvement d'un cycle qui caractérise cette dernière ? 1989 paraît recevable car elle se situe au carrefour de plusieurs temporalités qui intéressent tant l'histoire de la banlieue elle-même que son rapport à la vie de la nation. Elle précède d'une année la création officielle du ministère de la Ville, nouveau venu dans la galaxie gouvernementale. Celui-ci marque une étape significative dans la prise en charge de la question urbaine par les pouvoirs publics. Cette nouvelle entité ministérielle qui s'impose officiellement après la réélection de François Mitterrand et le déclenchement de nouvelles émeutes en banlieue vient parachever un siècle d'intervention publique en direction des territoires ayant connu les taux de croissance les plus importants et les plus significatifs.

Tout comme la création du ministère du Travail en 1906 avait signifié la volonté de l'État de s'investir publiquement et directement dans le domaine social, la création du ministère de la Ville se caractérise par l'intervention de l'État dans les régulations urbaines. Mais en réalité, le titre est trompeur. Plus que de Ville, il aurait fallu de Banlieue, car c'est essentiellement vers celle-ci que l'État entend mobiliser son action. Mais sans doute l'appellation « ministère de la Banlieue » eût-elle été trop atypique, voire stigmatisante – d'autant qu'il se serait agi d'un certain type de banlieue, celle caractérisée par les difficultés.

Il n'en reste pas moins qu'à partir des années 1960-1970, elle a progressivement constitué une nouvelle catégorie de l'action publique en France. Même si la politique de la ville intervient sur des périmètres qui ne sont pas exclusivement situés en banlieue, elle apparaît aussi comme le moyen d'enrayer la crise. Si 1989 marque effectivement une ligne concernant le sens donné à l'action publique qui s'y opère, cette création ministérielle l'érige aussi, à sa manière, comme un problème d'action publique qu'il convient de traiter comme tel – ce qui ne reflète pourtant qu'une partie de l'histoire de la banlieue qu'il convient de remettre dans la longue durée.

Celle-ci fait émerger deux principales temporalités : la première séquence correspond globalement à la période 1900-1940. Elle est surtout caractérisée par le rôle des maires. La seconde, qui émerge dans les années post-1945, se déploie surtout durant les années 1955-1975, et a surtout été le fait de l'action de l'État et de ses outils tels que la DATAR, la Caisse des dépôts et ses filiales. Si les principes d'une action publique demeurent aujourd'hui, il y a fort à parier que celle-ci doit désormais, en particulier sous le prisme de la décentralisation, se décliner à partir d'une autre échelle et selon de nouveaux modes opératoires. Comme certains l'avaient déjà évoqué dès l'entre-deux-guerres, la métropole semble être de ce point de vue la mieux placée pour être en capacité de définir un véritable projet politique réunissant la ville-centre et ses banlieues. Elle peut également incarner le cadre territorial propice à la réunion des différents âges de la banlieue au XXe siècle en relation avec la ville haussmannienne ; qu'il s'agisse des premières cités-jardins, des HBM ou bien encore des grands ensembles.

L'année 1989 évoque également l'effondrement du mur de Berlin et, avec lui, la fin proclamée d'une idéologie qui s'était fortement implantée en banlieue, et plus spécialement en région parisienne. L'action publique n'a finalement pas été le seul vecteur de transformation de la périphérie. Même s'il n'y eut pas de réel parti banlieusard, comme il y eut, par exemple, un parti paysan, la gauche en particulier a investi la question banlieusarde, qu'il s'agisse de la SFIO avec Henri Sellier et les maires de la Seine-banlieue, des élus communistes de la banlieue rouge, ou bien encore des militants du PSU dans les grands ensembles au cours des années 1960-1970.

Sans doute la banlieue représente-t-elle aujourd'hui une source essentielle de recomposition politique vis-à-vis de la grave crise démocratique que nous traversons. De la même manière, il convient de ne pas oublier l'immense contribution associative qui a, elle aussi, aidé à façonner le visage social de la banlieue. Culturelles, sportives ou éducatives, les associations ont participé à la construction d'une image qui perdure aujourd'hui encore. Si l'identification n'a pas été toujours positive, elle a pu aussi être « douce » et « en fête » – pour évoquer deux ouvrages qui ont contribué à donner à voir une autre banlieue[1]. Celle qui se caractérise par la joie, le désir de forger les bases d'une société nouvelle, à distance des affres de la grande ville. Parfois oubliée, l'histoire sociale a fortement contribué à faire connaître ce que la banlieue est devenue. Sans doute est-ce un sujet moins connu que celui ayant trait à l'intervention publique. Mais si l'on veut se départir d'une histoire ne dépeignant qu'une périphérie souffrante nécessitant un traitement, il faut aussi pointer ce qui constitue sa force en matière d'innovations et d'engagements. Tout comme l'épuisement de l'investissement politique sur le plan local, le recul des engagements associatifs constitue une réelle menace pour le développement autonome des marges vis-à-vis des pouvoirs publics. Si leurs formes d'encadrement ont pu paraître pesantes, il n'en reste pas moins que le parti communiste et l'Église catholique ont joué un rôle actif dans l'affirmation de la banlieue au XXe siècle. À ce jour, aucune forme d'organisation comparable en termes de déploiement et de soutien aux habitants n'est parvenue à émerger.

Le troisième volet de 1989 concerne l'épisode du foulard de Creil au moment même où la France s'apprête à célébrer le bicentenaire de la Révolution française. Si l'affaire est très vite présentée comme un stigmate banlieusard alors qu'elle se déroule à Creil, ville moyenne de l'Oise, elle marque aussi le début d'une introspection nationale vis-à-vis de la place de la religion musulmane dans la société française. Si la question renvoie moins à la banlieue en tant que telle qu'à la société tout entière, elle n'en réactive pas moins le marquage séculaire de cet espace comme un condensé des peurs sociales. On peut d'ailleurs se demander si la question religieuse n'a pas pris la place de la question sociale pour opérer une forme nouvelle de stigmatisation. L'analyse historique doit dès lors conduire à deux constats. D'une part, il convient de démythifier la banlieue en n'en faisant pas une non-ville systématique ; d'autre part, il faut remettre son histoire en perspective avec celle de la France elle-même, notamment en ce qui concerne sa propre capacité à se transformer et à se réformer. C'est à ce prix qu'on la sortira de son caractère prétendument a-territorial. De ce point de vue, les émeutes de 2005 peuvent s'interpréter comme un nouvel épisode de l'incapacité collective à penser l'avenir de la banlieue autrement qu'en marge de la France elle-même. Cela suppose une meilleure prise en compte des populations banlieusardes pour ce qu'elles sont réellement, qui plus est dans une période où l'*hybris* technocratique semble définitivement remisé aux accessoires de l'histoire. De la même manière, l'approche compassionnelle qui a pu être à certains moments celle de la politique de la ville doit être remplacée par une approche réellement politique qui consiste à n'évacuer aucune question, même dérangeante comme celle de la progression de l'islam radical, concernant l'avenir des banlieues populaires.

Finalement, la banlieue a-t-elle incarné un monde nouveau ? Assurément, l'assignation industrielle qui avait été en grande partie à l'origine de son essor s'est progressivement muée en un véritable projet qui a été porté au nom tant de l'hygiénisme que de la volonté de faire de chaque parcelle du territoire un espace propice à l'entrée en modernité. La banlieue a représenté une pièce maîtresse dans le projet de modernisation de la France tout au long du siècle. Elle en a même constitué « un laboratoire de la société de demain[2] ». Des HBM aux grands ensembles, l'ambition a été réelle, du moins dans ses conceptions initiales. Que reste-t-il aujourd'hui de cette ambition nationale ? Sans doute est-ce la principale question que l'on doit se poser lorsque l'on évoque l'avenir de la banlieue au sein de la communauté nationale. Cela suppose tout d'abord, et notamment pour les territoires les plus frappés par la crise de la ville fordiste, de la désinhiber de l'action publique en lui permettant de valoriser son propre potentiel. Elle doit également pouvoir affirmer son identité sans se laisser enfermer dans des approches technocratiques. Bien des références historiques témoignent de la fierté d'être banlieusard à l'époque où ce monde nouveau naissait ; il est donc impératif de porter un regard lucide sur la banlieue et sur son histoire.

La mission Banlieues 89 a sans doute été le dernier mouvement national ayant mis en avant l'identité, notamment culturelle, de la banlieue. Cette dernière ne doit pas seulement faire l'objet d'une approche *in situ* mais doit également être comprise comme partie intégrante de l'intérêt national. C'est ce que plaidait déjà en 1937 le directeur général des Travaux de la ville de Paris : si les aménagements envisagés concernaient la capitale ainsi qu'une région regroupant près du sixième de la population française, il s'agissait d'un projet présentant un intérêt national[3]. De nos jours, la question interpelle directement les métropoles dans la mesure où une communauté de destin unit la ville-centre et sa périphérie, comme l'avait déjà envisagé René Clozier en 1940 : « L'extension de la banlieue, écrivait-il, est donc le terme final de l'importance accrue d'une agglomération autour d'un noyau central que constituent la ville primitive et ses faubourgs[4]. »

Dès 1919, Henri Sellier, en tant que maire d'une ville voisine de la capitale, avait fait de la question métropolitaine un élément déterminant pour l'inclusion territoriale de cet espace. Dans un mémorandum pour le conseil général de la Seine, il appelait à édifier une agglomération parisienne suffisamment forte pour assurer le décongestionnement de la capitale et de ses faubourgs. La réalisation de cette entité urbaine devait également servir d'exemple aux lotisseurs qui, selon ses termes, « depuis trente ans, ont littéralement saboté la banlieue[5] ». Cela ne veut pas pour autant dire que les villes concernées doivent voir leur identité locale diluée dans une métropolisation aux contours incertains, notamment du point de vue de la représentativité politique. Il est donc indispensable que les initiatives qui œuvrent pour reconnaître le patrimoine banlieusard soient encouragées par les pouvoirs publics. La banlieue a toute sa place parmi les lieux de l'histoire de la France. De même, et en écho à sa propre histoire, cet espace a vocation à incarner de manière exemplaire la transition écologique. Une partie de ses territoires ont longtemps assumé une vocation nourricière. L'installation de fermes urbaines est ainsi un gage de sa future recomposition.

Cela suppose également qu'elle puisse redevenir un lieu privilégié de l'utopie urbaine, en étant porteuse de projets d'excellence en matière architecturale, culturelle, scientifique. De ce point de vue, il est heureux de constater que près d'un siècle après s'être fait remarquer pour son ambitieux projet architectural à destination des classes populaires, Villeurbanne ait été en 2022 choisie pour devenir la première ville capitale culturelle de la France. L'installation d'un vaste campus (initialement le plus grand d'Europe) dédié aux sciences humaines et sociales dans un territoire banlieusard, Aubervilliers, ville essentiellement connue pour son passé industriel, est aussi un gage de reconnaissance pour la participation de la banlieue à la valorisation de la recherche française – tout comme le site de Saclay est déjà reconnu sur le plan international. Ces évolutions supposent aussi que sa place au sein de la communauté nationale soit clairement établie et reconnue comme telle. Pour ce faire, la banlieue doit redevenir un enjeu politique en se posant notamment, et sans aucun tabou, certaines questions comme l'influence de l'islamisme dans certains quartiers ou l'emprise des économies parallèles qui transforment certains espaces en zones de non-droit et le quotidien des habitants difficile. En cela, comme il y a un siècle, la réponse appartient à celles et ceux qui portent la promesse républicaine. Lors du débat parlementaire sur le vote de la loi sur la rénovation urbaine en 2003, Jean-Louis Borloo, alors ministre de la Ville, avait souligné que « c'est dans les cités que se joue l'avenir de la République[6] ».

Le monde nouveau de la banlieue a émergé à l'orée du XXe siècle et est aujourd'hui en pleine transformation. Comme tout changement majeur, il inquiète et crée de nouvelles zones d'incertitudes et de tensions sociales. En cela, la banlieue n'échappe pas à l'insécurité culturelle qui règne également dans les quartiers périphériques des métropoles et pose la question du maintien des classes populaires au sein de ces entités urbaines. Comme le soulignait Alain Touraine au début des années 1990, « ce que l'on appelle d'un terme symbolique la banlieue, c'est justement cette zone de grande incertitude et de tensions où les gens ne savent pas s'ils vont tomber du côté des *in* ou du côté des *out*[7] ».

Pourtant, une nouvelle ligne d'horizon s'ouvre, mais le défi se fera cette fois à l'échelle internationale. Un ouvrage récent évoque la « brooklynisation » de Pantin en Seine-Saint-Denis[8].

Le 31 mars 1992, l'usine de Renault à Boulogne-Billancourt fermait ses portes. Deux semaines plus tard, le 12 avril, le parc Eurodisney de Marne-la-Vallée était inauguré en grande pompe. On passait alors d'un certain type de banlieue fondé sur le travail industriel à un type de banlieue connecté aux standards internationaux, à l'économie de la consommation, du tourisme et des loisirs[9].

Nul doute que les défis qui attendent les quelque 12 millions de banlieusards sont aussi grands que ceux qui ont mobilisé leurs prédécesseurs il y a un siècle. On n'échappe pas ainsi à l'histoire et à ses enseignements. En banlieue comme partout ailleurs.

Notes

Introduction

1. Arlette Farge, *Le Cours ordinaire des choses dans la cité du* XVIII*e* *siècle*, Paris, Seuil, 1994.

2. Jean de Boishue, *Banlieue mon amour*, Paris, La Table ronde, 1995, p. 15.

3. John M. Merriman, *Aux marges de la ville : faubourgs et banlieues en France 1815-1870*, Paris, Seuil, coll. « L'Univers historique », 1994.

4. Annie Fourcaut, « De la classe au territoire ou du social à l'urbain », *Le Mouvement social*, vol. 200, n° 3, 2002, p. 170.

5. Annie Fourcaut, « Faire l'histoire de la banlieue parisienne », dans Christophe Charle, Jacqueline Lalouette, Michel Pigenet, Anne-Marie Sohn (dir.), *La France démocratique : combats, mentalités, symboles. Mélanges offerts à Maurice Agulhon*, Paris, Éditions de la Sorbonne, 1998, p. 40.

6. Georges Duby, Maurice Agulhon (dir.), *Histoire de la France urbaine*, t. IV, *La Ville de l'âge industriel. Le cycle haussmannien (1840-1950)*, Paris, Seuil, 1983.

7. Alain Faure, « Banlieue », *L'Aventure des mots de la ville à travers le temps, les langues, les sociétés*, Paris, Robert Laffont, coll. « Bouquins », 2010. Avant 1964, le département de la Seine regroupait Paris ainsi que les actuels départements des Hauts-de-Seine, de Seine-Saint-Denis et du Val-de-Marne.

8. Marie-Hélène Bacqué, Emmanuel Bélanger, Henri Rey (dir.), *Banlieues populaires. Territoires, sociétés, politiques*, La Tour-d'Aigues, L'Aube, 2018, p. 9-10.

9. Annie Fourcaut, « Pour en finir avec la banlieue », *Géocarrefour*, vol. 75, n° 2, 2000, p. 101-105.

10. Arnaud Baubérot, Florence Bourillon (dir.), *Urbaphobie. La détestation de la ville aux* XIX*e* *et* XX*e* *siècles*, Paris, conseil général du Val-de-Marne et université Paris-Est/Éditions Bière, 2009.

11. Dominique Kalifa, *Les Bas-Fonds. Histoire d'un imaginaire*, Paris, Seuil, 2013.

12. Alain Faure (dir.), *Les Premiers Banlieusards. Aux origines des banlieues de Paris (1860-1940)*, Grane, Créaphis, 1991, p. 88.

13. Kenny Cupers, *La Banlieue, un projet social. Ambitions d'une politique urbaine 1945-1975*, Paris, Parenthèses, 2018.

14. Jean-Paul Brunet, « Constitution d'un espace urbain : Paris et sa banlieue de la fin du XIXe siècle à 1940 », *Annales ESC*, n° 3, mai-juin 1985, p. 641-659.
15. Delphi-Fabrice (Gaston Risselin dit), *Outre-fortifs. Impressions de banlieue*, Paris, Malot, 1904.
16. Alain Faure, « Paris, le peuple, la banlieue », dans *Les Premiers Banlieusards, op. cit.*
17. Pierre Merlin, *Les Banlieues des villes françaises*, Notes et études documentaires, n° 5073-74, juin 1998.
18. Extrait de la charte d'Athènes dans Jean Menanteau, *Les Banlieues*, Paris, Le Monde éditions/Marabout, 1994, p. 61.
19. Susanna Magri, Christian Topalov (dir.), *Villes ouvrières 1900-1950*, Paris, L'Harmattan, 1990.
20. Susanna Magri, « Des "ouvriers" aux "citoyens modestes". Naissance d'une catégorie : les bénéficiaires des habitations à bon marché au tournant du XXe siècle », *Genèse*, n° 5, 1991.
21. Philippe Ariès, « La fidélité de la clientèle communiste », *Vingtième Siècle. Revue d'histoire*, n° 3, juillet 1984, p. 134-135.
22. Albert Thomas, préface à Henri Sellier, *Les Banlieues urbaines et la réorganisation administrative du département de la Seine*, Paris, Marcel Rivière éditions, coll. « Les documents du socialisme », 1920, p. 8.

1
Un nouveau monde urbain
De 1900 jusqu'à la Deuxième Guerre mondiale

1. Http ://archives.hauts-de-seine.fr/histoire-locale/histoire-du-territoire/industries-et-loisirs/expo-universelles/1900.
2. Jean-Pierre Poussou, *La Croissance des villes au XIXe siècle*, Paris, Sedes, 1992, p. 46.
3. Isabelle Rabault-Mazières, « Villégiature et formation des banlieues résidentielles. Paris au XIXe s. », *Histoire urbaine*, n° 41, 2014/3, p. 64.
4. Isabelle Rabault-Mazières, *Aux origines de la banlieue résidentielle : la villégiature parisienne au XIXe siècle*, thèse de doctorat en histoire sous la direction de Jean-Luc Pinol, université de Tours, 1998, p. 441.
5. Marcel Roncayolo, « Logiques urbaines », dans *Histoire de la France urbaine*, t. IV, *La Ville de l'âge industriel, op. cit.*, p. 47.
6. Hervé Vieillard-Baron, *Les Banlieues. Des singularités françaises aux réalités mondiales*, Paris, Hachette, 1996.
7. Jean-Luc Pinol (dir.), *Histoire de l'Europe urbaine*, t. II, *De l'Ancien Régime à nos jours*, Paris, Seuil, p. 141.
8. Georges Dupeux, *Atlas historique de l'urbanisation de la France (1811-1875)*, Paris, CNRS Éditions, 1981, p. 3.
9. Jean-Pierre Poussou, *La Croissance des villes au XIXe siècle, op. cit.*, p. 75.
10. Marc Bonneville, « Villeurbanne, une banlieue des années 1930 », dans Anne-Sophie Clémençon (dir.), *Les Gratte-ciel de Villeurbanne*, Besançon, Les Éditions de l'imprimeur, coll. « Tranches de villes », 2004.
11. Yves Lequin, *Les Ouvriers de la région lyonnaise (1848-1914)*, vol. 1, chap. IV : « Les ouvriers de Lyon. De la "fabrique" à l'automobile », Lyon, Presses universitaires de Lyon, 1977.

12. Jean-Pierre Poussou, « Les habitants de la banlieue bordelaise en 1906 », *Les Crises de la banlieue aux* XIX*e et* XX*e siècles : emploi et résidence*, numéro spécial de *Villes en parallèle*, t. I, n° 10, juin 1986.

13. Robert Zonza, *L'Urbanisation des banlieues de la sortie Nord à Marseille*, sans lieu, 1956, p. 79.

14. Philippe Nivet, « La formation de la population de Fleury-les-Aubrais aux XIXe et XXe siècles », numéro thématique *Peuplements en banlieue* de *Villes en parallèle*, n° 15-16, juin 1990, p. 69.

15. Jean-Claude Farcy, « Banlieues 1891 : les enseignements d'un recensement exemplaire », dans Alain Faure (dir.), *Les Premiers Banlieusards, aux origines des banlieues de Paris (1860-1940)*, Paris, Créaphis, p. 15-72.

16. René Clozier, *La Gare du Nord*, thèse de doctorat à la faculté des lettres de Paris, Paris, Librairie Baillière, 1940, p. 256.

17. Cité par Thierry Paquot, « Banlieues, un singulier pluriel », dans *Banlieues, une anthologie*, Lausanne, Presses polytechniques et universitaires romandes, 2008, p. 13.

18. Marcel Roncayolo, « Logiques urbaines », dans *Histoire de la France urbaine*, t. IV, *La Ville de l'âge industriel*, *op. cit.*

19. Florence Bourillon, *Les Villes en France au* XIX*e siècle*, Paris, Ophrys, coll. « Synthèse et histoire », 2002, p. 164.

20. Chiffres fournis par Jean-Paul Brunet, « Constitution d'un espace urbain : Paris et sa banlieue de la fin du XIXe siècle à 1940 », art. cité, p. 648.

21. Henri Sellier, *Les Banlieues urbaines et la réorganisation administrative du département de la Seine*, *op. cit.*, p. 50.

22. Philippe Videlier, « Banlieues de province : l'exemple lyonnais », dans Annie Fourcaut (dir.), *Un siècle de banlieue parisienne (1859-1964)*, Paris, L'Harmattan, p. 230.

23. Philippe Videlier, « Vénissieux avant les Beurs », *Les Crises de la banlieue aux* XIX*e et* XX*e siècles*, numéro spécial de *Villes en parallèle*, t. I, n° 10, juin 1986, p. 138-153.

24. François Jean Gay, Cécile-Anne Sibout, Loïc Vadelorge, *Rouen 1900-2000 : un siècle de vie*, Fécamp, Éditions des Falaises, 2002.

25. Daniel Pinson, « Succession des banlieues et forme de la croissance urbaine dans l'Ouest nantais », *Villes en parallèle*, n° 15-16, juin 1990, p. 37.

26. Cité par Alain Faure, « Un faubourg, des banlieues, ou la déclinaison du rejet », *Genèses*, n° 51, 2003/2, p. 61.

27. Émile Zola, *Le Messager de l'Europe*, août 1878.

28. Pierre George, « La banlieue, une forme moderne de développement urbain », *Cahiers de la Fondation nationale*, n° 12, 1950, p. 21.

29. Robert Muchembled, *Histoire du Grand Paris de la Renaissance à la Révolution*, Paris, Perrin, 2009, p. 65.

30. Cité par Isabelle Rabault-Mazières, « Villégiature et formation des banlieues résidentielles. Paris au XIXe siècle », art. cité, p. 73.

31. Florence Bourillon, *Les Villes en France au* XIX*e siècle*, *op. cit.*, p. 166.

32. Philippe Vigier, « Pour une histoire de la banlieue : quelques jalons et suggestions concernant l'Ouest parisien au siècle dernier », dans *Histoire sociale, sensibilités et mentalités, Mélanges Robert Mandrou*, Paris, Presses universitaires de France, 1985, p. 386.

33. Roselyne Bussière, « La villégiature en Île-de-France, une évidence », *In Situ*, n° 24, 2014, disponible en ligne, http://journals.openedition.org/insitu/11290.

34. Alain Faure, « De l'urbain à l'urbain : du courant parisien de peuplement en banlieue (1880-1914) », numéro thématique *Peuplements en banlieue* de *Villes en parallèle*, n° 15-16, juin 1990, p. 164-165.

35. *Ibid.*
36. *Ibid.*
37. Archives départementales du Nord, *L'Aventure des villes 1850-1950*, 1997, p. 84.
38. Cité par Philippe Vigier, « Pour une histoire de la banlieue... », *op. cit.*, p. 392.
39. Jacques Girault, « Industrialisation et ouvriérisation de la banlieue parisienne », dans *Ouvriers en banlieue* XIXe-XXe *siècle*, Paris, Les Éditions de l'Atelier, 1998.
40. Robert Muchembled, *Histoire du Grand Paris de la Renaissance à la Révolution*, *op. cit.*, p. 304.
41. Jean-Paul Brunet, « Constitution d'un espace urbain : Paris et sa banlieue de la fin du XIXe siècle à 1940 », art. cité, p. 642.
42. Cité par Philippe Vigier, « Pour une histoire de la banlieue... », *op. cit.*, p. 387.
43. *Ibid.*, p. 21.
44. Claude Willard, « La population montreuilloise de la fin du XIXe siècle à la Seconde Guerre mondiale », numéro thématique *Peuplements en banlieue* de *Villes en parallèle*, n° 15-16, juin 1990, p. 86.
45. Daniel Pinson, « Succession des banlieues et forme de la croissance urbaine dans l'Ouest nantais », art. cité.
46. Jean-Claude Farcy, « Banlieues 1891 : les enseignements d'un recensement exemplaire », *op. cit.*, p. 41.
47. Florence Bourillon, *Les Villes en France au* XIXe *siècle*, *op. cit.*, p. 14.
48. Jean-Claude Farcy, « L'immigration dans quelques communes de la banlieue ouest : Asnières, Nanterre et Puteaux de 1830 à 1930 », numéro thématique *Peuplements en banlieue* de *Villes en parallèle*, n° 15-16, juin 1990, p. 136.
49. Annie Fourcaut, « Bobigny, municipalité communiste : gestion municipale et prise en charge de la population », dans Katherine Burlen (dir.), *La Banlieue oasis. Henri Sellier et les cités-jardins 1900-1940*, Saint-Denis, Presses universitaires de Vincennes, 1987, p. 152.
50. Pierre Milza, Marie-Claude Blanc-Chaléard, *Le Nogent des Italiens*, Paris, Autrement, 1995, p. 26.
51. Marie-Claude Blanc-Chaléard, « Les Italiens en banlieue est : âges migratoires et types d'intégration », dans Jean-Paul Brunet (dir.), *Immigration, vie politique et populisme en banlieue parisienne (fin* XIXe-XXe *siècles)*, Paris, L'Harmattan, 1988, p. 101.
52. Geneviève Dreyfus-Armand, « L'immigration espagnole en banlieue parisienne : la diversité des flux migratoires », dans Jean-Paul Brunet (dir.), *ibid.*, p. 131-152.
53. Cité par *Ibid.*, p. 142.
54. Yu-Sion Live, « L'immigration chinoise à Boulogne-Billancourt dans l'entre-deux-guerres », numéro thématique *Peuplements en banlieue* de *Villes en parallèle*, n° 15-16, juin 1990, p. 22.
55. Jean-Claude Farcy, « Banlieues 1891 : les enseignements d'un recensement exemplaire », *op. cit.*, p. 66.
56. Édouard Blanc, *La Ceinture rouge. Enquête sur la situation politique, morale et sociale de la banlieue de Paris*, Paris, Spes, 1927, p. 177.
57. Philippe Videlier, « Banlieues de province : l'exemple lyonnais », dans Annie Fourcaut (dir.), *Un siècle de banlieue parisienne (1859-1964)*, *op. cit.*, p. 232.
58. Philippe Videlier, « Vénissieux avant les Beurs », art. cité, p. 9.
59. *Le Passe-partout*, 17 janvier 1932 ; Philippe Videlier, « Vénissieux avant les Beurs », art. cité, p. 9.

60. *Ibid.*

61. Ralph Schor, « Les étrangers dans la banlieue de Nice au cours des années 1920 », *Villes en parallèle*, n° 15-16, juin 1990, p. 218.

62. Madeleine Rebérioux, « Un militant socialiste à la veille de la Grande Guerre : Henri Sellier et le réformisme d'Albert Thomas », dans Katherine Burlen (dir.), *La Banlieue oasis…, op. cit.*, p. 27-35.

63. Albert Thomas, *Le Socialisme et les municipalités*, Paris, Marcel Rivière éditions, 1908.

64. Cité par Florent Lazarovici, « Réformer la ville par l'action politique. Albert Thomas et les fortifications de Paris », dans Arnaud Baubérot et Florence Bourillon (dir.), *Urbaphobie. La détestation de la ville aux XIXe et XXe siècles, op. cit.*, p. 315.

65. Jean-Pierre Gaudin, « Banlieues et libertés communales : Henri Sellier face à la région parisienne », dans Katherine Burlen (dir.), *La Banlieue oasis…, op. cit.*, p. 146.

66. *Ibid.*

67. Texte cité dans Annie Fourcaut, Emmanuel Bellanger, Mathieu Flonneau (dir.), *Paris/Banlieues, conflits et solidarités*, Grane, Créaphis, 2007, p. 264.

68. Henri Sellier, *Les Banlieues urbaines et la réorganisation administrative du département de la Seine, op. cit.*, p. 92.

69. Cité par Stéphane Frioux, *Les Batailles de l'hygiène. Villes et environnement de Pasteur aux Trente Glorieuses*, Paris, Presses universitaires de France, 2013, p. 149.

70. Cité par Alain Faure, « Paris, le peuple, la banlieue », dans *Les Premiers Banlieusards, op. cit.*, p. 232.

71. Cité par Emmanuel Bellanger, « Contrôler et pacifier la métropole pour mieux la gouverner. Histoire politique du Grand Paris, XIXe-XXe siècles », dans Patrick Le Galès (dir.), *Gouverner la métropole parisienne*, Paris, Presses de Sciences Po, 2020, p. 41-63.

72. Xavier Vitry, *Les Hommes aux mains vides. Enquête dans la zone*, Paris, Librairie Mignard, 1939, p. 13.

73. Louis Chéronnet, *Extra-muros*, Paris, Au sans pareil, 1929.

74. Chanoine Muller, sénateur du Bas-Rhin, lors de la discussion au Sénat en mars 1928 à propos du projet de loi Sarraut, cité par Jean Bastié, *La Croissance de la banlieue parisienne*, Paris, PUF, 1964, p. 285.

75. François Latour, « L'aménagement du Grand Paris », *Revue politique et parlementaire*, 10 octobre 1931, p. 3.

76. Maurice Bonnefond, « Les colonies de bicoques de la région parisienne », *La Vie urbaine*, n° 25, 1925, p. 525.

77. Cité par Thierry Paquot, « Banlieues, un singulier pluriel », *op. cit.*, p. 5.

78. François Latour, *L'Aménagement du Grand Paris. Où en sommes-nous ?*, Paris, Imprimerie municipale de la ville de Paris, 1934, introduction.

79. Alain Faure, « À l'aube des transports de masse. L'exemple des "trains ouvriers" de la banlieue de Paris (1883-1914) », *Revue d'histoire moderne et contemporaine*, t. 40, n° 2, avril-juin 1993, p. 230.

80. Cité par Jean-Paul Brunet, « Constitution d'un espace urbain : Paris et sa banlieue de la fin du XIXe siècle à 1940 », art. cité, p. 643.

81. Anne Rasmussen, « Un discours à l'épreuve : politique des tramways et population de banlieue (1870-1914) », *Villes en parallèle*, n° 15-16, juin 1990, p. 248.

82. Hisao Kokubu, *L'Impact du réseau de tramways sur la population marseillaise (fin du XIXe-début du XXe siècle)*, thèse de doctorat d'histoire sous la direction de Jean-Marie Guillon, université de Provence, Aix-en-Provence, 2011.

83. Cité par Philippe Videlier, « Banlieues de province : l'exemple lyonnais », dans Annie Fourcaut (dir.), *Un siècle de banlieue parisienne (1859-1964)*, *op. cit.*, p. 227.
84. *Ibid.*, p. 233.
85. Cité par Philippe Vigier, « Pour une histoire de la banlieue… », art. cité, p. 394.
86. Cité par Jean-Paul Brunet, « Constitution d'un espace urbain : Paris et sa banlieue de la fin du XIXe siècle à 1940 », art. cité, p. 646.
87. Claude Pennetier, Nathalie Viet-Depaule, « Les municipalités et l'évolution politique et sociale des communes de banlieue (milieu XIXe-milieu XXe siècle) », dans Annie Fourcaut (dir.), *Un siècle de banlieue parisienne (1859-1964)*, *op. cit.*, p. 197.
88. « La banlieue de Paris devant le Parlement. Démonstration de la nécessité de séparer le conseil général de la Seine d'avec le conseil municipal de Paris », par M. Bailly, conseiller général de la Seine, ancien maire de Courbevoie, ancien secrétaire général de l'Assistance publique de Paris, Librairie administrative P. Dupont, 1890.
89. Emmanuel Bellanger, « Contrôler et pacifier la métropole pour mieux la gouverner. Histoire politique du Grand Paris, XIXe-XXe siècles », dans Patrick Le Galès (dir.), *Gouverner la métropole parisienne*, *op. cit.*, p. 52.
90. Cité par Jean-Paul Brunet, « Constitution d'un espace urbain : Paris et sa banlieue de la fin du XIXe siècle à 1940 », art. cité, p. 656.
91. Cité par Pascal Guillot, *André Morizet. Un maire constructeur dans le Grand Paris*, Grane, Créaphis, 2012, p. 133.
92. Viviane Claude, « Une coopérative politique dans une mosaïque urbaine. Le cas du service de l'eau en banlieue parisienne (1880-1923) », *Genèses*, n° 65, 2006/4.
93. Emmanuel Bellanger, François-Mathieu Poupeau, *Lumières sur la banlieue. L'histoire du Sipperec de 1924 à aujourd'hui*, Paris, Les Éditions de l'Atelier, 2014.
94. Emmanuel Bellanger, *Assainir l'agglomération parisienne : histoire d'une politique publique interdépartementale de l'assainissement, XIXe-XXe siècles*, Paris, Éditions de l'Atelier, 2010.
95. Texte cité dans Annie Fourcaut, Emmanuel Bellanger, Mathieu Flonneau (dir.), *Paris/Banlieues, conflits et solidarités*, *op. cit.*, p. 119.
96. Emmanuel Bellanger, « La ville en partage : les "savoir-administrer" dans la conduite des affaires municipales et intercommunales en banlieue parisienne (années 1880-1950) », *Revue d'histoire des sciences humaines*, n° 12, 2005/1, p. 79-95.
97. *Ibid.*
98. Louis Dausset, Rapport général sur le budget de la ville de Paris pour 1911, Pierre Casselle, « La commission d'extension de Paris et ses travaux. 1911-1913 », dans Florence Bourillon et Annie Fourcaut (dir.), *Agrandir Paris 1860-1970*, Paris, Publications de la Sorbonne, 2012, p. 252.
99. Emmanuel Bellanger, « Du socialisme au Grand Paris solidaire. Henri Sellier ou la passion des villes », *Histoire urbaine*, n° 37, 2013, p. 40.
100. *Ibid.*, p. 32.
101. Cité par Pascal Guillot, *André Morizet…*, *op. cit.*, p. 309.
102. Albert L. Guérard, *L'Avenir de Paris*, Paris, Payot, 1929 [rééd. 2006], p. 357.
103. Séance du conseil municipal en date du 3 mai 1920.
104. *L'Écho du Nord*, 4 décembre 1930.
105. *Le Progrès du Nord*, 4 mai 1935.
106. Philippe Videlier, « Vénissieux avant les Beurs », art. cité.

107. *Urbanisme*, n° 41, décembre 1935-janvier 1936, p. 82.
108. François Latour, *Paris 1937 et le Grand Paris*, Paris, Imprimerie municipale de la ville de Paris, 1936, p. 108.
109. Bertrand Lemoine, « Paris en Île-de-France. Histoires communes », dans Bertrand Lemoine (dir.), *Paris en Île-de-France, histoires partagées*, Paris, Picard/ Pavillon de l'Arsenal, 2006, p. 20.

2
Sociabilités banlieusardes
Entre-deux-guerres

1. Cité par Alain Faure, « Paris, le peuple, la banlieue », dans *Les Premiers Banlieusards*, *op. cit.*, p. 170.
2. « Vivez à la campagne », *Not'Cabane*, septembre 1913, cité par Alain Faure, « Paris, le peuple, la banlieue », dans *Les Premiers Banlieusards*, *op. cit.*, p. 172.
3. E. Petitpas et R. Fournier, « Les avantages de la vie à la campagne », *Not'Cabane*, janvier 1914, p. 173.
4. Cité par Philippe Videlier, « Banlieues de province : l'exemple lyonnais », dans Annie Fourcaut (dir.), *Un siècle de banlieue parisienne (1859-1964)*, *op. cit.*, p. 228.
5. Cité par Pascal Guillot, « Un maire de banlieue face à la question du logement entre discours et pratique : le cas d'André Morizet (1919-1942) », *Cahiers d'histoire. Revue d'histoire critique*, n° 98, 2006.
6. Susanna Magri, « Le logement et l'habitat populaires de la fin du XIXe siècle à la Seconde Guerre mondiale », dans Annie Fourcaut, *Un siècle de banlieue parisienne (1859-1946)*, *op. cit.*, p. 111.
7. *Ibid.*, p. 112.
8. Docteur Hazemann, « Les lotissements dans la banlieue de Paris et leur répercussion sur la santé publique », *Revue d'hygiène*, t. L, n° 5, mai 1928.
9. *Ibid.*
10. Annie Fourcaut, *La Banlieue en morceaux*, Grane, Créaphis, 2000, p. 14
11. *Ibid.*, p. 74.
12. François Latour, *L'Aménagement du Grand Paris. Où en sommes-nous ?*, *op. cit.*, p. 11.
13. George Picot, Réunion mensuelle du groupe de Paris, « Les petits logements dans les grandes villes », *La Réforme sociale*, 2e série, t. V, 1883, p. 246.
14. « Les premières cités-jardins (1904-1919) », dans Benoît Pouvreau, Marc Couronné, Marie-Françoise Laborde, Guillaume Gaudry (dir.), *Les Cités-jardins de la banlieue du Nord-Est parisien*, Paris, Éditions du Moniteur, 2007, p. 54.
15. Susanna Magri, « Le logement et l'habitat populaires de la fin du XIXe siècle à la Seconde Guerre mondiale », art. cité, p. 123.
16. Propos cités par Yankel Fijalkow, *Mesurer l'hygiène urbaine. Logements et îlots insalubres. Paris (1850-1945)*, Lille, Presses universitaires du Septentrion, 1998, p. 299-300.
17. Cité par Elsa Vonau, *La Fabrique de l'urbanisme. Les cités-jardins entre France et Allemagne 1900-1924*, Lille, Presses universitaires du Septentrion, 2014, p. 249.
18. Jean-Luc Pinol (dir.), *Histoire de l'Europe urbaine*, *op. cit.*, p. 141.
19. Henri Sellier, *La Crise du logement et l'intervention publique en matière d'habitation populaire dans l'agglomération parisienne*, Paris, Éd. de

l'Office public d'habitations à bon marché du département de la Seine, 1921, p. 266-267.

20. *Ibid.*, p. 673.

21. Annie Fourcaut, « La cité-jardin contre le lotissement ? », *Urbanisme*, nº 309, novembre-décembre 1999, p. 23-24.

22. Cité par Yankel Fijalkow, *Mesurer l'hygiène urbaine…*, *op. cit.*, p. 303.

23. Jean Raymond-Laurent, *Vers le plus grand Paris*, Paris, Librairie des Annales des justices de paix, 1931, p. 253.

24. Alain Becchia, « Les lotissements du Comptoir central de crédit dans la commune d'Issy-les-Moulineaux (fin XIXe-début XXe siècle », *Mémoires de la Fédération des Sociétés […] de Paris et de l'Île-de-France*, t. 29, Fédération des sociétés historiques et archéologiques de Paris et Île-de-France, 1979, p. 267-295.

25. Cité par Bruno Fayolle Lussac, Marie-Cécile Riffault, Héléna Spanek, « L'interprétation des idées sur les cités-jardins chez les acteurs de l'agglomération Bordelaise (1919-1935) ? », dans *Cités, cités-jardins : une histoire européenne*, Talence, Maison des sciences de l'homme d'Aquitaine, 1996, p. 229-248.

26. Patrick Harismendy, « Avant les grands ensembles, détour par le tournant urbanistique des années 1910-1920 », dans Annie Fourcaut, Patrick Harismendy (dir.), *Grands ensembles. Intentions et pratiques (1850-1970)*, Saint-Brieuc, Saint-Brieuc éditions, 2010, p. 63.

27. Rémi Baudouï, *Raoul Dautry. 1880-1951. Le technocrate de la République*, Paris, Balland, p. 71.

28. Annie Fourcaut, *La Banlieue en morceaux*, *op. cit.*, p. 210.

29. Annie Fourcaut, « Du lotissement au quartier. Le cas de la banlieue parisienne dans l'entre-deux-guerres », *Mélanges de l'École française de Rome. Italie et Méditerranée*, t. 105, nº 2, 1993, p. 441-457.

30. Jean Raymond-Laurent, *Vers le plus grand Paris*, *op. cit.*, p. 246.

31. Albert Sarraut, Institution d'un Comité supérieur de l'organisation générale de la région parisienne. Rapport au présent de la République, 21 mars 1928 ; *Journal officiel*, 29 mars 1928.

32. Intervention de Paul Reynaud à la Chambre des députés, *Journal officiel*, 3 juillet 1928, p. 2221.

33. Annie Fourcaut, *La Banlieue en morceaux*, *op. cit.*, p. 19.

34. *Ibid.*, p. 197.

35. Danièle Voldman, *Locataires et propriétaires. Une histoire française*, Paris, Payot, 2016, p. 186.

36. *Ibid.*, p. 185.

37. Susanna Magri, « Le logement et l'habitat populaires de la fin du XIXe siècle à la Seconde Guerre mondiale », art. cité, p. 124.

38. Blaise Cendras, *Le Lotissement du ciel, suivi de La Banlieue de Paris*, Paris, Denoël, 2005, p. 365-366.

39. Cité par Annie Fourcaut, *Bobigny, banlieue rouge*, Paris, Les Éditions ouvrières/Presses de la FNSP, 1986, p. 66.

40. Cité par François Chaslin, *Un Corbusier*, Paris, Seuil, 2015, p. 179.

41. Le Corbusier, *La Charte d'Athènes*, Paris, Seuil, coll. « Points », 2003, p. 43.

42. Annie Fourcaut, « Loger la classe ouvrière en banlieue parisienne dans l'entre-deux-guerres : l'exemple de la cité Pax à Bagneux », dans Susanna Magri, Christian Topalov (dir.), *Villes ouvrières 1900-1950*, *op. cit.*, p. 143.

43. Cité par Marc Bonneville, *Naissance et métamorphose d'une banlieue ouvrière*, Lyon, Presses universitaires de Lyon, 1978, p. 73.

44. Susanna Magri, Christian Topalov, « Pratiques ouvrières et changements structurels dans l'espace des grandes villes du premier XXe siècle. Quelques

hypothèses de recherche », dans Susanna Magri, Christian Topalov (dir.), *Villes ouvrières 1900-1950*, *op. cit.*, p. 21.

45. Cité par Marie-Claude Blanc-Chaléard, *Les Italiens dans l'Est parisien : une histoire d'intégration, 1880-1960*, Rome, Publications de l'École française de Rome, 2000, p. 273.

46. Claude Willard, « La population montreuilloise de la fin du XIXe siècle à la Seconde Guerre mondiale », art. cité, p. 88.

47. Jean-Paul Brunet, « Constitution d'un espace urbain : Paris et sa banlieue de la fin du XIXe siècle à 1940 », art. cité.

48. Émile Zola, *Le Capitaine Burle* (recueil), Paris, G. Charpentier, 1883, p. 191-204. Consultable en ligne.

49. Cité par Pierre Sudreau, « Giraudoux et l'esprit de l'urbanisme », *Revue des Deux Mondes*, 1er janvier 1960, p. 1-15.

50. *Ibid.*

51. Delphi-Fabrice, *Outre-fortifs. Impressions de banlieue*, *op. cit.*

52. Blanche Vogt, *Ô ma banlieue*, Paris, Radot, 1928, p. 23 (BHVP 615026).

53. Lucien Ducret, « La banlieue est de Paris et l'utilisation des loisirs », *La Vie urbaine*, n° 66, octobre-décembre 1952, p. 263-283.

54. Il y a quelques années, les éditions musicales Frémeaux et associés ont publié une compilation des principales chansons dédiées durant l'entre-deux-guerres au thème de la banlieue.

55. Gérard Jacquemet, « Belleville ouvrier à la Belle Époque », *Le Mouvement social*, n° 118, janvier-mars 1982, p. 71.

56. *Chroniques du Paris apache (1902-1905)*, Paris, Mercure de France, 2013.

57. Alain Corbin, « Temps des loisirs, espaces de la ville », *Histoire urbaine*, vol. 1, n° 1, 2000, p. 163-168.

58. Christian Breton, « Représentations de la banlieue et sensibilités au passé local : pour une problématique », *Bibliothèque du Centre d'histoire de la France contemporaine*, n° 10, 1989, p. 84.

59. *Avenir de la nouvelle banlieue de Paris*, 1844, Introduction (BHVP 104959).

60. Édouard Blanc, *La Ceinture rouge…*, *op. cit.*, p. 157.

61. Claude Willard, « La population montreuilloise de la fin du XIXe siècle à la Seconde Guerre mondiale », art. cité, p. 91.

62. Alain Faure, « Un faubourg, des banlieues, ou la déclinaison du rejet », art. cité, p. 62.

63. Cité dans Katherine Burlen, « De "l'union des cœurs" à l'Office municipal des loisirs. Le cas de Suresnes durant l'entre-deux-guerres », dans Noëlle Gérôme, Danielle Tartakowski, Claude Willard (dir.), *La Banlieue en fête. De la marginalité urbaine à l'identité culturelle*, Saint-Denis, Presses universitaires de Vincennes, 1988, p. 197.

64. Michel Fleury, *Contribuer à l'étude de la région parisienne, une ville dortoir : Aulnay-sous-bois*, DES de géographie, mars 1954, Archives départementales de Seine-Saint-Denis.

65. Philippe Ariès, « La fidélité de la clientèle communiste », art. cité.

66. Jacques Girault, « Vers la banlieue rouge. Du social au politique », dans Jean-Paul Brunet (dir.), *Immigration, vie politique et populisme en banlieue parisienne (fin XIXe-XXe siècles)*, *op. cit.*, p. 252.

67. Claude Pennetier, Nathalie Viet-Depaule, « Les municipalités et l'évolution politique et sociale des communes de banlieue (milieu XIXe-milieu XXe siècle) », dans Annie Fourcaut (dir.), *Un siècle de banlieue parisienne (1859-1964)*, *op. cit.*, p. 189.

68. Emmanuel Bellanger, « Devenir une “ville rouge” en banlieue parisienne et le rester », *Le Mouvement social*, n° 272, 2020/3, p. 89.
69. « Paris encerclé par le prolétariat », *L'Humanité*, 13 mai 1924.
70. Cité par Annie Fourcaut, *Bobigny, banlieue rouge, op. cit.*, p. 52.
71. Cité par Annie Fourcaut, « Bobigny, municipalité communiste : gestion municipale et prise en charge de la population », Katherine Burlen (dir.), *La Banlieue oasis…, op. cit.*, p. 154.
72. Lucien Romier, *Idées très simples pour les Français*, Paris, S. Kra, 1928, p. 25-27.
73. Julian Mischi, *Le Parti des communistes. Histoire du Parti communiste français de 1920 à nos jours*, Marseille, Hors d'atteinte, 2020, p. 260.
74. Georges Sadoul, « Ceinture rouge, citadelles populaires », *Regards*, n° 77, 4 juillet 1935.
75. Claude Pennetier, Nathalie Viet-Depaule, « Les municipalités et l'évolution politique et sociale des communes de banlieue (milieu XIXe-milieu XXe siècle) », dans Annie Fourcaut (dir.), *Un siècle de banlieue parisienne (1859-1964), op. cit.*, p. 199.
76. *Ibid.*, p. 200.
77. Annie Fourcaut, *Bobigny, banlieue rouge, op. cit.*, p. 26.
78. *Ibid.*, p. 53.
79. Cité par Danielle Tartakowsky, « Les Croix-de-Feu à Villepinte, octobre 1935 », dans Annie Fourcaut (dir.), *Banlieue rouge 1920-1960*, Paris, Autrement, 1992, p. 72.
80. Claude Willard, « La population montreuilloise de la fin du XIXe siècle à la Seconde Guerre mondiale », art. cité, p. 95.
81. Cité par Sylvie Rabb, « Culture et loisirs, l'encadrement des prolétaires », dans Annie Fourcaut (dir.), *Banlieue rouge 1920-1960, op. cit.*, p. 82.
82. Georges Sadoul, « Ceinture rouge, citadelles populaires », art. cité.
83. Cité par Annie Fourcaut (dir.), *Banlieue rouge 1920-1960, op. cit.*, p. 35 et 30.
84. *Les Municipalités françaises soviétisées*, n° 6, *La fabrique des enfants rouges*, Centre d'archives, 1953. Cité par Emmanuel Bellanger, « Devenir une “ville rouge” en banlieue parisienne et le rester », art. cité, p. 81.
85. Annie Fourcaut, *Bobigny, banlieue rouge, op. cit.*, p. 196.
86. Annie Fourcaut, « Bobigny, municipalité communiste : gestion municipale et prise en charge de la population », dans Katherine Burlen (dir.), *La Banlieue oasis…, op. cit.*, p. 152.
87. Cité par Emmanuel Bellanger, « Les colonies municipales de banlieue : entre héritage paternaliste, empreinte communiste et diffusion d'un modèle (1880-1960) », dans Samuel Boussion, Mathias Gardet (dir.), *Les Châteaux du social XIXe-XXe siècle*, Paris, Beauchesne/Presses universitaires de Vincennes, 2010, p. 91-102.
88. Annie Fourcaut, *Bobigny, banlieue rouge, op. cit.*, p. 185.
89. Maurice Corbel, *Vénissieux la rebelle*, Paris, Éditions Cercle d'art, 1997, p. 144.
90. Édouard Blanc, *La Ceinture rouge…, op. cit.*, p. 17.
91. *Ibid.*, p. 99.
92. Sébastien Jolis, « La CNL : un syndicalisme entre sociabilités militantes, rapport de domination et processus d'autonomisation », dans Emmanuel Bellanger, Julien Mischi (dir.), *Les Territoires du communisme*, Paris, Armand Colin, 2013.
93. Nathalie Viet-Depaule, « Les premières habitations à bon marché d'Ivry-sur-Seine », dans Katherine Burlen (dir.), *La Banlieue oasis…, op. cit.*, p. 171.
94. Annie Fourcaut, *Bobigny, banlieue rouge, op. cit.*, p. 70.

95. Étienne Fouilloux, « Des chrétiens à Ivry-sur-Seine (1930-1960) », dans Annie Fourcaut (dir.), *Banlieue rouge 1920-1960, op. cit.*, p. 160.

96. Cité par Annie Fourcaut, *Bobigny, banlieue rouge, op. cit.*, p. 62.

97. Étienne Fouilloux, « Des chrétiens à Ivry-sur-Seine (1930-1960) », dans Annie Fourcaut (dir.), *Banlieue rouge 1920-1960, op. cit.*, p. 168.

98. Pierre Lhande, *Le Christ dans la banlieue : enquête sur la vie religieuse dans les milieux ouvriers de la banlieue de Paris*, Paris, Plon, 1927, p. 15.

99. Georges Sadoul, « Lotissements rouges », *Regards*, n° 76, 27 juin 1935. Cité dans Annie Fourcaut (dir.), *Banlieue rouge 1920-1960, op. cit.*, p. 32-33.

100. Jean-Louis Cohen, « L'union sacrée. Techniciens et architectes modernes à l'assaut de la banlieue parisienne », Les Cahiers de la recherche architecturale, n° 9, Paris, janvier 1982, p. 13.

3
La banlieue au temps du ministère de la Reconstruction et de l'Urbanisme
1945-1965

1. Danièle Voldman, « Reconstruire pour construire ou de la nécessité de naître en l'an 40 », *Les Annales de la recherche urbaine*, n° 21, 1984, p. 67-84.

2. Cité par Christine Mengin, « La solution des grands ensembles », *Vingtième Siècle. Revue d'histoire*, n° 64, octobre-décembre 1999, p. 110.

3. Annie Fourcaut, « De la classe au territoire ou du social à l'urbain », *Le Mouvement social*, n° 200, 2002.

4. Kenny Cupers, *La Banlieue, un projet social…, op. cit.*, p. 15.

5. Pierre Massé, « L'urbanisation », *Prospective*, n° 11, 1964, p. 165-166.

6. *Urbanisme*, n° 103-104, janvier 1945, p. 1.

7. Cité par Annie Fourcaut, *La Banlieue en morceaux, op. cit.*, p. 191.

8. Danièle Voldman, *La Reconstruction des villes françaises de 1940 à 1954. Histoire d'une politique*, Paris, L'Harmattan, 1997, p. 307.

9. Selon Olivier Dard, le premier usage du mot daterait d'un rapport d'octobre 1942 dans lequel la Délégation générale à l'Équipement national envisageait la mise en œuvre de la « décentralisation industrielle » à travers un « aménagement matériel du territoire ». Olivier Dard, « La construction progressive d'un discours et d'un milieu aménageur des années trente aux années cinquante », dans Patrice Caro, Olivier Dard, Jean-Claude Daumas (dir.), *La Politique d'aménagement du territoire. Racines, logiques et résultats*, Rennes, Presses universitaires de Rennes, 2002.

10. *Journal officiel*, Assemblée consultative, débat du 5 mars 1945. Cité par Benoît Pouvreau, « La politique d'aménagement du territoire d'Eugène Claudius-Petit », *Vingtième Siècle. Revue d'histoire*, vol. 79, n° 3, 2003, p. 43-52.

11. Jean-François Gravier, *Paris et le désert français*, Paris, Flammarion, 1972, p. 60.

12. André Bricet, Rapport sur la ville et la banlieue lors du XXIIIe congrès de la Fédération internationale pour l'habitation et l'urbanisme, Vienne, juillet 1956, p. 8.

13. Pierre Gibel, « La région parisienne », *La Vie urbaine*, n° 56, avril-juin 1950, cité par Loïc Vadelorge, *Retour sur les villes nouvelles. Une histoire urbaine du XXe siècle*, Grane, Créaphis, 2014, p. 72.

14. *Ibid.*, p. 61.

15. Henri Queféllec, « Regards sur la banlieue », *Esprit*, n° 275, 1952, p. 73-82.
16. Secrétariat d'État à la Reconstruction et au Logement, Secrétariat aux Affaires économiques, Lille, *Essai d'analyse urbaine. Enquête 1954-1956*, 1956, Archives départementales du Nord, bibl. 32707.
17. Cité par Annie Fourcaut, « Qu'elle était belle la banlieue », *L'Histoire*, n° 315, décembre 2006.
18. Benoît Pouvreau, « La politique d'aménagement du territoire d'Eugène Claudius-Petit », art. cité, p. 43-52.
19. Romain Pasquier, « La régionalisation française revisitée : fédéralisme, mouvement régional et élites modernisatrices (1950-1964) », *Revue française de sciences politiques*, vol. 53, n° 1, 2003, p. 109.
20. Thibault Tellier, « De la "majesté déchue" à la "ville intelligente". Un siècle d'histoire urbaine rennaise », dans Romain Pasquier, Thibault Tellier (dir.), *Sociologie de Rennes*, Paris, La Découverte, 2020, p. 11-26.
21. « L'Ille-et-Vilaine », Notes et études documentaires, La Documentation française, n° 4170-4172, 1974.
22. Thomas Frinault, *Le Pouvoir territorialisé en France*, Rennes, Presses universitaires de Rennes, 2012, p. 51.
23. Danièle Voldman, *La Reconstruction des villes françaises de 1940 à 1954…*, *op. cit.*, p. 396.
24. *Ibid.*, p. 416.
25. Pierre Georges, « Nécessités et difficultés d'une décentralisation industrielle en France », *Annales de géographie*, n° 377, 1961, p. 25-36.
26. *Réflexions pour 1985*, Paris, La Documentation française, 1964, p. 74.
27. Commissariat général du plan d'équipement et de la productivité, Premier rapport de la Commission nationale de l'aménagement du territoire, 1964, p. 81 et suiv.
28. Philippe Nouveau, *Dunkerque. L'aventure urbaine*, La Tour-d'Aigues, L'Aube, 2006.
29. Frédéric Saunier, « L'urbanisation en Basse-Seine : regards sur la conception et l'évolution des grands ensembles et de la ville nouvelle du Vaudreuil », *Histoire urbaine*, vol. 17, n° 3, 2006, p. 129-146.
30. « Orléans et son agglomération », Notes et études documentaires, La Documentation française, n° 4153-4155, 1975, p. 91.
31. Roger Secrétain, « Un Oxford français à Orléans », *Revue des Deux Mondes*, 15 mars 1963, p. 236-249.
32. « La croissance urbaine et les problèmes d'urbanisation », Notes et études documentaires, La Documentation française, n° 3210, 1965, p. 4.
33. *Ibid.*, p. 30.
34. *Ibid.*, p. 24.
35. « Bordeaux et la Communauté urbaine de l'agglomération bordelaise », Notes et études documentaires, La Documentation française, n° 3210, 1965, p. 22.
36. *Ibid.*, p. 29.
37. « La croissance urbaine et les problèmes d'urbanisation », *op. cit.*, p. 24.
38. « Grenoble », Notes et études documentaires, La Documentation française, n° 3288, 1966, p. 38.
39. « La croissance urbaine et les problèmes d'urbanisation », *op. cit.*, p. 10.
40. Discours d'Olivier Guichard, Délégué à l'Aménagement du territoire, devant l'Assemblée nationale le 26 novembre 1963, repris dans *L'Aménagement du territoire*, La Documentation française, 1964, p. 17.
41. Discours de Georges Pompidou, Premier ministre, devant l'Assemblée nationale le 26 novembre 1963, *ibid.*, p. 7.

42. Discours d'Olivier Guichard, Délégué à l'Aménagement du territoire, devant l'Assemblée nationale le 26 novembre 1963, *ibid.*, p. 11.

43. Cité par Bertrand Lemoine, « Le fer et la route : les infrastructures », *Paris en Île-de-France, histoires partagées, op. cit.*, p. 61.

44. Cité dans *Paris/banlieue. Conflits et solidarités, op. cit.*, p. 283-284.

45. « La Seine-et-Marne », Notes et études documentaires, La Documentation française, n° 4351-4353, 1977.

46. « La croissance urbaine et les problèmes d'urbanisation », *op. cit.*, p. 24.

47. Chiffres cités dans *La Vie urbaine*, n° 56, avril-juin 1950.

48. Sénat, Rapport de la commission des Affaires économiques et du Plan sur le projet de loi portant approbation du Plan de développement économique et social, Seconde session 1961-1962, Annexe au PV de la séance du 26 juin 1962, p. 19.

49. Cité dans *Paris/banlieue. Conflits et solidarités, op. cit.*, p. 288-289.

50. Loïc Vadelorge, « La construction et l'urbanisme : du Commissariat de la région parisienne au ministère de la Construction », dans Claire Andrieu, Michel Margairaz (dir), *Pierre Sudreau, 1919-2012. Engagé, technocrate, homme d'influence*, Rennes, Presses universitaires de Rennes, 2017, p. 86.

51. Valérie Foucher-Dufoix, « Jean Giraudoux au chevet du Grand Paris (1928-1943) », *Inventer le Grand Paris. Histoire croisée des métropoles*, Ville de Paris. Petit Palais, 4 et 5 décembre 2014, texte en ligne, https ://www.inventerlegrandparis.fr/article/jean-giraudoux-au-chevet-de-paris-et-du-grand-paris-1928-1943/.

52. Loïc Vadelorge, « La construction et l'urbanisme : du Commissariat de la région parisienne au ministère de la Construction », *op. cit.*, p. 88.

53. Christine Mengin, « La solution des grands ensembles », art. cité, p. 107.

54. Michel Brisacher, « Du PADOG au schéma directeur », dans Danièle Voldman (dir.), *Les Origines des villes nouvelles de la région parisienne (1919-1969)*, Les Cahiers de l'Institut d'histoire du temps présent, n° 17, décembre 1990, p. 60.

55. Cité dans *Paris/banlieue. Conflits et solidarités, op. cit.*, p. 337.

56. Frédérique Boucher, « Les planificateurs et le logement (1942-1952) », *Images, discours et enjeux de la reconstruction des villes françaises après 1945, Cahiers de l'IHTP*, n° 5, juin 1987, p. 85. Soulignés comme tels dans le texte.

57. Jacques Girault, « La banlieue dans la politique municipale du parti communiste », dans Emmanuel Bellanger (dir.), *Villes de banlieues. Personnel communal, élus locaux et politiques urbaines en banlieue parisienne au XXe siècle*, Grane, Créaphis, 2008, p. 45.

58. Catherine Dupuy, « Politique du logement ouvrier à Gennevilliers », dans Jacques Girault (dir.), *Ouvriers en banlieue XIXe-XXe siècle, op. cit.*, p. 243.

59. « Exposé des motifs de l'ordonnance du 11 octobre 1945 », *Journal officiel*, 19 octobre 1945, p. 6647.

60. Le passage des habitations à bon marché aux habitations à loyer modéré acte le principe de l'intégration du logement dans la sphère de compétences de l'État providence et sa prise en charge par le ministère de la Reconstruction et de l'Urbanisme.

61. Danièle Voldman, *La Reconstruction des villes françaises de 1940 à 1954, op. cit.*, p. 340.

62. Ignace Mulliez, « Évolution démographique et programmes de construction », Archives du CERES, 1955, Archives départementales du Nord, 80 J 96.

63. Gwenaëlle Le Goullon, *Les Grands Ensembles en France. Genèse d'une politique publique 1945-1962*, Paris, CTHS, 2014, p. 57.

64. François Debat, « L'habitat, arme de paix sociale », Conférence des Ambassadeurs, 20 mars 1953.

65. Thibault Tellier, « La formation des jeunes filles dans le cadre de la nouvelle urbanisation. L'exemple des Maisons de l'enfance des CIL (1955-1975) », Journée d'étude sur Les jeunes filles dans les villes de l'Europe du Nord-Ouest, Odile Parsis-Barubé et Florence Tamagne (dir.), université Lille 3, 24 septembre 2004.

66. Danièle Voldman, *La Reconstruction des villes françaises de 1940 à 1954…*, *op. cit.*, p. 344.

67. André Bricet, Rapport sur la ville et la banlieue lors du XXIIIe congrès de la Fédération internationale pour l'habitation et l'urbanisme, Vienne, juillet 1956.

68. INED, *Une enquête par sondages : désirs des Français en matière d'habitation urbaine*, Paris, Presses universitaires de France, 1947.

69. *Journal officiel*, Avis et rapports du Conseil économique et social, séances des 6-8 juillet 1954, 3 août, p. 654.

70. Françoise Carrière, Philippe Pinchemel, *Le Fait urbain en France*, Paris, Armand Colin, 1963.

71. Annie Fourcaut, « les grands ensembles ont-ils été conçus comme des villes nouvelles ? », *Histoire urbaine*, vol. 17, n° 3, 2006, p. 17.

72. Gwenaëlle Le Goullon, *Les Grands Ensembles en France…*, *op. cit.*, p. 188-189.

73. Annie Fourcaut, « Les grands ensembles ont-ils été conçus comme des villes nouvelles ? », art. cité.

74. Gwenaëlle Le Goullon, *Les Grands Ensembles en France…*, *op. cit.*, p. 265.

75. *Ibid.*, p. 108.

76. *Urbanisme*, n° 62-63, 1959.

77. Christine Mengin, « La solution des grands ensembles », art. cité, p. 109.

78. Gwenaëlle Le Goullon, *Les Grands Ensembles en France…*, *op. cit.*, p. 163-164.

79. Jean-Marc Stébé, *Le Logement social en France*, Paris, Presses universitaires de France, coll. « Que sais-je ? », 1998, p. 99.

80. Daniel Pinson, « Succession des banlieues et forme de la croissance urbaine dans l'Ouest nantais », art. cité.

81. Paul Clerc, *Grands ensembles, banlieues nouvelles*, Paris, Presses universitaires de France, 1967, p. 29.

82. « Toulouse », Notes et études documentaires, La Documentation française, n° 3262, 1966, p. 49.

83. « L'Ille-et-Vilaine », Notes et études documentaires, *op. cit.*

84. Claude Mezrahi, *Regards et témoignages sur Sarcelles*, Paris, Idéographic éditions, 1991, p. 149.

85. *Ibid.*, p. 166.

86. Jean Legaret, *Le Statut de Paris*, t. I, Paris, Librairie générale de droit et de jurisprudence, 1958. Cité par Loïc Vadelorge, « La construction et l'urbanisme : du Commissariat de la région parisienne au ministère de la Construction », *op. cit.*, p. 91.

87. Yves Lacoste, « Un problème complexe et débattu : les grands ensembles », *Bulletin de l'Association des géographes français*, n° 318-319, 1963, p. 37-46.

88. Annie Fourcaut, « Les premiers grands ensembles en région parisienne : ne pas refaire la banlieue ? », *French Historical Studies*, vol. 27, n° 1, hiver 2004, *New Perspectives on Modern Paris*, p. 194-218.

89. *Ibid.*, p. 210.

90. Jean-Bernard Chebroux, « Le déclin des communes de grands ensembles : effet de la forme urbaine ou de la ségrégation sociale ? », thèse de doctorat de

sociologie sous la direction de Jean-Marc Stébé, soutenue le 13 décembre 2012 à l'université de Lorraine – Nancy II, p. 436.

91. Commissariat général du Plan d'équipement et de la production, « Modes de vie et niveaux de vie de familles minières », enquête du BERU, 1964, 189 p., Archives nationales, 19850617 Art. ½.

92. André Cornette, « Arras et sa banlieue », *Revue du Nord*, n° 167, juillet-septembre 1960, p. 370.

93. CERES, Commission de l'habitation, Archives départementales du Nord, Fonds du CERES, 80J96.

94. BERU, Rapport provisoire sur les problèmes sociologiques de Lille-Roubaix-Tourcoing, septembre 1963, Archives départementales du Nord, Fonds du CERES, 80J169.

95. Thibault Tellier, *Le Temps des HLM 1945-1975. La saga urbaine des Trente Glorieuses*, Paris, Autrement, 2007, p. 114.

96. « Rennes », Notes et études documentaires, La Documentation française, n° 3257, 1966, p. 48.

97. Raymond Guglielmo et Brigitte Moulin, « Les grands ensembles et la politique », *Hérodote*, n° 43, numéro spécial « Après les banlieues rouges » 4e trimestre 1986, p. 39-74.

98. Alexandre Borrell, *Des grands ensembles à la banlieue, histoire d'une actualité. L'imaginaire national au 20 heures*, Bayonne, Institut Varenne, 2017, p. 157.

99. Thibault Tellier, *Le Temps des HLM…*, *op. cit.*, p. 74.

100. « Toulouse et son agglomération », Notes et études documentaires, La Documentation française, n° 47620, 1984, p. 103.

101. Philippe Lamour, *60 millions de Français*, Paris, Buchet-Chastel, 1967, p. 295.

102. « Clermont-Ferrand », Notes et études documentaires, La Documentation française, n° 3221, 1965, p. 31.

103. Joffre Dumazedier, *Vers la civilisation des loisirs ?*, Paris, Seuil, 1962.

104. Stéphanie Vermeersch, Lydie Launay, Éric Charmes (dir.), *Quitter Paris ?*, Grane, Créaphis, 2019, p. 127.

4
Banlieusard au temps des Trente Glorieuses
Années 1950-1970

1. « La croissance urbaine et les problèmes d'urbanisation », Notes et études documentaires, La Documentation française, n° 3210, 1965, p. 24.

2. Pierre Sudreau, « Déclaration », *Architecture d'aujourd'hui*, n° 66, 1956, cité par Kenny Cupers, *La Banlieue, un projet social…*, *op. cit.*, p. 244.

3. Judith Chapoulie, « La création du grand ensemble de Massy-Antony (1956-1972), mémoire de maîtrise sous la direction d'Annie Fourcaut, Paris I, 1998.

4. Denise Karminski et Yves Faure (dir.), *Dessine-moi une ville. Les Ulis*, Manchecourt, Maury imprimeur, 1993, p. 130.

5. Alain Croix *et al.* (dir.), *Histoire populaire de Nantes*, Rennes, Presses universitaires de Rennes, 2017, p. 403.

6. Sylvain Taboury, Karine Gougerot, *Billardon. Histoire d'un grand ensemble*, Grane, Créaphis, 2004, p. 139.

7. Claude Mezrahi, *Regards et témoignages sur Sarcelles*, *op. cit.*, p. 177.

8. Film visible sur https://www.meudon.fr/histoire-meudon/.

9. Annie Fourcaut, « La construction des grands ensembles : reconquérir Paris et régénérer la banlieue », dans Florence Bourillon et Annie Fourcaut (dir.), *Agrandir Paris 1860-1970*, *op. cit.*, p. 356.

10. Pierre Merlin, *Les Grands Ensembles*, Paris, La Documentation française, 2010, p. 69.

11. Joseph Pasteur, « Le monde des mille et une fenêtres », *France Soir*, 2 février 1966, cité par Laurent Coudroy de Lille, « Le "grand ensemble" et ses mots », dans Frédéric Dufaux et Annie Fourcaut (dir.), *Le Monde des grands ensembles*, Grane, Créaphis, 2004, p. 40.

12. Laurent Coudroy de Lille, « Le "grand ensemble" et ses mots », dans *ibid.*, p. 37.

13. René Kaës, *Vivre dans les grands ensembles*, Paris, Les Éditions ouvrières, 1963, p. 12.

14. Guy Houist, « Groupes d'habitation, urbanisme et vie sociale », Rapport au Conseil économique et social lors de la séance du 29 juin 1960, *Journal officiel* du 13 septembre 1960, p. 652.

15. Marc Bernard, *Sarcellopolis*, Bordeaux, Éditions Finitude, 2010, p. 19.

16. Cité par Alexandre Borrell, *Des grands ensembles à la banlieue…*, *op. cit.*, p. 165.

17. Annie Fourcaut, « Pour en finir avec la banlieue », art. cité.

18. Gwenaëlle Le Goullon, *Les Grands Ensembles en France…*, *op. cit.*, p. 277.

19. *Chantiers du diocèse de Lille*, n° 1, décembre 1956, Archives diocésaines de Lille.

20. Cité par Franck Debie, Pierre Verot, *Urbanisme et art sacré. Une aventure du XXe siècle*, Paris, Critérion, 1991, p. 156.

21. Cité par Catherine Grémion, « Le religieux dans les villes nouvelles », *Les Annales de la recherche urbaine*, n° 98, décembre 2005.

22. Cité par Emmanuel Bellanger, *Ivry, banlieue rouge. Capitale du communisme français, XXe siècle*, Grane, Créaphis, 2017, p. 428.

23. *Ibid.*, p. 442.

24. Cité par David Gouard, *La Banlieue rouge. Ceux qui restent et ce qui change*, Lormont, Le Bord de l'eau, 2014, p. 34.

25. Annie Fourcaut, « Les grands ensembles ont-ils été conçus comme des villes nouvelles ? », art. cité, p. 18.

26. Paul Clerc, *Grands ensembles, banlieues nouvelles*, *op. cit.*, 1967.

27. Denise Karminski et Yves Faure (dir.), *Dessine-moi une ville. Les Ulis*, *op. cit.*, p. 130.

28. Ministère de la Construction, circulaires n° 60-36 du 2 juin 1960 et n° 61-41 du 24 août 1961.

29. « Le secteur d'action sociale et des loisirs », *Informations sociales*, n° 1-2, 1970, p. 85.

30. Centre des archives contemporaines de Pierrefitte, 19770816, art. 4-5.

31. ALFA, Plaquette de présentation, 1970, Service de documentation de la Caisse des dépôts et consignations.

32. Michel de Saint-Pierre, *L'École de la violence*, Paris, La Table ronde, 1962, p. 33.

33. *L'Aurore*, 2 juillet 1962.

34. Conclusions citées par *Le Figaro*, 11 juin 1963.

35. Camille Canteux, *Filmer les grands ensembles. Villes rêvées, villes introuvables*, Grane, Créaphis, 2014, p. 311.

36. Chronique d'Orsay, mai 1970, cité dans Denise Karminski et Yves Faure (dir.), *Dessine-moi une ville. Les Ulis*, *op. cit.*, p. 135.

37. Linda Bendali, *Sarcelles. Une utopie réussie ?*, Nantes, Gulf Stream éditions, 2006, p. 24.
38. Henri Lefebvre, « Les nouveaux ensembles urbains. Un cas concret : Lacq-Mourenx et les problèmes urbains de la nouvelle classe ouvrière », *Revue française de sociologie*, t. I, 1960, p. 201.
39. Jean Duquesne, *Vivre à Sarcelles ? Le grand ensemble et ses problèmes*, Paris, Cujas, 1966, p. 83.
40. *Le Parisien libéré*, 5 décembre 1960.
41. *Libération*, 26 novembre1963.
42. Cité par Jean Duquesne, *Vivre à Sarcelles ?...*, *op. cit.*, p. 100.
43. Christiane Rochefort, *Les Petits Enfants du siècle*, Paris, Le Livre de poche, 1990, p. 99.
44. Jean Duquesne, *Vivre à Sarcelles ?...*, *op. cit.*, p. 211.
45. Alexandre Borrell, *Des grands ensembles à la banlieue...*, *op. cit.*, p. 238.
46. Jean-Claude Chamboredon, Madeleine Lemaire, « Proximité spatiale et distance sociale. Les grands ensembles et leur peuplement », *Revue française de sociologie*, vol. XI, n° 1, 1970.
47. Cité par Benjamin Stora, « L'immigration algérienne : dynamique sociale et installation dans les banlieues pendant la guerre d'Algérie », dans Jean-Paul Brunet (dir.), *Immigration, vie politique et populisme en banlieue parisienne (fin XIXe-XXe siècles)*, *op. cit.*, p. 170.
48. Monique Hervo, « La Folie, 1959 », dans *Chroniques du bidonville. Nanterre en guerre d'Algérie*, Paris, Seuil, 2001.
49. Henri Queféllec, « Regards sur la banlieue », art. cité.
50. Loïc Vadelorge, « La construction et l'urbanisme : du Commissariat de la région parisienne au ministère de la Construction », *op. cit.*, p. 92.
51. Thibault Tellier, « Les années Chalandon 1968-1972 », *La Résorption de l'habitat insalubre. Retour sur une politique publique des années 1970. Pour mémoire*, hors-série de la revue du Comité d'histoire du ministère de la Transition écologique, numéro hors série, été 2015.
52. « La population logée en HLM dans l'agglomération de Paris en 1968 », ministère de l'Équipement, dossiers du Service des Affaires économiques et internationales (SAEI), novembre 1976, CDU 21455.
53. Alain Touraine (dir.), *Une société petite-bourgeoise : le HLM*, Paris, Centre de recherche d'urbanisme, février 1966.
54. Linda Bendali, *Sarcelles. Une utopie réussie ?*, *op. cit.*, p. 21.
55. Hélène Steinmetz, « Les Chalandonnettes. La production par le haut d'une accession bas de gamme », *Politix*, vol. 101, n° 1, 2013, p. 29.
56. « Ménages et catégories sociales dans les habitations nouvelles », Étude collective sous la direction de Paul-Henry Chombart de Lauwe et Lucien Couvreur, extrait des *Informations sociales*, n° 5, 1958, p. 90.
57. Archives du ministère de l'Équipement, Centre des archives contemporaines (CAC) 19771142/19, souligné dans le texte.
58. *Le Figaro*, 18 janvier 1960.
59. Ministère de l'Équipement et du Logement, Direction de la Construction, Service de l'Habitation, « Les facteurs de développement de la vie sociale dans les nouveaux ensembles d'habitation », Rapport de synthèse de l'étude réalisée par le Centre d'études des équipements résidentiels, 1969-1971, CAC, 19790094/25.
60. Anne-Marie Sohn, « Histoire de mal-vie », *Urbanisme*, n° 322, janvier-février 2002, p. 66.
61. Georges Pompidou, Discours prononcé à Chicago au dîner de l'Alliance française, 28 février 1970, *Entretiens et discours 1968-1974*, Paris, Flammarion, 1984, p. 300.

62. François Bloch-Lainé et Léon-Paul Leroy, « De quelques attitudes présentes qui compromettent l'avenir, *Prospective*, n° 11, dossier spécial « L'urbanisation », 1964, p. 87.

63. *Équipement Logement Transports*, préface d'Albin Chalandon, n° 53, septembre 1970.

64. Commissariat général au Plan, Rapport de l'intergroupe Loisirs, B 10967/47, p. 60.

65. Kenny Cupers, *La Banlieue, un projet social…*, *op. cit.*, p. 168.

66. Propos cités par *Le Monde*, 16 octobre 1971.

67. Propos rapportés par Guy Houist, dans « Groupes d'habitation, urbanisme et vie sociale », Rapport au Conseil économique et social, séance du 29 juin 1960, p. 661.

68. *Ibid.*

69. Journée sacerdotale du 25 février 1959, intervention de Gérard Dupont, conseiller technique au cabinet du ministre de la Construction, CAC, 19780035, art. 1.

70. Archives CDC, Entretiens avec Léon-Paul Leroy, 19 février 1987, p. 13, Fonds SCIC, 3-201-1.

71. *Villes nouvelles*, n° 7, avril 1969, cité par Thibault Tellier, « Donner une âme aux cités nouvelles », *Histoire urbaine*, n° 23, décembre 2008, p. 119-128.

72. Hélène Hatzfeld, *Faire de la politique autrement. Les expériences inachevées des années 1970*, Rennes, ADELS/Presses universitaires de Rennes, 2005.

73. Rapport général de la commission Habitat, mars 1971, La Documentation française, Travaux préparatoires au VIe Plan, 1971, p. 79.

74. Robert de Caumont, Jean Offredo, « Prendre le pouvoir ou le rendre aux citoyens ? », *Le Monde*, 2 octobre 1970.

75. Cité dans Lucien Geindre, *Il était une fois Hérouville-Saint-Clair*, Manchecourt, Maury imprimeur, 1988, p. 174.

76. Denise Karminski et Yves Faure (dir.), *Dessine-moi une ville. Les Ulis*, *op. cit.*, p. 135.

77. « Quatre années d'aménagement et d'équipement », Bulletin de la préfecture de la région parisienne, cité dans *Informations sociales*, « Vivre en banlieue », n° 11-12, 1975, p. 40.

78. *Nanterre demain*, n° 3, septembre 1970. Archives PSU, Archives nationales, 581AP/56.

79. Enquête du Centre d'information civique de la maison des jeunes de Sarcelles, Correspondance municipale, n° 53, décembre 1964.

80. « Garges-lès-Gonesse : les fêtes des mal-lotis », *L'Aube sociale de Seine-et-Oise*, n° 354, 2 janvier 1926.

81. Archives PSU, AN 581AP67.

82. Juliette Nicolas, Jean-Claude Bernaud, « Paris : urbanisme, classes, pouvoir », *Espaces et sociétés*, n° 13/14, octobre 1974-janvier 1975.

83. Cité par Nathalie Brevet, « Pratiques de mobilité et aménagement urbain : les déplacements domicile-travail des actifs habitant à Marne-la-Vallée », *Espaces et sociétés*, 119, n° 4, 2004, cité p. 138.

84. Olivier Guichard, « Déclaration sur les orientations de la politique urbaine », Assemblée nationale, séance du 17 mai 1973, cité par Annie Fourcaut, « Les grands ensembles ont-ils été conçus comme des villes nouvelles ? », art. cité, p. 2.

85. *Ibid.*, p. 10.

86. Henri Lefebvre, « Mourenx-ville nouvelle », dans *Introduction à la modernité*, Paris, Les Éditions de Minuit, 1962.

87. *Construction et urbanisme de la région parisienne,* annuaire publié par le commissaire à la Construction et à l'Urbanisme pour la région parisienne, Paris, Imprimerie municipale, 1957.

88. Viviane Claude, « De "l'ensemble" à la ville : flottements des années 1960 et puissance de "l'extra-territorialité" », *Histoire urbaine,* vol. 17, n° 3, 2006, p. 33.

89. Henri Lefebvre, « Réflexions sur la politique de l'espace », *Espaces et sociétés,* n° 1, novembre 1970, p. 3-12.

90. Cité par Loïc Vadelorge, *Retour sur les villes nouvelles. Une histoire urbaine du XXe siècle, op. cit.,* p. 289.

91. Préface à l'exposition « L'art dans la cité », *ibid.,* p. 319.

92. Guy Baudelle, *Villeneuve-d'Ascq. Un exemple d'urbanisme concerté,* Paris, Le Moniteur, 1984, p. 176.

93. Extrait du discours d'investiture de Jacques Chaban-Delmas à l'Assemblée nationale le 16 septembre 1969. Cité dans *La Nouvelle Société de Jacques Chaban-Delmas,* Paris, Economica, 2010.

94. « Une heure avec Jacqueline Paix, directrice générale de l'ALFA », *CDC 74,* archives de la Caisse des dépôts.

5
La banlieue malgré elle ?
1975-1995

1. Hervé Vieillard-Baron, *Les Banlieues,* Paris, Flammarion, coll. « Dominos », 1997, p. 19.

2. Pierre Merlin, *Les Banlieues des villes françaises,* Notes et études documentaires, n° 5073-74, juin 1998, p. 4.

3. Commissariat général au Plan, Commission de l'Habitation, Groupe du Long Terme, Rapport final, 1er juin 1970, p. 8.

4. Christian Bachmann, Nicole Le Guennec, *Violences urbaines. Ascension et chute des classes moyennes à travers cinquante ans de politique de la ville,* Paris, Albin Michel, 1996, p. 316.

5. *Journal officiel,* Circulaire du 21 mars 1973. Relative aux formes d'urbanisation dotées de « grands ensembles » et à la lutte contre la ségrégation sociale par l'habitat.

6. Sylvie Tissot, *L'État et les quartiers. Genèse d'une catégorie de l'action publique,* Paris, Seuil, 2007, p. 31.

7. Cité par Thibault Tellier, « L'enjeu du logement populaire dans la définition d'une nouvelle politique urbaine (1969-1972) », *Droit et ville,* n° 89, 2020/1.

8. Martine Berger, « Peut-on parler de fracture territoriale à propos du périurbain ? », dans Esther Benbassa et Jean-Christophe Attias (dir.), *Nouvelles relégations territoriales,* Paris, CNRS Éditions, 2017, p. 27.

9. *Journal officiel,* Débats parlementaires, Sénat, séance du 22 juin 1970, p. 944.

10. *Journal officiel,* Débats parlementaires, Assemblée nationale, 3e séance du 14 novembre 1969, p. 3781.

11. La circulaire du 19 juillet 1974 concernant l'arrêt de l'introduction des familles ayant été annulée par le Conseil d'État, la reprise de l'immigration familiale sera en fait facilitée par la circulaire du 21 mai 1975.

12. Christian Bachmann, Nicole Le Guennec, *Violences urbaines…*, *op. cit.*, p. 320.

13. Circulaire interministérielle n° 72-160 (Affaires sociales, Aménagement du territoire, Équipement, Logement, Tourisme), 5 octobre 1972, *Le Moniteur*, Textes officiels, 11 novembre 1972.

14. *Journal officiel*, Décret n° 76-383 du 29 avril 1976 relatif aux conditions d'entrée et de séjour en France des membres des familles des étrangers autorisés à résider en France.

15. Marie-Claude Blanc-Chaléard, « Les immigrés et le logement en France depuis le XIXe siècle. Une histoire paradoxale », *Hommes et Migrations*, n° 1264, novembre-décembre 2006, p. 20.

16. *Recherche sociale*, n° 68, octobre-décembre 1978, p. 40.

17. Note du secrétaire général de la CNLI, 20 octobre 1977, CAC 19870056-5.

18. Note du préfet au secrétaire d'État auprès du ministre du Travail, 27 juillet 1977, CAC 19870056-6.

19. Circulaire du 15 décembre 1971 relative à l'action sociale et culturelle dans les ensembles d'habitations, aux locaux collectifs résidentiels et aux modalités d'intervention des organismes constructeurs et gestionnaires de logements, *Journal officiel*, 5 mars 1972, p. 2376-2381.

20. Commissariat général au Plan, Rapport de l'intergroupe Loisirs, B 10967/47, p. 60.

21. Émile Aillaud, *Désordre apparent, ordre caché*, Paris, Fayard, 1975, préface.

22. « Amiens », Notes et études documentaires, La Documentation française, n° 4144-4146, 1974, p. 29.

23. *Le Progrès de Lyon*, 5 avril 1975, p. 6.

24. David Gouard, *La Banlieue rouge…*, *op. cit.*, p. 50.

25. Union nationale des Fédérations d'organismes d'habitations à loyer modéré, Journées nationales d'étude pour une politique sociale du logement, documents préparatoires, rapport, avril 1974, Archives Union sociale pour le logement.

26. Commissariat général au Plan, rapport de la commission « Inégalités sociales », La Documentation française, 1975, p. 67.

27. François Aballéa, « De la crise du logement à la crise de l'habitat social », *Recherche sociale*, n° 68, octobre 1978.

28. *L'Humanité*, 31 mars 1982, cité par Emmanuel Bellanger, « Le Grand Paris des défilés et des banlieusards en marche (des années 1880 à nos jours », dans Danielle Tartakowsky (dir.), *Paris Manif'. Les manifestations de rue à Paris de 1880 à nos jours*, Rennes, Presses universitaires de Rennes, 2011, p. 81.

29. Michel Lachambre, « Quel avenir pour les grands ensembles ? », *Économie et humanisme*, n° 255, septembre-octobre 1980, p. 24.

30. Jean-François Poupinel, Direction de la Construction, compte rendu de réunion entre Robert Lion et Maurice Langlet sur divers problèmes, sans date, archives personnelles de Robert Lion.

31. Pétition transmise par l'OPHLM au député-maire de Marseille, 6 septembre 1974, Archives municipales de Marseille, 801W42.

32. *Le Monde*, 16 septembre 1979.

33. *Réponses à la violence*, Rapport du comité présidé par Alain Peyrefitte, t. II, « Aspects psychologiques et biologiques de la violence. Urbanisation, habitat et violence. Violence et économie. Protection de la jeunesse. Aspects pénaux et pénitentiaires », Paris, Presses Pocket, 1977, p. 129.

34. René Lenoir, « La participation des citoyens à la vie sociale », *Projet*, n° 107, juillet-août 1976.

35. *Libération*, 30 janvier 1981.
36. *Le Nouvel Observateur*, 14 juin 1980.
37. *Le Matin*, 8 mai 1980.
38. *Le Progrès de Lyon*, 30 avril 1980.
39. Note au secrétaire général de la CNLI, 23 janvier 1979, Archives nationales, 19870056-6.
40. Archives de la présidence de la République, AN, 5 AG 3/2244.
41. *Communes de France*, avril 1980.
42. *Ibid.*
43. Archives de la présidence de la République, AN, 5 AG 3/2244.
44. *Ibid.*
45. *Ibid.*
46. *Ibid.*
47. *Journal officiel*, 24 avril 1980, p. 1025.
48. *Le Progrès de Lyon*, 16 septembre 1979.
49. Groupe interministériel permanent pour l'aménagement des banlieues, « Programmes expérimentaux dans les communes pilotes de banlieue », mai 1980, Centre de documentation urbaine (CDU), 20333.
50. Groupe interministériel permanent pour l'aménagement des banlieues, « Programmes expérimentaux dans les communes pilotes de banlieue », *op. cit.*
51. *Le Monde*, 14 juillet 1981.
52. Christian Bachmann, Nicole Le Guennec, *Violences urbaines…*, *op. cit.*, p. 361.
53. Dominique Figeat, Bilan des opérations « Habitat et vie sociale » menées pendant la période du VIIe Plan, Commissariat général au Plan, juillet 1981, p. 11.
54. Parti socialiste, « Socialisme et cadre de vie », Colloque des 20-22 juin 1980, Archives socialistes, Fondation Jean-Jaurès.
55. Michel Lachambre, « Quel avenir pour les quartiers à problèmes ? », *Revue H (HLM)*, n° 62, avril 1981, p. 16.
56. Propos cités par la *Revue H*, « Quel espoir pour les grands ensembles ? », n° 70, janvier 1982 p. 47.
57. Sylvie Harburger, « Rien ne sert de démolir », *Revue H* (Union nationale des HLM), janvier 1982, p. 26.
58. Alain Croix *et al.* (dir.), *Histoire populaire de Nantes*, *op. cit.*, p. 416.
59. CNDSQ, Rapport du groupe de travail sur la présence active des habitants, 1982.
60. Parti socialiste, *La France au pluriel*, préface de François Mitterrand, Paris, Éd. Entente, 1981. Cité par Vincent Martigny, *Dire la France, Culture(s) et identités nationales 1981-1995*, Paris, Presses de Sciences Po, 2016, p. 58.
61. Robert Lion, « Urbi et orbi », *Le Monde*, 17 juin 1982.
62. Pré-dossier HVS, Fonds d'aménagement urbain du Rhône, 28 juin 1979, Archives du ministère des Affaires sociales DGA 2002-2006, Carton n° 5, p. 59.
63. *Le Progrès*, 22 mars 1983.
64. « Développement social des quartiers. Bilans et perspectives 1981-1984 », Rapport au Premier ministre du président de la Commission nationale du développement social des quartiers, La Documentation française, 1984, p. 69.
65. Premier ministre, CNDSQ, octobre 1982. Premiers bilans, Dossier Vénissieux, p. 3.
66. François Dubet, *La Galère, jeunes en survie*, Fayard, 1987.
67. Ahmed Boubeker, Zakia Daoud, « Radiographie de la plus grande ZUP de France », *Banlieues… Intégration ou explosion ?*, *Panoramiques*, n° 12, 1993, p. 24.

68. Comité directeur du parti socialiste, 26-27 mars 1983, Archives de l'OURS.
69. *Ibid.*
70. Françoise Gaspard, *Une petite ville en France*, Paris, Gallimard, coll. « Au vif du sujet », 1990, p. 226.
71. Note de Ségolène Royal à François Mitterrand, 27 septembre 1983, Archives de la présidence de la République, AG/5 (4)/4359.
72. Note de Pierre Saragoussi à Jean-Louis Bianco, 13 juillet 1983, AG/5(4)5788.
73. « Banlieues 89, Deux ans d'activités, 1984-1985 », avril 1986, Fonds documentaire du centre de ressources documentaires sur l'aménagement, le logement et la nature (CRDALN), 17610.
74. Banlieues 89, « Les grands objectifs », AN, 19950525-6.
75. *H, Revue des HLM*, n° 95, avril 1984.
76. Interview de Roland Castro, *Politis*, 15 février 1990.
77. Cité dans Banlieues 89, *Deux ans d'activités. 1984-1985*, *op. cit.*, p. 53.
78. Banlieues 89, *De la démocratie urbaine*, Assises d'Enghien, 5-7 décembre 1985.
79. Interview de Roland Nungesser, *H, Revue des HLM*, n° 100, octobre 1984.
80. « Développement social des quartiers. Bilans et perspectives 1981-1984 », *op. cit.*, p. 100.
81. Banlieues 89, Assises d'Enghien, *op. cit.*, p. 12.
82. *Ibid.*, p. 13.
83. Banlieues 89, *Vers la civilisation urbaine*, Assises de Nanterre, 20-21 mai 1989, p. 13.
84. Lettre d'André Diligent, François Geindre et Rodolphe Pesce au Premier ministre au sujet de la création de la DIV, 23 septembre 1988, AG/5(4)5119.
85. Lettre de Bernard Kouchner à François Mitterrand, 23 mai 1988, AG/5(4)/FC/192.
86. Gilles Kepel, *Les Banlieues de l'islam. Naissance d'une religion en France*, Paris, Seuil, 1987, p. 11.
87. *Le Monde*, 17 novembre 1992.
88. Chiffres cités par Sophie Body-Gendrot, Catherine Withol de Wenden, *Sortir des banlieues. Pour en finir avec la tyrannie des territoires*, Paris, Autrement, 2007, p. 31.
89. Hervé Vieillard-Baron, « De la difficulté à cerner les territoires du religieux : le cas de l'islam en France », *Annales de géographie*, novembre-décembre 2004, p. 567.
90. Cité par Gilles Kepel, *Les Banlieues de l'islam…*, *op. cit.*, p. 375.
91. Pauline Beunardeau, « Les "grands frères" dans la politique jeunesse de Saint-Denis. Genèse d'une figure dépréciée dans le débat public local et national », dans Sarah Pickard, Corinne Nativel, Fabienne Portier-Le Cocq (dir.), *Les Politiques de la jeunesse au Royaume-Uni et en France*, Paris, Presses Sorbonne Nouvelle, 2012.
92. *Le Monde*, 17 novembre 1992.
93. Julie Sedel, *Les Médias et la banlieue*, Lormont/Paris, Le Bord de l'eau/INA, coll. « Penser les médias », 2009, p. 55.
94. *Ibid.*, p. 38.
95. Cité par Christian Bachmann et Nicole Le Guennec, *Autopsie d'une émeute*, Paris, Albin Michel, 1997, p. 75.
96. *Libération*, 13 décembre 1990, cité par Christian Bachmann, Nicole Le Guenec, *Violences urbaines…*, *op. cit.*, p. 407.
97. Propos cités dans *Le Monde*, 24 mars 1990, cité dans *ibid.*, p. 409.

98. Archives de la présidence de la République, AG/5 (4)/FC/192.

99. Note du 17 décembre 1991, *ibid.*

100. Manon Ott, *De cendres et de braises. Voix et histoires d'une banlieue populaire*, Paris, Anamosa, 2019, p. 121.

101. *Journal officiel*, Avis et rapports du Conseil économique et social, « La qualité de la vie dans les banlieues des grandes villes », session de 1983, séances des 8 et 9 novembre, p. 17.

102. Propos cité par Isabelle Mesnard et François Plassard, « Faut-il démolir les banlieues ? », *Géocarrefour*, vol. 75, 2/2000, p. 169.

103. *Ibid.*

104. Martine Berger, *Les Périurbains de Paris. De la ville dense à la métropole éclatée*, Paris, CNRS Éditions, 2004, p. 107.

105. Cité par Sylvie Tissot, *L'État et les quartiers…*, *op. cit.*, p. 36.

106. *Le Monde*, 25 mai 1991.

107. *Le Monde*, 17 octobre 1990.

108. Interview publiée dans *Panoramiques, Banlieues… Intégration ou explosion ?*, 4e trimestre 1993, n° 12, p. 151.

109. Circulaire n° 97-08 du 8 janvier 1997 pour la mise en œuvre des dispositions du pacte de relance pour la ville relatives à l'habitat.

110. Jean-Marie Delarue, *Banlieues en difficultés : la relégation*, Paris, Syros, 1991.

111. *Le Monde*, 16 octobre 1990.

112. Pierre Mayol, « Radiographie des banlieues », *Esprit*, juin 1992, p. 67.

113. *Ibid.*, p. 68.

114. Pierre Bourdieu, *Les Structures sociales de l'économie* (2000), cité par Jean-Michel Roux, « La naissance du périurbain », *Tous urbains*, vol. 19-20, n° 3-4, 2017, p. 97.

115. Hervé Vieillard-Baron, *Les Banlieues*, *op. cit.*, p. 20.

116. *Ibid.*

117. Catherine Bidou, « Banlieues et citoyenneté. Les nouvelles fonctions résidentielles de l'espace périurbain », *Économies locales : crises & mutations*, *Les Annales de la recherche urbaine*, n° 15, 1982, p. 56-71.

118. Hervé Marchal et Jean-Marc Stébé, *Les Lieux des banlieues*, Paris, Le Cavalier bleu, 2012, p. 25.

119. Hervé Vieillard-Baron, *Les Banlieues*, *op. cit.*, p. 21.

120. Martine Berger, *Les Périurbains de Paris…*, *op. cit.*, p. 22.

121. *Ibid.*

6
La fin de l'exception banlieusarde ? Depuis 1995

1. Cité par Xavier Emmanuelli, Clémentine Frémontier, *La Fracture sociale*, Paris, Presses universitaires de France, coll. « Que sais-je ? », 2002, p. 5.

2. Jacques Donzelot, *Quand la ville se défait. Quelle politique face à la crise des banlieues ?*, Paris, Seuil, 2006.

3. Paul Yonnet, « L'entrée en désillusion », *Le Débat*, n° 83, 1995/1, p. 104.

4. Propos cités dans *Libération*, 13 février 1997.

5. Interview de Bertrand Tavernier sur le documentaire, *Sociétés et représentations*, n° 17, 2004/1, p. 335-342.

6. *L'Express*, 6 avril 1995, https ://www.lexpress.fr/informations/chirac-un-plan-marshall-des-cites_607832.html.

7. Daniel Béhar, Philippe Estèbe, « Le pacte de relance pour la ville », *Esprit*, mars 1996.

8. Lettre de mission adressée par Martine Aubry à Jean-Pierre Sueur, reproduite dans *Demain, la ville*, Rapport publié à La Documentation française, 1998.

9. *Ibid.*, p. 200.

10. Assemblée nationale, Commission de la production et des échanges, séance du 2 février 2000.

11. Propos cités par Philippe Subra, « Heurs et malheurs d'une loi anti-ségrégation : les enjeux géopolitiques de la loi Solidarité et renouvellement urbain (SRU) », *Hérodote*, vol. 122, n° 3, 2006, p. 162.

12. « Ces Français juifs qui fuient la violence des banlieues », *Le Figaro*, 24 octobre 2017.

13. Adil Jazouli, Henri Rey, *Pour une histoire politique de la politique de la ville*, La Tour-d'Aigues, Éd. de l'Aube, 2015, p. 136.

14. « Le "feuj", *persona non grata* en banlieue », *Courrier international*, 1er mars 2006, https ://www.courrierinternational.com/article/2006/03/02/le-feuj-persona-non-grata-en-banlieue.

15. Cour des comptes, Rapport public particulier sur la politique de la ville, février 2002.

16. Solène Gaudin, « Banlieues françaises. L'espace politico-médiatique de la rénovation urbaine », *Urbanités, Banlieues françaises 2006-2015*, vol. 7, 2015.

17. Christine Lelévrier, « Casser le ghetto, chasser les pauvres ? Les effets paradoxaux de la rénovation urbaine », dans Thomas Kirszbaum (dir.), *En finir avec les banlieues*, La Tour-d'Aigues, L'Aube, 2014, p. 133.

18. Chiffres cités par Christine Lelévrier, *Ibid.*

19. *Ibid.*, p. 139.

20. Chiffres présentés par l'Observatoire national des zones urbaines sensibles, Rapport 2009, https ://www.vie-publique.fr/sites/default/files/rapport/pdf/094000570.pdf.

21. Dominique Schnapper, « L'échec du modèle républicain ? », *Annales HSS*, juillet-août 2006, p. 759-776.

22. Cité par Charlotte Ruggeri et Daniel Florentin, « Éditorial », *ibid.*

23. Extraits publiés dans *L'Obs*, 25 février 2005, https ://www.nouvelobs.com/societe/20050223.OBS9546/appel-des-indigenes-de-la-republique.html.

24. Cité par Gérard Mauger, *L'Émeute de novembre 2005. Une révolte protopolitique*, Bellecombes-en-Bauget, Éditions du Croquant, coll. « Savoir/agir », 2006, p. 110.

25. Régis Debray, « Malaise dans la civilisation, suite », *Le Monde*, 26 novembre 2005.

26. Cité par Isabelle Garcin-Marrou, « De l'exclusion à la "guerre". Les émeutes de 2005 et 2010 dans la presse française », dans Juliet Carpenter et Christina Horvath (dir.), *Regards croisés sur la banlieue*, Peter Lang, 2015, p. 100.

27. *Ibid.*

28. Cité par *L'Obs*, 24 novembre 2005, https ://www.nouvelobs.com/societe/20051123.OBS6303/finkielkraut-les-noirs-et-les-arabes.html.

29. Isabelle Garcin-Marrou, « De l'exclusion à la "guerre". Les émeutes de 2005 et 2010 dans la presse française », dans Juliet Carpenter et Christina Horvath (dir.), *Regards croisés sur la banlieue*, *op. cit.*, p. 101.

30. Françoise Blum, « Ils sont entrés en politique », *Le Monde*, 11 novembre 2005.

31. Déclaration du ministre de l'Intérieur Nicolas Sarkozy à l'Assemblée nationale, 15 novembre 2005, Archives en ligne des discours des ministres de l'Intérieur, https ://www.interieur.gouv.fr/fr/Archives/Archives-ministres-de-l-Interieur/Archives-de-Nicolas-Sarkozy-2005-2007/Interventions/15.11.2005-Assemblee-nationale.

32. Yann Moulier-Boutang, *La Révolte des banlieues ou les Habits nus de la République*, Paris, Amsterdam, 2005, p. 100.

33. Cité par Loïc Wacquant, *Parias urbains. Ghetto-Banlieue-État*, Paris, La Découverte, p. 154.

34. Stéphane Beaud et Olivier Masclet, « "Des marcheurs" de 1983 aux "émeutiers" de 2005. Deux générations sociales d'enfants d'immigrés », *Annales HSS*, juillet-août 2006, p. 829.

35. Cité par Gérard Mauger, *L'Émeute de novembre 2005…, op. cit.*, p. 87.

36. « Banlieues : pertes et profits », *Le Point*, 17 novembre 2005, p. 89.

37. Hervé Vieillard-Baron, « De l'effroi technique à la peur des banlieues », *Histoire urbaine*, vol. 2, n° 2, 2000, p. 171-187.

38. Loïc Wacquant, *Parias urbains, op. cit.*, p. 162-163.

39. Robert Castel, « La discrimination négative. Le déficit de citoyenneté des jeunes de banlieue », *Annales HSS*, juillet-août 2006, p. 791.

40. Xavier Vigna, *Histoire des ouvriers en France au XX*[e] *siècle*, Paris, Perrin, 2012.

41. Gérard Mauger, « Les transformations des classes populaires en France depuis 30 ans », dans Jean Lojkine, Pierre Cours-Salies, Michel Vakaloulis (dir.), *Les Nouvelles Luttes des classes*, Paris, Presses universitaires de France, 2006.

42. Voir à ce sujet l'introduction de l'ouvrage collectif *Banlieues populaires*, La Tour-d'Aigues, L'Aube, 2018.

43. *Le Monde de l'éducation*, février 2002, cité dans Emmanuel Brenner (dir.), *Les Territoires perdus de la République*, Paris, Fayard, coll. « Pluriel », 2015 [3e éd. revue et augmentée], p. 19.

44. *L'Express*, 3 mars 2011, https ://www.lexpress.fr/culture/tele/scarface_965805.html

45. Institut Montaigne, Note rédigée par Erwan Le Noan, mars 2013, p. 1.

46. Gilles Kepel, avec la collaboration de Leyla Arslan et Sarah Zouheir, *Banlieues de la République* (résumé), Paris, Institut Montaigne, 2011.

47. Erwan Ruty, *Une histoire des banlieues françaises*, Paris, Les Pérégrines, 2020, p. 309.

48. Malek Boutih, député de l'Essonne, « Génération radicale », juin 2015, p. 5.

49. Cité par Erwan Ruty, *Une histoire des banlieues françaises, op. cit.*, p. 303.

50. Extraits du discours publiés dans *Le Monde*, 2 octobre 2020.

51. Synthèse du rapport de Marie-Hélène Bacqué et Mohamed Mechmache, Club de veille des centres de ressources de la politique de la ville, 2013.

52. Déclaration de M. François Lamy, ministre de la Ville, sur la valorisation de la médiation sociale dans le cadre de la réforme de la politique de la ville, Lille, 6 décembre 2013. Consultable sur le site en ligne de *Vie publique*.

53. Daniel Béhar, « Banlieues ghettos, quartiers populaires ou ville éclatée ? L'épreuve de la nouvelle question sociale », *Les Annales de la recherche urbaine*, n° 68-69, 1995, p. 8-9.

54. Luc Bronner, *La Loi du ghetto. Enquête dans les banlieues françaises*, Paris, Calmann-Lévy, 2010.

55. Jacques Donzelot, « La ville à trois vitesses : relégation, périurbanisation, gentrification », *Esprit*, mars 2004.

56. Fondation Jean-Jaurès, sondage IFOP réalisé auprès de 969 personnes sur le thème des Français et la situation dans les banlieues dix ans après les émeutes de 2005, octobre 2015.
57. Marc Augé, *Non-lieux. Introduction à une anthropologie de la surmodernité*, Paris, Seuil, 1992.
58. Éric Charmes, « Le périurbain, un territoire de perdants ? », *Constructif*, nº 48, novembre 2017, p. 29.
59. Gérard Bauer et Jean-Michel Roux, *La Rurbanisation, ou la Ville éparpillée*, Paris, Seuil, 1976.
60. Éric Charmes, *La Ville émiettée. Essai sur la clubbisation de la vie urbaine*, Paris, Presses universitaires de France, 2011.
61. Éric Charmes, « Le périurbain ou la revanche du village », *Constructif*, nº 55, mars 2020, p. 55.
62. Christophe Guilluy, *La France périphérique. Comment on a sacrifié les classes populaires*, Paris, Flammarion, 2014.
63. Marie-Fleur Albecker, « La banlieue parisienne, périphérie réinvestie ? », *Urbanités*, octobre 2015.
64. « Du Grand Paris au Paris en grand », Rapport de la mission confiée par le président de la République à Roland Castro, 2018.
65. Philippe Genestier, « La banlieue au risque de la métropolisation », nº 80, *Le Débat*, 1994/3.
66. Patrick Braouezec, *Mais où va la ville populaire ?*, Entretiens avec Jean Viard, La Tour-d'Aigues, Éd. de l'Aube, 2012, p. 114.
67. Annie Fourcaut, « Sarcelles », dans Olivier Wieviorka, Michel Winock (dir.), *Les Lieux de l'histoire de France*, Paris, Perrin, 2017, p. 477-488.
68. *Le Monde*, 29-30 août 2021.
69. Stéphanie Vermeersch, « Paris et "la France moche" : retour sur une relation problématique », dans Jean-Christophe Attias (dir.), *Nouvelles relégations territoriales, op. cit.*, p. 69.
70. Vincent Roger, *Paris 2024, un défi français*, Paris, L'Archipel, 2022.
71. Christina Horvath, « Écrire la banlieue dans les années 200-2015 », dans Bernard Wallon (dir.), *Banlieues vues d'ailleurs*, CNRS Editions, coll. « Les Essentiels d'Hermès », 2016, p. 61.
72. *Ibid.*, p. 49.
73. Cité par le *Huffingtonpost*, https ://www.huffingtonpost.fr/culture/article/ladj-ly-realisateur-des-miserables-est-tres-content-que-macron-ait-vu-le-film_155118.html. La personnalité du réalisateur fait toutefois l'objet de vives critiques de la part de certains responsables politiques dans la mesure où il a été condamné en 2011 à trois ans de prison ferme pour « enlèvement et séquestration » pour une expédition punitive menée en 2009. En 2012, la cour d'appel a ramené la peine à trois ans de prison dont un avec sursis.
74. Gilles Kepel, « Les islamo-gauchistes, ces charlatans ! », *L'Obs*, 31 octobre 2016.
75. « Le découpage en unités urbaines de 2010 », *INSEE Première*, nº 1364, août 2011.
76. Observatoire national de la politique de la ville, Rapport 2019, p. 11.
77. Propos cité dans le quotidien *Les Échos*, 2 octobre 2020, https://www.lesechos.fr/politique-societe/emmanuel-macron-president/separatismes-pourquoi-macron-sexprime-depuis-les-mureaux-1251161.
78. Cynthia Ghorra-Gobin, « La banlieue, rêve américain ou espace en voie de disparition ? », *Esprit*, mars-avril 2013/3, p. 122.
79. Terra Nova, « Gauche : quelle majorité électorale pour 2012 ? », *Terra Nova*, 2012.
80. Laurent Bouvet, *L'Insécurité culturelle*, Paris, Fayard, 2015, p. 21.

81. Hélène Hatzfeld, *Faire de la politique autrement…, op. cit.*

82. « Vivre ensemble. Vivre en grand. Pour une réconciliation nationale », Rapport de Jean-Louis Borloo remis au président de la République Emmanuel Macron, 2018, p. 7.

83. « Étude Ifop pour Écran de Veille réalisée par questionnaire auto-administré en ligne du 13 au 16 décembre 2021 auprès d'un échantillon de 1 003 personnes, représentatif de la population adulte résidant dans les 10 % des "banlieues les plus pauvres" de France métropolitaine ».

84. « Le Front national a des vues sur les banlieues lyonnaises », *Libération*, 29 mai 1995.

85. Cité par Erwan Ruty, *Une histoire des banlieues françaises, op. cit.*, p. 402, note 3.

86. Jacques Donzelot, avec Catherine Mével et Anne Wyvekens, *Faire société : la politique de la ville aux États-Unis et en France*, Paris, Seuil, coll. « La couleur des idées », 2003.

87. Jacques Donzelot, « La nouvelle question urbaine », *Esprit*, « Quand la ville se défait », novembre 1999.

88. Erwan Ruty, *Une histoire des banlieues françaises, op. cit.*, p. 392.

Conclusion

1. Noëlle Gérôme, Danielle Tartakowski, Claude Willard (dir.), *La Banlieue en fête…, op. cit.* Gérard Mordillat, Frédérique Jacquet, *Douce banlieue*, Paris, Éditions de l'Atelier, 2005.

2. Hugo Bevort, Aurélien Rousseau, « La banlieue, mythe politique français », *Esprit*, mars-avril 2013/3, p. 86.

3. Henri Giraud, directeur général des Travaux de Paris, 1937, cité par Bertrand Lemoine, « Paris en Île-de-France, histoires communes », *op. cit.*, p. 20.

4. René Clozier, *La Gare du Nord, op. cit.*, p. 256.

5. Cité par Olivier Nicoulaud, « De la cité-jardin à la cité moderne », dans Katherine Burlen (dir.), *La Banlieue oasis…, op. cit.*, p. 125.

6. *Le Monde*, 17 novembre 2003.

7. Alain Touraine, « Face à l'exclusion », *Esprit*, février 1991, p. 8.

8. Jérôme Fourquet, Jean-Laurent Cassely, *La France sous nos yeux*, Paris, Seuil, 2021, p. 202.

9. Interview de Jérôme Fourquet, *Le Monde*, 18 décembre 2021.

Bibliographie

La bibliographie ne reprend pas l'intégralité des références citées dans les différents chapitres de l'ouvrage. Elle propose une orientation bibliographique générale et raisonnée sur le sujet.

Études à caractère de sources

BASTIÉ, Jean, *La Croissance de la banlieue parisienne*, Paris, PUF, 1964.

CASTELLS, Manuel, *La Question urbaine*, Paris, Maspero, 1972.

CHOMBART DE LAUWE, Paul-Henry, *Paris et l'agglomération parisienne. L'espace social dans une grande cité. Méthodes de recherches pour l'étude d'une grande cité*, Paris, PUF, 1952.

CLERC, Paul, *Grands ensembles, banlieues nouvelles*, Paris, PUF, 1967.

COMMISSARIAT GÉNÉRAL AU PLAN, Documents préparatoires au VIe Plan de développement économique et social. 1970-1975 ; *Commissions Habitation ; Action sociale ; Aménagement du territoire. Rapport général de la commission des villes*, avril 1971.

COMMISSARIAT GÉNÉRAL AU PLAN, Documents préparatoires au VIIe Plan de développement économique et social. 1976-1980 ; *Commissions Vie sociale ; Habitation ; Aménagement du territoire /Cadre de vie ; Inégalités sociales*.

CONSEIL ÉCONOMIQUE ET SOCIAL, Rapport d'André Girard sur la qualité de vie dans les banlieues des grandes villes, 1983.

DUBEDOUT, Hubert, *Ensemble, refaire la ville*, Rapport au Premier ministre de la Commission nationale pour le développement social des quartiers, Paris, La Documentation française, 1986.

GEORGES, Pierre, *La Région parisienne*, Paris, PUF, 1959.

GRAVIER, Jean-François, *Paris et le désert français*, Paris, Flammarion, 1972.

HAUMONT, Nicole, *Les Pavillonnaires*, Paris, L'Harmattan, 1966 [rééd. 2001].

HOUDEVILLE, Louis, *Pour une civilisation de l'habitat* (préface de Pierre Mendès France), Paris, Éditions Économie et Humanisme/Les Éditions ouvrières, 1969.

KAËS, René, *Vivre dans les grands ensembles*, Paris, Les Éditions ouvrières, 1963.

MINISTÈRE DE L'ÉQUIPEMENT, colloque de Marly, *La Qualité de l'habitat. Comment améliorer la qualité de l'urbanisme quotidien*, CRU, 1978.

Recherche sociale, « La vie sociale dans l'univers urbain », Fondation pour la recherche sociale (FORS), n° 35, mai-juin 1971.

Recherche sociale, « Espace et vie sociale dans les grands ensembles », n° 38, novembre-décembre 1971.

ROTIVAL, Maurice, « Les grands ensembles », *L'Architecture d'aujourd'hui*, n° 6, juin 1935.

Vivre ensemble, Rapport de la Commission de développement des responsabilités locales, Paris, La Documentation française, 1976, 2 vol.

Ouvrages et articles

BACHMANN, Christian, LE GUENNEC, Nicole, *Violences urbaines. Ascension et chute des classes moyennes à travers cinquante ans de politique de la ville*, Paris, Albin Michel, 1996.

BACQUÉ, Marie-Hélène, BELLANGER, Emmanuel, REY, Henri (dir.), *Banlieues populaires. Territoires, sociétés, politiques*, Paris, L'Aube, 2018.

BACQUÉ, Marie-Hélène, FOL, Sylvie, *Le Devenir des banlieues rouges*, Paris, L'Harmattan, 1997.

BEAUD, Stéphane, PIALOUX, Michel, *Violences urbaines, violence sociale. Genèse des nouvelles classes dangereuses*, Paris, Fayard, 2003.

BELLANGER, Emmanuel, *Naissance d'un département et d'une préfecture dans le « 9-3 ». De la Seine banlieue à la Seine-Saint-Denis : une histoire de l'État au XXe siècle*, Paris, La Documentation française, 2005.

—, *Ivry, banlieue rouge. Capitale du communisme français, XXe siècle*, Grane, Créaphis, 2017.

BELLANGER, Emmanuel, GIRAULT, Jacques (dir.), *Villes de banlieues. Personnel communal, élus locaux et politiques urbaines en banlieue parisienne au XXe siècle*, Grane, Créaphis, 2008.

BERSTEIN, Serge, SIRINELLI, Jean-François (dir.), *Les Années Giscard. Les réformes de société. 1974-1981*, Paris, Armand Colin, 2007.

BLANC-CHALÉARD, Marie-Claude, « Les immigrés et le logement en France depuis le XIXe siècle. Une histoire paradoxale », *Hommes et Migrations*, n° 1264, novembre-décembre 2006.

—, *En finir avec les bidonvilles. Immigration et politique du logement dans la France des Trente Glorieuses*, Paris, Publications de la Sorbonne, 2016.

BORREL, Alexandre, *Des grands ensembles à la banlieue, histoire d'une actualité. L'imaginaire national au 20 heures (1954-1981)*, Bayonne, Institut Varenne, 2017.

BOURILLON, Florence, FOURCAUT, Annie (dir.), *Agrandir Paris. 1860-1970*, Paris, Publications de la Sorbonne, 2012.

BURLEN, Katherine (dir.), *La Banlieue oasis. Henri Sellier et les cités-jardins (1900-1940)*, Saint-Denis, Presses universitaires de Vincennes, 1987.

BUTLER, Rémy, NOISETTE, Patrice, *Le Logement social en France 1815-1981. De la cité ouvrière au grand ensemble*, Paris, Maspero, 1977.

CHEVALIER, Gérard, *Sociologie critique de la politique de la ville. Une action publique sous influence*, Paris, L'Harmattan, 2005.

CUBERO, José, *L'Émergence des banlieues au cœur de la fracture sociale*, Toulouse, Privat, 2002.

CUPERS, Kenny, *La Banlieue, un projet social. Ambitions d'une politique urbaine 1945-1975*, Paris, Parenthèses, 2018.

DARD, Olivier, ECK, Jean-François (dir.), *Aménageurs, territoires et entreprises en Europe du Nord-Ouest au second XXe siècle*, Metz, Centre régional universitaire lorrain d'histoire, 2010.

DAVID, Cédric, « La résorption des bidonvilles de Saint-Denis. Politique urbaine et redéfinition de la place des immigrants dans la ville (années 1960-1970) », *Histoire urbaine*, n° 27, 2010/1.

DUBY, Georges, AGULHON, Maurice (dir.), *Histoire de la France urbaine*, t. IV, *La Ville à l'âge industriel. Le cycle haussmannien*, Paris, Seuil, 1983 [rééd. 2001].

DUFAUX, Frédéric, FOURCAUT, Annie (dir.), *Le Monde des grands ensembles*, Grane, Créaphis, 2004.

FAURE, Alain (dir.), *Les Premiers Banlieusards. Aux origines des banlieues de Paris (1860-1940)*, Grane, Créaphis, 1991.

FLAMAND, Jean-Paul, *Loger le peuple. Essai sur l'histoire du logement social*, Paris, La Découverte, 1989.

FOURCAUT, Annie, *Bobigny, banlieue rouge*, Paris, Les Éditions ouvrières/Presses de la FNSP, 1986.

—, « Les habits neufs des politiques de la ville depuis 1980 », *Vingtième Siècle. Revue d'histoire*, n° 64, octobre-décembre 1999.
—, *La Banlieue en morceaux*, Grane, Créaphis, 2000.
—, « Qu'elle était belle ma banlieue », *L'Histoire magazine*, n° 315, 2006.
—, BELLANGER, Emmanuel, FLONNEAU, Mathieu, *Paris/banlieues, conflits et solidarité : historiographie, anthologie, chronologie, 1788-2006*, Grane, Créaphis, 2007.
FROUARD, Hélène, *Du coron au HLM. Patronat et logement social (1894-1953)*, Rennes, Presses universitaires de Rennes, 2008.
GIRAULT, Jacques (dir.), *Ouvriers en banlieue, XIXe-XXe siècle*, Paris, Éditions de l'Atelier/Les Éditions ouvrières, 1998.
GRISET, Pascal (dir.), *Georges Pompidou et la modernité. Les tensions de la modernité 1962-1974*, Bruxelles, Éd. Peter Lang, 2006.
GUERRAND, Roger-Henri, *Les Origines du logement social en France. 1850-1914*, Paris, Les Éditions ouvrières, 1966 [rééd. 2010].
—, MOISSINAC, Christine, *Henri Sellier, urbaniste et réformateur social*, Paris, La Découverte, 2005.
HARBURGER, Sylvie, « L'État face au malaise urbain au début des années 80 », *Revue française d'administration publique*, n° 71, juillet-septembre 1994.
HATZFELD, Hélène, *Faire de la politique autrement. Les expériences inachevées des années 1970*, Rennes, ADELS/PUR, 2005.
Hérodote, « Après les banlieues rouges », n° 43 (numéro spécial), 1986.
LACAZE, Jean-Paul, *La Transformation des villes et les politiques publiques. 1945-2005*, Saint-Étienne, Presses des Ponts et Chaussées, 2006.
LE GOULLON, Gwenaëlle, *Les Grands Ensembles. Genèse d'une politique publique, 1945-1962*, Paris, CTHS, 2014.
MAREC, Yannick (dir.), *Villes en crise ?*, Grane, Créaphis, 2005.
MERLIN, Pierre, *Les Banlieues des villes françaises*, Notes et études documentaires, n° 5073-74, juin 1998.
—, *Les Banlieues*, Paris, Presses universitaires de France, 1999.
—, *Les Grands Ensembles*, Paris, La Documentation française, 2010.
Projet, « Banlieues, cités dans la cité », n° 299 (numéro spécial), juillet 2007.
RONCAYOLO, Marcel (dir.), *Histoire de la France urbaine*, t. V, *La Ville aujourd'hui. Mutations urbaines, décentralisation et crise du citadin*, Paris, Seuil, 1985 [rééd. 2001].
—, *La Ville et ses territoires*, Paris, Gallimard, 1990.
—, PAQUOT, Thierry (dir.), *Villes et civilisation urbaine (XVIIIe-XXe siècles)*, Paris, Larousse, coll. « Textes essentiels », 1992.

TELLIER, Thibault, *Le Temps des HLM. La saga urbaine des Trente Glorieuses*, Paris, Autrement, 2007.

TISSOT, Sylvie, *L'État et les quartiers. Genèse d'une catégorie de l'action publique*, Paris, Seuil, 2007.

VADELORGE, Loïc (dir.), *Gouverner les villes nouvelles. L'État et les collectivités locales (1960-2005)*, Paris, Manuscrit.com, coll. « Manuscrit Université », 2005.

—, *Retour sur les villes nouvelles. Une histoire urbaine du XXe siècle*, Grane, Créaphis, 2014.

VIEILLARD-BARON, Hervé, *Les Banlieues françaises ou le Ghetto de l'impossible*, La Tour-d'Aigues, Éd. de l'Aube, 1994.

VOLDMAN, Danielle, *La Reconstruction des villes françaises de 1940 à 1954. Histoire d'une politique*, Paris, L'Harmattan, 1997.

ZANCARINI-FOURNEL, Michelle, « Généalogie des rébellions urbaines en temps de crise (1971-1981) », *Vingtième Siècle. Revue d'histoire*, n° 84, 2004.

Index

F

G

H

S

T

V

W

Y

Z

Table

Pour en savoir plus
sur les Éditions Perrin
vous pouvez consulter notre site Internet

www.editions-perrin.fr

lisez!

et nous suivre sur les réseaux sociaux

Editions Perrin

@EditionsPerrin

@editionsperrin

#lisez! engagé
www.lisez.com
Pour plus d'information :
Imprimé sur du papier issu de forêts gérées durablement.

CET OUVRAGE A ÉTÉ ACHEVÉ D'IMPRIMER SUR ROTO-PAGE
PAR L'IMPRIMERIE FLOCH À MAYENNE EN SEPTEMBRE 2024

N°d'édition : K04010E/01
N° d'impression : 105410
Imprimé en France